CORPORATE CONTROL

特别声明

律师当严守客户秘密。

本书所涉案件均已获客户理性授权或已经媒体充分公开；

本书仅在授权或公开的信息范围内进行学术探讨。

大商之道

控制公司

基业长青的大商之道

第二版

CORPORATE CONTROL

吕良彪◎著

北京大学出版社
PEKING UNIVERSITY PRESS

图书在版编目(CIP)数据

控制公司:基业长青的大商之道/吕良彪著.—2版.—北京:北京大学出版社,2018.3

ISBN 978-7-301-29007-1

Ⅰ.①控… Ⅱ.①吕… Ⅲ.①企业法—案例—中国 Ⅳ.①D922.291.915

中国版本图书馆CIP数据核字(2017)第305195号

书　　名	控制公司——基业长青的大商之道(第二版) Kongzhi Gongsi——Jiye Changqing de Dashang zhi Dao (Di-er Ban)
著作责任者	吕良彪　著
策划编辑	陆建华
责任编辑	陈　康
标准书号	ISBN 978-7-301-29007-1
出版发行	北京大学出版社
地　　址	北京市海淀区成府路205号　100871
网　　址	http://www.pup.cn　http://www.yandayuanzhao.com
电子信箱	yandayuanzhao@163.com
新浪微博	@北京大学出版社　@北大出版社燕大元照法律图书
电　　话	邮购部62752015　发行部62750672　编辑部62117788
印 刷 者	北京中科印刷有限公司
经 销 者	新华书店
	730毫米×1020毫米　16开本　26.25印张　456千字
	2013年1月第1版
	2018年3月第2版　2018年3月第1次印刷
定　　价	69.00元

商战的秘诀（代第二版前言）

公司治理是国家治理的微结构。

——题记

随着公司规模化、现代化、全球化的不断深入，公司主权（股权）与治权（管理权）时常分离，公众公司（上市公司）控制权更是经历了由股东向董事会让渡、董事会向职业经理人让渡的过程。控制权之争，便是这一大背景下“公司帝国的王位之争”，是各方社会资源的综合博弈。——控制公司绝非单纯法律问题，亦非仅仅依靠法律即可解决的问题，但法律又是博弈各方至关重要的“筹码”与“战场”。

拙著《控制公司：基业长青的大商之道》自2013年年初出版以来，受到业界、学界和企业家们的关注与认同，成为诸多总裁班、EMBA班案例教学读本。不仅正本很快售罄，市场上甚至出现不少多种形式的复印本、影印本。感谢北京大学出版社决定再版此书！近几年来不仅中国社会发生着波澜壮阔、激荡人心的深刻变革，大成及我本人亦有幸参与了众多为社会各界所广泛关注的公司控制权之争事件，对公司控制论又有了新的感受和认识。需要说明的是，律师基于职业伦理要求只能在客户理性授权范围内或媒体已公开范围内进行学术研究，断不可将基于职业原因所获取的信息公之于众。

控制公司的基础乃是股东及相关方所能有效支配的综合性社会资源，这种社会资源包括但不限于道义资源、资本资源、人力资源、媒体资源、政治资源，等等。

一、道义资源

道义资源往往是担任公司负责人或“名正言顺”地控制公众公司的前提性条件。例如,遭受过某些法律制裁、需要承担某些法律责任的人,或是商业上、社会活动中明显行为失当不为公众信任的人无法担任公司法定代表人。而上市公司作为公众公司,控制着相当数量的社会公共资源,故其法定代表人甚至控股股东需要经受某些道德性考量。“达娃之争”伊始,达能对宗庆后所谓“契约精神”“绿卡问题”“逃税问题”等的指责,就是为了剥夺后者的道义资源;“国美内战”开始之初,黄光裕与陈晓之间的相互指责,也是试图占据道德高地,赢得舆论与股东的支持。而持续近一年的此番“万科之争”,王石对宝能系的质疑即源于前述当事人道义资源是否与公司相“匹配”的问题。仅仅只是拥有资本,尤其是来源可能存在问题的资本资源,而没有相应的业绩甚至存在劣迹的投资人,入主公众公司确实应当受到更多考验。这也是王石作为公司管家的职责之所在。而此后宝能系对王石及其团队“内部人控制”伤害股东利益的指责,同样是试图占据道德高地。

二、资本资源

公司控制权的基础通常表现为股权控制。绝大多数情况下,公司都是基于股权而获得控制权。股权控制大致有以下几类情形:

1. 直接控股:即直接持有目标公司一定数量的股份,从而通过董事会、股东大会等实现对公司的控制。这是当下控制公司的最常见情形。

2. 间接控股:即通过持有目标公司母公司等上级公司控股权,从而间接控制公司。例如外滩地王之争中,潘石屹 SOHO 系即是通过获得项目公司母公司的股权,间接获得项目公司 50% 的权益。

3. 一致行动:疑似者如此番华润与宝能曾经被各界质疑的“惊人默契”。实践中,在不损害国家、集体、他人利益的前提下,“一致行动”并不为法律所禁止。广义上的“一致行动”,还包括关联公司共同获得目标公司的优势股权。

4. 竞选拉票:现代公司往往股权分散,需要相关股东、职业经理人向广大股东陈述自己的发展理念和未来愿景以及自身的各项优势,赢得其他股东,包括公众股东的支持。“国美内战”中,黄光裕的狱中陈情,即是典型的拉票。

5. 协议控制:即所谓 VIE 架构,是中国特色资本监管条件下的经济怪胎。即因为国内法律所限制,当事者通过在海外设立离岸公司、特殊目的公司、境内实体公司,再通过签署协议由相关非股东方实际控制公司的方式。新浪、阿里巴巴等知名互联网公司,均涉及此类问题。

公司治理中,不同的持股比例对公司的权利不同。笔者建议尤其要关注以下十条股权生命线:

一是持续持有上市公司 1% 的股票超过 180 天者,可以独立提起相关的公司诉讼,主要是代位诉讼权(亦称派生诉讼权)诉讼;可以间接调查和起诉(提起监事会或董事会调查)——为更好地保护中小股东,证券监管机构已成立专门机构不受前诉持股比例和时间限制提起相关诉讼;此外,上市公司独立董事也要求不得直接或间接持有 1% 以上的股份。

二是持有公司 3% 以上股份的,有临时提案权,可以有效地"提前开小会";上市公司股东持股比例是否超过 3% 。是其分红收入采取权责发生制或是收付实现制的分界线。

三是持有上市公司 5% 以上股权,属于重大股权变动警示线,需要依法予以申报或者公示。

四是持有公司 10% 以上的股东,可以自行召集临时股东大会(例如,在近期的宝能事件中,宝能可先后向董事会、临时监事会要求召开临时股东大会,如遭拒绝即可自行召集并主持临时股东大会);可以提出质询、调查;可以要求清算公司或提起公司解散之诉。

五是持有公司 20% 以上股份属重大同业竞争警示线。

六是持有上市公司 30% 以上股份,属于要约收购线。

七是持有公司 1/3 以上股份的,可以行使法律或章程所要求达到 2/3 多数方可通过事项的否决权,属于相对安全控制线。

八是持有公司 50% 以上的股权,可以合并公司报表,可以行使简单多数即可通过的各项决定权。50% 属于控制公司线,但因为种种原因,仅略多于 50% 的股权容易被稀释且未必能够掌握公司控制权。

九是拥有公司 2/3 以上股权的,可以修改公司章程,可以决定公司分立、合并、变更主营项目、重大决策等。

十是某些国家拥有上市公司 98% 及以上者,可以行使"挤出权"(即决定公司退市时可以强行要求不愿意退出的小股东退出)及其他各项"绝对权利"——我国目前最大的一宗海外并购案,即中国化工收购先正达案中,即涉及此类问题。

公司创立之初无论股东人数多少,原则上股权设计都要避免出现“50:50”或“65:35”这种容易导致公司僵局的情况,也要尽可能避免“99:1”这种容易引发大股东过于欺负小股东,给公司留下隐患的情况。在公司创立之初,较为合理的股权设计建议是“70:30”或者“80:20”。股东人数增多,建议控股股东及其利益一致人最好能够保持70%—80%的表决权利。随着公司的发展壮大和治理完善,尤其是在挂牌上市以后,股权比例变化的空间可以更大一些。

三、人力资源

1. 人力资源,包括管理团队的素质、过往业绩和对公司的贡献。娃哈哈、阿里巴巴、万科等,管理团队之所以拥有较强甚至超过资本的发言权,即源于管理团队经市场考验的业绩、公众的信任、对市场的把握和对公司的贡献、对公司未来发展的保障。“达娃之争”中,达能曾声称要以大股东权利大范围免去管理人员职务,我当时即公开发文指其不得滥用大股东权利损害公司利益。而此番“宝万之争”,据媒体报道称,宝能有意大范围罢免公司董事、监事,既给人滥用大股东权利之嫌,可能提供的公司管理者恐怕又难以服众,亦在相当程度上使自身陷于被动。

2. 通常意义上的人力资源,系指产生争端各方可供选择的用于管理公司的团队阵营。典型者如“国美内战”中,陈晓即通过“金手铐”“股权激励”等方式,一度使管理层与其个人捆绑,形成人力资源高地。而黄光裕家族阵营则似乎“无人可用”,直到杜鹃“出人意料”地提前出狱,才有效地稳住阵脚。

3. 基于人力资源的实际控制。人是公司管理核心,传统便有“人财物、产供销”的说法。“达娃之争”中,上下游供应商的有力支持和团队对于公司的有效控制,是娃哈哈最终控制公司的关键制胜法宝之一。而“雷士照明之争”中,吴长江甚至曾经组织合作方进行某种意义上的“罢工”并一度取得优势。

4. 广义的人力资源,还包括各方所能有效动用的专家及各类专业人士作为“外脑”与“外嘴”,即使决策多一些“军师”,也能够有效地为己方“造势”并以此赢得主动。甚至,所谓“黑社会”组织,也是一种“反社会规则形式”存在的公共人力资源。诚如万向集团鲁伟鼎所称:聘请专业人士的投入,是有效投资而非公司成本。

四、公司其他核心资源

包括但不限于公司核心业务、核心资产(资质)、核心技术(商标、专利、技术秘密)、核心销售渠道等公司核心资源,一旦有效掌握这些资源,也就有效控制公司。如矿业企业的探矿权、采矿权的取得与维护,公司核心技术秘密的提供者,等等。典型案例如在国家规定第三方业务不允许外资主导的公司介入时,马云将支付宝股权由阿里巴巴集团转入其所控制的内资公司杭州阿里巴巴,虽然引发一场"商战",所幸最终妥善解决矛盾并成功控制公司。

五、媒体资源

信息社会,移动互联时代,人人均可获取资讯并及时上传网络,线上线下互动频繁便捷,公众声音可以通过互联网等媒体汇集形成某种"公众意志",也可能改变事件的最终走向。生动者如"达娃之争"中双方的媒体互骂、"国美内战"中的媒体相互"攻击"、本次"宝万之争"的阵营分明与所谓"数万企业家联合发声"等,均属此类。

商战的第一战场往往便是"口水战""舆论战",其目的无非有三:一是占据道德高地,打击和剥夺对方道德资源,营造出所谓"得道多助"的局面;二是给予对方舆论压力,使对方在这种压力之下心态和行为出现失误;三是试图通过"民意"影响政府决策甚至出手"灭掉"对方。

六、政治资源

当下中国,相当程度上仍然属于"权力主导型"社会。政府一方面是国有资产经营者,一方面是社会公共事务管理者。

1. 政府通过各级国资委管理,以国有持股的方式实现国有资产经营者的职能。同时,通过一系列国资管理的法律、法规加强对国有资产的保护。此番"宝万之争",作为"资深央企"的华润系持有万科约15%股份的第二大股东,而深圳地铁作为"特殊"的地方国企试图通过增发成为万科的股东,均属此列。——何为"国有股"?有学者指出,所谓国有股不过是权力的一种表现与行使方式。

2. 政府(广义)通过行政、司法等公共权力,介入公司控制权的争夺。合理合法者,包括此番“宝万之争”中,监管机构对于万科管理团队的质询以及对于华润、宝能系的质询,均一针见血、直指问题核心。而笔者在处理大量表现为股权、控制权纠纷的利益争夺中,总结地方政府或一方当事人与地方政府合作对付外来投资人的“三板斧”:其一曰“刑事立案”,即以涉嫌犯罪为由对投资人动用或威胁动用刑事措施;其二曰“民事捆绑”,即使只有数千万元的纠纷也可以查封扣押你过亿元乃至数十亿元资产;其三曰“污染株连”,即以所谓“追赃”之名将投资人关联企业均予调查。——巨大商业利益的背后,总会有权力尤其是司法权力的介入。一旦产生争议,当事人往往首先会试图通过将对方“送进去”的方式占据主动。而当下中国,企业家似乎都特别经不起查。雷士照明的吴长江,在将所持有股权基本悉数出让之后,实际上已经成为职业经理人。这种情形之下如果继续按照公司控股股东的行为方式,或许就涉嫌犯罪了。目前,吴氏正在广东惠州市中级人民法院接受审判。

3. 公众所广泛关注、影响巨大的知名企业控制权之争,最终起决定因素的,其实是政府尤其是中央政府的意见和态度。这一点,最富戏剧性的当属“国美内战”关键时刻,黄光裕的太太杜鹃二审改判缓刑提前出狱。这一结果明显传递着中国政府的某种态度,国际机构投资人最终与以黄氏家族为代表的中国民营企业达成一致,必然是在这样一种大的氛围之下确定。

显然,王石对万科和当下中国局势的基本判断非常明晰而准确:万科这艘房地产巨轮,通过杠杆化功能募集资金取得大股东地位的宝能根本无力执掌,除非其背后真有所谓神秘而巨大的政治、资本集团的支持;华润自身的微妙状态,恐怕最终也难以引领;神秘而实力雄厚的深圳地铁,似乎占据“天时”“地利”与“人和”。——值得一提的是,不同“国有企业”虽然都同属“国资”,但不同“国有股份”背后的利益群体却并非完全一致,同样需要博弈和平衡。这种形势下,恒大许家印的“拍马杀入”,无非使这一博弈增添了更多“喜感”与“变数”,不足以影响大局。

理性的妥协,是公司及相关方最大的胜利。“达娃之争”“国美内战”激烈之时,我都曾公开向争议各方提出这样的理念及预测且一一得到印证。昔日陈晓的暂时短期留任与最终彻底离开,即是各方妥协的稳妥安排。“日光之下无新事”,我同样坚信这一原则亦是解决当下万科问题的最佳思路。管理层、民企股东、国企股东、深圳地铁及其他利益相关者,相信最终都能“各得其所”,前提是莫要“太过”。——2017年6月21日,王石的“光荣引退”不禁让我想起2011年3月11日陈晓从国美离职的孤单身影。在笔者看来,王石的“荣耀”与陈晓的“落败”显然有异曲同工之处:他们都曾作为公司控制权之争中某方利益的忠实代表,与名义上的"资本强势方"进行激烈博弈,而在各方利益达成新的平衡之后,他们必然要离开公司,只不过时间长短不一,背后的逻辑却是一样的。

公司治理往往是国家治理的微结构。这是一个伟大转折的时代;这是一个深刻变革的时代。尘埃虽尚未落定,大势却早已明朗。——无论是具有"明星范儿"的职业经理人、雄心勃勃的民企追梦者、各有其主的官企及顶着企业家之名的各级官员及背后势力,终不过是历史舞台上的"戏者"。在舞台上时,就该尽情精彩演绎;到了该谢幕时,也无须徒劳恋栈。——我们经历历史;我们见证历史;甚至,我们创造历史;而最终,我们也注定将成为历史的一部分。如此,甚好。

2016 年 7 月完成于爱丁堡

2018 年 1 月修订于北京

公司的博弈与平衡(代前言)

重新做律师并担任北京仲裁委员会、北京国际仲裁中心、武汉仲裁委员会仲裁员以来,我的执业领域和主要精力便集中于以多元方式化解投资风险与解决投资争端。这种投资风险与争端,主要表现为对公司股权以及实际控制权的争夺。

在此过程中,深切感受到"为权利而斗争"的无奈、悲壮与幸运:这些年来有幸参与调处涉及"东部率先""西部开发""东北振兴""中部崛起"过程中过百亿元的投资纠纷,深切感受到中国经济的迅猛发展与社会矛盾的日益尖锐;有幸代理娃哈哈等中国企业成功赢得与国际资本的博弈,深切感受到中国民族经济在融入全球化进程中的任重道远;有幸代理李嘉诚先生公司讼案并赢得尊重,深切感受到中国当下的社会性浮躁及其深远影响,有幸深入研究并适度介入"国美内战""支付宝之争"等众多商战,深切感受到当下中国信托责任与商业操守的缺失……生在这样一个社会如此深刻变革的"特别时代",深切感受到"没有民主法治约束权力,我们无不行进在通往监狱的道路上;没有民主法治保障人权,任何财富的'神马'都不过是浮云"。

在此过程中,深切感受到公司治理是国家治理的缩影,有着共同的哲学基础,都包括三个基本问题:其一是"主权"问题,国家主权在民;公司主权表现为股权归属于股东。其二是"治权"问题,国家表现为政体,即政权组织结构和形式;公司表现为治理结构,即股东会、董事会、监事会、管理层等权力分配与运行方式。其三是文化:国家表现为主流意识形态与价值观;企业表现为核心价值与企业文化。近年来,笔者有幸担任多家中国五百强企业及上市公司的董事、顾问、独立董事,直接参与企业管理及投资决策,与海内外企业家深入沟通交流,加深了与中国企业及企业家间的相互认知与深入合作。

在此过程中,归纳总结了各种类型的公司控制权之争。控制公司的方式,有通过直接或间接控制公司股权实现对公司的控制(前者为控制公司最主要方式,后者如SOHO通过收购外滩东八地块项目公司母公司股权拥有项目公司50%权益),有通过控制公司的生产、经营、销售等管理实现对公司的控制(如宗庆后对娃哈哈合资企业的实际控制),有通过控制公司的核心资产实际对公司的控制(如马云将支付宝股权从阿里巴巴转移至自己所控制的公司名下);从公司类型的不同:有公众公司控制权之争(如“国美内战”),有非公众公司控制权之争(如“达娃之争”、有限责任公司的“政变”),有“后国企改制时代”的公司控制权之争,有VIE等架构(如新浪的实际控制权)的公司控制权之争。本书采取根据风险来源区分为:一是源于其他股东;二是源于权力参与;三是源于非公司股东的其他公司或个人;四是源于家庭、婚姻;五是源于公司内部的管理层或职业经理人。

在此过程中,强烈地感受到“法治中国”语境之下企业尤其是民营企业和企业家群体对中国社会、经济、政治进步的伟大历史意义。一言以蔽之,不为权力所垄断和轻易剥夺的社会财富,是公民权利制约公共权力的物质基础,是实现民主与宪政的物质基础。而企业家,则是社会生产的具体组织者,社会财富最重要的创造者,现代社会最稀缺的资源,和平时期的英雄。企业家成其为企业家的基础,乃在于合法拥有及实际控制公司。随着公司规模不断扩大,现代公司在很多情形之下主权(所有权)与治权(企业治理结构)相分离,公司的经营管理模式,经历了“由股东向董事会移转”“由董事会向职业经理人让渡”的过程。在此种背景下,股东之间、股东与董事会之间、大股东和董事会及管理层之间,就公司实际控制权发动“内战”,既是顺理成章之事,某种程度上也正是公司治理模式与运营机制的自我完善。

在此过程中,深切感受到社会矛盾的复杂与争端解决的艰难。在被指责为“开门招商、关门打狗”式的投资纠纷中,我深深理解地方政府、官员及公检法力量的矛盾与无奈,也深知这些机构和个人对付投资商的种种手段及破解之法;在参与国企改制及改制后企业股权与控制权的争夺过程中,深深理解国企老总、管理层、员工及投资人的复杂心态及对利益的诉求;在作为律师、专家、董事等与各类企业家合作的过程中,感受到中国企业家群体的卓越、远见与蛮横、贪婪的矛盾式并存,得以观察、总结企业、企业家在不同发展阶段的特点及容易出现的问题,创造性地为企业提供服务。

在此过程中,越来越深刻地认识到民营企业家和律师的同盟军——自由的学者、独立的媒体、专业的律师,是公民私权利、社会理性不同声音、集合私权制权公共权力的忠实代表。在某地动用公权力抓捕并以所谓“名为股权转让、实为倒卖土地”审判企业家时,江平老师等学者仗义执言,《法制日报》等媒体大声疾呼,人大代表奔走呼号,最终使问题回到法制轨道上。在为之辩护的数名民营企业家被以贪污之名判处16年徒刑甚至死缓时,我们与社会各界及相关领域专家合作,从专业角度科学论证所谓被贪污财产根本就不构成国有资产,在媒体与学界、工商联及多名全国人大代表等密切关注下,最终都在最高人民法院的直接过问下,企业家被认定不构成犯罪,相关股权及对企业的控制权亦得以保全。

在此过程中,深切感受到启蒙的重要:一要从宏观上“认真对待权利”。法律是利益分配与再分配的规则与手段;法律的实施过程就是正义的分配与再分配过程,其宪政意义毋庸置疑。而从宏观经济角度而言,法律通过利益分配影响社会资源的配置;法律通过规则的力量规则资源的分配过程,对受损者提供救济,对违法者给予惩罚。二要从微观上“重新”认识法律。尤其对企业家而言,法律既是维护权益之“盾”,亦是健康发展之“矛”,还是企业管理之“魂”。其一,法律是凝聚资源的平台,它教企业构建商业模式持续成长,典型者如霍英东先生在香港首创“卖楼花”商业模式大获成功,以及马云的淘宝、天猫、支付宝,刘强东的京东,程维的滴滴,都是基于互联网技术与商业规则产生的全新商业模式;其二,法律是放大资源的杠杆,上市、期货交易、私募股权融资等均得益于规则的实施;其三,法律教企业建章立制、合规运行,实现可持续增长;其四,法律教企业管理风险,实际安全发展;其五,法律教企业合规运行,降低成本;其六,法律教企业如何博弈,维护自身权益。总之,“法律是企业可持续发展的源动力与根本保障”。

在此过程中,深感律师职业是一门“知行合一”的科学。为此,在从事律师业务的同时,我近年来一直致力于推广现代企业全面法律风险防范、控制与管理体系的建构与企业家法律战略思维的培养,并将企业经营管理、投融资的实战技巧与博弈智慧等相关法律与管理相结合的课程带入北大、清华EMBA教学体系,应中国法学会及各类企业家培养机构邀请为总裁班讲授企业、法律、市场相融合的各类课程,创办并主持“企业法律风险管理国际论坛”,应邀赴华润集团等央企及知名非国有企业集团,与企业家深入交流;在央视、新浪、腾讯、雅虎等机构,结合“达娃之争”“国美内战”等热点商战,讲解企业博弈之道。

在此过程中,深感律师职业能力、职业“能量”尤其是职业操守之重要。我一向认为,律师要有让客户秘密烂在肚子里的定力,坚决反对律师通过披露自己经办过的案例尤其是其中不为人知的部分来说事,这可能有违律师职业伦理要求。这也是写作此书过程中一直深感纠结之处。经业界前辈、学界泰斗和长者企业家指点,在客户授权或公众已知悉范围内进行学术性探讨,是一种公益行为。故此书中所涉案例,大部分我曾参与,其撰写原则有二:一是客户授权或已经媒体充分公开;二是在已公开信息范围内,进行学术探讨。

需要说明的是,书中案例,多以非国有经济角度撰写,然而此书绝非仅仅写给民营企业家,其中关于企业管理、运营乃至发展、博弈之道,应该适用于所有类型的企业。本书甚至不仅仅是写给企业家的,也希望给律师同仁、学界同行带去一些启发。本书以实战案例和理性分析的专业演讲形式撰写,希望能成为案例教学的一本有效教材,希望能得到大家指点,使其思想性、理论性、实用性,都能得到提升。

本书撰写过程中,《WTO经济导刊》杂志副主编林波女士倾注了大量心血并执笔整理了本书第一、二、六、七、九、十章等章节的部分内容;本书策划编辑陆建华先生、责任编辑陈康女士亦倾注了大量心血,在此一并表示衷心感谢。

本书出版之际,恰逢我亲爱的女儿吕晟结束了在新加坡四年的高中学习,即将远赴欧洲本硕连读,本书将作为一个父亲送给女儿念大学的礼物。

吕良彪

2012年9月于北京

目录

第一编

“公司丛林”的内部较量

——从容应对公司股东的挑战

1

商业文明是社会文明的重要基石。

股东承担有限责任的公司制度，是近现代商业文明最伟大的制度性成果。

公司治理是国家治理的微结构。

如果不愿或不能用脚投票选择离开，那就好好用手投票去争取你的权利。

控制权之争，是现代公司股权与治权相分离的背景下“公司帝国”的“王位”之争；绝不是单纯的法律问题，也不是仅仅依靠法律就可以解决的问题；但法律又往往是各方博弈至关重要的“筹码”与“战场”。控制权之争可能涉及刑事辩护、民商事诉讼仲裁、行政诉讼，与政府、股东、投资人甚至公众等各方的协商、谈判，可能需要第三人的斡旋或引进“白衣骑士”“黑衣骑士”，可能需要对公司进行破产、重整、并购、重组、改制，还可能需要借助专家、媒体与公众的力量……总之，是各方资源——包括但不限于道义资源、资本资源、人力资源、政治资源等的综合博弈。

法律是公众的契约，契约是私人的法律；

法律是批发的契约，契约是零售的法律。

摒弃“成王败寇”的丛林思维方能有共容；理性的妥协才是博弈各方的最大胜利。

1

第一章
导语:公司博弈与契约精神

让法治成为我们的信仰,让诚信成为我们的本能。

商业博弈,“成不王,败非寇”才能有合作;理性的妥协才可能有共赢。

契约精神的实质在于公平。在合资成立公司这样一项长期履行的合同中,各方资源重要性会发生较大变动。坚持合同文本的一成不变未必公平,应当允许当事人在法律的底线内通过博弈实现动态平衡。从这个意义上说,宗庆后、马云的努力并不违背契约精神的实质。

——题记

一、公司治理基本哲学

公司治理是国家治理的微结构。① 主权:国家主权在民;公司主权属于股东。② 治权:国家谓之政体,政治组织形式;公司法人治理结构要解决两个问题:一不可沦为“一股独大”,二要避免“内部人控制”。③ 文化:国家的主流意识形态;公司的企业文化与核心价值观。

公司股东分配利益的基础,是各自所提供资源的价值,而非一成不变的文本本身。追求合理的对价基础,是对契约自由精神的不懈追求。

——吕良彪

毋庸置疑,股东承担有限责任的公司制度,是近现代商业文明最伟大的制度性成果。公司制度最有效地凝聚社会资源,尤其是现代公众公司(上市公司)的出现,甚至可以使全球范围内、彼此相互完全不知晓甚至有敌对关系的投资人,将其资源投入同一家公司,使公司规模飞速成长,在国内、国际各个领域产生举足轻重的影响力,极大地推动人类文明的进步。

公司是众人利益紧密相融合的特殊实体。公司治理是国家治理的微结构,具有相同的哲学基础,包括三个基本元素:

一为主权。国家主权在民,人民通过制宪会议制定宪法,规制公共权力,保障人权;公司所有权在股东,股东通过契约约定彼此的权利义务,通过制定章程规制公司运行。

二为治权。国家表现为政体,即政权组织形式;公司表现为治理结构,即股东会、董事会、监事会、管理层等机构之权限设置及相互关系。

三为文化。国家体现为意识形态和主流文化及文化包容度;公司体现为核心价值观与企业文化,没有价值追求的公司不过是共同谋利的利益共同体。

公司治理的基本原则,在于股权与治权的平衡与制衡,既要避免大股东"一股独大",损害中小股东和公司利益;也要防止公司落入过于"专制"的职业管理人之手沦为"内部人控制",损害股东和公司利益。公司治理之道正合民主、共和、宪政之价值追求:权利由股东依股权或约定平等享有;股东有权自由表达各自的意志;股东会、董事会、监事会等机构设置核心在于管理权限的约束与制衡。

公司治理的基本结构在于股东会选举董事组成董事会,公司章程在法定范围内设置股东会与董事会的管理权限及公司运行基本规则。公司法定代表人(往往也还是实际控制人)产生的法定程序,是股东会选举公司董事,董事会选举产生董事长;不设董事会的,由股东会任命执行董事。股东会与董事会的关系往往成为公司实际控制权的关键,股东之间多在股东会、董事会层面争夺公司实际控制权。

非公众公司股东有限,且人合因素占据相当的重要性,虽受公司法等法律、法规及公司章程制约,但很多事情相对要隐秘得多,股东之间可真刀真枪爆发股东战争(如"达娃之争"),亦可由部分股东联合发动"公司政变"驱逐原实际控制人(如"江南某大市场政变"),甚至可能是部分股东"卷走"公司核心资产(如"支付宝事件")。而公众公司治理规章相对要完备、透明得多,亦受到相对严格之监管,故其"掌门人"之争,多以公开透明之方式进行,可以是公司股东间的"股权对决"(如"国美内战"),亦可能是股东间一次性"选票对决"。公司治理不当,甚至可能出现股东间自相残杀(如周祖豹案)的极端状况。而"方正系"与"政泉系"之争,则折射出当下中国权力对公司控制的非正当参与;此番"万科之争"发生在众多股东、潜在投资人、职业经理人及各自背后若隐若现的各种力量博弈,则是当下中国式利益博弈的生动缩影。

二、"契约精神"之实质在于公平

法律是利益分配与再分配的规则与手段。法律是公众的契约;契约是私人的法律。法律是"批发"的契约;契约是"零售"的法律。

契约精神之实质在于追求公平而非坚持契约的"一成不变"。公司股东间的协议是一个长期履行状态之合同,各方可随各自资源基础的变化调整利益分配。

——吕良彪

从"达娃之争"的宗庆后到"支付宝事件"的马云,都曾被指损害"契约精神",甚至引发学者和业界关于中华民族当下"契约精神"普遍缺失的声讨与反思。

何为"契约精神"?

契约精神包括两个层面:一是私人之间商业行为的契约精神;二是规制权力、保障人权的社会契约精神。契约精神包含四个方面的主要内容——契约自由精神、契约平等精神、契约信守精神、契约救济精神。

契约自由精神包括选择缔约者的自由。决定缔约内容与方式的自由。契约自由主要表现在私法领域。

契约平等精神是指缔约的主体的地位是平等的,违约者将受到制裁,受害方将得到救济。这种平等精神,使社会主体超越身份不同而共同面对契约平等,亦构成社会契约论的基础。

契约信守精神是契约精神的核心,也是契约从习惯上升为精神的伦理基础。诚实信用作为民法的帝王条款和君临全法域之基本精神,在契约未上升为契约精神之前,人们订立契约源自彼此的不信任。契约的订立采取的是强制主义。当契约上升为契约精神以后,人们订立契约源于彼此的信任。当契约信守精神在社会上成为一种约定俗成的主流时,契约的价值才真正得到实现。在缔约者内心存在契约守信精神,契约双方基于诚信,在订约时不欺诈、不隐瞒真实情况,不恶意缔约、善尽合同义务,同时尽必要的善良管理人、照顾、保管等附随义务。

契约救济制度,则是契约信守精神的保障。

契约精神使社会有了稳定预期,而稳定预期则是构成现代社会最基础的因素之一。

问题在于,契约订立后当事人是否可以调整?是否企图调整契约内容的一方当事人必然违反契约精神?

“契约精神”的本质,乃是通过自由订立契约、严格信守契约之方式,实现当事人之间公平、合理地分配利益。契约之对价,乃是交换正义之对价。正是出于尊重当事人意思自治、保障交易公平之故,各国法律均允许当事人可经协商变更其合同内容,在发生不可抗力事由时可解除合同并在一定条件下免除未履行合同一方当事人的责任,在出现情势变更事由时允许一方当事人可以不尽合同义务。这些规定,都是基于公平分配利益之目的对契约本身的调整,亦是契约自由精神之具体体现。

故,在合同履行过程中,提出变更合同内容者,并非必然损害契约精神。契约订立时的双方对价基础非因当身人自身原因发生重大变化者,即应强调契约之稳定与信守,否则即应承担违约责任。如买卖合同中因买方责任迟延收货而遇价格上涨者,按上涨后价格履行;因卖方责任迟延交货而遇价格下跌者,按下跌价格执行。若情势已较契约订立时发生重大变化,则当允许当事人通过“协商”(包括激烈冲突后的妥协),对双方权利义务予以调整。

公司股东间确定投资关系之契约,与普通契约(如买卖契约)有很大不同,其最显著特性,在于交易各方(公司股东)各自交易的对价基础(公司资源包括资本资源、实物资源、知识产权资源、管理资源、人力资源、市场资源等),在长期交易过程中,可能发生巨大变化。坚持一成不变地履行合资、合作之初的资源基础上的契约,可能与公司实际情况严重不符合,资源被低估或基础性资源有巨大增长性并对公司有重要意义的股东,如果按照刚刚开始时的股东资源、贡献状态分配利益,可能极端不公平。在此种情形之下,通过协商乃至诉讼,调整权利义务分配的格局,使大家在新的利益格局下进行合作,其实质是尊重各种资源在公司格局中的地位、作用与贡献。

具体到达能、娃哈哈之争,宗庆后及其管理、生产、营销团队在娃哈哈合资企业中所起到的作用越来越大,而达能方投资并未同步增值。具体到支付宝之争,与雅虎、软银的资本资源相比较,马云团队在阿里巴巴的重要性,已于三方合作之初的格局发生了重要变化。所以,从这个意义上说,宗庆后、马云没有信守契约,没有信守一成不可变的契约,形式上似有巨大道德缺陷,但其实质,却是在公司股东资源基础发生巨大变化的情况下,各利益方经过博弈达到的新的利益平衡。从本质上说,这是契约自由的一种体现,是对契约公平精神的不懈追求。

三、改造中国的商业伦理与文明

商业文明是社会文明的重要基石。

——吕良彪

此后，“雷士照明内战”“外滩地王之争”“万科之争”等公共事件，再次将中国企业家与投资人的尖锐矛盾置于公众视线范围，再次引发人们对中国式商业伦理与文明之反思。

PE及其他财务投资人投资中国企业似乎面临两难：一方面，没有一个强势领军人物的企业缺乏核心灵魂人物不敢投；另一方面，领军人物太过强势能干也不敢投。——没有民主法治，大家对公权力缺乏安全感；没有契约精神，投资人与企业间相互不信任。

在我看来，“成王败寇”式的功利型思维定式，乃是中国式博弈缺乏底线的根源所在。商业博弈三要素：一为资源，包括资本资源、人力资源、市场资源乃至政治资源、民意资源等；二为策略，谈判、诉讼、仲裁、口水战等；三为利益分配方案。先前之“达娃之争”“国美内战”“支付宝事件”如此，“雷士照明”“万科之争”等控制权之争亦不例外，整体趋势是各方利益的均衡与理性的妥协。商业博弈，往往均无法脱离这一历史规律。

“达娃之争”“国美内战”（其实质为陈晓背后的国际资本群狼与中国市场猛虎博弈）、“支付宝事件”，最终均以创立并实际控制企业的宗庆后、黄光裕、马云胜出，但财务投资方日益强势且越来越受到保护。而“雷士照明”“万科之争”中，资本的力量进一步得到彰显。虽然在博弈过程中，我们可以看到国家权力意志的决定性作用，往往本该由市场决定的问题最终却由政府说了算，但我们更希望看到，我们的商业伦理能够真正重视各方利益的均衡与共容，能够对契约精神有更崇高的信守。

“成不王，败非寇”，才能有共容。理性的妥协，才可能有各方的共赢。

第二章

股东"战争"

——"达能" VS "娃哈哈"国际巨额投资纠纷①

> **笔者按**：公司控制权之争之"股东战争"模式，系公司股东间矛盾激化，相关各方以道德资源、法律资源、人力资源、资本资源等为基础，进行激烈对抗，其形式包括诉讼、仲裁、谈判、舆论造势、刑事追究甚至仇杀引发刑事案件等，典型案例如"达娃之争"，其博弈特点为：公司大股东采取特殊方式获得控股权，公司实际控制人架空大股东。其博弈实质为中国民族资本在融入经济全球化进程中与跨国资本的本土对决。

围绕娃哈哈合资公司实际控制权之争，作为娃哈哈合资公司两大股东的法国达能集团（以下简称"达能"）与杭州娃哈哈集团有限公司（以下简称"娃哈哈"）进行了全方位、立体化的"战争"：包括"投资战""并购战""舆论战""买办战""法律战"乃至"政治战"等。投资战是双方宏观布局之争；并购战实质在于占据公司控制权；

---

① 2007年9月至2009年9月，大成律师担任娃哈哈集团工会、职代会代理律师，进行了详细的尽职调查，揭示了相关事件的法律事实；代理了相关诉讼案件，使中国法院对相关合资纠纷依法享有管辖权；组织、发布了大量历史事实，澄清了公众被误导的认知；与中、法相关机构和人员进行有效接触，在当时法国总统访华期间，发表公开信及法律调查报告促进争端理性解决。通过参与投资战、并购战、法律战、舆论战乃至"政治战"，促进了"达娃之争"的理性解决。本章关于案件事实的内容，系根据多家媒体公开报道整理而成，不包括律师与客户间的商业秘密。

舆论战则是为了占据道德高地、以舆论压力迫使对方出错或是迫使有关公权力机关介入打压对手；买办战亦可称为跨国公司“本土化”战略；而“政治战”则是动用高层政府资源，如达能搬动法国总统萨科奇介入。虽然，“达娃之争”绝非单纯法律问题，亦非单纯法律所能解决之问题。但最终，博弈的成果、权利义务，都需要以法律战具体保护。——毕竟，法律是利益分配与再分配的基本手段与规则。

2009年9月30日，旷日持久的“达娃之争”落下帷幕，达能与娃哈哈达成和解——达能以人民币30亿元的价格出让娃哈哈合资公司51%的股权，从此退出娃哈哈。而此前其要价高达500亿元。和解协议执行完毕后，双方将终止与双方之间纠纷有关的所有法律程序。

“达娃之争”被称为改革开放30年来影响最大的国际商战，29场诉讼、仲裁战役中，不但双方企业的掌门人，连中法两国政府乃至元首都参与到这场商战中。一个达能以40亿元收购娃哈哈非合资公司的商业故事，最终演变成了娃哈哈的反收购故事。①

一、事件实质：国际资本与民族资本的博弈

就算人家找上门来说自己的孩子闯祸了，也得先把事弄清楚了，别急着打自己的孩子。

——吕良彪

2007年，“达娃之争”浮出水面。

4月，达能突然以非合资公司生产的产品未经合资公司董事会通过，擅自使用“娃哈哈”商标，要求低价强行收购娃哈哈非合资公司51%的股权。此举遭到娃哈哈合资企业董事长宗庆后的拒绝。

5月，达能正式启动对娃哈哈的法律诉讼。6月7日，宗庆后辞去娃哈哈合资企业董事长一职，随后双方进行了数十起国内外法律诉讼战。

达能放出狠话，表示会让宗庆后身陷“国有资产流失门”“商业贿赂门”“偷税门”，并将让宗庆后“余生在诉讼中度过”。

面对达能强大的法律攻势和强硬的舆论压力，宗庆后最初的反击是道德化、情

① 用三国故事作比：“达娃之争”就好比是司马炎逼曹奂禅位。司马昭是曹魏后期的政治家和军事家。继其父兄的事业，消灭蜀汉，基本上完成了取代曹魏。晋武帝司马炎，司马昭的长子，公元265年，司马炎即晋王，逼迫魏帝曹奂禅位，建立晋朝，公元280年，攻下建业，吴国灭亡，完成了统一事业。

绪化的。首先是惊呼上当受骗和大谈法律陷阱,使用民族情绪化语言调动中国人同情弱者的道德情感;其次是竭力强调契约制订中的种种无奈和解释自己误入对方陷阱的种种无辜,争取全社会对娃哈哈一方的情理认同;最后上升为激烈的民族品牌保护的舆论煽情,发出了"中国人现在已经站起来了,已不是八国联军侵略中国的时代了"的情绪化呐喊。

宗庆后的这些道德呼吁其实效果并不理想。不少知识精英认为,这场法律与道德大战,是讲契约一方(外方)与不讲契约一方(中方)的矛盾冲突,并喊出了"中国需要契约精神"的口号。

7月,时任全国工商联并购公会会长的王巍在《国际融资》杂志专访中提出:"契约精神恰恰是一个商业社会最基本的文化,是基因;而我们中国向来缺乏这种文化,缺少这种基因。"王巍甚至提出了这样的质疑:"到底谁让我们一向尊重的宗总蒙羞?"

此时,各方都将矛头直指宗庆后。这引起了我的强烈兴趣。

首先,我们需要追溯一下"达娃之争"的前因。

1990年代前期,宗庆后率领娃哈哈在国内A股上市受挫,遂转而寻求外资合作。1996年,在香港百富勤集团牵线、参与下,三方开始洽谈合资事宜。当时,正值中国实施招商引资政策初期,各地政府甚至不惜赠送土地、减免税收来吸引外资和技术。

达能在娃哈哈提供的10家公司中,精选了4家公司合资合作。当时,娃哈哈集团将娃哈哈系列商标作价一亿元转让给合资公司作为入资的条件,娃哈哈集团是第一大股东,占合资公司49%的股份,百富勤占10%,达能占41%。但两家外方使用了一些并购"计谋":百富勤与达能在新加坡成立金加公司,以金加公司控股娃哈哈合资公司51%的股权。而金加公司内部的股权转让,则不需要经过娃哈哈集团同意。果然,几年后,香港百富勤集团将金加公司股份悉数转让给达能,退出了合资公司。这是跨国公司常用的资本并购手法,由此,达能轻易地掌握了控股权。

然而,尽管合资公司的大股东是达能,但实际控制人却仍是娃哈哈集团董事长宗庆后。在双方合资近13年中,娃哈哈的控制权、管理权、营销权始终控制在宗庆后手中。合资后,达能只派驻总裁、财务等数名高管,企业日常的经营、管理等一切事务仍由宗庆后负责。与中国许多企业家拥有绝对的权威一样,宗庆后也是极为强势的精神领袖,有着"娃哈哈之父"之称。这不仅因为娃哈哈是其一手创立,更是因为他的经营、管理思路得到市场、商业伙伴与公司员工的认可。

最初10年,合作融洽,合资公司在宗庆后的领导下高歌猛进,公司效益非常好,达能先后从合资公司里分得了30多亿元人民币的利润。

此时,由于中国过高的招商待遇,外资大举进入中国。达能先后控股了深圳益力和乐百氏,参股了汇源果汁和光明乳业。乐百氏与娃哈哈是直接的竞争对手,但达能亚太区总裁、法籍华人秦鹏却身兼娃哈哈合资公司和乐百氏的董事长。

合资的出发点是为了“技术换市场”,但达能除了派上少数高管、每年定期分红外,没有给娃哈哈带来新的技术。宗庆后希望新上的项目也频频遭到达能的否决。宗庆后渐渐感到公司成了达能全球布局的一颗棋子。

于是,宗庆后开始大量发展由国有企业和职工持股的非合资公司,这些公司的原料采购、产品销售均通过合资公司购销体系来实现。这表明娃哈哈当时并未形成现代化管理机制、法律风险控制体系,而达能却在这些方面经验老到,不过达能初来中国,业绩很大程度上依赖于娃哈哈的利润,双方矛盾被掩盖下来。

2006年,达能派驻合资公司的新任董事长范易谋发现,合资公司利润10.9亿元,而69家非合资公司却是10.4亿元。范认为,非合资公司的存在拿走了本应由合资公司享有的市场和利润,要求以40亿元收购其51%的股权。如果收购成功,达能将完全控制娃哈哈,在中国的业绩也将顿时改观。但这明显是低估了娃哈哈非合资公司的价值。在与其他股东和员工商量之后,宗庆后拒绝了达能的收购请求。

于是,“达娃之争”爆发,达能发起了一场针对宗庆后和非合资公司的全面诉讼,从舆论、政治、法律三个层面以及国内、国外两条战线同时发起进攻,企图逼迫宗庆后和非合资公司接受达能的条件。

经过认真研究、思考,我认为这是中国民族资本在走向国际化的过程中,与国际资本之间所进行的本土博弈。在与技艺娴熟的国际资本之“狼”共舞的过程中,中国的企业、企业家、政府、专家、媒体、民众,都有许多需要学习、借鉴、反思之处。

一个最典型的事例,就是当年百事可乐欲进军法国市场,并对达能构成威胁时,达能发起了一场“保护法兰西瑰宝”的运动,公然宣称百事可乐要来抢夺“法兰西瑰宝”达能,法兰西民族当奋起保护之。由此上至总统下至百姓,从议员到媒体,无不对百事进行指责,从而使百事梦断法兰西。

如何妥善、适度地解决国际资本与东道国的关系?如何保护民族资本和民族品牌?如何使娃哈哈不再如乐百氏般被消灭?如何使民族品牌不再一个个变成洋装的“露美装臣”?这是一场场残酷的战争,绝不像某些专家考虑的那么简单,在情况不明的情况下不应自己将道德压力强加于本国的企业家身上。——就算人家找上门来说自己的孩子闯祸了,也得先把事弄清楚了,别急着打自己的孩子。

二、研讨与造势:做好舆论和理论准备

民族品牌理应受到特别保护,但对国家经济和民族品牌的保护亦应纳入法制化轨道,切忌以一种“义和团”式全民仇外的方式进行。

——办案手记

形成这些观点和认识后,我开始陆续在报刊上发表文章阐述自己关于国家经济安全、民族资本、民族品牌保护以及如何与国际资本博弈的观点,同时参加各类高端研讨会表达自己的意见。

2007 年 9 月 1 日,“第七届中国律师论坛”在宁夏银川召开。我主持了其中的“企业法律风险防控论坛”,并发表了题为《与“狼”共舞,你准备好了吗?——中国企业跨国并购的法律风险及其防范》的专题演讲,阐述关于中国民族企业全球化过程中的法律风险控制问题。我认为,虽不能认定达能与娃哈哈集团的合资及收购属恶意收购,但达能对中国企业的收购已经涉及特定领域的垄断和国家经济安全问题。

以下列举的是达能对中国饮料产业的收购概况:

—1987 年,成立广州达能酸奶公司。

—1994 年,与光明先后合资建立了上海酸奶及保鲜乳两个项目,达能占 45.2%的股份。

—1996 年,收购武汉东西湖啤酒 54.2% 的股权;与娃哈哈成立 5 家合资公司,达能获得 41% 的股权,亚洲金融风暴之后,达能拿到 51% 的股权;收购深圳益力食品公司 54.2% 的股权。

—2000 年 3 月,达能收购乐百氏 92% 的股权。

—2001 年,达能亚洲有限公司参股光明乳业,比例为 5% 。

—2004 年,收购梅林正广和饮用水有限公司 50% 的股份。

—2005 年 4 月,达能亚洲持有光明乳业的股权增至 9.7% ,成为该公司第三大股东。

—2005 年 10 月,达能亚洲第三次增持光明乳业 1.85% 的股权,股份总计 11.55% 。到 2006 年 4 月,增持光明乳业股权达到 20.01% 。

而按照我国相关法律法规,外商投资涉及重点行业、存在影响或可能影响中国

经济安全的，应进行申报，而达能进行上述投资活动，可以说是一马平川、毫无障碍。（《关于外国投资者并购境内企业的规定》第12条规定，外国投资者并购境内企业并取得实际控制权，涉及重点行业、存在影响或可能影响国家经济安全因素或者导致拥有驰名商标或中华老字号的境内企业实际控制权转移的，当事人应就此向商务部进行申报。当事人未予申报，但其并购行为对国家经济安全造成或可能造成重大影响的，商务部可以会同相关部门要求当事人终止交易或采取转让相关股权、资产或其他有效措施，以消除并购行为对国家经济安全的影响。）

此前，中国本土规模最大的综合性管理咨询公司和君创业的总裁李肃曾购买100股光明乳业股份并以此为由起诉光明乳业的大股东达能，认为其侵犯了小股东的权益；同时，李肃还多次要求商务部对达能在中国的并购进行国家经济安全审查，亦未获得答复。究其原因，我认为是因为根据《公司法》相关规定，有权提起相关诉讼的应该是连续持有上市公司1%以上股份180天以上的股东；根据《关于外国投资者并购境内企业的规定》，只有“有竞争关系的境内企业、有关职能部门或者行业协会”，才能启动这一国家经济安全的审查程序。

而在各个国家，民族品牌都受到特殊的保护，除了前文所述百事可乐收购达能失败案例外，固特异轮胎橡胶公司遭恶意并购被美国国会和政府所否定也是典型案例。

民族品牌理应受到特别保护，但对国家经济和民族品牌的保护亦应纳入法制化轨道，切忌以一种“义和团”式全民仇外的方式进行。启动国家公权力介入投资并购的私权领域，无论如何均应慎重。需要澄清的是，我们反垄断而不应反外商控股；更为重要的是，中国境内的外商投资企业（无论是中外合资、合作还是外商独资企业）都是中华人民共和国法人。

在演讲中，我这样说道：“达能在中国相关领域的并购态势以及并购后对于乐百氏等中国知名品牌的毁损，使我们不得不怀疑，达能在中国的并购战略完全是为了服务其经济利益的最大化而非建设性的合作，为此甚至不惜以非正当方式控制中国相关的行业、毁损中国的民族品牌。对于跨国公司这种破坏式的并购，确实必须引起我们足够的警惕并采取相应的措施。”

在“第七届中国律师论坛”上，我还专门将达能娃哈哈之争，作为一个专题进行讨论。到场参加讨论的，有知名公司法学者刘俊海、上海知名知识产权律师朱妙春、大成知名公司诉讼律师钱卫清，有“达娃之争”的风云人物、和君创业总裁李肃，有《中国贸易报》的总编辑范培康，有北京市律师协会的会长李大进，深圳市律师协会的会长李淳,此外,还有全国各地十余名律师上台发言。李大进、李淳、李肃甚至产生激烈争执。

在这些争执声中,各方观点荟萃,不仅丰富了我的思想,声音也传递到了江南古城杭州,娃哈哈向我和李肃发出了邀请。

三、初识宗庆后:"隆中对"确定合作方向

中国事,术不及道,道不及势。我有一个坚定信念,达能一定会离开。

——办案手记

2007年9月30日上午,浙江大学城市学院中科企业家学院成立,我受邀参加典礼并作专题讲演。午饭后,与李肃先生一起前往娃哈哈集团拜访宗庆后先生。

李肃先生素来才华横溢、激情飞扬,照例先由他主讲,我和宗庆后一起聆听了李肃的精彩演讲。

李肃先生演讲告一段落,我很平淡地对宗庆后讲:

"宗总,您现在需要考虑两个问题:第一,'后达能时代'娃哈哈如何发展;第二,尽快平稳、安全地过渡到'后达能时代'。"

后来宗先生告诉我,"后达能时代"这一表达立刻抓住了他的心,轻描淡写的几个字意味着娃哈哈必胜,既显示出律师的信心又不谄媚。

看到他特别有兴趣,我接着说:

"我有一个坚定信念,达能一定会离开。"

"中国人自古讲究'术不及道,道不及势'。达能,尤其是范易谋,貌似精明强干,步步紧逼,但他们不懂中国人的'度'。达能与娃哈哈的冲突,实际上是达能作为外国投资人与东道国政府、企业、民众整体氛围的文化冲突,解决起来需要适度。凡事过犹不及,达能现在太强势,已经失了度。所以达能即使暂时在'术'的层面貌似精明,其实已经输了'道'。"

"更重要的是,要看中国当下的大'势'。中国当下的大'势'有两点:一是党的领导;二是人民群众的意志。在党的领导下,娃哈哈这样一个著名的民族品牌、这么有影响力的民族企业,您这样有深厚基础、经受过多年市场洗礼与考验的民族企业家,被达能灭掉,无疑是不符合大'势'的,所以我可以肯定娃哈哈必胜。"

我很明白,这番话,虽然让他听得顺耳,但还不足以让他立刻树立对律师的信任。接下来,我给了他一些让他重视的提示:

“‘后达能时代’不会自己到来，如果处理不慎就有可能是‘后宗庆后时代’，当前不能寄希望于达能犯错，而是需要保证我们自己绝对不能犯低级错误。”

“要避免什么样的低级错误呢？举个例子，当年郎咸平攻击国企改制是‘小保姆当上女主人’，到处架炮轰人。结果海尔的张瑞敏不搭理他，长虹的倪润峰不搭理他，其他被指名炮轰的老总也都不搭理他，只有一个非常有‘历史责任感’的企业家顾雏军跳出来，组织一帮所谓专家‘有小脑没大脑’地跟他一起和郎咸平论争。”

“这一论争貌似热闹，有时还能占些上风，但他没有想到自己的愚蠢在于通过这种方式，将国人对于国企改制中国有资产流失问题、其他腐败问题、社会严重不公的矛盾乃至个人生活的不如意，都找到了一个攻击和宣泄的对象，一下就把自己划到‘民意’(人民群众)的对立面去了。”

“您绝对不能犯这种低级错误。我建议您不要再去直接面对媒体了——‘宗庆后式表达’质朴而直接，太容易被媒体误读，而往往媒体又特别喜欢误读您，这样才有‘卖点’。希望以后由公司统一的新闻发言人对媒体发布消息。其他专业性意见，可以由专业人士表达。至于您本人，需要讲话的场合有两个：一是全国人大会上，要格外强调国家的经济安全、民族品牌的保护以及企业的社会责任。二是达能离开后，您要对达能表示感谢，毕竟达能给过娃哈哈帮助，也给了娃哈哈与国际资本合作正反两方面的诸多经验。此外，仍然是要强调娃哈哈的社会责任。”

这番话，宗庆后显然十分认可。但作为律师的表达，到此的“分量”显然还不够。所以，接下来我提出四条专业建议：

“作为律师，我最重要的是给您法律上的提醒、意见和建议。现在有几个问题我必须提示您，当然您不必回答我，只要您注意到并安排好就成：

第一个问题：改制过程是不是规范？有没有侵吞国有资产？包括商标等问题，达能肯定会攻击您这些问题，稍有不慎就会吃大亏。

第二个问题：您有没有收受达能大笔的钱？据我所知，您至少是有一次就拿了六千万元的——不管您怎么看这个钱，达能肯定是要拿这个做文章的，而且据我所知达能也正在论证这笔费用是否构成商业贿赂。

第三个问题：您和您家人的身份问题。海外那一大堆离岸公司，有没有违规违法转移国内资产或洗钱的情况？这在法律上、道德上，都有可能被对方拿来做文章。

第四个问题：您有没有从达能方面或是公司收到巨额的回报？是否明确约定由对方负担税收。如果没有明确约定由对方承担，建议您最好补上。最新司法解释出台后，只要被查处前补上，就不会作为刑事犯罪处理。在这个问题上，不要有任何侥幸心理。”

宗庆后听完,只说了一句:“吕律师,我们一定要和大成合作,至于具体方式,容我再想想。”

我接了一句:“我希望大成与和君创业一起为娃哈哈提供服务。”

宗庆后说:“好。”

初次见面,交谈不到半小时,即确立合作关系。

四、定位:我要给职工群众做代理律师

我们要给娃哈哈工会、职代会做代理律师。

——办案手记

一周后,2007 年 10 月 7 日,再赴娃哈哈集团。

我见面即对宗庆后说:“宗总,我决定不跟‘资本家’合作,我要给人民群众做代理律师。”

宗庆后问:“具体怎么办呀?”

我说:“我们要给娃哈哈工会、职代会做代理律师。”

李肃当即表示:“你跟宗总想到一起了。”

此前,娃哈哈集团当时已聘请了金杜、天册等多家中国著名律师事务所为其提供法律服务,斯德哥尔摩的投资争议、杭州仲裁委的娃哈哈商标权归属之争等均已鸣锣开战。当时最大的问题在于舆论上的占绝对下风,给法律案件处理也带来很大压力。

通过研究娃哈哈集团与达能的合作模式以及娃哈哈集团的股权构成、历史沿革,娃哈哈集团的工会、职代会是其主要(第二大)股东,有其独立立场,亦可采取独立法律行动。

这一合作模式安排的好处在于:可以协助统一协调相关的法律、舆论、公关策略,亦可独立提起民事诉讼,或表达独立意见。

10 月 15 日,宗庆后专程造访北京市大成律师事务所总部。我主持会谈,并邀请李肃及大成律师事务所钱卫清、李寿双、林晓东等律师共同研讨诉讼方案。

其间,钱卫清律师率先提出代位权诉讼的策略,得到各方广泛认同,经大家研讨得出相关思路,即:

娃哈哈工会、职代会是娃哈哈集团的第二大股东,娃哈哈集团与达能合作成立

娃哈哈合资公司。现娃哈哈工会、职代会发现，达能存在严重侵犯合资公司利益之事实，遂要求娃哈哈集团追究其法律责任。而娃哈哈集团因种种原因未能依法向中国法院提起相关诉讼，娃哈哈工会、职代会即依法行使代位权，对达能提起要求赔偿的民事侵权诉讼。而这一诉讼，不受娃哈哈集团与达能之间的协议约束，理应由中国法院负责审理。

之前达能以“合资合同中关于非竞争性条款和仲裁条款的约定”为利器，对娃哈哈提出了一系列诉讼和仲裁。由于合资合同中关于达能方的同业竞争问题之约定语焉不详，而且其中约定的双方纠纷解决方式为国际仲裁，因此，娃哈哈欲对达能提起法律反击，必须证明违反竞业禁止的恰恰是达能，同时绕开合资合同条款的仲裁条款。

在调查中我们发现，真正违反合资协议竞业禁止约定的是达能而不是娃哈哈。在和娃哈哈成立合资公司之后，达能先后参股或控股了乐百氏、蒙牛、正广和、汇源等与合资公司存在竞争关系的饮料企业，达能在娃哈哈的董事同时兼任这些企业的董事，损害了合资公司的利益。

我们提出的股东代位诉讼新思路，从而绕开了仲裁条款。一般情况下，股东权益受到侵害以后，是由公司管理层代表公司来主张停止侵害、赔偿损失的权利。但新《公司法》规定，如果公司的管理层由于种种原因不去主张这个权利，此时股东可以替代管理层、代表公司去起诉侵权人，这就是股东代位诉讼。

这次见面，还就如何应对达能综合、立体的舆论战与法律战归纳整理了思路，达成了战略方针。此后，各项工作依次展开。

五、四场艰难的“媒体战”

一要端正心态，不为所动；二要实事求是，以事实为根据进行回应；三要理性客观，不夸大，不出恶语。

——办案手记

一切媒体战、舆论战，目的无非有三：一是占据道德高地，获取道德优势，争取民众支持；二是产生“媒体泡沫”鼓舞己方斗志，使对方作出错误的判断和行为；三是希望以舆论力量引导民意，进而引起某些公权力的关注，甚至“出手”打击对手。

成熟的舆论战略是达能实现战略目标的重要手段。在“达娃之争”中，达能聘请了世界知名的公关公司，为其提供专业的舆论服务：专业的机构、精心准备的措辞、专业人士的统一发布、与媒体的良好沟通,等等,使达能在“达娃之争”初期几乎形成了一边倒的舆论优势。在对娃哈哈、宗庆后的打击中,最主要的舆论指责都是来自中国国内的专家和媒体,究其原因,就在于达能专业化的舆论战成功地引导了中国的媒体,而中国企业家近乎赤膊上阵的“朴素”则使中国企业陷于被动。

在国际上,达能通过舆论和诉讼,一再宣称其在中国可能得不到公正司法的保护,一再妖魔化竞争对手,既为自己争取舆论支持,也对中国司法形成压力:除了扬言要让宗庆后“余生将要在诉讼中度过”外,达能全球总裁里布还声称“不满足于修修补补,要彻底解决”娃哈哈事件;直到泥足深陷的最后——2008 年 5 月份——达能还在说“要体面地退出娃哈哈”。

达能的中国法律、舆论战中,都采取低成本高效率的定点清除的“狙击战术”,如将“达娃之争”巧妙地转化为“达宗之争”,并通过对宗庆后的家人的诉讼对宗施加舆论压力,期望以此引发宗庆后的其他法律风险。除掉了宗庆后,也就除掉了控制娃哈哈企业的最大障碍。

成功的舆论战可产生巨大的“舆论泡沫”,在短时期内对对手形成巨大压力。但只要承受住了压力,舆论泡沫自会随着真相的不断揭示而告破裂。解决“达娃之争”,需要理性地尊重中国法律,以真诚的意愿和智慧寻求问题的解决之道。

面对达能聘请专业公关机构精心安排的媒体攻势,我们认为,首先要端正心态,不为所动;二要实事求是,以事实为根据进行回应;三是理性客观,不夸大,不出恶语。

达能精心组织的媒体大战,有“契约精神缺失”“国有资产流失”“绿卡门”“美国律师罢辩风波”“偷税门”(后文详细讲述)等。对此,我们均做了充分准备,从容迎战。

第一场战役:到底是谁的“契约精神”缺失?

针对达能所谓“契约精神”缺失的指责,娃哈哈集团是不是违反契约精神?是不是损害了合资公司及外方股东利益?是不是因此损害了娃哈哈集团股东利益?我们进行了相关的尽职调查并向娃哈哈工会、职代会出具了相关《法律调查报告》《法律意见书》。在报告中,结合事实分析了娃哈哈合资公司中方和外方股东遵守合同的情况,其中包括达能在中国的投资与并购情况:

在达能的中国投资战略中,最重要的两点:一是高起点的投资使达能成功地将中国乳品饮料市场纳入其全球战略,二是以投资利益最大化为目标,达能的中国投资前期以财务投资为主,除向所投资企业派驻董事以外,达能多关心投资的财务回报,而鲜为涉足企业的具体经营。在这两点中,均存在很大的法律问题:就第一点而言,达能进入中国以来,先后投资娃哈哈、益力、乐百氏、光明、梅林正广和、汇源、蒙牛等中国乳品饮料行业的七大“龙头”企业及其他企业,2006 年年销售额达近 400 亿元人民币。在占有巨大市场份额的同时,达能向所投资的具有激烈竞争关系的中国乳品饮料行业的龙头企业派驻董事,以此加强对企业乃至整个中国乳品饮料市场的控制力和影响力。这些行为,涉及相关企业的商业秘密保护问题,涉及不正当竞争问题。这些问题都将影响到合资公司的利益。就第二点而言,基于达能对所并购企业法律上的控制权,达能有随时掌握控制企业经营管理的权利。但若达能控制企业,可能导致并购后中方品牌被迅速贬值,乐百氏即是一例。如非强力抵抗,娃哈哈亦有可能重蹈乐百氏的覆辙。

在达能的中国并购战略中,凭借其熟练老道的法律技巧,在股权收购、合作过程中,布下了一个又一个精心设计的“法律陷阱”,如:

(1) 在与光明乳业的最初合资时,达能同意将其部分“达能”商标与外观设计交给光明乳业无偿使用至 2011 年 9 月。但在协议的附加条款中,达能只允许光明乳业在两个菌种的酸奶中无偿使用这个商标。尽管后来光明乳业违反协议在别的菌种上也使用了“达能”商标,达能一直没有表示异议。然而就在光明乳业股改之时,达能却突然抛出了光明乳业“违反协议”,大做文章,并以此为谈判条件。截至 2006 年,达能最终以低于流通市场价大约 1/3 的价格如愿增持光明乳业股份,得以成为光明乳业第二大股东。

(2) 通过公司章程设定高定额的任务。达能接管一年后,即以未能完成工作目标为由将何伯权为首的“乐百氏五元老”踢出管理层。

(3) 巧设董事会权限掌握公司控制权。正广和和娃哈哈即是典型,达能先是谋求董事人数的相对多数,再将任命总经理这样重大的事项设置为简单多数通过即可的事项,从而在董事会简单多数的情况下即可控制合资公司。

在媒体质疑达能增持光明乳业股份时,范易谋一再强调系与当时的上海市国资委合作。据查,那个时期的上海市国资委主要官员已因腐败问题被查处。曾有机构拟向上海市纪委实名举报“达能公司当年用低于市场 30% 的价格购买光明乳业股权,是通过串通陈良宇,由原国资委主任凌保亨具体执行的国有资产流失行为”,要求调查达能在此并购过程中是否存在违法行为。

我们同时注意到,当时达能不仅以 4.58 元/股的低价完成转让,还拿出了 3.3 亿元的巨资作为光明乳业“市场、渠道等相关补偿费用的代价”。加上 2007 年 4 月达能在收回托付光明乳业打理的子品牌“碧悠”时也曾支付补偿费用8 000万元，“达能向光明乳业支付了4.1亿元费用”。

……

具体调查报告和法律意见篇幅很长，列举材料较多，其核心，在于以具体事实和数据表明，达能作为合资公司外方股东，实施了一系列损害合资公司乃至合资公司中方股东权益的行为。

以上《法律调查报告》《法律意见书》在征得娃哈哈方面同意后，对媒体予以了适度披露。国内相关财经媒体对此进行了相关报道，达能方面掀起的“契约精神”之指责，在一定程度上得到了澄清。

此时，也正是萨科齐总统访华之际，他的另外一个身份即是达能方面的斡旋人，对此，中国商务部也出面调停，希望达娃双方进行友好协商以解决问题。因此，“达娃之争”的“政治战”也已打响，下文详述。

第二场战役：宗庆后到底有没有侵吞国有资产？

2007年11月20日，一篇名为《娃哈哈10家离岸公司遭冻结、宗庆后不予回应》的报道出现，迅速引起各界对“达娃之争”新一轮的关注。与之前的商标纠纷、民族企业与外资合作等焦点不同，此次的重点则是杭州娃哈哈集团有限公司(以下简称“娃哈哈集团”)是否存在国有资产流失，宗庆后本人是否有转移国有资产之嫌。

此前，媒体就披露，在仍属于国有控股的娃哈哈集团之外，宗庆后及其家人以离岸控股的方式建立了一批真正意义上的“家族企业”，控股多家娃哈哈非合资公司，甚至出现交叉持股现象。

达能亚太(上海)管理有限公司向《中国经济周刊》提供资料，反映了当年娃哈哈集团改制时宗庆后本人的股份比例以及股权定价。这两份资料分别为：娃哈哈集团《关于要求审批公司内部职工持股实施方案的报告》(杭娃集字〔99〕137号)和杭州市上城区人民政府《关于同意杭州娃哈哈集团公司内部职工持股实施方案的批复》。资料内容显示，1999年娃哈哈集团改制时，娃哈哈集团将5.14亿元净资产的49%转让给经营者宗庆后和职工，实行公司内部职工持股；其中，宗庆后占60%，占有1.5亿股，占公司股份的29.4%。按照当时的定价每股1元计算，宗庆后应支付股价1.5亿元；在实际支付时，经过优惠19%、奖励等方式，宗庆后实际支付金额6 400多万元。

达能方面还向记者透露，自1996年以来，与达能合资的“娃哈哈”身份性质前后并不一致。即从1996年到2000年，双方合资成立的多家企业的中方都是有国有股的“娃哈哈”；而从 2001 年起，与达能合资的中方，是没有国有股的娃哈哈，即所谓的“宗氏娃哈哈”。

使达能不能理解的是，他们所说的宗庆后“侵吞国有资产”的过程，实际上是娃哈哈通过合法手续，摘掉“红帽子”的过程。娃哈哈摘帽过程大致如下：

第一步，是娃哈哈集团（娃哈哈一直是国有企业）的改制，杭州上城区国资局将娃哈哈股权的 54% 转让给了包括宗庆后在内的娃哈哈员工，这样宗庆后从国有企业里拿到了一些股份。

第二步，与中国国企合资的达能，后来只跟宗庆后一个人合作了。这话怎么讲？原来 2002 年，宗庆后和达能商议，以后再扩大生产规模、新投资企业，娃哈哈集团不再投入，由宗庆后设一个广盛公司，出钱并收益。达能很爽快地答应了。秦鹏当然知道合作伙伴身份的这种变更是什么意思。虽然达能高层认定宗庆后这是在“窃取国资”，但达能是很帮忙的。到了 2005 年，签订商标许可合同修订协议的时候，达能也不忘强调说，娃哈哈集团下属的非合资公司，与宗庆后控制的非合资公司，地位是同等的。在这一点上，达能是宗庆后的“朋友”。所以秦鹏与宗庆后早期的关系融洽，达娃合作有一段“蜜月期”。同时达能认为手中有宗庆后的“把柄”，有恃无恐，因此达能完全放手了企业控制权。可惜到了范易谋上台，他对宗庆后没有这种心理认同感，达娃的合作关系逐步走了下坡路。

第三步，娃哈哈在各地子公司的股份以非常低的价格从国资局手中转让给宗庆后控制的公司。如娃哈哈集团和当时的四川省涪陵市政府（后撤市设区划归重庆直辖市）共同出资成立的杭州娃哈哈集团公司涪陵有限责任公司，经当地国有资产管理部门批复，涪陵区政府陆续将手中持有的涪陵娃哈哈 100% 的股份都被转让给了宗庆后。

宗馥莉任法人代表的恒枫贸易就先后在国内投资了杭州宏胜饮料、桂林娃哈哈等 11 家公司，持股比例 60% 至 90% 不等。而 Mega Source Investments Limited 以及荣辉投资两家则先后投资了合肥娃哈哈、新乡娃哈哈、巢湖娃哈哈、成都娃哈哈等公司，持股比例 55%～70%。

当达能举报说，宗庆后偷走了国资，国资去哪里了？在 10 家注册在维尔京群岛等地的离岸公司里，由娃哈哈全体员工共同享有。

达能举报娃哈哈，这相当于达能不打自招，自己承认是“盗窃国有资产”的共犯。因为，如果存在国有资产流失，达能首先为宗庆后提供了协助；明知是犯罪，为什么不去自首呢？

从法律上看,第一,娃哈哈的改制是合法的、有偿的、评估的、价格高于达能投资的,根本无法扯上国有资产流失;第二,在国有持股的娃哈哈集团之外,由宗庆后出资60%和职工出资40%另建主体投资外地工厂,是再合理不过的,当时的国退民进和地方分税,不可能要求地方政府拿钱去投资外地企业;第三,各地政府以企业的效益和税收情况奖励经营者与职工,没有什么违法的,当年地方送给外商土地、厂房、资产的先例比比皆是;第四,民营企业到海外上市,在离岸公司设壳转移资产,是非常通行的产权安排,多是为了国际化经营,与流失无关,也谈不上转移财产。

浙江省政府是倾向于保护民营企业的,政府无意陷害民营企业家,侵吞民营企业资产,把企业家送进监狱去;同时也没有其他利益集团来落井下石,因此在娃哈哈"国有资产流失事件"中,没有出现正常法律风险之外其他不正常的危机,达能最后无功而返。

第三场战役:持有美国绿卡的宗庆后有没有资格谈保护民族产业?

2008年6月初,美国加州一位不愿透露姓名的移民律师向媒体爆料:宗庆后本人也持有美国绿卡(Permanent Resident Card,永久居留卡),且持有时间长达9年。而此间的2002年和2007年,宗庆后先后当选第十届全国人大代表和第十一届全国人大代表。

6月25日,宗庆后首度作出澄清:"我是堂堂正正的中国人!"他表示所持的是中国护照,自己是中国公民,申办美国绿卡是为了方便商务往来,且该绿卡已失效。

和此前"税务门"主要涉及经济问题略有所不同的是,这次的"绿卡门",给宗庆后带来了一个"是否爱国"的问题。有论者质问:"怀揣'绿卡'还怎么扮演民族英雄?"全国人大常委会也接到举报,要取消宗庆后的全国人大代表的资格。宗庆后的道德评价一落千丈。

我们经过调查发现,持有绿卡的时间是1993年,当时娃哈哈还是国有企业,在美国办了一个娃哈哈美国投资公司。这个公司当时是通过外经贸部批准设置的。宗庆后为进出方便,就办了一个绿卡,绿卡不是美国国籍,只是进出美国的一个相关证件,宗庆后取得美国绿卡的目的也只是为了避免每次去美国都要重新签证的麻烦。

2000年到2005年期间,宗庆后很多次到美国,但2006年之后就没去了,按照美国绿卡相关规定,只要不去注销就是存在的,宗庆后没有及时办理注销。若说宗庆后不尊重法律,也是不尊重美国的法律而不是中国的法律。按照美国的相关法律规定,这时绿卡实际上已经没有法律效力了。

当时舆论认为，拥有绿卡的宗庆后没有资格再任职人大代表。但是就目前我国法律的规定，对任职人民代表的资格，有三个条件：本身不存在犯罪行为、年满18岁，中国公民。宗庆后能够担任人大代表，是因为他对企业和社会所作的贡献，并被党和人民所认可，不能因为他有绿卡就不具备人民代表资格。

后来，我们也召开了新闻发布会，向公众澄清了此事。“绿卡门”再一次化险为夷。

第四场战役：代理宗庆后妻女之诉的美国律师罢辩风波

2007年6月4日，达能集团在美国洛杉矶高等法院对宗庆后的妻子施幼珍、女儿宗馥莉以及两家企业恒枫贸易有限公司（Ever Maple Trading Ltd.，以下简称“恒枫贸易”）和杭州宏胜饮料有限公司（以下简称“宏胜饮料”）提起诉讼。其中，恒枫贸易是在英属维尔京群岛注册的公司，宏胜饮料由恒枫贸易控股，而两家公司和两个自然人同时也分别是诸多娃哈哈非合资公司的股东或者实际控制人，例如杭州娃哈哈食品饮料营销有限公司。

达能方最初提出的起诉意见认为，杭州娃哈哈食品饮料营销有限公司以非法的手段销售与娃哈哈合资企业相同的产品，并非法利用达能娃哈哈合资企业的相同经销商和供应商资源开展业务活动。由于恒枫贸易的法人代表宗馥莉是美国公民，公司股东施幼珍是美国永久居民，该公司的联络地址也位于加州，因此达能选择在美国提起诉讼，目的是为了制止“被告集体合谋，以不正当的手段干扰达能娃哈哈合资企业的客户关系和商业前景的行为”。

美国法院当初受理该案的基本原则是长臂管辖原则，即只要被告和立案法院所在地存在某种最低限度的联系，而且原告所提权利要求和这种联系有关时，该法院就视其对被告具有属人管辖权。

11月12日，达能代理律师陈东向媒体披露，他们已经接到美国法院的通知，娃哈哈聘请的美国著名律师事务所latham Watkins于11月9日正式撤出了对该起诉讼的代理。

陈东还向媒体披露，在录口供过程中，对方出现的问题主要有三点：一是回答关键问题闪烁其词、答非所问；二是证人之间的证词有矛盾；三是证人证词与来自中国工商部门的资料矛盾，解释不清。这三种情况4人均有所表现，尤以施幼珍和王红梅为甚，以致娃哈哈律师不得不频频要求暂停，与施幼珍沟通。最后，娃哈哈律师主动终止了对王红梅的录口供。

相较于达能方面的高调宣传与主观臆测，娃哈哈方面表现得理性而沉默。

对此,中国政法大学律师学研究中心特约研究员杜国栋在接受媒体采访时表示,由于美国严格的律师职业道德,律师退出代理的情况在美国并不少见。从理论上讲,律师在诉讼中途退出并更换新的代理人对案件的审理与裁判并不会造成太大的影响。但这一情形的出现,无疑会对娃哈哈的证人证言的可信度有所损害,使娃哈哈在质证中可能处于不利地位。当然,娃哈哈的新代理人 Quinn Emanuel 如果能有效地改善娃哈哈的证人及证据的可信性,而娃哈哈在诉讼也没有实际发生任何违法行为,上述不利影响应该能降到最低。

洛杉矶当地时间2008年2月27日,美国法院出具了判决书,驳回达能起诉娃哈哈集团董事长宗庆后所成立的两家非合资公司的申请,认为中国是更合适的审理地,但法院仍保留对于宗庆后的妻子施幼珍和女儿宗馥莉的诉讼审理权。

法院不便利原则是英美普通法项下,法院拒绝行使管辖权的一种重要制度,即当法院认为某个案件在另一个法院审理对当事人更方便、更符合正义的要求时,以法官自由裁量权拒绝行使管辖权的一种制度。

2月3日,法庭组织双方听审。对此,洛杉矶高等法院2月27日出具的判决书称,"法院驳回被告宗馥莉提出的传票送达无效的动议,但是同意被告恒枫贸易和宏胜饮料的该项动议。法院部分同意被告宗馥莉和施幼珍以法院不便利原则为由提出的撤案动议,而被告恒枫贸易和宏胜饮料提出的该项动议则失去实际意义。而全体被告以仲裁程序未决为由提出的延缓程序动议同样失去实际意义"。

六、全球范围内全方位的"法律战"

达能、娃哈哈之争,绝对不是单纯的法律问题,也绝不是仅凭法律就可以解决的问题。法律战,是双方总体战役的一个重要战场。

——办案手记

法律讼争,是双方解决问题的一个主要战场。只有各自将所有"法宝"都使出来与对方斗若干个回合,然后对现实的利益分配有清醒认识,能够达成某种妥协,问题才可能得以解决。

达能与娃哈哈的法律大战,从诉讼到仲裁,从中国、美国到欧洲,从商事诉讼、仲裁,到刑事举报、行政诉讼,从起诉娃哈哈集团、娃哈哈海外原料供应商到起诉宗庆后妻子、女儿及海外离岸公司,仲裁从中国杭州到瑞典斯德哥尔摩……这是一场国际化的法律立体战役:

达能在杭州仲裁委员会将娃哈哈商标权判归娃哈哈集团后向杭州市中级人民法院提起撤销仲裁之诉；在北京起诉国家商标局未依法及时许可娃哈哈商标转让给合资公司；在斯德哥尔摩提起合资纠纷之仲裁；同时，在法国、意大利等处起诉娃哈哈集团设备供应商；在美国起诉以宗庆后家庭成员为股东的BVI公司股权。

面前达能强大的法律攻势，包括大成律师在内的中国律师代理娃哈哈集团方针对性地提起下列几大类诉讼、仲裁：

其一，在杭州市仲裁委员会提起仲裁，请求终止《商标转让协议》；娃哈哈集团有限公司起诉要求人民法院撤销合资公司关于选举范易谋为董事长的董事会决议。

其二，2007年7月，娃哈哈集团与部分娃哈哈合资公司小股东在沈阳、吉林、宜昌、桂林等地对范易谋、嘉柯霖、秦鹏等三人提起诉讼。法院已相继认定被告构成同业竞争，并判令其向合资公司赔偿损失。

其三，2007年12月，娃哈哈集团工会在山东潍坊起诉达能侵犯合资公司利益，人民法院依法冻结了达能在合资企业内的股份。

（一）管辖权的较量

1. 综观达能与国内各企业的合资合同，关于合资争议的处理，无一不选择了国外的仲裁机构。这种安排，一是避免东道国的单边保护主义伤害投资者利益，二是对不擅国际性诉讼、仲裁的发展中企业造成强大心理压力。

2. 达能开始就是在欧洲发动诉讼，分别在意大利和法国起诉娃哈哈合资公司设备供应商并申请法院冻结其财产（后被判败诉并赔偿对方10万欧元），后又利用在美国地方法院的诉讼，冻结了宗庆后家族在离岸公司的股权（后经抗辩亦由法院解冻），以此在国内大造舆论，容易给对手造成极大的心理压力。

3. 对此，我们提出极富创新性的诉讼战略，使娃哈哈从程序上和实体上握有打赢法律战的“杀手锏”。从管辖权的角度而言，我们作为娃哈哈合资企业工会、职代会的代理人，认为娃哈哈合资企业职工是公司的股东，是独立的民事主体，依法独立享有民事权利，有权独立提起股东代位诉讼。当作为合资公司的股东娃哈哈集团怠于行使或无法行使追究侵害合资公司利益的大股东责任时，工会、职代会作为股东的代表，有权提起股东代位诉讼。此种股东代位诉讼，理应由中国法院审理而不必到国外仲裁。

（二）达能的全球法律围攻

1. 2007年5月，在瑞典斯德哥尔摩仲裁院针对娃哈哈非合资公司和宗庆后先生个人提起了八项仲裁。——因双方和解而撤销。

2. 6月,在美国加利福尼亚州最高法院对宗庆后先生的女儿宗馥莉和妻子施幼珍提起一项诉讼。——不了了之。

3. 7月,分别在意大利和法国针对娃哈哈的设备供应商西德乐公司提起两项诉讼。——均已败诉,并被令赔偿西德乐公司10万欧元。

4. 9月,针对中华人民共和国工商行政管理总局商标局在北京市第一中级人民法院提起一项行政诉讼。——后撤诉。

5. 分别于美国和英国法院起诉,并冻结由被指由宗庆后先生及其家人控股的离岸公司对"娃哈哈"非合资企业的股份。——不了了之。

6. 在新疆等地法院以宗庆后先生涉嫌同业竞争为由提起诉讼。——被法院驳回。

(三) 娃哈哈的全面反击

1. 娃哈哈集团采取的法律行动。

(1) 在瑞典斯德哥尔摩与达能对决。——后双方和解。

(2) 2007年5月,娃哈哈集团有限公司在杭州市仲裁委员会提起仲裁,请求终止《商标转让协议》。(达能提起仲裁反请求,后不服仲裁裁决又向杭州市中级人民法院提起撤裁之诉。)

(3) 娃哈哈集团有限公司起诉要求人民法院撤销合资公司关于选举范易谋为董事长的董事会决议。

2. 2007年7月,娃哈哈集团与部分娃哈哈合资公司小股东在沈阳、吉林、宜昌、桂林等地对范易谋、嘉柯霖、秦鹏等三人提起诉讼。法院已相继认定被告构成同业竞争,并判令其向合资公司赔偿损失。

3. 2007年12月,娃哈哈集团工会在山东潍坊起诉达能侵犯合资公司利益,人民法院依法冻结了达能在合资企业内的股份。

"达娃之争"绝对不是单纯的法律问题,也绝对不是单纯依靠法律可以解决的问题。双方的并购战、法律战、舆论战,无非希望在解决"达娃之争"的博弈中占据主动权。后来,双方在相关部门的主持下闭门谈判并一再延长谈判期限,亦在预料之中。

七、拿捏得体的"政治战"

法国总统萨科齐的介入将"达娃之争"推向高潮,我适时向各方发出公开信,呼吁各方以"建设性态度""彻底"解决纠纷。

——办案手记

“达娃之争”发生后，双方都使出了浑身解数来争取自己的利益。

2007 年 11 月，达能方面派出了一个令所有人都大吃一惊的斡旋人，正是这个斡旋人，将“达娃之争”推向了前所未有的高潮。这个斡旋人便是法国前总统萨科齐。

2007 年 11 月 26 日，法国总统萨科齐访问中国，在主要议程中，明确包含了调解“达娃之争”的正式议题。这也把本就沸沸扬扬的“达娃之争”推向了高潮。

萨科齐对于中国政府高层主动提出，达能停止诉讼、双方和解，中国商务部开始居中调解。

实际上，这已经不是法国政府的第一次表态。早在 7 月 23 日，法国驻中国大使苏和明确地表达了法国政府的态度，并呼吁双方能和平解决这一纠纷。

“案件的私人性质并不意味着政府不能介入，相反，这是一个严肃的事件，因此我们要严肃地考虑。”苏和当时接受媒体采访时说，“法国方面与中国的中央和地方政府的高层均有定期接触，共同密切关注案件的发展，法国希望达能与娃哈哈能就目前的纠纷达成和解”。

法方之所以如此重视达能，是因为在法国，达能不仅是市值最高的前 10 名的公司，而且由于奶制品企业涉及法国的许多农民的利益，所以使得达能的地位特殊。在就任总统之前，达能就被萨科齐列入“具有国家战略意义”的奶制品与饮料企业。

比起法国政府的高调表态，中国的相关政府部门则在此之前一直没有公开发表意见。商务部的唯一一次表态是，商务部新闻发言人王新培在商务部例行发布会上针对达能、娃哈哈之争时曾表示：“中国已出台了有关外资并购的规定，商务部将严格按照规定行事。”

此前，虽然一直传出消息称，商务部已经要求达能和娃哈哈双方提交相关材料，但调查结果迟迟没有公布。

一位商务部专家称，商务部的态度处于中立，主要是因为此次争论涉及问题比较复杂敏感，且是合资企业内部纠纷，政府不可能轻易表态。

在 2007 年 9 月正式接受娃哈哈方面的委托后，我多次前往杭州进行调查研究，我到杭州的最后一次行程在 11 月 25 日下午结束，相关的《调查报告》和《法律意见书》也是在此前完成。

11 月 26 日晚，我向《21 世纪经济报道》记者透露，我们受“娃哈哈相关合资企业工会、职代会委托所进行的相关法律调查研究已经完成，近日向 13 家娃哈哈合资企业工会、职代会出具了相应的《调查报告》及《法律意见书》”。这个时间点，恰是萨科齐结束访华的第二天。同时，我作为娃哈哈工会、职代会代理人，向达能、娃哈哈集团两方股东发出公开信,呼吁和平地、永久地解决双方争议。

我建议娃哈哈合资公司广大职工,通过工会、职代会等组织,敦促争议双方在法国总统到访促进两国友好往来的氛围下,超越法律争执,建设性地探讨、寻求"非法律的""永久解决"争议的办法。因为,争议进行到目前阶段,和则双赢、斗则俱败已经是各方都可以清楚预见的,不管是理顺关系继续合作,还是引入投资和平分手,都比僵持不下的状态好。双方的谈判早已开始,打打谈谈,都是必要的策略。

如果选择继续合作,那么对前期争议问题是搁置还是要有所交代、对双方在合资公司的股份安排、对公司的管理和控制等问题都是关键所在,解决了这些问题双方才有重回谈判桌的基础。

我提出的基本思路有二:第一,重新理顺双方合作关系,继续友好合作;第二,双方协商引进战略投资,和平分手。同时,建议各方在适当时机考虑合资公司上市事宜,以改变合资公司的经营机制,加大对合资各方监督制约的力度。

在此宗旨下,我呼吁各方要真正拿出诚意而不是做表面文章,不要激化矛盾、操纵媒体、诱导舆论。我还建议相关国家机构认真加强维护国家经济安全和外资并购审查事务的调研,完善相关立法。

几乎同时,达能总裁里布亦发出希望和平、永久地解决争议的吁请。

后在商务部官员陪同下,宗庆后专程赴京,欲与里布协商。但里布却撇下宗庆后和商务部官员,自行回国了。

此后不久,杭州仲裁委员会作出有利于娃哈哈集团的仲裁裁决;各地法院亦相继作出有利于娃哈哈方面的判决。国外的诉讼,亦多以娃哈哈的胜利告终。

天平,越来越倾向于娃哈哈集团。

八、有理有据的"偷税门"应对战

2008 年 4 月 10 日,达能与娃哈哈的闭门谈判期限结束,双方暂时无法达成一致。

2008 年 4 月 14 日,媒体曝出娃哈哈董事长宗庆后涉嫌偷逃个人所得税 3 亿元人民币。

同日,宗庆后在杭州市地税局稽查一局门前被媒体发现,他以极度愤怒的语气说"这件事肯定和达能有关,举报人就是达能的人,是秦鹏(达能中国区主席)"。接着拒绝了媒体的访问径自离去。

4 月 15 日，在“中国制造全国行”巡访团走进娃哈哈集团的媒体见面会上，宗庆后对“达娃之争”以及“偷税事件”依旧选择沉默。之前，他曾特意写了一篇名为《欢迎“中国制造全国行”的媒体朋友们》的文章，并在文中指出：“其实，我个人还是愿意跟媒体朋友交流的，特别是看到在座的记者们都很年轻，很多都是 80 后的小年轻，很有朝气！我也希望能从他们身上学到东西。”

此时，热热闹闹的“达娃之争”已经进行了将近一年。对于已经公开“撕破脸”的达能和娃哈哈，相互指责已经不是新闻。人们心中的疑问是：“偷税事件”是否属实？如果属实，在“达娃之争”中始终大打情感牌、民族牌的宗庆后，又将面对什么样的罪与罚？

4 月 17 日上午，由大成律师事务所和和君创业咨询有限公司联合主办、百度财经频道协办的“娃哈哈与达能之争研讨会”在北京国华大厦 12 层会议厅召开。和君创业咨询集团公司总裁李肃，董事长向宏，《中国财富》记者，著名青年经济学家欧阳君山，钱卫清律师和我参加并作主题发言。还有其他一些媒体记者、法律专家及经济学界人士等也出席了本次研讨会。

研讨会主要针对“达娃之争”展开讨论，分为两个阶段：第一阶段由李肃、向宏、钱卫清律师和我分别就达能违法行为、达能中国战略及宗庆后个人策略依次作主题发言。第二阶段由记者就“达娃之争”的最新情况及相关的法律问题进行提问，更深入地探讨该事件所引起的法律及社会问题。

研讨会的召开，对于原本不利的“偷税门”，起到了扭转局势的作用。

4 月 17 日下午，我应“腾讯财经厅”邀请，接受近一个小时的专题直播专访，就“达娃之争”的全过程以及未来走向进行分析。我明确提出，“‘达娃’若无法合作可依法提前解散公司”。同时就双方“分”与“合”的具体模式提出方案。

实际上，早在 2007 年的八九月份，宗庆后接到达能公司的非正式传话，称他们要状告宗庆后三条罪状：一是索要商业贿赂，二是偷逃税款，三是导致国有资产流失。而我在和宗庆后的第一次接触时，就已经提醒宗庆后要做好针对这三项攻击的应对措施。因此，我们也做了一系列的应对。

2007 年 11 月，相关部门对偷漏税案正式立案，理由是宗庆后仍有数百万元税款没有缴纳。

事后我们得知，2007 年 8 月份，一名自称“税务研究爱好者”的举报人，实名举报宗庆后隐瞒巨额境内外收入，未如实申报个人所得税。根据达能与宗庆后的银行账户往来凭证，自 1996 年合资开始至 2006 年，达能方面以“服务费”、境外子公司

“奖励股”股利及股权回购名义，向宗庆后支付薪酬共计7 100万美元。据报道称，按照宗庆后本人的要求，这些资金分别被打进了宗庆后、其妻施幼珍、其女宗馥莉，以及原娃哈哈集团党委书记杜建英等4人在香港设立的银行账户。

“偷税案”焦点之一：宗庆后涉嫌偷税3亿元是怎么算出来的？

2007年6月7日，宗庆后在给达能的《宗庆后致达能董事长里布先生及各位董事的公开信》中自称，其本人收入包括3 000欧元的月薪、10万欧元的年度补贴，外加合资公司年利润1%的奖金。宗庆后在信中自称，10年间总收入约7 000万元人民币，是“最廉价的CEO”。

据《中国新闻周刊》报道，根据达能及其子公司与宗庆后签订的《服务协议》，以及《奖励股协议》等四项协议，宗庆后的收入分为三部分：第一，工资和奖金收入，10年间收入7 000万人民币。第二，股权分红，根据宗此前的公开信，合资公司“1996年实现利润1.11亿元人民币，2006年为10.91亿元，增加9.82倍。累计实现利润69.65亿元，用于分配60.34亿元，其中达能分回红利30.77亿元”，由于宗庆后也在合资公司持股，也可获得相应分红，根据宗庆后持有14%左右的股份，在1996年—2006年间，宗从数家公司股权分红中累计获得资金在1 505.6876万美元左右。第三，海外收益，从达能方面披露的双方银行往来凭证来看，1996年—2005年，宗庆后累计获得“服务费”842.4183万美元；按照达能与宗庆后于1996年和2003年两次签署的服务协议和奖励股协议，达能以回购多家子公司股权名义，向宗庆后支付4 000万美元的回购费、800万美元的服务费、2 300万美元的股权分红，总共7 100万美元，折合成人民币约为5亿元。

因此近10年来，宗庆后在工资外的收入大致在15亿元人民币以上，按照20%的个人所得税率计算，应交税款为3亿元。

“偷税案”焦点之二：宗庆后收入是否应该交税？该由谁交？

因为我常年做法律风险防范的工作，在接受宗庆后的代理后，考虑的第一个问题就是，有些什么样的风险我们需要把握它、控制它？当然最大的风险、最致命的风险就是刑事风险。所以，我们开始就对所有的问题一一进行了清理。

对于这笔费用，首先应考虑的是这些收入该不该在中国纳税？我们国家关于税收方面的法律规定很明显，在中国境内居住满一年的，在中国境内获得的收入都应该在中国纳税，除非是你在国外获得的。我们分析他应该纳税。其次应考虑的是这么一大笔收入，可能涉及税收，合同约定由谁来交，应该是由中方的获取者交还是外方的支付者交？于是，我们进行了调查。

经过调查,我们松了一口气。原来之前,达能方面与宗庆后有过口头约定,宗庆后部分所得报酬要交的税,由达能来支付,尤其是在境外所得的税,由达能来支付。即使没有这个口头约定,宗庆后原来的工资都是在境外支付,按照中国税法的规定,这种境外支付的一方负有代缴代扣的义务,若没有代缴代扣则应通知宗庆后在国内补交。没有代扣代缴的责任应该由达能来承担。

据宗庆后说,当初在合作密切时期,达能方面承诺,每次给宗庆后钱,少给一部分,在新加坡给宗庆后完税。事实上,每次给宗庆后的钱都少了一部分,而宗庆后先生以为达能给他交了税。否则,很难理解宗庆后会“偷税”,因为任何一个理性的人、尤其是理性的企业家都不可能拿自己的名誉、身份去冒“偷税罪”这样的刑事风险。

“偷税案”焦点之三:立案前夕补交税款是主动还是被迫?

当时介入“达娃之争”后,我们首先要做的就是帮助宗庆后排除各种法律风险,刑事风险是首先要排除的。因此,无论该谁交,我们都建议宗庆后立刻补交该部分税款。于是 2007 年 10 月,宗庆后补交了 2 亿多元的税款,包括 10 年累积下来的滞纳金,使应交的税款只余数百万元。这数百万元,是计算基数与汇率等技术问题出现的偏差,并非宗庆后故意欠交。

一个月后,2007 年 11 月,相关部门对偷漏税案正式立案。

举报人在 8 月检举偷税,而宗庆后在立案前的 10 月“及时”补交了 2 亿多元的税款,使其应交而未交的税款只剩下数百万元。这一点引起议论纷纷,一些媒体因此推论宗庆后是偷税案的主观一方。

李肃则认为这恰好证明宗庆后在所谓“逃税”过程中的“清白”。“按照常理,双方在蜜月合作期,宗庆后或许认为偷税以后可以瞒;但是从 2007 年七八月份双方开始出现敌对时,达能一直表示要控告宗庆后各种各样罪状,来进行恶意收购。那个时候宗庆后没有想起这个漏洞,反而在打了一年架之后,才想起这或许是达能的陷阱,才去补交十年的税款。”“这恰好证明这并非是宗庆后自己故意漏税偷税。”

“偷税案”焦点之四:是否构成偷税罪?

我国《刑法》第 201 条规定了偷税罪,偷税罪主观犯罪非常明确:即明明知道这些行为,还采取瞒报、伪造票据等各种方式想方设法地少交或者是不交税款。偷税和欠税、漏税是几个不同的概念,取决于是否有主观上的故意和恶意。

此外,对偷税犯罪构成要件,数额要在 1 万元以上,偷税额要占到应纳税额的 10% 以上,必须同时具备这两个条件。如果不具备这两个条件,就不能说构成犯罪。

在税务机关立案前,宗庆后就主动补交本应是达能代扣代缴的税款,说明他主观上没有偷税的故意和恶意,同时欠缴的数百万税款达不到应纳税款的10%以上,且该误差是由于计算错误。因此,不构成偷税罪。

以上几个有关宗庆后“偷税门”的焦点,在研讨会上经过我们的法律分析向公众披露之后,宗庆后的“偷税门”风波逐渐平息,而来自税务机关的调查结果也表明,宗庆后补交税款的行为合法,不构成偷税罪。

九、耐人寻味的“买办战”

“买办”是外国资本与势力在进入东道国时,以经济或其他利益联合起来的族群,往往是跨国经济“本土化”战略的重要组成部分。跨国公司以利益或其他方式雇用、影响当地人员为其服务,一般有两种方式:

1. 经济利益上的买办,这很容易理解。

2. 非直接经济利益的买办,也可分为两种:一是利用东道国固有的社会矛盾,使部分人员为争取自己的利益不自觉地陷入其中为其服务。典型者可通过某些扩大宣传,诱发某些人心底“仇富”等非理性状态,利用打击对象的竞争对手——对娃哈哈,达能始终采取狙击战术,矛头始终直指宗庆后,无论侵吞国有资产、“外国人”“赚大钱”“偷税”,等等,无一不是希望借中国人之手实现其战略目标,或是创造一些氛围,激发某些想参与其中却无能为力的“小人心态”,让他们从道德层面去诋毁作为同行的专业人士。二是利用东道国某些“精英阶层”过于富于反思精神的思维方式,迎合这些人对所谓缺乏契约精神之类民族劣根性的深恶痛绝,将其置于思想者、反思者和正义坚持者的虚幻地位,使这批人自觉或不自觉地为跨国公司的利益摇旗呐喊。

这可能涉及国民性的深层次问题,其原因在此不探讨,只是想指出这一战略往往成为国际资本与东道国博弈的重要力量和途径。

十、结局:妥协的理性与智慧

我一直是“达娃之争”的“主和派”,素来不主张愤怒地用口水解决问题。任何诉讼、任何舆论战都是为了解决问题,双方把牌打出去,要达到一种和谐,就得动心思,与对方达成一致,同时自己也心甘情愿。如果自己手上还有什么牌没出,可能心不甘、情不愿。

但截至2008年4月10日，双方之前商定的谈判最终期限，双方仍无法达成一致，归根到底还是对己方“法宝”未尽全力的不甘心和对对方能力的错误判断乃至打压，为未来的利益再分配争取主动。双方争执已至“内力拼决”阶段，任何花哨的伎俩已不再有效。在双方“角力”平衡的状态下，法律又成为解决“达娃之争”最为基础的因素。

介入“达娃之争”以来，我撰写了一些文章并被广为转载；同时，多次赴新浪财经、腾讯财经、百度财经等专题直播对“达娃之争”的专业分析。尤其是2008年4月，我发表《从“达娃之争”看跨国经济的“中国战略”》一文，全面分析了达能的中国战略，得到了广泛的认同与回应。

达能对娃哈哈和宗庆后的诉讼、仲裁请求，主要有三个方面的理由：一是商标侵权；二是同业竞争；三是达能作为大股东失去了对公司的控制权，合资公司沦为“空壳”。

其一，关于商标侵权。商标转让以国家商标局核准为条件，现有证据表明，国家商标局对于娃哈哈商标的转让申请“一直未予核准”，且达、娃双方对此均明确知晓，杭州仲裁委员会裁决也已确认娃哈哈集团对商标的所有权。商标使用许可合同有两个版本，其中未报备案的版本中规定的使用许可与转让并无区别，属于规避法律的变相转让，属无效条款；当未报备案合同与报备案合同出现矛盾时，以报备案合同规定为准，而已报备案合同只是授予娃哈哈合资企业普遍的使用许可和再许可的权利，商标权人有权使用和许可他人使用；双方《商标使用许可合同第一号补充协议》也对非合资企业的使用权进行了规定。因此，达能放弃该项诉请当属明智。

关于“达娃之争”中的商标权之争，也是其中的一项主战场。值得玩味的是，宗庆后多年前的一桩“违法”行为如今却成了救命稻草。1996年2月29日，娃哈哈与达能签署《商标转让协议》，将“娃哈哈”商标转让给达娃合资公司，但当时国家商标局对此未予核准。为此，双方协商于1999年再次签订《商标使用许可合同》，替代原来的《转让协议》，将“娃哈哈”商标许可给达娃合资公司使用，双方对此也从无异议。这便有了所谓的“阴阳”合同。

在2007年双方纠纷发生之后，达能方面提出，1996年的《转让协议》并未终止，要求将“娃哈哈”商标继续转让给合资公司。为理清商标归属，娃哈哈方面根据当时双方在《商标转让协议》中的约定，于2007年向杭州仲裁委员会提出仲裁申请，请求确认《商标转让协议》已终止。2007年12月，杭州仲裁委员会作出裁决，认定《转让协议》已于1999年12月6日终止。达能不服该裁决，于2008年6月向杭州市中级人民法院提起诉讼,要求撤销杭州仲裁庭有关娃哈哈商标归属的裁决。2008 年 7 月 30 日,杭州市中级人民法院作出裁定,认定达能提出的申请理由不成立,维持原裁决。之后,达能又向杭州仲裁委员会提起仲裁请求,要求娃哈哈转让境外注册商标。

2009 年 5 月 21 日,杭州市中级人民法院作出终审裁定,驳回达能的申请,裁定境外注册的"娃哈哈"商标归属娃哈哈集团。这意味着,一旦娃哈哈宣布解散合资公司,达能将血本无归。

其二,关于同业竞争。娃哈哈企业自始即由三种企业构成:一是合资企业股东;二是娃哈哈合资企业;三是娃哈哈非合资企业。在双方《商标使用许可合同第一号补充协议》中,娃哈哈非合资企业(宗庆后所控制的其他公司)被称为"被许可的娃哈哈企业"。娃哈哈非合资企业一直为合资企业提供代加工的生产,产品交由合资公司统一销售,合资公司审计报告也包括非合资公司的生产。达能方一直知悉并允许娃哈哈非合资公司及其与合资公司间这种合作的存在。因此,娃哈哈非合资企业与合资企业间并非竞争关系,而系代加工的关联交易。宗庆后服务于娃哈哈非合资企业,并未违反竞业禁止规定,亦不构成同业竞争。而达能投资与娃哈哈有激烈竞争关系的同类企业,显然已经构成同业竞争,且中国法院亦作出相应判决。

其三,关于大股东控制权。达能作为娃哈哈合资公司大股东,失去对公司的控制权和无力行使对公司的管理权是两个概念。曾有传言称达能将大范围撤换公司经理人的不明智之举,我认为,即使作为公司大股东,亦不得滥用其股东权利有意侵害公司及其他股东权益。若采取此等损害公司及其他股东利益的行为,必须对此承担全部的法律责任。

我呼吁,希望两大股东真正拿出诚意,协商解决纠纷。目前,必须解决好以下基本问题:

第一,双方是"合"还是"分"?

这场跨国"婚姻"发展到今天,双方无论合与分都不难理解。关键是未来究竟是合,还是分,这个大方向首先要谈清楚。这个原则性问题解决之前,任何一方指责纠缠于对方拒绝上市或不谈具体的股份分配比例系缺乏诚意都是不负责任的。

第二,如何"合"与如何"分"?

其一,双方在什么样的利益再分配条件下可以继续合作?是保持现有股东结构,还是吸引新的战略投资者继续合作?是保持现有娃哈哈合资公司、非合资公司并存,还是将所有娃哈哈企业进行整合?

其二,如果决定"分",是达能还是娃哈哈退出合资公司?退出合资公司的条件是什么？是否考虑新的战略投资者？

第三，无论合与分，未来新的娃哈哈企业如何发展，都将面临未来娃哈哈合资企业与非合资企业的整合问题，都将面临娃哈哈企业如何完善法人治理结构、建立现代企业制度的问题。

在“达娃之争”中，达能作为成熟的跨国经济实体所表现出来的投资战略以及与之相配套的并购战略、法律战略、舆论战略以及买办战略，很值得日益融入全球化的中国企业学习、借鉴与反思。

在文章的结尾，我这样总结“达娃之争”的意义：我们应该感谢达能给我们带来如此深刻的启发与冲击，我们应该感谢宗庆后在领导中国民族企业与跨国经济博弈过程中给我们的震撼与思考。“达娃之争”的出现适逢其时，对于融入全球化过程中的中国企业、中国资本乃至中国政府而言，都是一个考验；对于国人的心态、舆论与传媒的成熟、政府管理社会的法治化与政绩考核机制的科学化，都带来了全面的挑战，也使我们的企业、我们的社会更趋成熟。同时，这一事件使我们这个民族对法治理念、契约精神乃至中国的民族品牌保护、国家经济安全以及如何正确面对跨国公司的全球战略都能有更深刻的理解，从而促进社会的成熟与进步。

“达娃之争”后期，曾有传言称达能方将大面积撤换合资公司数百名各级中高级管理人员。对此，我旗帜鲜明地指出：公司大股东权利的行使，不得以损害公司利益为代价。这一观点得到广泛认可，达能最终放弃这种非理性行为。

2009年2月，宗庆后放话，如果达能再漫天要价，就解散所有39家合资公司。一旦39家合资公司解散，商标已判为归娃哈哈所有，达能所剩的仅是合资十多年留下的厂房设备。更紧迫的是，如果斯德哥尔摩仲裁结果是达能败诉，达能在价格谈判上则更为不利。而对于宗庆后来说，商标已经重新夺回，市场、人员可以由非合资公司接管，即使合资公司解散，损失要比达能小。

2009年9月30日，达能、娃哈哈签署协议。达能全面退出娃哈哈合资公司。此时，距我与宗庆后先生首次见面商议此案，整整两年。

2011年年底，我应北京仲裁委员会邀请，作“仲裁与公司控制权之争”的专题讲座，提及2009年9月30日，斯德哥尔摩国际仲裁院关于达能娃哈哈投资争议的最后几个事项作出有利于达能的仲裁裁决。而此时，达能与娃哈哈已签署和解协议。

历史不容假设；历史又总是如此充满戏剧性。

第三章

股权“对决”

——国美内战：国际资本“群狼”与中国市场“猛虎”的本土博弈①

笔者按：公司控制权之争之“股权对决”模式，即公众公司相对立之股东，各自以自有股票为基础，通过展示各自资本资源、道德优势乃至政治资源、人力资源优势、未来“施政纲领”赢得其他股东“选票”支持，同时通过舆论战、法律战遏制对手。最典型案例莫过于国美电器的“黄陈之争”。2010 年至 2011 年年初，发生在国美的这场“内战”成为举世瞩目、“比好莱坞大片还精彩”的商战大片。特点：公司实际控制人联合机构投资人否定大股东意志，最终经由上市公司股东会“股权对决”，以各方理性妥协落幕。

2008 年 11 月，国美集团董事局主席、拥有国美集团约 33% 股权的第一大股东黄光裕失去人身自由。拥有公司约 1.47% 股份的公司二号人物陈晓继任公司董事局主席。

① 大成律师为黄光裕的太太、“战争”一方“主将”之一杜鹃女士提供辩护，并以种种方式成为整个事件的参与者、研究者、建议者与宣传者。笔者曾多次接受央视、《法制日报》、法制网、新浪、腾讯专访，以各种方式向争议各方提出方案和建议，促进事件的理性解决。

陈晓继任国美董事局主席后采取大量的“去黄化”措施:从舆论上否定黄光裕,从经营战略上抛弃黄光裕时期的原则与方针,以“可转债”的方式引入贝恩资本,试图增发新股以摊薄黄光裕家族股权比例,改组董事会,使反黄阵营更加强大,以股权激励的方式笼络高管层,甚至以公司名义在香港高等法院起诉黄光裕……

黄光裕家族则针对性地对陈晓的职业操守进行抨击,对陈的经营战略予以否定,坚决反对增发新股,提起临时股东大会改组董事会,明确要求陈晓走人……

2010 年 9 月 28 日临时股东大会,黄光裕家族以原先自有的股权、后增加的 0.2% 的股权,以及众多个人股东的支持,与陈晓方面以贝恩资本、摩根士丹利、摩根大通、富平投资等机构投资人为主的阵营“交锋”。经票决,黄光裕保住了大股东地位,董事会不再试图增发新股;陈晓亦得以暂时留任。各方利益达成妥协。

2011 年 3 月 9 日,陈晓离开国美,由黄光裕家族更为认同且与陈晓不睦的原大中电器创办人张大中继任董事局主席。

“国美内战”无论过程如何,其实质都是上市公司受监管的公开、公平、公正的股东会规则下股权的对决,既有“买票”,亦有“拉票”,还包括私下战略联盟的形成与利益分配。

从开始到落幕,“国美内战”在全面公开的状态下上演,得益于香港(国美上市地)和英属百慕大群岛(国美注册地)健全的法制体系和资本市场的环境。也因此,这场公司控制权之争被称为“一场教科书般的商战”“两人的公司控制权之争虽惨烈但仍循香港公司法及公司章程”未越雷池一步,在当代中国商战中实为罕见。①

一、和谐即共赢:跨国资本 VS 民族资本

跨国经济投资利益的最大化与东道国民族经济的健康发展是一对永远的矛盾,只有和谐发展才能共赢。

——吕良彪

2010 年 8 月 5 日,国美电器在港交所发布公告称,8 月 4 日收到黄光裕信函,要求举行临时股东大会审议包括撤销公司股东大会通过的一般授权,撤销陈晓的公司执行董事及董事局主席职务,撤销孙一丁的公司执行董事职务,但保留他公司行政副总裁职务等动议。

---

① 如用三国故事作比:“国美内战”相当于宦官勾结外戚篡权。

8月5日,国美电器起诉黄光裕,要求其为2008年1月及2月前后回购公司股份中被指称的违反公司董事的信托责任及信任的违规行为赔偿。

至此,“国美内战”正式拉开帷幕。

事发后两周内,国美电器在香港二级市场股价下跌近两成,市值蒸发近70亿港元。而在双方的互相指责和攻击中,国美股价多次宽幅振荡。

此后,在媒体的高度关注下,国美控制权之争“热火朝天”地紧张进行着,境外投资机构摩根大通、摩根士丹利、华平投资、贝恩资本等扮演着格外特别的角色,甚至成为决定国美控制权的“关键”,而陈晓则更是被视为贝恩资本的利益共同体乃至“洋买办”。

我在处理过“达娃之争”后,也一直思考中国经济日益融入全球化过程中必然要面对的局面。对于“国美内战”,我数次撰文并在接受采访时表示:“跨国经济投资利益的最大化与东道国民族经济的健康发展是一对永远的矛盾,和谐发展则共赢;跨国经济为追求自身利益不惜伤害甚至牺牲东道国民族产业,或东道国盲目排外,则矛盾与斗争在所难免,处理不当必然导致双败的结局。”“在一个国家资本与市场不可避免地融入全球化的过程中,政府扮演的角色至关重要,即使是发达的资本主义国家也同样如此。”

国美虽然是在联交所上市的公司,其大股东也是百慕大注册的离岸公司,但其门店、员工、市场则几乎均位于中国大陆。因此,国美绝对是与中国大陆联系最为紧密的公司。跨国资本投资这样一间与中国大陆有最密切联系的公司,必须充分尊重和顾及中国员工、国民、市场乃至相当程度上作为这一切利益代表的政府的利益及感受,否则,即使短时期内在某项具体利益中占得优势,也必将为之付出巨大代价——达能就是前车之鉴。

二、“国美内战”的道义资源之争

国美控制权争夺主要是各方三种资源的综合博弈:一是道义资源;二是资本资源;三是人力资源。无论是前期的舆论战、法律诉讼,还是后期的公司争取股东和投资人,都是在争夺道义和资本这两种资源。

——吕良彪

2010年8月27日下午,我作客腾讯财经会客厅,就国美控制权之争与网友进行了深入的交流,从法律和传统文化等角度深入地解读了这场备受关注的公司控制权争夺战。

我谈到，国美控制权争夺主要是三种资源的博弈：一是道德资源；二是资本资源；三是人力资源。无论是前期的口水战、法律诉讼，还是后期的公司争取股东和投资人，都是在争夺道德和资本这两种资源。

1. 陈晓为何被看做是“臣子篡权”

在“黄陈之争”中，舆论普遍一边倒地“挺黄贬陈”，以为陈晓是打工者背叛老板、雇工谋反、臣子篡权，属于离经叛道行为，是在挑衅职业经理人必须遵守的职业品德标准，咒骂、诋毁言论满天，不屑、困惑思想弥漫。在腾讯网在线调查中（截止到2010年9月26日16:48），黄光裕的支持者为1 308 601人，陈晓的支持者为121 833人，黄的支持者占投票人数的91.48%，而陈只占8.52%。

要搞清楚陈晓是不是“臣子篡权”，首先要回顾一下“黄陈之争”的根源。

2006年7月，国美电器在香港宣布并购永乐家电，这场迄今为止最大的家电连锁业并购案耗资52.68亿元，轰动全国。而在合并正式落下帷幕的第12天，永乐家电创始人陈晓担任国美电器总裁。2007年12月14日，国美宣布通过第三方机构收购大中电器。

2008年11月，时任国美电器董事局主席的黄光裕被警方带走接受调查，2010年8月30日二审宣判，法院认定黄光裕犯非法经营罪、内幕交易罪、单位行贿罪，数罪并罚被判有期徒刑14年并处罚金8亿元人民币；其妻子杜鹃被改判有期徒刑3年缓刑3年。此时黄光裕拥有国美电器约33%的股权。之后，公司二号人物陈晓继任公司董事局主席。

2009年5月初，黄光裕个人案情较为明朗之后，从羁押地发回两封亲笔信。短短两页纸的信措辞明确，不留余地——公司缺钱，可以降低股权，但不能放弃控制权。

但是，陈晓并未遵从黄光裕信中的指示。2009年6月6日，美资PE贝恩资本注资国美电器，购买15.9亿元可转债，有权转为10.8%的国美电器股权，并且签订了黄光裕方面认为“极为苛刻”的绑定条款和索赔条款。该条款包含：若贝恩资本方面3个董事中有2个被撤职，国美就将以1.5倍的代价回购24亿元可转债；如果陈晓离职将解除国美贷款担保，而国美只要在银行呈现1亿元的不良贷款，贝恩即可获得24亿元。而这些条款将国美拉进了极大的风险当中。

在我看来，上述协议所“夹带”的苛刻性条款，类似公司反恶意并购的“毒丸战略”，当属股东权利。该协议事实上绑架了国美公司的董事会乃至股东会。如果国美或股东方面违约,则将承担巨额赔偿。尤其是陈晓也将自己的利益"绑架"在该份协议之中,因为协议明白商定"如果陈晓离职将解除国美贷款担保,而国美只要在银行呈现1亿元的不良贷款,贝恩即可获得24亿元"。

虽然陈晓在接受《新世纪周刊》采访时解释说,黄光裕事发后,国美陷入了资金链断裂的风险中,融资极度困难。在随时可能倒闭的风险中,贝恩愿意出钱,自然条件也相对苛刻,管理层根本没有谈判的砝码,"大家都知道我们需要融资时,能谈什么条件?"但仍有人在媒体上质疑:很显然,本协议签署中涉及陈晓的重大利益,不知道陈晓的董事会"全票通过"时,陈晓是否进行过回避?而这种回避应该是监管地法律所要求的。

"黄陈之争"相当程度上被视为大股东与职业经理人之争:黄被标签化为所谓的"独裁者"①,而陈晓则被认定为所谓"理性"的"职业经理人"。某些自我感觉良好、自以为是的所谓"理性""学者"们纷纷为陈晓的"理性"与"职业"张目。这显然是一厢情愿的,也是完全不符合事实的。从陈晓的所作所为判断,他根本是做着"主人"的事,而完全超越了"小保姆(职业经理人)"的角色定位。

贝恩资本的竺稼和陈晓在永乐时期就有过很好的合作,这次在关键时期引入贝恩投资,双方过于苛刻的交易条件,从公司并购角度讲,这是最为明显的"毒弹"战略,一般是公司或股东为防止恶意收购所采取的措施。——一句话,这是公司或股东维护自身利益的一种战术。而陈晓以此种方式将国美与自己捆绑,纯属管理人"越位"行使了股东的权利。

职业经理人自我保护的条款应该是"金降落伞""银降落伞",即其平安离职或公司要求其非正常离职时公司应该给予巨额回报。而非一旦自己被公司要求离职,公司将对外承担巨额债务。

陈晓另一引人争议之处是抛出所谓的"金手铐"策略:

2009年7月7日,国美电器通过高管奖励计划,部分董事及上百名高级雇员可认购国美电器发行的3.83亿股新股。而在此前,国美高管无人享有国美电器股权,陈晓所拥有的少量股份,也是在国美并购永乐时取得。而在"取"方面,陈晓的目的似乎也非常明显。外界普遍将此评价为"陈晓用'金手铐'锁定了黄光裕旧部"。

2010年8月12日,国美电器5名高管集体约见媒体,首度就大股东黄光裕家族

---

① 2005年9月,央视《对话》特别节目聚焦《中华人民共和国个人所得税法》修改。笔者有幸与时任全国人大常委会副委员长的成思危先生,企业家代表黄光裕、任志强以及唐骏等共同应邀参与。首次接触,黄光裕先生个人的低调、细致即给笔者留下深刻印象。

与国美董事会之间的相关问题进行表态,“大家对国美现在的发展状况和战略转型持非常认可的态度,这就是国美的未来”。而这次表态,也被解读为黄光裕旧部的集体倒戈,陈晓成功地扩展并且巩固了“去黄化”统一战线。

显然,“金手铐”亦同样应是在股东同意的前提下所进行的股权激励,陈晓大慷股东之慨,同样属权力越位。

2. 黄、陈双方在道德上的优势和劣势

“国美内战”爆发后,陈晓方一方面通过在危难时刻挽救国美的“功绩”和近两年来最佳半年报的“成果”,向公众证明自己对于国美的贡献及不可替代的重要性;另一方面“成功”展示自己作为职业经理人的理性和黄光裕类似“国王”的霸道,同时还以损害上市公司利益为由通过起诉黄光裕来打击后者的道德正当性。

黄光裕则通过狱中发出多份“公开信”等方式,在相当程度上争取到了民众对其“国美王国”创立者的道德“正统性”的认可,并在一定意义上将陈晓置于“篡权者”和“外国资本代言人”的尴尬境地。与此同时,黄氏集团还指责陈晓引进贝恩投资系损害公司利益的“丧权辱国”行为,以陈晓关闭两百多家盈利能力不佳的门店粉饰报表为由指责其经营业绩“注水”,同时通过国美与苏宁相比市场占有率、门店数量的全面落后批评陈晓经营理念的错误。

中国人讲究得道多助,失道寡助。在道德上,黄光裕的第一个优点是有着所谓“正统性”,因为“国美王国”是黄光裕一手创立起来的,而且他是国美大股东。在中国人眼中他似乎天然就应该控制国美。第二个优点在于他过往辉煌的业绩。不仅仅在中国家电市场上,特别表现在和苏宁的对比上,这是他道德上最重要的优势。

黄光裕道德上不利的方面有三点:一是对于他这种充满个性的人物本身褒贬不一,比如很多人说他“霸道”;二是他已经构成刑事犯罪,公众对他个体的人格否定和对他牺牲公司利益的否定判断;三是这种“众叛亲离”的状态。

陈晓的优势道德资源有:一是他曾经临危受命,将国美从负面危险中拯救出来;二是给出了国美半年年报这个相当不错的成绩表,当然这一点黄光裕方面作出了不同的解读,比如认为关闭业绩不佳店面以粉饰业绩等。陈晓道德上的不利因素,则是上文提到的和贝恩资本的合作,以及“金手铐”策略,都可能有违中国人传统的道德准则,而且在中国传统习惯当中,“二把手”往往被赋予阴谋家的角色定位,这些是对陈晓不利的。

三、“国美内战”的人力资源之争

本案可能会有特殊性,基于对国美控制权之争的考虑,可能会有变数。这个变数,可能就在杜鹃身上。

——吕良彪

2010年8月27日,在接受腾讯财经专访时,我预言杜鹃可能“有变数”:“最值得关注的人物,是黄光裕的太太杜鹃。杜鹃一审被判了三年半徒刑,最多还有一年多就可以出来。但这个问题可能会有意外——按照中国司法常态,黄光裕、杜鹃的案件肯定是报经最高人民法院审核批准的,原则上不会有什么变数。但本案可能会有特殊性,基于对国美控制权之争的考虑,可能会有变数。这个变数,可能就在杜鹃身上。”

2010年8月30日,杜鹃出狱。

这天上午,北京市高级人民法院对黄光裕系列案作出二审宣判,黄光裕三罪并罚被判14年徒刑以及罚金8亿元的判决维持不变;而其妻子杜鹃被改判缓刑,即被判处有期徒刑3年缓刑3年,并当庭释放。

同日,国美电器公告,黄光裕方面提出,若9月28日特别股东大会上大股东的5项动议全部未获得通过,北京国美将自2010年10月31日起终止国美上市公司对大股东所拥有的非上市门店的委托经营授权,自2010年11月1日起自行管理非上市业务。

杜鹃1999年从中国银行北京分行辞职后与黄光裕喜结连理,是黄光裕多年来资本运作和融资领域最重要的助手,也是唯一了解黄光裕全部资本运作过程的人。在国美内部,杜鹃的威信非常高,并且其综合素质、沟通能力、管理能力也备受员工认可,与黄光裕霸道的形象截然相反,她平和的态度使得国美员工对她普遍有好感。

据一位曾担任国美投资与战略发展部门负责人的高管表示,“在国美电器香港借壳上市的过程中,杜鹃依靠其与机构投资者的沟通能力,以及黄光裕对其的绝对信任,逐渐成为了黄光裕资本运作团队的核心”。

原国美电器决策委员会发展战略研究室主任胡刚在杜鹃出狱数小时后,接受媒体采访时表示,杜鹃在国美电器有很高的威望,“杜鹃出来了,国美的几个副总还是会给面子的”。

另外,一位分析人士告诉媒体记者,杜鹃与外界尤其是投资者沟通的渠道还存在，更重要的是，随着杜鹃出来，过去19个月来一盘散沙的黄光裕家族有望找到新的支撑点。

而长期关注国美电器的一位香港分析师称，“杜鹃的能力我们是有目共睹的，我们也很尊重杜鹃在公司运营上的能力”。

杜鹃出狱，意味着双方争夺的第二块重要战场——人力资源战场上，出现了新的变数。在人力资源方面，黄光裕和陈晓都在争：谁对公司更重要？谁是不可替代的？谁更能引领公司走向美好的未来，双方都在说服股东，自己的团队优势在哪里。

陈晓通过股权激励的“金手铐”，一度将国美高管层貌似高度团结地凝聚在一起。同时强调现有专业而职业的高管层，才是国美走向未来的最重要保障。进而抨击黄氏集团只会破坏，而派不出值得信赖的人员管理公司。

人力资源的匮乏曾是黄氏集团的“阿喀硫斯之踵”，好在这些年对国美集团律师邹晓春的着力培养使黄氏集团不至于只能派出黄光裕的妹妹们。邹晓春被打造成国美扩张的法律保障者和具体实施人，同时又经历了中关村副董事长职务的历练。而杜鹃的戏剧性出狱，更使黄氏集团在人力资源上占得上风。而黄光裕对股权激励的认可，对原高管层分化、拉拢的策略，又使得原本未必铁板一块的国美高管层发生微妙变化。不过，此时心态矛盾的高管层们，恐怕也和那些持股待投的机构投资人一样，不到“黄陈之争”基本尘埃落定之时，不会坚定自己的立场和选择。

杜鹃出狱5天后，黄光裕在狱中发出公开信。

2010年9月5日21时，身在狱中的黄光裕发布名为《我的道歉和感谢》的公开信，表达了向相关者的致歉、感谢及自己的悔过，这也是其自出事以来首度以个人身份对自己的事件公开表态。当时，国美控制权之争正进入关键时刻。

在公开信中，他表示，自己尊重法院判决并向关心他的人道歉，并特别感谢国美的管理团队、员工。

“非常感谢国家和政府，在我接受刑事调查后，尽最大的可能，保护了国美，帮助企业恢复了正常运转，这是对我本人和国美最大的关怀！”

此外，他还告诫创业中的年轻人：“我知道，有不少正在创业的年轻人，曾经把我当成学习的榜样，但是我现在非常惭愧。请你们一定要吸取我的教训，只有遵纪守法，努力学习，完善自我，才能真正实现事业的成功！”

在这封落款为黄光裕的信的最后，他表示：“我将从现在开始，以实际行动争取早日重返社会，更好地担负企业家的社会责任，为国家和社会再作出应有的贡献。”

黄光裕的公开信，主打温情牌，主动认错和道歉，对于那些对他有“霸道”印象的人来说,有着不小的扭转作用。

四、“国美内战”的资本资源之争

资本资源是最终决定双方命运的决定性力量。这种资本资源的对决,一是现有的选票,也就是股权份额;二是买票,如黄光裕家族购入新的股份;三是拉票,争取股东的支持。

——吕良彪

在公司控制权之争中,第一阶段是“口水战”,双方在没有接触之前先把自己的正义形象树立起来,力图做到名正言顺、理直气壮,在气势上压倒别人。这也会带来实际利益:会对那些犹豫不决者到底支持谁有影响,比如会影响到高管层、持股观望的股东等到底支持谁。

正式接触后就开始了双方的资本战争,双方或积累钞票、货币,增加自己在这家上市公司发言的权利,包括“增发”和“反增发”,“增发”和“参与”;或在二级市场进行收购,自己本人的收购和自己战略同盟军的收购;或想方设法地去拉拢这些摇摆不定的投资者。

资本资源是最终决定双方命运的决定性力量。这种资本资源的对决,一是现有的选票,也就是股权份额;二是买票,如黄光裕家族购入新的股份;三是拉票,争取股东的支持。

在“国美内战”中,资本战争是其正面接触的主战场。

根据国美2009年年报与香港联交所8月13日的资料,黄光裕家族持有国美33.98%的股权,陈晓方面,则有1.38%的股权,并且得到贝恩资本相当于10.81%股权的支持。陈晓打出的另一张牌是欲赶在临时股东会前增发20%的新股,届时现任经营团队将获得总共29.18%的支持,而黄光裕家族的股权会进一步被稀释到25.58%。

大股东黄光裕反击的方式则为在二级市场继续增持股份。

2010年8月24日和25日,黄光裕方面通过公开市场增持国美电器股票1.2亿多股,增持均价为2.42港元左右,耗资2.904亿港元。除了抢筹应对贝恩转股带来的股权摊薄风险,分析人士还指出,黄光裕的这一举措在某种意义上也是向市场释放其资金实力雄厚的信号。

之后,黄光裕分别于8月30日、31日增持国美电器1.45亿、3 160万股,合计

1.77 亿股，总持股达到 35.98%，利用资本进一步增强了其在股东大会的话语权。

9 月 22 日，贝恩资本的债转股顺利完成，正式成为国美第二大股东。而国美第一大股东黄光裕夫妻在贝恩债转股后则被摊薄至约 32%。

但同时国美股权出现微妙变化。其中最惹人关注的是支持国美主席陈晓阵营的摩根士丹利，进一步减持了至少 4% 的股份。相反，受黄光裕家族委托的券商溢利证券和大福证券的持股比例，与 9 月初相比，都出现了明显的增幅。

直到 9 月 20 日，国美增发新股的消息仍未确定。有知情人士向《每日经济新闻》透露，国美董事局增发方案迟迟未定，主要是没有找到合适的接盘者。之前，黄光裕家族一直担心国美董事会行使增发新股授权，曾发函要求若增发新股时优先认购。而三家股东投票建议机构出具报告，有两家反对增发新股授权决议，认为会摊薄股东权益，伤害中小股东利益。

9 月 26 日，黄光裕率先投票罢免陈晓，黄光裕再发公开信，号召股东投票罢免陈晓职务。

9 月 28 日，国美临时股东会的结果，将牵动着无数关注“国美内战”人的心。

五、“国美内战”的政治资源之争——预测：“政治正当性”或将左右国美之争

杜鹃的出狱意味深长。国外机构若支持陈晓，即使在短时期内获得某种收益，最终也将为其超越市场规则（市场规则的组成是多元而复杂的）付出代价。

——吕良彪

2010 年 9 月 16 日，我在《法制日报》发表了题为《政治正当性或将左右国美之争》的文章，预言陈晓的大势已去。

之前，对于杜鹃的出狱，有知情人士对《经济参考报》透露，怀着不希望外资控制民族产业的意图，杜鹃缓刑应被解读为政府方面默许黄氏全力参加“卫国”战争。

我认为，术不及道，道不及势，国美之争，要看大势，要看如何操作更符合“政治正当性”之要求。国美虽然是家香港上市公司，其大股东也是离岸公司，但其业务却集中在大陆。因此，国美其实是与中国大陆有最密切联系的公司。而一家知名中国公司控制权的最终归属，虽然要取决于股东、取决于市场的选择，但这样一家公司控制权的选择，最终落在国外的投资机构或其“买办”手中，无疑是很多人所不乐见的，

也是不符合最重要的“政治正当性”要求的。几乎可以断言,杜鹃的出狱意味深长。国外机构若支持陈晓,即使在短时期内获得某种收益,最终也将为其超越市场规则(市场规则的组成是多元而复杂的)付出代价。随着杜鹃的“非常规”出狱,陈晓基本大势已去。其变数,在于黄氏集团自身或可出现的“低级错误”——因此,防止“低级错误”是黄氏集团当时最最要紧的事情。

在一个国家资本与市场不可避免地融入全球化的过程中,政府扮演的角色至关重要,即使是发达的资本主义国家也同样如此。国美迷局,其走向无非有四:陈晓出局,黄氏家族代表取而代之;陈晓胜出,国美将不断增发新股而渐“去黄化”;黄陈和解,国美治理结构进行调整;新的投资人主导国美,改组董事会。而无论国美控制权归属何方,国美治理结构亦必然因此番争斗而发生深刻变化。这对于中国企业尤其是家族企业的“涅槃”,无疑是件意义深远的事情。

六、资本的博弈与妥协:国美特别股东大会

无论从何种角度考虑,国美“黄陈之争”无疑都是足以载入中国公司发展史册的一场博弈。

——吕良彪

2010年9月28日,国美电器特别股东大会投票结果揭晓。黄光裕提出的5项议案,除了撤销国美于2010年5月11日召开的股东周年大会上通过的配发、发行及买卖国美股份之一般授权(即董事局增发权)获得通过外,其他议案如撤销董事会主席陈晓及副总裁孙一丁均被否决。

之前黄光裕最担心的增发风险解除,陈晓留任。此时,黄光裕家族持有国美股份32.47%,依然是国美电器第一大股东。

对于这一结果,我的评价是“理性的妥协”。可以肯定的是:“国美内战”,国美深受其害。

国美过于强大的董事会,掌控在黄光裕手中时,公司治理结构呈现某种“一股独大”、缺乏有效制约的状态——这无疑对公司和中小股东是不利的。而当陈晓以股权激励之“金手铐”挟管理层以求对公司的控制权时,过于强大的董事会又帮助陈晓形成典型的“内部人控制”的治理结构。大股东独断专行的治理是我们所必须反对的,而此种内部人控制的治理结构危害甚至大过大股东专权。

但此番“黄陈之争”过后,国美的治理结构必然会有一个新的调整:其一,超级强

大甚至凌驾于公司股东会之上的董事会权力将受到相应制约;其二,公司股东会权力将在相当程度上回归,对董事会形成更有效之制约;其三,公司股权结构将发生深刻变化:大股东、中小股东、高管层及员工持股和谐并存的局面将逐步形成;其四,黄光裕们不可能再像传说中的那么“霸道”,陈晓们也不可能如此明目张胆地“阴谋”,公司高管的或许是被迫的深刻“反省”,都更有利于国美掌舵人的理性,公司的企业文化也将进一步迈向民主、共和与法治。

9月28日晚19时30分,我向腾讯财经发文解读国美特别股东会结果。我认为,这一结果是国美股东相互妥协的结果,而“理性的妥协,才是国美真正的胜利”。

应该说,这是一个明智而理性的妥协:公司董事会无权增发,大股东股权被摊薄的危险被消除;陈晓继续担任董事会主席,保持现有管理团队的稳定,有利于公司继续保持稳定、可靠发展。

无论从何种角度考虑,国美黄光裕、陈晓之争无疑都是足以载入中国公司发展史册的一场博弈:

这是一场权利保护的博弈。国美大股东黄光裕因涉嫌犯罪被羁押、被审判、被处以刑罚,但其依法所享有的财产权利却得到了依法保护。黄光裕在狱中能够发起、组织甚至指挥这样一场惊心动魄的商战,不能不说是中国人权保护尤其是财产权利保护史上的一座里程碑。

这是一次阳光下的较量。无论是双方阵营的口水战还是人力资源战,都是意在使自己居于道德的高地,试图给公众尤其是公司股东以信心,从而证明自己才是国美更不可或缺的,也是更能够带领国美走向美好未来的。最终通过股东投票决定公司未来发展方向,甚至包括黄光裕可能采取的诸多反制措施,以及陈晓可能指责黄氏集团“贿选”甚至提起诉讼,都是行使法律所赋予的权利。

这是一次资源间的战争。双方博弈的基础是各自的道德资源、人力资源以及最终起决定作用的资本资源,还有外在的民意资源、潜在的政治资源等,各种力量的集中较量。我们欣慰地看到,这场较量是在市场规则之下进行的,昔日里决定一切的外在强力最终不得不尊重市场与权利自身选择的结果。

这是一次商业规则与道德的反思。无论是陈晓的“背叛”、大股东的“贪婪”,整个博弈过程充斥着道德的指责与评判。但更多的是,人们已经超越道德探寻市场的规则,以及规则背后的制度与传统、文化基础。

这是一次利益与人性的升华。从开始黄光裕“不顾公司死活”的要求,到黄光裕在狱中的深刻反思以及公开信的变化,对公司股权激励以及对治理模式的反思,到与其他股东合作的欲望和依约赋予上市公司国美商标使用权的“大度”;从陈晓“宣布黄光裕政治死刑”和“鱼死网不破”的“发狠”,到对高管责任、高管对大股东和公司忠诚的反思与努力,我们都看到了经过这一场“战争”的洗礼后,这两个国美男人乃至更多人人性超越利益的一种升华。

这是一件公众高度关注和参与的启蒙性事件。较之于香港地区的平静,大陆的网民及普通民众,对国美“黄陈之争”给予高度关注。本来这是国美自己的事,但是却引发大众高度关注。这里面有情绪、好奇、对商业的神秘的向往,有希望自己对公众事件发表意见和见解的一种欲望,有自己对社会实践产生影响的一种渴望。公众寄托了诸多情感,表达了自己明确的态度,在各类媒体的“炒作”下,这已经成为一个高度受关注和广泛参与的公共事件。公众的权利意识、规则意识、全球化意识,都在这样一场活生生的对抗中得到启蒙。公众也以坦然、释然的心态,轻松面对国美选战的最终结果。

成熟的商业社会,成熟的市场经济,需要超越纯道德的评判,但成长不能超越过程,国美事件让大家都参与、目睹了这个逐渐成熟的过程。

这是一次民族资本迈向全球化过程中的碰撞。国美虽然是一家在香港联交所上市的公众公司,虽然是一家控股股东为百慕大离岸公司的上市公司,但其营业网点、员工、社会贡献与负担等,都在大陆。因此,这也是一起典型的中国民族资本在融入全球化过程中的“影响性事件”。

我认为,国美在经历了这场一场“涅槃”之后,必将产生一种脱胎换骨的深刻变革:

其一,国美股权结构更加多元。大股东、机构投资人、中小股东的权利可以在斗争中得到保障;公司管理层通过股权激励机制更加深入地融入国美,核心员工未来也将成为公司的股东。经过这一场战争后,这样的股权结构无疑会成为国美发展的最大动力。

其二,国美治理模式更加科学。国美的股东会和董事会的关系非常特殊,国美董事会的权力非常大,这也是在强大的黄光裕时期形成的格局。此番商战后,国美不可能再回到黄光裕时代那种“老大”绝对权威的状态,也不可能再落入前段陈晓式的“内部人控制”状态。过于专横的董事会必将得到改造,公司股东会、董事会的内部治理结构,以及受股东、政府监管、媒体监督下的公众公司,必然有一个更好的治理模式。

其三,国美企业精神更加完善。无论是黄光裕、陈晓的个人反思,还是透过这场战争对国美、对公众的影响，创始股东的创业精神、职业经理人的忠诚与理性、员工对公司未来的意愿，在经历了这样一场洗礼后，必将迎来浴火重生式的涅槃。

国美两个男人之间的博弈，终于以这样一种方式暂时落幕。应该说，这样的妥协，才是国美真正的胜利。这样的妥协，甚至不仅仅只是国美的胜利。

七、理性的妥协是国美最大的胜利："后陈晓时代"的国美成长之路

良好的公司治理就是做到民主（股权）、共和（不同声音的存在）与宪政（公司权力的有效监督与制约）。

——吕良彪

2011年3月9日，国美电器通过港交所发布公告表示，公司董事长陈晓因个人原因辞去董事局主席一职，并且不再担任执行董事，大中电器创始人张大中将接任国美董事局主席职务，并担任非执行董事。

那天一大早，我知道陈晓将要离去，脑海里突然想到了一首歌，这就是汪峰原唱的那首《春天里》，“如果有一天我悄然离去，请把我埋在这春天里”。我突然感受到一种沧桑和悲凉。

2011年3月11日，我再次接受腾讯财经视频专访，全面盘点国美控制权之争。

我认为，从理性的角度看，国美这次的高管变动是妥协的结果，是长期博弈之后达到的理性平衡状态，经过长时间以来的控制权争夺，股权、治权和企业文化都发生了变化，国美不会重回家族时代，也不会再陷入内部人控制。

张大中任职国美，取决于其行业的经验、资历以及相对独立的状态，黄光裕家族方面，充分行使了大股东的权力；而陈晓离职不能看做是职业经理人制度的倒退，因为陈晓的表现说明了职业经理人开始有了一定的独立性，这对职业经理人制度是一种肯定和推进。

1. 理性的平衡是国美最大的胜利

我始终认为，理性的平衡、理性的妥协是国美最大的胜利。在强大而残酷的资本利益面前，陈晓在完成其使命后，注定是要离开国美的。

在经历了这样一场资本资源、人力资源、道德资源的博弈后，国美整个公司的治理、股权结构、企业文化也会有脱胎换骨的变化。无论是前期黄光裕还是陈晓的个人反思，还是透过这场战争对国美、对公司创始股东的创业精神、职业经理人的忠诚和理性、员工对未来的意愿等，都会有一个新的升华。

从此之后,国美将在股东、政府、媒体监督之下进行公众公司的治理,必然会有一个更加完善的治理模式。

2. 过渡人物张大中

张大中注定是一个过渡性人物。

之前的“国美内战”,对于公司核心利益的实现是不利的,公众对国美的期望值大大下降。陈晓的离去,对于公司的稳定、大股东和董事会之间的沟通、管理层和股东之间关系的融洽、各方利益的均衡等都是一个利好的消息。

黄光裕和苏宁电器总裁张近东都是20世纪60年代生人,陈晓是20世纪50年代生人,而张大中出生于1948年,他创业成功的时候其他人还在艰难努力之中,他在中国家电业的资历、声望、威望、影响力,都非常有利于担任这个过渡时期的“头人”位置。

当年大中电器的并购开始是和国美谈,没有成功,后来便和永乐时期的陈晓谈,但是双方可能有一些矛盾没有谈成,再后来,大中电器和苏宁的合作进展得非常顺利。曾经给出了传说中30亿元的交易价格,此后黄光裕出手以38亿元的价格把大中电器并购进国美。从那以后,中国家电零售行业的江湖,就增添了一些恩怨的色彩。

在陈晓和黄光裕的较量中,张大中也一直是一个非常受关注的人物。但他一直保持中立,态度也相对超脱。

张大中在这个时期入驻国美,他的身份具有象征意义:从公司治理的角度,他是非执行董事。

公司治理有三个层面:首先是基本股东会层面,其次是董事会层面,再次是管理层层面。从世界公司治理的发展趋势来看,普遍经历由股东直接参与向董事会让渡、再向职业经理人让渡发展。

在董事会当中一般有这样几种董事:第一类是执行董事,也就是受股东委派担任董事,同时在公司里面兼任重要的职务,如执行副总裁、执行总裁等。这类董事就是公司的管理人员。第二类董事不是公司里面的人,不在公司里面担任管理职务,只参与决策不负责执行,即非执行董事,比如张大中。这在美国叫外部董事,英国叫非执行董事。因为国美是在香港联交所上市的,所以参照英国的说法叫非执行董事。非执行董事里面又分为两类:一类是和公司有利益关系的,比如小股东,或者是公司老总非常信任、跟他有很深的交情或者交易的人,总而言之他是和公司有关联利益的人;还有一种就是代表中小股东利益的、上市公司的独立董事,不是公司雇佣的，与公司无利益往来、没有商业性交易的董事。

执行董事既参与决策又负责执行，而非执行董事仅参与决策并不负责执行。2007 年张大中淡出了家电零售行业以后，一直是相对超脱的状态，也和各方的利益瓜葛不紧密。他的加入对于国美现在的董事会构成并没有发生根本性的变化，各方利益博弈的态势也没有发生根本性的变化。同时，他本人的职务安排也让他很难有所作为。因此，张大中的任职很大程度上只具象征意义。

陈晓走了，张大中来了，国美会迎来一个新的时代。但国美的前进是不可阻挡的。

3. 国美不会重返家族时代

首先，家族企业不是一件坏事，家族是最天然的、最深的、最信任的、最低成本的一种相互联系的纽带，尤其是在创业之初，正所谓“上阵父子兵、打虎亲兄弟”，所以“家族”并不是一个贬义词。

其次，国美作为公众公司、上市公司，需要一个核心力量推动和主导着前进，这股主导力量可以是来自一个家族，也可以不是。从国美目前的发展来看，大股东的意志、影响力，依然起到非常重要的主导作用。从国美的发展和成功史来看，这不是一件坏事。但是，无论从股权、治权、企业文化上来看，“一股独大”，一家说了算的时代是回不去了。

此外，作为一个公众公司，国美的问题已经在公众的关注之下了。所以，一方面是尊重股东、尊重资本自身意志的选择，另一方面可能也存在一个上市公司、公众公司的运行和公众理念、公众利益的均衡的问题。

4. 民族资本与国资资本博弈时要学会运用法律规则

我一直在考虑的一个问题就是，在中国经济越来越深刻地融入全球化的过程中，民族资本与国际资本的博弈问题。

国美是在香港联交所上市的公司，但其市场、员工、影响力，乃至它的根儿是在大陆的。但是，因为市场规则的影响力，这样一家公司的最终归属谁说了算？当时起最大影响力作用的是这些机构投资人，包括贝恩资本等在内。

博弈要讲究规则。我在给企业家讲课的时候，经常强调要重新认识法律——法不是给人惹麻烦的，不是有了麻烦事才去找法律的。法律首先是教企业如何赚钱、如何凝聚资源的。举一个最典型的例子，香港的霍英东先生为什么成长为现在的霍英东？因为当时有一个从英国回来的律师告诉他，可以把按揭引进来，按揭是什么？就是预售房，就是在银行买房然后加上和开发商之间的几个合同，这就是法律规则告诉你的。还有很多华尔街的金融衍生品,不论经过如何复杂、精细的数学运算,最终它是体现成合同卖给你,是通过双方的权利义务关系确立起来的。所以我觉得首先法律是让企业如何去赚钱、如何凝聚资源的。其次法律可以让企业以小博大,法律是一个杠杆,比如说 PE、VC、IPO 都是财富的放大器。

在这样一场并购战当中,贝恩资本很好地阐释了这一点,贝恩资本借了 16 亿元给国美,如果说国美违约可能要还他 24 亿元;如果转成债权股将是近 10% 左右的股权,国美的市值 600 亿元左右,10% 左右的股权,等于是投资 16 亿元赢得 60 亿元。在很长时间内,这对国美有一个决定性的影响,60 亿元左右的股权市值又放大为 600 亿元的社会影响力。所以在国美内战中,确实让我们发现很需要重视法律、重视规则,大家根据市场规则确实可以做很多事情。

机构投资人在国际资本市场上一直都是一个非常重要的角色,而且起的作用也非常大,但是就此次事件而言,即使是乘人之危,如果能达到双赢或者是多赢的效果,也是可取的。

贝恩资本进入的时间点抓得非常准,进入的方式非常巧妙、非常有典型性。

回头看来,正是因为贝恩资本的进入使国美渡过了艰难时代,才迎来了今天的平衡。我认为,包括黄光裕家族也应该理性地看待这件事情,人首先是要有一种感恩之心,其次各方利益平衡,能够达到各方多赢的状态,就是一件好事。

5. 陈晓事件将极大地推进职业经理人制度

“黄陈之争”,似乎让诸多企业家们看到了陈晓之类的所谓“职业经理人”的可怕与可恶。其实,这完全是陈晓将自己“标签化”或“脸谱化”为所谓职业经理人的结果。“黄陈之争”,无论胜负如何,都能使人们看到职业经理人(“掌柜”)的价值,理清公司与股东(“东家”)、公司与职业经理人、股东与职业经理人的关系。因此不仅不会妨碍,反而将直接促进中国职业经理人制度的发展与完善。

从整个事件来看,陈晓作为永乐的创始人之一,带领永乐做大,并入国美集团。但之后在国美一直是类似赋闲的位置。在黄光裕“进去”以后,他作为黄光裕最值得信任的人,担起了国美这个担子。应该说是在艰难时期体现出一个企业家的担当和职责,从某种意义上来说,他的心态别人无法理解。

有人认为,陈晓事件是对职业经理人制度的一个巨大打击。我不这样看。我觉得陈晓事件的出现是对职业经理人制度的极大肯定和推进。为什么这样说呢?以前大家觉得职业经理人就是一个“掌柜”的,“掌柜”的就得听命于“东家”,“东家”叫你干啥你就干啥,你得忠诚于“东家”。陈晓事件的积极意义有二:其一,充分展示了职业经理人的能量;其二,探讨了当大股东的利益与企业利益发生冲突时职业经理人的抉择。

陈晓事件本身就是一个非常典型的例子,用他的话来说,大股东的利益和公司的利益发生了冲突,一方面我要忠诚于大股东,因为是他派我来的;另一方面,我作为公司的董事局主席,我也要忠诚于公司的利益。当两者发生冲突的时候,这个时候应该怎么办?陈晓的表现恰恰说明了职业经理人开始有了一定的独立性:如果公司利益与大股东利益发生严重冲突,他可以不和委派他的大股东完全保持一致。这是一个职业经理人的意志、能力、影响力达到了一定的状态以后才可能出现的局面。过去职业经理人不被足够重视,是因为他们缺乏足够的能量。但是从陈晓事件来看,以后大家就会越来越重视职业经理人的作用。你是老板,你是股东,你是权利人——不错,你只用做好你的事情,你的权力得到保障的体现在于财产收益。一个是财产收益权,一个是公司管理权,基本上是两个权力,成为上市公司、公众公司以后,具有财产上最大的权力的人未必是能够引领公司走好路的人。

6. “双翼天使”如何打造

职业经理人和老板有没有理性状态?有,这就是“双翼天使”。盖茨与安德鲁这对“双翼天使”共同造就了微软的伟大;李嘉诚旗下公司如长江实业、和记黄埔的职业经理人与股东共同创造了华人经济的奇迹;张学斌等职业经理人的有效工作,使创维在创始人黄宏生“进去”后仍保持不可思议的发展。

……

那么,“双翼天使”又该如何打造?

(1) 理顺“东家”与“掌柜”的关系。“东家”应深刻认识到“掌柜”的能力与能量,“东家”看得起“掌柜”的,形成一种尊重,在此基础上方可形成良性而理性的合作关系;“掌柜”绝不是“东家”的下人,而是有独立人格与权利、忠诚于公司和“东家”的职业人士。

要让“掌柜”管好家,同时又绝不能让“掌柜”自己或联合他人把“东家”的财产夺去。这既要形成良好的信托责任的文明与氛围,使之渗入公司及“东家”和“掌柜”的血脉之中;另一方面,又要从公司章程、契约等方面,形成对公司创始人的法律保护措施,如公司创始人董事会席位的特殊保障、创始人的否决权等。

要将企业做大并做成百年老店,家族化纽带一定要强化,家族化控制一定要有保障,但同时也要给其他的企业参与人,包括作为高管的“掌柜”们以权利(股权及报酬)、尊重(意见听取与合作),才能实现企业的传承。

(2) 理顺“公司”与“掌柜”的关系。“掌柜”当然要忠诚于“东家”,否则理应辞去“掌柜”之职。“东家”利益原则上总是与公司利益一致的,但当“东家”利益与公司利益不一致时,“掌柜”要依职业操守进行判断,除非维护“东家”利益会极大损害公司利益,否则“掌柜”无权不尊重甚至自作主张更改“东家”意见。

对陈晓所谓“背叛”股东的诟病,相当程度上即源于陈晓与委派其职务的股东意志和利益相左;而陈晓也正是以所谓为公司和其他股东的利益为由进行抗辩。

(3) 理顺“公司”与“东家”的关系。“东家”不可“工具化”公司。公司是具有独立法律人格的主体,公司财产独立于股东,股东不得损害公司利益。

“东家”不能将公司当做自家东西,必须遵守和符合法律要求。

公司是公司,“东家”是“东家”,二者各自独立承担责任。

7. 国美将会脱胎换骨

“国美内战”整个事件对于各方都是一个惊心动魄的过程,国美将会有脱胎换骨的变化。

首先,是股权结构的变化,股权结构的变化从哪里来?源于大股东的一种反思,源于大股东所做的努力,他来主导这样一些事情,比如说,股权激励机制,是在陈晓手上搞起来的,但是这使大家的利益更深地融汇到一起。黄光裕看到了这一点,认可了。

其次,对于一个企业家来说,最重要的是什么呢?不是利益,而是社会责任。企业家的社会责任应该分为三个层面:第一个层面是企业家对于企业的责任。对企业的忠诚,是自己的利益服从企业的利益。第二个层面是企业对社会的责任,比如说“三聚氰胺”事件,我想这个行业所有的企业家都应该认真地反思,我觉得这是一个社会性的问题,是企业最需要面对和反思的问题。第三个层面是我们所有的人、所有企业家和企业对于这个民族的历史责任。没有民主法治的保证,任何财富的“神马”都不过是“浮云”。所以企业家应该推动民主法治,这是每一个负责任的企业家和企业对于这个民族的历史责任,也是企业家人格的升华。

利益的均衡怎么做到?一是你要给他利益,或者让他看到希望;二是提升他的人格,提升他的责任感;三是“游戏”规则要更完善。我想黄光裕本人对这个问题也会有一个深刻的认识和反思,通过这个事件他也学会了和机构投资人和各方投资人进行合作,大家要坐下来商量,而不再是自己说了算。

这就是一个新的治理时代的开始。

8. 良好的公司政治:“民主”“共和”和“宪政”

良好的公司治理就是应做到“民主”(股权)、“共和”(不同声音的存在)和“宪政”(公司权力的有效监督与制约)。

这里有一个重要的问题就是中小股东利益保护问题,这也一直是世界公司法领域的一个难题。所谓弱肉强食,是资本时代的特性,所以很多公司出现大股东欺负小股东,或者小股东权益得不到保护的情形,比方说小股东没法查账,大股东长期不分红等。尤其在中国的公司制度和商业伦理还不是很完善的情形之下,小股东利益的保护问题可能显得更为突出。国美在联交所上市,联交所整个的公司治理制度、公司管理制度是对股东权利的保护,应该说法律制度是非常完善的。因为上市公司作为一家公众公司,是吸收公众的资本、资金进入的,它凝聚了公共资源、公共资金,所以必须对他进行监管。这时的公司治理和监管其实也是对中小股东的一种保护,比如说在整个公司治理层面,在董事会当中必须要有专门的董事来代表中小股东的利益。

保护中小股东利益的董事在大陆叫做独立董事,在香港叫非执行董事,美国则叫外部董事。在公司治理层面,在大陆有监事会,监事会要考虑各方利益的均衡,包括小股东利益的保护,这是从公司制度层面来设计这个问题。

公司制度运行出现了问题,小股东可以投票,投票有两种方式:一种是用手投票,比方说,在国美事件当中,选择谁,支持谁,用自己的手投票;另外一种是用脚投票,即把股票卖掉。

更多时候,小股东如果觉得自己的利益受到损害,但又没有办法把股票卖掉时,就要给他提供一些救济,这就是司法救济。国内外关于公司诉讼涉及股东的诉讼案都非常多。我国《公司法》对公司诉讼涉及相关的二十几类诉讼有相当一些是跟股东有关系的。比如说股东认为公司的董事会决议、开董事会的过程、开董事会的程序是无效的,那么就可以提起诉讼;连续持有上市公司1%以上的股票超过180天的,也可以对公司其他的股东提起诉讼;占公司股份10%以上的股东,根据《公司法》第183条之规定,在公司运营困难,继续下去将造成更大损失的时候,可以请求人民法院司法强制清算并解散公司。

中小股东的维权,一是公司治理制度的完善,二是保障中小股东在利益受损时可以自由退出,三是完善中小股东的司法保护和救济制度。这里面有社会规则的问题,也有中小股东博弈智慧的问题。比如,中小股东往往可以抱团取暖,通过征集投票权等方式,把中小股东的力量集中起来。

回头来看“国美内战”的博弈各方,无论是黄光裕家族这样的大股东,还是以贝恩资本为代表的机构投资人、中小股东等,一方面,利益是他们的出发点,资源是他们的本钱,规则是他们博弈的方式;另一方面,要将这些东西很好地运用,靠的却是各自的社会影响力。

成长不能超越过程。成熟的商业社会,成熟的市场经济,往往既要以道德资源为基础,又要超越纯道德的评判。

八、国美的当下与未来

2016 年 5 月 31 日,北京市第二中级人民法院发布刑事裁定书:黄光裕减刑 11 个月。2008 年入狱的国美电器创始人黄光裕,因两次获得监狱改造积极分子,累计积分 65 分,目前已获两次共 21 个月的减刑。减刑后,其应执行刑期至 2021 年 2 月 16 日。高墙之外,国美在黄光裕之妻、国美控股集团 CEO 杜鹃的带领下,已在零售板块、智能制造、智能手机、互联网、金融投资、地产等六大板块稳健布局。在 2016 年战略大会上,杜鹃大谈危机感和主动性,将今年视为国美的转型之年。转守为攻、重回狼性的国美,正筹谋棋局。

从目前的布局来看,杜鹃正在实现她此前的承诺,“欲再打造一个千亿国美,静候黄光裕归来”。而从黄光裕的角度来说,减刑之后的国美前总裁回归仍有一段时间,可以想象,黄光裕回归之后,他将面对的是一个全新的时代和不一样的国美。

九、委托书收购——上市公司“一次性选票”对决的另类思路

另一种上市公司的股权对决是“一次性选票”的对决,即相关股东并不收购其他股东的股权,而只是收购其他股东的“一次性选票”,即所谓“委托书收购”。收购方直接取得上市公司的股东委托书,以在上市公司股东大会上获得表决权的优势,通过改组董事会,从而达到控制上市公司的目的。委托书收购成本低,程序简单,适合股权较为分散的情况。委托书收购同时也可以与协议收购或要约收购方式同时使用。其典型者如胜利股份(000407)的控股权之争。

2000 年年初,广州市通百惠有限公司通过拍卖,以每股 1.06 元的价格低成本取得胜利股份 16.67% 的股权(价款 3 339 万元),位居第二大股东,并首次采用“委托书收购”方式征集小股东支持,要求改组公司管理层和业务架构。而第一大股东“胜

邦公司”(法人代表为原胜利股份董事长徐建国)通过关联持股结构紧紧控制住多数表决权,多次较量后,“通百惠”未能全胜而出。

胜利股份公司的股权之争中,引人注目的是通百惠公司为了使自己拥有尽可能多的表决权,采用了在报上发布公告,公开征集流通股授权委托的形式,使自己手中所掌握的表决权出现了有效增加。2000 年 3 月 17 日,通百惠公司在媒体上刊出了广告,打出了“你神圣的一票决定胜利股份的明天”的口号,请流通股股东进行投票登记参加股东大会的选举。同时还表示,每一个流通股股东都可以将其表决权委托给通百惠公司。通百惠公司此举使委托书收购真正出现在我国股票市场上。虽然收购失败了,但通百惠的行动受到市场的广泛好评,也得到了大量胜利股份公司流通股股东的响应。

第四章

公司“政变”

——被罢黜企业家之自我救赎[①]

> **笔者按：**公司控制权之争之“政变”模式，即公司部分股东、董事利用股东会、董事会规则，以事先达成的默契为基础联合将原公司法定代表人或实际控制人“赶下台”，重新决定新的公司法定代表人或实际控制人。国美股东会之争属公众公司的“阳谋”，更多的非公众公司则是发生“突袭”，典型者如江南某批发大市场的“政变”。

这是一起典型的公司“政变”：公司第二大个人股东，私下联合其他股东，一举罢免第一大个人股东、公司董事长在公司的一切职务，并冻结其在公司的股份、限制其一切股东权利。在大成律师事务所律师的有效帮助下，第一大股东以公司股东会、董事会决议无效为由提起诉讼，并通过诉讼、谈判、斡旋等综合博弈，有效维护了自身的合法权益。公司保持了稳定，公司控制权之争实现了多赢之结果。

一、公司“政变”：第二大股东“推翻”第一大股东

2003 年 7 月，江南某批发大市场临时股东会上，公司第二大股东提出临时预案，

---

① 本章内容系根据大成律师事务所处理之真实案例进行必要隐蔽性处理后改编而成。

要求罢免公司董事长。因事先与其他股东、董事（均为董事长多年带出来的“亲信”）沟通并达成一致，临时股东会决定免去该公司第一大股东、董事长的公司董事职务，选举第二大股东为公司董事。

随后不久召开的董事会作出决议：① 免去已失去董事资格的原董事长职务，选举新任董事的第二大股东任董事长；② 鉴于被罢免之董事长在设立拍卖公司等事项上的重大失误，决定冻结其公司股份，保留追究其民事赔偿责任之权利；③ 停止原董事长一切股东权利。

江南某大市场位于南方某省会城市城乡结合部，是采用股份制方式构造的一座大型日用工业消费品批发市场，主要以中、低档商品为主，面对广大的农村市场。始建于1994年7月，总体规划1 700亩，首期开发420亩，总投资额2.1亿元，建筑面积12万平方米。建有店面5 000余间，室内摊位2 500余个。市场分四大交易区，经营小百货、鞋帽、布匹、服装、针织品、床上用品、副食品等七大类商品。市场内还配有餐饮、住宿、邮政通信、金融保险、交通售票、货运客运、代办托运、医疗保健等服务设施。

市场自1995年9月1日建成开业，经营业户3万余人，日均客流量6～7万人次，高峰时达10万人次。建成以来，市场得到了迅速的繁荣和发展，取得了显著的社会效益和经济效益。1998年被确认为国家级中心批发市场，之后又被确定为全国重点联系市场，进入全国九大日用工业品市场行列，成为当时长江以南最大的批发市场。

市场最初由政府出资，后来经过几次改制，变为股份制公司，当时最大的个人股东是胡健（化名）。胡健凭借和当地政府的良好关系入主市场。他资格老，很有威信，所有的公司高管也都是他一手带出来的，但是他的个性比较强势，时间长了，手下人多心存不满。2001年，市政府换领导班子。新一届领导班子上台了，这个时候出现了第二大个人股东，叫殷宏（化名）。殷宏个性较为温和，思想开明，善于沟通，和其他公司高管沟通得比较好，他和其他五个胡健一手带出来的董事，也是过去胡健的亲信密谋，想换掉第一大股东胡健。

在临时股东大会上，关于公司人事问题并未事先列入议案，亦未公开事先通知公司股东。在完成“政变”后，公司进行了工商变更。

二、自我救赎：构建博弈的“载体”与方式

几经转折，胡健找到大成律师事务所。

大成律师事务所律师告诉胡健：

> 世间博弈取决于三个因素：一是本钱，也就是你所能调度的社会资源；二是方式，要科学制定博弈策略，诉讼与谈判、斡旋相结合，边打边谈，边谈边打；三是利益再分配方案，要理性设定自己的底线并及时调整。
>
> 而诉讼本身亦取决于三个因素：一是说什么，要言之有理、言之有据、言之有度；二是怎么说，要以科学的诉讼策略和证据与法理的组合说服法官、法院；三是你是谁，要调动所有社会资源服务于诉讼。弱势群体与强势群体博弈时，须得有"正义的旗帜"，具体法律事务上就表现为法理的正当性与法律规则的支持。在此过程中，最好要有专家、学者的"外脑"提供理论支持，需要权威专业人士的评述为"外嘴"以维护自身合法权益。

我们建议他盘点一下自己的资源：包括资本资源、专家资源、媒体资源、人脉资源等，然后开辟一个战场和对方开战。当然，这一切的根本，是正义资源。需要法律上论证其权利的合法性。

我们首先对本次公司"政变"的法律文件进行分析，同时进行了必要的调查取证。在此基础上，我们确认：当时的公司"政变"是无效的。

其一，股东会决议无效。股东会将胡健罢免，那么股东会决议的效力也就成了本案的关键。我们从程序与实体上经过调查事实和法律分析，认定该股东会决议无效。该次股东会的程序瑕疵在于董事人选问题没有事先通知股东，而是在临时股东会上临时提出的议案。该次股东会实体上的致命瑕疵在于此次议案赞成票中，有某一占公司股份近9%的公司股东的表决票。——而在此次股东会召开之前，公司已将该股东出资赎回并在工商机关注销了该部分股权。

其二，董事会决议无效。一是若股东会决议无效，则董事会决议自然也就成了无源之水、无本之木；二是董事会决议居然决定停止公司股东行使股东权利，而且还限制公司股东处置股权的权利，显然违反了法律的基本规定要求。而若股东会、董事会决议无效，则对胡健的罢免和对新董事长的选举同时也是无效的。

在确立"法律上的正义性与自信心"后，需要设计具体的问题解决方案。而"法律的正义性"往往并非非此即彼、黑白分明的，存在相当的模糊空间。这也给双方博弈带来空间。律师的价值，绝不在于"伤天害理"地把该输的官司打赢了，更不在于把理应打赢的官司打输了，而是在于在各方是非不明的情况下，律师的举证与阐述及相关工作，让公众与法官觉得正义在你的当事人一方，实现当事人合法利益的最大化。律师作为专业人士，既要帮助企业和企业家正确认知法律的应然状态，也要帮助企业在需要时"被认可"更具法律正当性与正义性。——某种意义上,这也是某些律师喜欢"大声呼喊"的原因:既为营销,也为处理案件造势,至少在相当程度上赢得当事人的认可。我始终认为,理性的妥协往往是各方利益最大化的结果。法律人的声音还应理性、平和为宜。既要敢于同对方 PK,也要努力寻找各方利益的均衡点。

所谓的董事会改造似乎木已成舟,要改变这一结果需要一个对话的平台或"战场",双方通过社会资源的博弈进行利益的再分配。具体就是向人民法院起诉,要求确认相关的股东会决议、董事会决议无效。围绕这一诉讼,双方可以边打边谈、边谈边打,在此过程中努力达成利益的均衡。

我们最终选择在省高级人民法院起诉,之所以如此,主要是考虑在高级人民法院一审,审判相对要独立、超脱得多,而且二审在最高人民法院,对对方也是一个震慑。"对未来预期的不确定性",往往是各方妥协的根本基础。

为此,我们在省高级人民法院起诉,要求确认股东会决议、董事会决议无效,同时要求赔偿 30 000 001 元,因为当时高级人民法院的一审的级别管辖标准是标的在 3 000 万元以上。

三、寻找各方利益平衡的思路与方案

这个战场摆开之后,双方集中资源再次博弈。

法庭审理很激烈,法庭外的较量同样惊心动魄:经过庭审,确认了我方基本证据的真实性、合法性与关联性,也就意味着相关股东会决议、董事会决议很可能最终被认定为无效。同时,专家、媒体、领导、公众舆论等亦围绕此案表达意见。

在法庭审理中占据主动,辅以其他资源的介入,在让对方对诉讼缺乏明确预期或者说没有足够信心打赢官司的前提下,我们积极寻找双方利益的均衡点,努力促进双方理性的妥协。

然后,我们通过合适的方式跟对方沟通:"首先,股东会、董事会决议明显是不合法的,官司一旦打起来,你方败诉的可能性是很大的。其次,一旦败诉,你方所有的努力都付诸东流了。如果让我们承认既定的事实,大家的利益都应能得到一个很好的均衡,不要让事情演变成你死我活的'战争'。"

最后,经过我们斡旋、双方谈判后,对方以约 3 600 万元的对价买下胡健的股权,既大大高出胡健的预期,也实现了对方的战略意图。这在公司控制权争夺中是一个和平解决、实现双赢的例子。

四、平衡博弈的启示

首先,公司治理宜规范。公司是各种利益斗争形成的妥协和均衡。只要是使用法律允许的方式,都是可以的。在股东会、董事会上去解决公司的争议,是光明正大的,也是解决公司治理问题的一种很好的方式。因为股东会的表决,给公司造成的损害要低于股东战争给公司造成的损坏。董事会人员的变更,一般亦远远不能与股东分裂给公司造成的损失相提并论。股东会、董事会的斗争实际上也相当于另一种形式的“议会斗争”。股东会是类似于全国人大的公司权力机构,大家开会来解决这个问题,不管是拉票也罢,买票也罢,去实现自己的诉求,都是公司民主的一种表现。只要是在公司治理的规则要求之下去做事情,我觉得都应该鼓励,因为这样会让公司的运营越来越规范。具体到这个案件,正是在公司控制权争夺的“议会斗争”中,存在一些违规的情况,这就为双方的博弈留下了空间。

其次,各方当事人及律师一定要善于分析冲突的核心所在,寻找到双方利益的均衡点。

例如,我曾处理江苏某上市公司向国家及多省质监机构举报湖北、山东两家知名企业“冒用其厂名、厂址”,而该上市公司的进出口贸易部,同时也挂牌成立了专门代理该公司进出口业务的贸易公司。贸易公司数年来长期委托湖北和山东两厂家为其提供中成药的代加工业务。经我们分析,该上市公司应该是在国外因药品质量问题受到查处,然后企图将“黑锅”让其他两家企业背。若如此,各方显然没有妥协的余地。在经过接触后,我们注意到该上市公司只不过有一批药品送到国外后,国外客户以其药品存在质量问题为由拒付贷款。该企业未雨绸缪,以常规思维方式,试图以此转嫁风险。后大成律师事务所律师提出,各方并未到你死我活的地步,该上市公司向国家质监部门的举报是建立在与其公开披露的信息相矛盾的基础上作出的,依法可以向国务院证券监管部门进行举报,最后“意味深长”而充满建设性地表示:大成律师事务所律师和被举报企业,愿意到药品质量被发现问题的国家,配合调查并促进问题圆满解决。后争执各方各自主动向国家相关部门撤回对对方的举报。

第五章

股东“出轨”

——股东掏空企业的“常用”方式[①]

> **笔者按**：控制公司的重要方式之一，便是控制公司的核心资产。这种对核心资产的控制往往表现为将公司核心资产或盈利业务转至目标公司，其典型者如马云将支付宝股权由其缺乏控股权之阿里巴巴集团转至其控制的杭州阿里巴巴。另一种方式，是使公司实际承担对外债务，这里既包括虚构公司对外债务（可能涉及刑事问题），也包括公司本可缓付乃至赖账之债务，其矛盾冲突典型者如本章第二部分所列案件。

一、支付宝股权之争："刘备借荆州"还是马云团队的特别 MBO？[②]

（一）支付宝成为阿里巴巴集团最有价值与发展潜力之资产

马云以其商业天才和卓越的团队，开创了中国电子商务新纪元。阿里巴巴旗

① 本章所涉及事件，为笔者所关注、研究或参与处理。支付宝事件相关事实内容，根据多家媒体公开报道整理。

② 马云被指在未经阿里巴巴董事会授权的前提下，即利用实际控制阿里巴巴集团之便利，先后分两次将支付宝股权转至自己所控制的公司名下并取得第三方支付业务之许可，在木已成舟的前提下，再与其他权利人讨论利益再分配。以三国故事作比，可谓“刘备借荆州”。（三国时刘备在已占据荆州的情况下，以所谓“借”的方式向东吴孙权政权要求占据荆州的“合法性”。）此案全球瞩目，中国企业家之契约精神、中国VIE架构企业之监管、中国企业海外融资之难度等，据称均因此案带来极大反响。笔者关注、研究此案，并为相关权利方提供法律咨询服务提供专家意见。同时，接受多家媒体采访，提出解决问题之思路与建议。

下,有两大支柱性、革命性的业务:一为淘宝,二为支付宝。而且,支付宝第三方支付的金融模式,甚至要超出淘宝网络购物模式的商业和社会影响力。

当时,雅虎在阿里巴巴集团持股43.01%,软银持股29.3%,马云、管理层和员工等持股是27.69%。阿里巴巴集团对支付宝业务拥有100%的控股权,作为集团大股东的雅虎和软银顺理成章地享受支付宝的成长收益。只是根据协议约定,雅虎将其股权相对应的投票权的相当部分,授予马云及其团队代为行使。协议约定期限为2010年年底,届时,雅虎或将行使其作为公司大股东的表决权与实际控制权。马云或将大权旁落,失去对支付宝乃至阿里巴巴集团之有效控制。

某种意义上,马云及其团队创造了支付宝,却不是支付宝的最大主人,而只是高级"打工仔"、管理人。一旦管理权被剥夺或削弱,其权利将大受影响。保持对支付宝的有效控制,前提是要将支付宝的"蛋糕"进一步做大。而做大支付宝的核心,在于获取国家关于第三方支付金融业务之许可。

(二)国家法律对外资参与第三方支付业务之限制,为马云向目标公司转让支付宝股权并彻底摆脱协议控制提供了外在理由

2006年年初,央行《第三方支付管理办法》对外推出第一版意见征求稿之后,经多轮修改迟迟没有定稿,牌照申请标准也未正式出台。在线支付公司都在通过各种渠道揣摸监管思路,为申请牌照铺路。

2009年6月1日,阿里巴巴集团全资子公司Alipay e-Commerce Corp.(以下简称"Alipay",注册于开曼群岛)向浙江阿里巴巴转让了支付宝70%的股权,作价2 240万美元(折合1.66亿元人民币)。支付宝由外商独资变为内资企业绝对控股的合资企业。该次转让参考了国家对商业银行外资持股比例的相关规定。银监会对外资参股银行是单一股东不超过20%,合计不超过25%。

此后一周之内,支付宝增资扩股,Alipay和浙江阿里巴巴对等增资,注册资本增至5亿元人民币。其时,卡罗尔·巴茨刚刚就任雅虎CEO不足半年。雅虎并未披露有关支付宝股权转让和增资事宜。

2010年6月,央行出台了涉及第三方支付业务的《非金融机构支付服务管理办法》。该办法列举了申请支付业务许可证的条件,为外商投资支付机构申请牌照开了一个口子——外商投资支付机构的业务范围、境外出资人的资格条件和出资比例等,"由中国人民银行另行规定,报国务院批准"。

据悉,支付宝针对"另行规定"迅速与央行各层面沟通,得到答复:有外资持股的第三方支付企业,"要获得支付牌照,必须走国务院的通道"。

2010年8月6日，Alipay将支付宝30%的股权转让给浙江阿里巴巴，作价1.6498亿元，依据是2010年5月31日的评估价。交易完成后，支付宝(中国)变成浙江阿里巴巴的全资子公司。阿里巴巴公关总监陶然介绍，此前关于支付宝股权的两次转移，都是处于协议控制下的，集团董事会对这两次转移是知道并同意的。

2011年第一季度，阿里巴巴应央行要求作了书面声明，同时基于对形势的判断，“我们认为必须为了100%的结果付出200%的努力，哪怕用最为保守的做法确保首批拿到牌照，所以作出了终止协议控制的决定”。

对于浙江阿里巴巴和阿里巴巴集团的关系，马云表示，“没有关系，如果有关系，又成协议持股了”。①

(三)“刘备借荆州”式的转让引发震荡

转让发生时，阿里巴巴集团董事会四个席位，管理层、雅虎和软银是按2∶1∶1分配席位。按照双方协议，2010年10月起，雅虎有权增补一名董事，与管理层的董事席位一样多。雅虎尚未行使这一权利。

著名媒体人胡舒立称：马云擅自将公司核心资产“支付宝”转入自己名下，且转让价格超低显失公允，严重违反了股东之间的契约，再次提出中国企业家当有“契约精神”的问题。

马云在第一时间作出回应：“我时常提醒自己不能装……做回自己才能给自己、给别人更好更多的交代。”“每一步转让，肯定都会跟阿里巴巴集团股东有事前沟通。”有人士称，从转让70%股权到全部转出的过程，“都应该已经获得雅虎的认可”。②

雅虎2010年5月13日发表声明称：2010年3月31日被告知支付宝变动，此举未通报阿里巴巴集团董事会或股东大会，也没有征得董事会或股东大会批准。从声明来看，如果马云和阿里巴巴集团之前曾就支付宝股权重组一事与雅虎方面有过沟通，这种沟通也是私下的，没有上升到双方的董事会层面。③

支付宝在阿里巴巴集团的位置极为重要，它为阿里巴巴集团的B2B和B2C业务提供支付服务，淘宝100%的交易都通过支付宝进行。2010年中国第三方支付市

---

① 马云此举可谓一举多得：一方面，浙江阿里巴巴彻底脱离了与阿里巴巴集团的关系，马云完全主导了支付宝的未来，除了与其他相关利益方适当分配利益；另一方面，此等表态亦从法律上摆脱了协议控制，摆脱了因国家对协议控制方式之限制而给支付宝可能带来的负面影响。

② 马云此等表态，既为争取舆论支持，亦略显对此举缺乏足够“光明正大”的坦荡。

③ 显然，此等重要之转让，未经阿里巴巴集团董事会正式讨论通过，其法律瑕疵是客观存在且显而易见的。

场交易额达到 11 324 亿元,支付宝以 49% 的份额占据半壁江山。很多人士猜测,马云这次是借支付宝获取支付牌照的机会,将这一核心资产从雅虎控股的阿里巴巴集团剥离出来,放到自己名下,釜底抽薪。而马云一直坚称,其作出"非常艰难但唯一负责任"的决定,支付宝重组转移所有权至其控股的另一公司绝对合法,目的就是使得支付宝符合国家政策顺利获得第三方支付牌照。

因为各方披露信息有限,市场对支付宝变动的性质充满疑虑。

雅虎股价遭受重创。业界分析认为,既然支付宝重组已经完成,"雅虎似乎已经失去了和阿里巴巴谈判的一个主要杠杆"。

(四) 股权转让的法律"硬伤"

Alipay 是阿里巴巴集团全资子公司,是否有权在没有获得集团董事会及股东大会批准的前提下,将关键重要资产以明显便宜的价格转让,存在一系列法律挑战。

从公司法角度而言,这取决于 Alipay 公司章程如何在董事会与股东会之间分权。如果章程规定支付宝这样重要的资产转让需股东批准,那就需要阿里巴巴集团批准,雅虎和软银在董事会四席中占有两席,足以保卫自己的利益。其次,如果 Alipay 的董事会与管理层未得到合法授权即以畸低价格将支付宝转让给马云,则明显违反公司法,甚至触及刑律。在最坏的情形下,雅虎和软银可主张转让合同无效。

根据《合同法》第 52 条第 2 款,恶意串通,损害国家、集体或者第三人利益而签订的合同,属无效。支付宝由 Alipay 转给浙江阿里巴巴,雅虎和软银作为阿里巴巴集团大股东,符合上述第三人的条件,可在浙江提起诉讼。

2011 年 5 月 26 日,作为国内支付行业"大哥大"的支付宝拿到了国内首批第三方支付牌照,这仿佛可以为马云"正名"。[①] 马云也明确表示,2009 年的董事会纪要明确表示,授权管理层调整支付宝的股权结构达到央行的要求。根据支付宝公司提供的资料显示,有关支付宝公司重组事宜,自 2008 年开始已经在阿里巴巴集团董事会层面展开至少五轮沟通,分别讨论过支付宝股权结构合规的问题,上述会议均形成了董事会纪要。随后,雅虎与阿里巴巴发布联合声明,称双方正在并将致力于推进谈判,解决围绕支付宝的问题。

2011 年 6 月 22 日,雅虎、阿里巴巴、软银共同宣布,支付宝转移事件取得"实质性的、令人鼓舞的进展",有望很快达成协议。2011 年 7 月 29 日晚间,阿里巴巴集

---

① 马云在未经董事会明确授权的情况下,即将股权转至其所控制的内资公司。此行为似乎与支付宝取得第三方支付业务之资格有明显之因果关系,亦使支付宝明显增值。这就为各方分配利益提供了空间,使各方妥协具备了物质基础。

团、雅虎和软银宣布,就支付宝股权转让事件正式签署协议,支付宝的控股公司承诺在上市时予以阿里巴巴集团一次性的现金回报。回报额为支付宝在上市时总市值的37.5%,回报额将不低于20亿美元且不超过60亿美元。除了现金回报,协议内容还包括,阿里巴巴集团将许可支付宝公司及其子公司使用所需要的知识产权,提供有关软件技术服务。支付宝公司将会支付知识产权许可费用和软件技术服务费给阿里巴巴集团。该项费用为支付宝及其子公司税前利润的49.9%,反映了该等知识产权和软件技术的贡献。当支付宝或者其控股公司上市或发生其他变现事宜后,将不再需要支付上述费用。

协议各方没有披露相关补偿条款的具体计算方式,不过有一点可确认,雅虎、软银已不能通过阿里巴巴集团直接获取支付宝的成长收益,它们与支付宝的关联已被彻底撇清。尽管多方观点认为,雅虎吃了亏,但好歹消除了一些重要资产价值的不确定性。马云则最终切断了雅虎、软银与支付宝的关联。

此前阿里巴巴集团曾100%控股支付宝,而现在,马云和阿里巴巴创始人之一谢世煌分别占股80%和20%的浙江阿里巴巴电子商务有限公司则成了支付宝的全资控股公司。

(五)理性的利益再分配使各方重新达成新的妥协

阿里巴巴集团董事会主席马云表示,“在过去的几个月,我们和软银及雅虎一起进行了坦诚和积极的沟通,达成了一个兼顾各方利益的协议。这个协议对于阿里巴巴集团的所有员工、客户和股东都是有利的。最重要的是,可以确保支付宝拥有牌照并且安全、健康、稳健地可持续发展”。

雅虎当时CEO卡罗尔·巴茨也认为,对于雅虎公司、雅虎的股东以及所有协议参与者来说,这是一个非常理想的结果,“最终达成的协议将会维护淘宝的价值,并让各方分享支付宝的利润,同时确保阿里巴巴集团能在支付宝上市时得到价值兑现。阿里巴巴集团及其管理层在公司管理和创造价值方面拥有骄人的成绩,我们期望继续参与和分享阿里巴巴集团及支付宝未来持续不断的成功”。

而一直被认为是达成协议最大阻碍的软银CEO孙正义也终于在马云足够的“诚意”下妥协。

“这一协议能够达成,是建立在阿里巴巴集团、软银及雅虎长期深厚的合作关系以及互相信任的基础上。该协议也将让阿里巴巴集团在马云的领导下延续高速的成长。”孙正义说,“中国互联网市场是全球最大、发展最快的市场,而阿里巴巴在中国互联网行业中是明显的领导者。阿里巴巴集团和支付宝的密切关系将让阿里巴巴集团在未来继续保持领先的地位”。

(六) 作者点评:马云及其团队对支付宝一次特殊的管理层收购(MBO)

“支付宝股权之争”爆发后,曾多次接受相关方面的咨询及媒体采访。我的基本观点是:

(1) 从法律性质上分析,支付宝之争更像是马云和他的同伴们对支付宝的一次 MBO。

(2) 支付宝股权转至浙江阿里巴巴后,首批获得第三方支付业务许可。在“蛋糕已做大”的情况下,各方存在均衡的利益空间。

(3) 我坚信各方一定能够协商解决问题,断不至走上法庭。因为,“他们都是成熟的商人”。

一般的 MBO 需要“现款现货”交易,如新浪 MBO 时,新浪管理层就曾成立公司向美银美林银行借款。而目前马云为此所支付的对价则是支付宝未来上市后的收益,其具体做法是:马云和阿里巴巴 CFO 蔡崇信成立一家特殊目的有限公司 IPCo。IPCo 将向阿里巴巴集团发行一份面值 5 亿美元 7 年期无息承诺票据。马云和蔡崇信会把他们所持有的 5 000 万股阿里巴巴集团普通股投入 IPCo 作为承诺票据相关义务的担保。

目前雅虎持有 43% 的阿里巴巴集团股权。据前述和解协议,雅虎最终能从支付宝 IPO 补偿中获得现金数额区间为 8.6 ~ 25.8 亿美元。但即便如此,目前支付宝 IPO 尚不知期。蔡崇信说,支付宝仍需要大量时间来建立其在淘宝之外的业务,此时谈上市为时尚早,且未来将在中国上市。

协议签订后,支付宝的格局转变为以下情况:

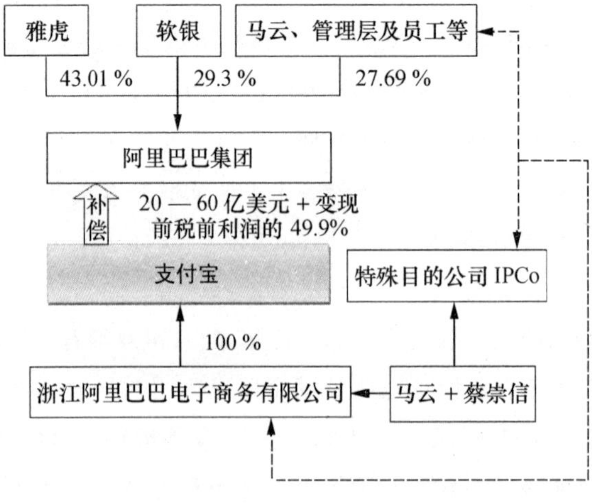

目前浙江阿里巴巴和 IPCo 的股东都只有马云和蔡崇信，接下来当与支付宝相关的呼叫服务等业务彻底剥离后，会不会有更多的阿里巴巴集团管理层乃至员工以支付对价等形式入股支付宝或浙江阿里巴巴还不好说。如果大胆猜测这种事情已经发生了，那上图中就可以非常肯定地画上那两条虚线了，而阿里巴巴集团管理层的 MBO 轮廓也就更加清晰了。

支付宝之争的根源在于公司股东各方的资源基础发生巨大变更。随着阿里巴巴的发展，马云及其团队的人力资源在公司发展中所起的作用越来越大，而早期资本投入的雅虎与软银，因为缺乏相应足够的再投入，却始终依早期资本投入的比例享受权利，必然引发各方利益的冲突，需要对公司利益分配模式进行调整。

无论“达娃之争”还是支付宝之争，这两起与杭州、与浙商相关的公司控制权之争，其实质都是公司利益的再调整。两者的区别在于前者以全面股东“战争”的方式展开，最终引发双方彻底决裂。而支付宝之争，则是各方基于理性与克制，在“做大蛋糕”的前提下，合理分配各方利益。马云获取公司核心资产赢得主动，其他各方以道义与法律相搏，亦得到应有之回报。

这一博弈，更能够体现出商业文明的进步：

各方在新的平衡条件下分配利益，合作共赢。——“成不王，败非寇”。

（七）控制公司的马云式智慧——如何仅投 3 010 万即可有效控制支付宝？

公开资料则显示马云在创业之初极具重视股权的设计与安排，这也是马云凝聚团队的核心战略。那么，马云如何做到在不控股的情况下却能有效控制公司呢？除了常规意义上的一致行动、增加投票权重、一票否决等措施之外，股权的安排是最核心的问题，这一点在支付宝问题上最为典型。

在将支付宝股权以前述方式从雅虎、软银控股的阿里巴巴集团“转移”出来之后，经过内部的各种整合，支付宝的母体变为蚂蚁金服。马云本人并非蚂蚁金股的股东，但他如何在不控股的情况下便“不露声色”地控制了蚂蚁金服和支付宝呢？

我注意到，工商注册资料显示，蚂蚁金服注册资本超过 14 亿元，股东有二十余家公司。其中值得关注的是，杭州君澳股权投资合伙企业（有限合伙）持股 34.15%，杭州君瀚股权投资合伙企业（有限合伙）持股 42.28%。

杭州君澳股权投资合伙企业（有限合伙）投资总额约 10.1 亿元，彭蕾、陆兆禧各投了约 8 500 万元，其他核心团队成员也占有比例不同的有限合伙份额。而这家有限合伙的普通合伙人（实际控制人）则是杭州云柏投资咨询有限公司，它仅投了 500

万元人民币。

杭州君瀚股权投资合伙企业(有限合伙)合伙人有四个,马云投了2 000万元,谢世煌投了500万元,杭州君洁股权投资合伙企业(有限合伙)投了约8 900万元,而杭州云柏投资咨询有限公司同样是投了500万元,并担任普通合伙人。

那么,谁是杭州云柏投资咨询有限公司的老板呢?——当然是马云!这家公司注册资金1 010万元,只有一个股东。马云只投了区区3 010万,便牢牢控制着注册资本超过14亿元的蚂蚁金服,掌控着支付宝这个金融王国。

法律不仅可以帮人赚钱,还可以帮人投入小钱赚大钱。马云的这种以小博大之术是合乎法律要求与商业规则的。

二、老股东恶意仲裁掏空公司?①

这是我独任仲裁员裁决的一起案件。

这是一起因股权转让而引发的债务纠纷案件。

这是一起公司原股东代表公司同意承担对其他公司两千余万元债务,使公司实际资产可能转移至其他公司的案件。

这是一起通过使公司承担对外债务,削弱新股东控制公司价值的案件。

这是公司实际控制权之争的一种特殊形式。

(一)我们被投诉仲裁了个假案!

2011年年底,申请人与被申请人向仲裁委提起仲裁请求,双方一致申请仲裁委采用简易程序,由一名仲裁员独任审理双方借款及相关股权争议。仲裁庭经开庭审理后,根据双方当事人的和解协议当庭出具调解书。调解书确认的和解结果是:被申请人于仲裁调解书送达之日起3日内向申请人支付申请人2 000万元并承担本案仲裁费,申请人放弃关于利息的仲裁请求,双方关于合同所涉及之股权交易亦一并一揽子解决。

该案仲裁近半年后,有一自称为被申请人公司真正权利人的男子来仲裁委投诉,称仲裁委办了一起假案,严重损害了其合法权益。其投诉理由主要有三:

---

① 这是我根据担任独任仲裁员裁决的一起案件改编而成。该案当事人多次与仲裁委联系、接触,但仅用了不到一周的时间,即完成正式立案、开庭到执行的过程。这么快捷,一方面是体现仲裁的文明、高效,另一方面也提醒我,法律事务还是需要平衡时间、程序的严肃性、一定的持久性与工作效率之间的理性关系。某种程度上,这也让我深刻感受到仲裁工作的复杂性、艰巨性在相当程度上甚至要高于法官。

第一，本案适用简易程序不当，过快裁判不当；

第二，本案被申请人已经将股权出让，无权代表公司应诉；

第三，本案两千多万元的债权债务是虚假的，裁决是错误的。

（二）我们程序上有问题吗？

申请人与被申请人分别于2011年11月1日、2011年12月6日两次签署《仲裁协议》及《补充仲裁协议》，明确约定将双方因2010年7月22日发生的160万元借款的纠纷以及2010年8月10日签订的《借款协议》项下2 000万元借款的纠纷提交该仲裁委员会仲裁，并明确要求适用简易程序审理。

依据《仲裁规则》相关规定：① 除非当事人另有约定，凡案件争议金额不超过100万元的，适用简易程序。② 争议金额超过100万元，双方当事人约定或者同意的，也可适用简易程序，仲裁费用予以减收。

本案中，双方当事人在2011年11月1日《仲裁协议》中明确要求适用简易程序进行审理；在2011年12月6日进一步补充签订的仲裁协议中，再次确认共同要求本案适用简易程序并共同选定本人担任本案独任仲裁员，同时被申请人明确同意放弃答辩期，双方还明确同意放弃"需要提前三天送达开庭通知"的期限权利，要求仲裁庭尽快开庭审理本案。本案适用简易程序并由独任仲裁员进行审理，乃是基于尊重当事人对仲裁程序的特别约定，并无不当。如果不按约定执行，反而会违反法律的规定，侵害当事人的程序选择权。

（三）控股股东VS法定代表人，谁有资格代表公司？

造成公司原股东违背公司新的实际大股东意志参与仲裁的根本原因，是新股东在受让被申请人公司股权后，因自身或其他原因没有及时有效控制公司印鉴。

其一，关于原股东是否有权代表被申请人委托代理人参与仲裁。案件审理过程中，被申请人营业执照表明原股东依然是经工商注册确认的被申请人的法定代理人，所有文件亦已加盖被申请人真实之公章。仲裁机构及仲裁员，没有任何理由拒绝其本人或委托代理人参与仲裁并签署法律文件。只有公司法定代表人才能代表公司，新的公司股东作为股东可以选择公司法定代表人，但不能直接代表公司。

其二，新股东在受让被申请人公司股权后，因自身或其他原因没有及时有效控制公司印鉴。根据最高人民法院的司法解释，只能向其认为不当使用公司公章的原股东主张权利。

据查，被申请人直到仲裁结束多日后才在《法制晚报》上刊登遗失声明，称其公章、财务章、合同章、发票章丢失，特此"声明作废"，这意味着在此之前原来的印章都是有效的。如果新股东认为原股东非法使用公司公章给公司和股东造成损失,根据最高人民法院的司法解释①,只能追究相关人员的个人责任,而不能否定所盖公章的对外效力。第三人因为对公章的合理信赖而与被申请人进行的交易行为应该受到法律的保护。

(四)本案实体裁错了吗?

(1)根据最高人民法院相关证据规则,仲裁庭确认本案当事人和解协议并出具《仲裁调解书》并无不当。

本案是根据双方和解协议出具调解书而非依据双方提供的证据认定事实并最终作出裁决。由于被申请人在仲裁过程中,对存在2 160万元债务明确承认,根据最高人民法院《关于民事诉讼证据的若干规定》第8条的规定,诉讼过程中,一方当事人对另一方当事人陈述的案件事实明确表示承认的,另一方当事人无须举证。因此,本案中,申请人所提供证据的证明程度并不需要达到裁判时所需要的证明程度。

(2)本案中2 000万元款项亦有相应基础凭证支撑。

作为主体的2 000万元,至少有近2 000万具有明确的进账凭证,另有数百万元根据新老股东协议安排打入目标公司。双方在借款协议中明确约定:申请人可以直接将款项打入目标公司作为替被申请人垫付出资款。

另160万有双方盖章确认的欠条,被申请人无论在仲裁前的借款协议中还是在仲裁过程中都对此笔欠款的存在明确承认,法院主持的评估报告也予以了确认。申请人与被申请人之间有许多交易和往来,而被申请人另外一个持有公司10%股权的股东黄某萍也是被申请人的代理人,既是对160万元存在的补强证明,也不存在故意损害小股东利益的情形。

(3)现有证据表明:新股东在取得公司股权时即应当明知被申请人存在2 000余万对外负债,其接手公司后同样要面临偿还借款的问题。

其一,新股东系通过法院拍卖获取原股东所持有的90%的公司股权。法院拍卖时的资产评估报告书里面,已经明确把被申请人欠申请人的2 000万元列为被申请人的债务并经会计师事务所确认。

其二,根据该资产评估报告书,被申请人持有的目标公司90%的股权,估值

---

① 比如,最高人民法院《关于在审理经济纠纷案件中涉及经济犯罪嫌疑若干问题的规定》第3条规定:"单位直接负责的主管人员和其他直接责任人员,以该单位的名义对外签订经济合同,将取得的财物部分或全部占为己有构成犯罪的,除依法追究行为人的刑事责任外,该单位对行为人因签订、履行该经济合同造成的后果,依法应当承担民事责任。"

2 000 余万元，另有 200 余万元的流动资产，因此总资产是高达 2 200 余万元；而新股东仅以 400 万元即取得被申请人公司 90% 的股权，显然是明知被申请人公司对外 2 000 余万元的负债。

综上所述，本案仲裁本身并无不当。公司新股东在获取公司股权时，即应明知公司存在对外 2 160 万元的负债，且该 2 160 万元欠款，有相应的证据支撑。其在实际控制公司后，也同样要面临这笔款项的偿还问题。引发相关纠纷的根本因素，在于新股东取得公司股权后因自身或其他外在原因，未能及时有效控制公司印鉴。对于因此可能造成的损失，新股东依法应向其认为不当使用公司公章的原股东主张权利。

（五）作者点评：本案对公司控制权之争的启示

本案揭示出实际控制公司的另类手法，即以法定的形式转移公司的核心资产，或是使公司承担对外债务，使公司实际价值降低。

更有甚者，便是公司股东为逃避公司债务而另行注册成立新公司，再将公司业务或是核心品牌转移至新成立公司。

例如，我所处理的一个案件中，森泰公司得到某教授的技术支持，从县办企业迅速发展成为亚洲较大木塑生产企业。因不欲向该教授支付技术使用费，同时为摆脱先前公司经营不规范之阴影，森泰原股东注册成立新公司开始同类业务，将原公司商标及业务逐渐转至新公司，而使原公司“空壳化”。

又如国内某知名网站总裁前妻诉称：其要求与前夫分割运营网站公司股权案，公司总裁经复杂股权转让仍恐不足以对抗前妻诉讼，遂将网络域名由原公司转至原公司股东所成立的新公司。

第六章

股东搏杀

——方正 PK 政泉:从民族证券到方正证券

笔者按: 控制公司的最重要方式便是控制股份,无论是绝对控股还是相对控股。公司治理中的一大难题,便是大股东"欺负"小股东。中小股东权益保护,亦是公司治理中的全球性难题。本书第一版在论述股东残杀相关内容时,引用的案例是温州富商周祖豹因股权纠纷被杀。而政泉郭文贵与方正李友两个利益集团之间的生死较量则要复杂、残酷得多。2017 年年初,郭文贵在海外发声,举报国内相关官员,再次引发轩然大波。本章根据公开资料整理,仅限于从民族证券到方正证券的公司控制权之争,至于事件真相及背后的利益冲突,本书不作探讨。

自 2014 年 11 月 3 日北京政泉控股有限公司在其官方网站连发有关声明,实名举报北大方正高管涉内幕交易开始,北大方正集团有限公司与北京政泉控股有限公司的唇枪舌战就一再升级。而关于本案台前幕后的民企、国企、北大、国安、纪委、媒体……诸多神秘力量的林林总总,则更是扑朔迷离。几乎可以不夸张地说:方正与政泉的此番 PK,是近年来公司控制权之争事件中最为诡异的事件。本文仅从方正系与政泉系就民族证券、方正证券的控制权之争本身,根据媒体公开报道资料,进行专业性梳理。

一、方正与政泉系的"握手"

北大方正集团有限公司官网资料显示,北大方正集团有限公司是北京大学的校办企业，经国务院批准，其于2003年改制后成为北京大学的全资公司——北大资产经营有限公司所属的控股公司，其中，北京大学持股70%、管理层持股30%。方正集团有限公司为多元投资控股集团，业务领域涵盖IT、医疗医药、房地产、金融、大宗商品贸易等产业，旗下拥有方正信产、北大医疗、北大资源、方正金融和方正物产等几大产业集团。

因北京政泉控股有限公司官网自其在2014年11月8日晚发布有关其与北大方正之间的有关声明后，一直处于崩溃状态，无法从其官网获得相关信息，但通过不懈努力从各种渠道还是打探到一些有用信息。北京政泉控股有限公司创始于2002年，原本是一家专门从事房地产开发和经营的企业，后转向金融证券领域发展，现今致力于商业经营、物业管理以及证券、金融投资等领域。民族证券是北京政泉控股有限公司向金融证券领域发展的第一次尝试。截至2013年年末，政泉控股总资产232亿元、净资产166亿元。2013年公司实现营业收入16.7亿元、净利润16亿元。

从北京政泉控股有限公司新闻说明会议资料知晓，北京政泉控股有限公司为了民族证券的长远发展，基于现实情况的考虑，与大型成熟国有控股公司合作是北京政泉控股公司的首选，于是政泉开始了与多家金融公司的合作洽谈。就在这时，李友、魏新等人找到北京政泉控股有限公司，提出了想合作的想法。因为当时，北京政泉控股有限公司已经与其他几家大型综合类金融机构进行了实质性洽谈，因此对于李友等人的提议始终保持审慎的态度。但政泉声称李友等人多次联系北京政泉控股有限公司，描述了种种美好的远景，表达了诚挚的全面合作愿望，并介绍称：北大方正及关联公司代表高新产业公司的形象，北京大学的校办企业占据了全国校办企业利润及资产规模的半壁江山，与北大方正的全面合作将极大促进我司及民族证券的快速发展，等等。这些规划包含了“国有”“高新技术”“一流高校”等多个极具价值的概念元素。于是北京政泉控股有限公司基于“大树底下好乘凉”的简单心态同意与北大方正集团有限公司进行合作。

据有关资料显示，2014年2月27日，方正证券发布发行股份购买资产报告书，公司拟通过向民族证券全体股东非公共发行股份的方式收购民族证券100%股权，发行价格为6.09元/股，发行股份数量为21.32亿股，收购总金额达129.84亿元。交易完成后，民族证券成为方正证券全资子公司。同时，政泉控股亦成方正证券第二大股东。北大医药的控股股东北大方正集团有限公司同时也是方正证券的第一大股东，持有其41.22%股份。

据北京政泉控股有限公司新闻会议资料显示，李友、魏新、李国军、余丽及郭旭光等人向北京政泉控股有限公司提出,在北京政泉控股有限公司与北大方正合作的的全部过程中,北大方正方面将会主导形成一套完整和完美的合作方案,北京政泉控股有限公司唯一需要做的就是配合他们完成全部手续。因此 2013 年度,北京政泉控股有限公司配合李友等人,将公允评估总值约 260 亿元的资产进行抵押、质押,并且从 2013 年开始,北京政泉控股有限公司按照这些融资合同的约定,如期履行还本付息义务。按照北大方正集团有限公司及李友等人当初给北京政泉控股有限公司的承诺,在民族证券与方正证券完成合并之后,方正证券至少将作以下工作安排:方正证券将在合并完成之后的第一时间改选董事会,方正证券及北大方正将保证北京政泉控股有限公司在方正证券及民族证券的合法股东权益,将在短期内以限于健康原因为由退出北大方正及方正证券的决策管理层,确保北京大学作为国有单位对北大方正及方正证券的控制权。

二、争议:从民族证券到方正证券

然而,在北京政泉控股有限公司于 2014 年 9 月 9 日取得了方正证券股东权属证书后,李友代表北大方正集团有限公司与政泉管理层的交谈中提出了如下要求:立即开展方正证券百亿元非定向增发的工作;立即开展民族证券的减资工作,将民族证券的注册资本降低到 10 亿元以下;立即开展将民族证券的投行业务以外的其他业务移交方正证券工作。尽管对这些要求并不情愿,北京政泉控股有限公司还是从做大做强方正证券、保证国有资产增值的角度出发,开始着手安排相关工作。后来,北京政泉控股有限公司经调查发现:北大方正与其合作的实质只是李友等人顶着国有企业光环的私人利益集团;李友等人企图通过先向北京政泉控股有限公司输送资金再制造难点使北京政泉控股有限公司无法还款,迫使北京政泉控股有限公司只能以高额资产低价抵债的方式,侵吞其资产。北京政泉控股有限公司意识到面临着巨大危机,开始向北京大学、教育部、财政部等主管机关反映。

北京政泉控股有限公司在新闻会议上说,必须承认其在与李友等人及北大方正的合作工作中存在着偏差、失误和错误。作为一家新进入金融证券领域的房地产企业,北京政泉控股有限公司承认自己无知、不专业,而且愿意为其的无知和不专业承担所有后果。北京政泉控股有限公司强调对于李友等人控制的北大方正而言,他们公司可能只是一个微不足道的小企业,但北京政泉控股有限公司愿意以其的数百亿元资产和全公司千名员工的信誉保证,没有事实真相绝不罢休。

在方正集团致政泉控股的公开信中，方正集团虽没有像北京政泉控股有限公司那样明确表明自己与北京政泉控股有限公司的关系由来，但其字里行间已表明自己与北京政泉控股有限公司的关系为基于商业契约精神的机构合作，目的在于其可以快速扩大规模实现跨越式发展，于北京政泉控股有限公司则不失为一条将资产证券化的最佳路径。他们看到互惠互利上精诚合作、互相扶持、共同成长，共同迎来新阶段。

2014 年 11 月 3 日，北京政泉控股有限公司实名举报北大方正高管涉嫌内幕交易，并在其官方网站连发有关声明，而引发资本市场的极大关注。在随后的几天中，这一风波并没有因为来自监管层的“正在核查”的表态而偃旗息鼓，反而随着双方公开的唇枪舌战一再升级。

11 月 4 日，方正集团方面发布公告否认北京政泉控股有限公司的指控，称其内部高管不存在内幕交易，关于该事件的结论，应该以监管部门正式出具的核查报告和上市公司的公告为准。

11 月 8 日下午，方正集团发布一份“严正声明”，不但坚决否认北京政泉控股有限公司所称“内幕交易”“利益输送”“国有资产流失现象”的全部指控，且称政泉方面“先后利用境外网站及该公司官方网站等媒体发布不实信息，诬告、诽谤我公司”，称其行为已经涉嫌“诬告陷害罪”和“诽谤罪”。

针对上述声明，11 月 8 日下午，北京政泉控股有限公司马上发布了一份长达 14 页的《关于代持北人医药股票及与北人方正其他合作事宜的公开说明及我们的要求》（以下简称“代持说明”），针对方正集团有关声明一一反驳，并对北大方正进行了连番质问。在政泉控股 8 日发布的“代持说明”中表示，此次“公开披露”北大方正的有关情况的原因是，其在“2014 年夏起，我司的审计、财务、法务及各业务部门对上一年度的全部合同进行系统梳理。在梳理过程中，我司的相关部门发现了代持协议等相关文件，并就这些文件的合法、合规及合乎我司的管理制度的情况进行排查”，其后发现这些事实可能面临着巨大的风险，于是决定公开有关事实。在谈及对其代北大方正持股的“北大医药”股票卖出时，北京政泉控股有限公司在声明中写道：“在北大资源取得北大医药 4 000 万股股票后，李友指示我司以该 4 000 万股股票作为质押，通过股票质押回购的方式，以我司名义向中信证券融资 2 亿元。”“代持协议签署后，我司于 2014 年 7 月 4 日收到李友控制的成都市华鼎文化发展有限公司转来的人民币 105 000 000 元，我司按照李友的指令将该款项全部用于偿还中信证券的融资欠款，同时中信证券将质押股票中的 2 000 万股解押。”成都市华鼎文化发展有限公司(以下简称“华鼎文化”)与北大方正到底有何关系？

据公开资料显示,方正证券目前的第三大股东名为利德科技发展有限公司,在政泉控股入股之前,利德科技一直以持股2.23亿股方正证券位列其第二大股东。据2011年方正证券IPO时的招股说明书显示,利德科技股东有三家,其中持股55.67%的控股股东便是成都华鼎,其他股东分别是上海钰越投资有限公司(以下简称“上海钰越”)持股30.33%,上海方融贸易发展有限公司(以下简称“上海方融”)持股14%。但继续查阅成都华鼎、上海钰越和上海方融的工商资料可以发现,三家公司与利德科技之间相互循环持股,资料显示,上海钰越的股权结构为:成都华鼎持股33.53%、利德科技持股31.58%。上海方融的股东结构为:利德科技持股18%,上海钰越持股82%。因此谁是最终的控制人显得扑朔迷离。但从上述股权结构上,至少可以看出成都华鼎是方正证券第三大股东利德科技的实际控制人。若按照政泉控股的有关声明中所述“李友控制的成都市华鼎文化发展有限公司”,那么也就说明政泉控股认为方正证券的第三大股东的实际控制人也是北大方正CEO李友。目前利德科技持有方正证券2.72%的股权。如此计算,北大方正控制的方正证券的股权比例至少已经有总股本的33.27%,虽然仍未达到总股本的1/3,但是因为上市公司股东分散,召开股东大会时不可能所有上市公司股东都会出席或者投票,因此北大方正实质上已经掌握足够的否决权,而即使上市公司全部股东均出席或参与投票,北大方正方面只要略作增持,或者安排一些关联股东持股,即可拥有绝对的否决票数,狙击可能出现的政泉控股董事会改选提议。

11月9日,方正集团再度公开发布《关于北大方正集团有限公司相关情况的说明》及《方正集团致政泉控股的公开信》两份声明,表示要“全力支持相关监管机构的核查,尊重依法依规的核查和处理结果”。另外北大方正11月9日晚发布的一份名为《方正集团致政泉控股的公开信》中称,“未预知北京政泉控股有限公司在借道上市、收益丰厚的同时会暴露出图谋霸占方正证券这一国有资产的狼子野心”,并称政泉控股诬告举报,“以达到赖账不还以及搞臭、搞倒方正管理层以最终达到霸占方正证券的真实目的”。

11月13日下午4时,北京政泉控股有限公司于盘古七星酒店召开媒体说明会,关于北大医药股份代持事件以及针对11月9日方正集团质疑政泉控股实际控制人问题,作了书面回复及口头说明。同时再次爆料,称北大方正高管涉嫌侵占国有资产、虚假信息披露,并承认郭文贵为政泉控股的“股东代表”。同日晚,北大方正作出回应,除老生常谈地指责政泉控股诽谤外,仍对代持相关内容只字不提。

11 月 15 日晚，北京政泉控股有限公司自发声明，其股东代表郭文贵终于浮出水面，并邀请方正集团李友在盘古七星酒店面对媒体公开会面，且费用全部由北京政泉控股有限公司承担。到 2014 年 11 月 20 日，方正一直没有正面回应政泉的邀约。

三、"内讧"的代价？

郭文贵曾经扳倒了原郑州市市委书记和北京市原副市长刘志华，在江湖上有"战神"称号。郭文贵因为大量投资房地产，近年融资困难，经过中间人撮合，2013 年 3 月邀请李友会商融资事宜。

李友方指出是郭文贵向方正融资 49 亿元，但要把郭文贵持有的金泉广场商场和民族证券股权抵押给方正。方正在 2013 年 10 月将其转让给了上海银行，上海银行有条件接受这笔业务，但要求方正作为担保人，并将方正证券和民族证券合并后政泉所持有的 18 亿股股票抵押给上海银行。政泉、方正与上海银行三方达成协议后，方正也作为这笔贷款的担保人，从银行收到 49 亿元，收回了对政泉的贷款，证券的债权人从方正变成了上海银行。政泉实际上从方正大约融资 80 亿元，一笔是前述的 49 亿元，一笔是在此之前发生的 31 亿元，而方正已通过上海银行收回了 49 亿元的贷款，抵押受益权转让给了上海银行。对郭文贵来说，欠着上海银行 49 亿元，方正 31 亿元，政泉所付出的抵押物价值大约是 260 亿元。

政泉拿到的这笔资金用来控制民族证券 84.4% 的股份，随后民族证券与方正证券合并。但在争夺合并后公司的控制权时，双方因为利益发生了剧烈的冲突。方正证券和民族证券合并后，政泉持有合并后公司 21.86% 的股权，大股东仍是方正证券，持股比例 30.55%。合并后方正提出股权增发计划，规模 120 亿元，这时如果政泉拿不出资金，有可能将会变成持股 10% 以下的小股东，因为此事，在资本市场亲密合作的庄家开始互相揭发。

政泉最初引起市场注意源于"股票代持"，李友通过多家公司控制了北大医药，这其中李友并不是所有股票的名义持有人，一部分名义上是政泉持有，但实际上还是李友控制的公司所持有，政泉配合李友在股市上进行坐庄，事后获得 5% 的净收益。政泉揭发此事并不是没有代价，实际上政泉自身也要承担罪责，但是跟方正李友的恩怨过多，相比民族证券的控制权，两害相权取其轻，想想还是揭发吧。上述事件现在已进入司法程序，相关事件真相仍有待进一步调查。关于方正具体可能涉嫌哪几种罪行，从目前公开的资料来看，最有可能坐实的是"内幕交易"和"操纵市场”。

对待上述两种违法行为,《证券法》分别在第 76 条和第 77 条有规定,利用信息优势,在股票市场进行交易获利的行为应当属于内幕交易。而单独或者通过合谋,集中资金优势、持股优势或者利用信息优势联合或者连续买卖,操纵证券交易价格或者证券交易量;与他人串通,以事先约定的时间、价格和方式相互进行证券交易,影响证券交易价格或者证券交易量;在自己实际控制的账户之间进行证券交易,影响证券交易价格或者证券交易量等操纵证券市场的行为,则是属于操纵市场行为。

四、谁是真正的受害者

从投资者的角度来说,这种“内讧”应该是一件好事。毕竟这意味着在方正证券的公司治理结构中,不再是大股东“一股独大”了,有与之抗争的其他股东存在,避免大股东在上市公司中“一言堂”,进而有利于保护公司广大投资者的利益。而且两大股东的这种“内讧”乃至相互之间“揭短”,也有利于暴露上市公司及其大股东之间所存在的各种各样的问题,这是有利于上市公司健康发展的。

“想要尽快改选董事会,政泉控股就必须要针对方正证券董事会的质疑作出解释。”一位不愿具名的券商分析师告诉《北京商报》记者。在他看来,估计政泉控股很快就会发布公开声明解释实际控制人披露不实的问题,而解释后能不能让方正证券信服,则是不确定的事情。

不管政泉控股实际控制人的真实情况如何,天津一位律师认为,方正证券董事会改选都将是必然的事情。“毕竟公司的两名独董已经辞职,按照公司章程也必须进行补选了。”同时,即使方正证券不主动进行董事会的补选,政泉控股也能自主召开临时股东大会审议改选董事会的决议,因为方正证券在公司章程中规定,持股比例 10% 以上,且持续持股 90 天以上,就可以申请召开临时股东大会。而政泉控股持有成为方正证券第二大股东的协议生效期应该是从今年 8 月 1 日收到证监会批准方正证券吸收合并民族证券起计算,因而其目前已经达到召开临时股东大会的条件。然而,北京一位基金经理认为,政泉控股即使召开临时股东大会,提出的相关议案被表决通过的可能性也不大。因为作为第一大股东,北大方正的持股量高达 30.55%,政泉控股并不占投票表决优势。

在代持事件中,政泉一直做出一副无辜的模样,好似自己完全是一个受害者。政泉可能相对方正来说,是一个弱者,但是对于广大的中小投资者来说,政泉也是一个帮凶。政泉和方正之间的故事是一个常见的犯罪团伙发生内讧的故事。政泉说自己是金融行业的初学者，对行业不了解，不懂持股事件是否违法。政泉原是民族证券的大股东，仅这一点，就能够说明政泉已经不是一个金融行业的初学者了，如果不知道这是违法行为，那为何又能举报别人涉嫌内幕交易呢？这其中分赃不均可能是最大的诱因。

在这一事件中，受害程度最高的不是方正和政泉，而是中国的股市，是广大投资者对中国证监会的信心以及中小投资者的投资热情。

一个金融市场如果能够对市场中的弱者进行充分的保护，那么这个金融市场肯定是一个好市场。如今世界最为发达的美国股市，也是世界上对中小投资者保护最为完善和严格的金融市场。如果一个市场具有强大的投资者保护力度，可以保护市场中的弱者——中小投资者，那么对强者的保护则更是不在话下。现代金融理论证明，对中小投资者保护是一个金融市场发展的关键。

对中小投资者强而有效的保护是金融市场发展的前提，而且，中小投资者的力量可能并不像金融机构想象的那么小。余额宝项目就是中国金融市场上中小投资者力量体现的一个生动案例。

从对中小投资者的保护来看，我国的《证券法》存在天生缺陷。现有的监管手段远远不足以发现所有的内幕交易和操纵市场行为，在监管手段不足时，通过严刑峻法针对犯罪分子进行严厉惩罚，是一个遏制犯罪的有效手段。中国证监会没有发现方正这一犯罪行为的苗头，如果不是政泉举报，证监会对此事件可以说是一无所知。证监会对于举报的处理方式和处理力度，也是影响对投资者保护的重要因素，是迅速行动查清事实，还是拖沓行事，会密切影响投资者的投资信心。

对一个想蓬勃发展的股市来说，仅仅赔偿投资者损失就行了吗？这恐怕是远远不够的。对于违法者，要在法律所允许的范围内进行惩罚，至少应该包括以下几个方面：一是要求违法者赔偿投资者的损失；二是要违法者为自己的违法行为付出代价，包括进行行政处罚以及刑事处罚，行政处罚包括罚款和市场终身禁入等手段，刑事处罚则是判处实刑。让潜在的违法者在行动之前，为可能受到的严厉制裁三思。我国目前所实施的《证券法》并没有对违法者进行全面的惩罚，最新版的《证券法》相对于以前版本的《证券法》在处罚力度上甚至有倒退现象。

对投资者来说，维权成本过高，股价变动快速，投资者损失往往难以确定具体的数额，而法律则要求非常具体的投资损失才可以申请补偿，大多数情况下，能够坐实的具体数额是远低于投资者所受到的损失的，同时，由于维权成本过高，并不是所有的投资者都会进行法律诉讼,要求违法者进行补偿,从这个方面来说,我国《证券法》需要在处罚力度上进一步加强。

对于中小股东利益的保护,目前实施的《证券法》在设计时把投资者和公司作为平等的主体,这一看似公正的前提实际上是一个巨大的错误,没有考虑到法条的可实施性。基于目前社会现实,中小股东和大公司在财力以及智力资源上是不平等的,大公司都拥有上亿元的资产,他们可以聘请专业的律师,花费上百万元;他们可以为一个民事纠纷花上一年、两年甚至更多的时间。试想一个中小股东如何能在这样一个耗财、耗时的过程中坚持下去,从而获得法律正义?

五、背景资料:赵大建、民族证券、方正证券与方正 PK 政泉①

"在许多关键的环节上,若不是赵大建,那么很可能便不会有政泉与北大方正在方正证券(7.340,0.02,0.27%)中的分庭抗礼,政泉控股也不会成为民族证券的股东,那么当初那一场看似荒谬的'举报门'事件也无从说起。"

一纸来自于方正证券的公告终于宣告历经近十个月后,北大方正集团(以下简称"北大方正")与北京政泉控股有限公司(以下简称"政泉控股")之间的 PK 终于正式落下了帷幕。

8 月 19 日晚,方正证券(601901.SH)公告称,方正证券作为民族证券的唯一股东,对民族证券董监事会进行换届。方正证券总裁何亚刚当选为民族证券新任董事长,民族证券新一届董事会重新聘任民族证券高管团队,徐子兵继续留任民族证券总裁一职,同时,方正证券选聘部分民族证券高管、总裁助理到方正证券任相应级别的公司高管、总裁助理。同时公告也承认此举将正式启动与民族证券的整合工作。

方正证券吸收合并民族证券是在去年 7 月 18 日正式获得证监会审议通过的。在其后的几个月中,围绕方正证券的"控制权",其前两大股东——北大方正与政泉控股展开了一场震惊国内资本市场的"举报门"之战。

"方正证券的有关事态目前基本平息了。"8 月 20 日,一位方正证券高层向《21 世纪经济报道》记者坦言,现在对于民族证券的整合会进一步加快,而更值得注意的是在方正与政泉此次 PK 中的一个关键性人物的"引退",这也标志着北大方正与政泉控股之战的正式落幕。

① 资料来源:《21 世纪经济报道》,记者罗诺。

据上述民族证券董事会换届的有关细则显示，民族证券原董事长赵大建因年龄原因主动提出不再担任新一届民族证券董事。在方正证券的建议下，民族证券新一届董事会聘请赵大建担任名誉董事长。

《21 世纪经济报道》记者同时获悉，目前赵大建还是方正证券董事会成员，但不久也可能将以年龄原因退出。

“关键人物”赵大建

在北大方正与政泉控股的斗争搅乱资本市场“一潭深水”之时，李友、郭文贵、魏新、余丽等人的名字成为这一场“大戏”的主角，但实际上还有几位可谓是引发这一场“战争”的关键人物却一直隐身于幕后。

赵大建便是其中一位。

“在许多关键的环节上，若不是赵大建，那么很可能便不会有政泉控股与北大方正在方正证券中的分庭抗礼，政泉控股也不会成为民族证券的股东，那么当初那一场看似荒谬的‘举报门’事件也无从说起。”一位民族证券早期元老级人士向《21 世纪经济报道》记者表示。

作为原民族证券董事长，赵大建先后在中国人民银行总行、国泰证券、华夏证券等机构任职，2005 年年初以证监会任命的方式进入民族证券任职，先后担任党委书记和董事长。作为斯时国内三家“会管券商”之一，民族证券早期党组织关系、领导班子均由证监会管理、任命。

“郭文贵之所以能进入民族证券则是依靠赵大建的牵线。”早在 2011 年年初，郭文贵凭名不见经传的政泉控股令人咋舌地一举拿下民族证券控股权时，多位民族证券关联人士便向《21 世纪经济报道》记者证实道。

“赵大建之所以找到郭文贵，也是看中郭强大的人脉资源和坚硬的后台，能够联手对抗首都机场方面对于民族证券的‘吞并’。”民族证券元老级人士表示。

2008 年年底，作为大股东方，首都机场及其时任董事长张志忠便一直筹划按照“一参一控”的有关规定将民族证券与其旗下另一家控股券商金元证券进行合并，而按照首都机场的方案，则是将采用金元证券以蛇吞象的方式吞并民族证券。

这个方案对于赵大建而言，都是弊远远大于利的。如果按照首都机场的合并方案，作为时任民族证券党委书记、董事长的赵大建，在合并后将处于尴尬位置而可能会选择离开。

为了与首都机场方抗衡，赵大建想到了与其相熟的郭文贵。

“对于郭文贵拥有的种种‘能量’，赵大建是较为清楚的，于是在 2009 年前后，引郭入局接盘民族证券的计划便在赵大建等人的筹划下已经开始进行。”民族证券元老级人士表示。

其后郭文贵控股的政泉控股通过“特殊”的方式受让石家庄商业银行所持民族证券6.81%的股份,从而获得了民族证券有关股权的优先受让权,其后其继续凭借这些“特殊”的方式和优先受让权,政泉控股成功地从首都机场手里获得了民族证券的控股权。

在上述事件中,几个值得注意的时间点分别是:2009年10月13日,石家庄商业银行挂牌出让民族证券6.81%的股权;2010年春节前后,首都机场集团原董事长张志忠提出的以金元证券为主、吸收合并民族证券的整改方案被拒绝;2010年6月,张志忠因涉嫌经济问题被刑事拘留;2010年12月,首都机场宣布转让61.25%的民族证券国有股权;2011年1月13日,这笔股权于北京产权交易所挂牌,挂牌价为16亿元,最终被政泉投资拿下。

在引入郭文贵入局之后,其不仅在与首都机场的对抗中取得了完胜,而赵大建也成功保住了其在民族证券中的地位。

《21世纪经济报道》记者获悉,在郭文贵入主民族证券之后,不仅继续让赵大建担任原职,更一度想让其担任民族证券法定代表人一职,但出于多方考虑,赵大建最终拒绝了担任法人的提议。

“而对于郭文贵而言,其初涉证券行业,也非常需要赵大建这样在行业里拥有丰富人脉和经验的人士辅佐。”民族证券元老级人士向《21世纪经济报道》记者透露,因为郭之前并未有过证券从业经验,故其之前的“心腹”皆无证券行业高管任职资格,按照有关规定,证券行业高管任职资格至少需要三年以上的行业从业经验,故此后,赵大建便成为郭在民族证券的有关筹划中最为关键的“军师”级人物。

2013年10月前后,民族证券确定与方正证券合并已完成曲线上市。而引爆北大方正与政泉控股之间的PK的导火线中,也处处不乏赵大建的身影。

2014年8月,在民族证券与方正证券合并完成后,方正证券便计划启动了一轮非公开定向股权增发,规模为120亿元。

若方正证券120亿元增资完成,政泉控股由于资金紧张无法跟进增资,持股将可能下降到10%左右,有再次沦为小股东的可能。

此刻,深谙资本运作之道的赵大建便向郭文贵建议,不能同意方正证券的股权增资计划,而方正集团应该在改选方正证券董事会后,才能审议增资计划,方正证券的前两大股东双方的分歧由此开始。

正是改选董事会成为双方反目的导火索。进入实质性重组后，董事会改选的席位争夺发生了分歧。

方正集团建议采用累计投标制，9人董事会，政泉基本可以进3人。如果扩大董事会到11人，政泉可以进4人，政泉倾向于11个人，也提出一系列的人事安排。不过，转折出现在董事会召开的前一天下午。政泉方面却临时突然提出要增加一个董事会人选，至5名候选人，这让方正集团十分不满，便对董事会改选之事采取拖延之术，也由此拉开了政泉控股"举报门"的序幕。

而这一政泉控股的临时变故，也同样是来自赵大建等人的建议，政泉方面称此举是为了避免万一董事会改选到13人，那政泉需要提供多一名人选备选。

2015年1月，在政泉控股计划临时召开的股东大会上，也提出了一份6人的由其提名的方正证券董事候选人，其中包括吕涛、赵大建、杨英、马成、曾毅、徐振雨。

出局抑或成功"着陆"

北大方正与政泉控股这场控股权之争的结局最终还是以"两败俱伤"收场了。

2015年1月4日，包括原方正集团董事长魏新、方正集团CEO李友、方正集团总裁余丽等人在内被有关部门一并带走。

2015年7月8日晚，此次"代持门"主要涉事上市企业——北大医药(13.940, 0.14, 1.01%)(000788.SZ)表示将撤回发行股份购买一体医疗有关资产及募集配套资金申请文件并终止重大资产重组。7月14日晚间，方正证券也发布公告表示公司已在日前被中国证监会根据有关规定立案调查。7月23日北大方正集团旗下又一上市公司中国高科(12.160, -0.02, -0.16%)(600730.SH)发布公告称收到证监会《调查通知书》，因公司涉嫌未披露关联方交易等信息披露违法违规事项，证监会决定对公司立案调查。

虽然传闻李友等人被调查或与郭文贵方面关系不大，但在政泉控股的推波助澜之下，北大方正方面也经历了近年来最大的一次危机。

而在北大方正面对重大损失的同时，发动这一场"代持门"之战的政泉控股也并未得到其期盼而至的成果。

2015年2月27日，政泉控股一直期盼已久的方正证券董事会改选终于完成。公开资料显示，股东投票选举出的方正证券新一届董事会成员共9名，分别为韦俊民、汪辉文、何其聪、何亚刚、赵大建、陈晓龙，独立董事叶林、赵志军、黄卫平，而其中，6名董事由大股东方正集团提名，3名董事由二股东政泉控股提名。

而这一方案显然还是依照最初的9名董事中政泉控股提名3名的原计划，而政泉控股方面试图11名董事5名自己提名的目标落空。在对比2015年1月和2月前后两份政泉控股方提名的董事名单后,唯有赵大建一人得以保留。

在当选的非独立董事中,韦俊民是北京大学派到方正集团的董事,何其聪、何亚刚则代表了方正证券目前的管理层出任董事,汪辉文是方正证券原小股东董事继续留任,除赵大建外,仅有陈晓龙是政泉控股方代表。

"赵大建此次引退可以说标志着方正证券与民族证券内斗的结束。"方正证券高层向《21世纪经济报道》记者透露,作为政泉控股"阵营"里最懂券商行业的赵大建的引退也可以视为政泉控股对于方正证券控股权之争的一种"放弃"。

据《21世纪经济报道》记者获悉,赵大建曾因政泉控股与北大方正PK事件的影响,一度被有关部门以"配合调查"问话。

"赵大建按规定不久也应该会从方正证券的董事会中卸任,而民族证券董事会依然授予其名誉董事长的称号,这也是对于有关事件的一个妥协。政泉控股和北大方正方面已经最终达成了妥协,而目前为止,政泉控股方面尚未有人被正式逮捕或刑拘。"方正证券高层坦言:"这一结局应该是在目前的事态之下所能想到的最好结局,尤其是对于方正证券而言,在经历了这近一年的风波之后,在迈出了股东和解的关键一步后,困扰方正证券经营的问题都在加速逐步解决。"

六、附:周祖豹之死——公司治理不善,是会出人命的

1998年3月,温州商人周祖豹、王伟坚、屠金安等人共同筹办北京市丰台区大红门辅料综合市场。其中王、屠共同出资190万元,各占20%股份;周占40%股份。但在经营管理过程中,周作为大股东实际控制公司;王、屠二人既无权参与管理,亦不能享受分红,且不被允许退股。王、屠二人遂重金雇请当地"黑道"人物杨金富讨要投资款。1999年11月10日凌晨,杨纠集12人冲入"祖豹市场"将周祖豹的侄子周建波砍成重伤不治身亡。2002年年底,亿万富豪周祖豹在回乡为儿子筹办婚礼期间,被王、屠、杨所纠集人员连砍14刀当场死亡。后经多次审判,王、屠、杨三人均被判处死刑。

这起惊天血案对外界、对温州人的震动都是前所未有的。然而,社会公众所关注的其实不仅仅是周祖豹作为一个生命个体的命运,更多的是出于对中国的先富阶层生存状态的探寻。

在经济发达的浙江,富豪雇凶谋杀富豪已非新闻。而血案往往起因于很小的纠

纷，或为经济利益之争尔虞我诈，丧失信用。而富豪之间的火并不过是为了争取更多的利益，当这种利益冲突尖锐到超过他们用财富构筑起来的心理防线时，就依靠最极端的手段去解决问题，结果是两败俱伤，到最后也许已经不仅仅是为了金钱本身了。穷人的铤而走险也许是为了基本的生存，而富人采取的极端化的手段，其根本就是相信了这么一个念头——金钱可以摆平一切。亿万富翁王伟坚似乎忘了，至少还有法律。也许我们永远无法理解人性最黑暗的角落，不过，财富让人异化到如此程度，真是让人扼腕叹息。

市场经济的不断发展，必然有它自身的游戏规则。而不在游戏规则下的运作，导致矛盾爆发时，一些人往往不去想如何通过正常的途径解决，而是选择暴力手段解决纠纷，反映出一些商人文化素质的低下和法律意识的淡薄，但更重要的是，它折射出纠纷调解机制存在不足。如果在矛盾萌芽阶段，有关调解机构就能及时介入，并切实提出有效的解决办法，也许，悲剧就不会发生。

2007 年 8 月，我先后应清华大学总裁班、浙江大学城市学院中科企业家学院邀请，赴杭州给百余名浙商连续讲了三天课，其主题是企业家的法律风险及其防范。其间，不少乐清籍的企业家谈及此案时，向我描绘了王伟坚葬礼的“盛况”，仅那天燃放的爆竹烟花，就价值过百万元。可是，对于逝去的生命，这般“奢侈”，还有什么意义呢？

第七章

真假股东

——委托持股与隐名股东的法律隐患处理[①]

笔者按：公司股东以工商注册为公示方式。基于对契约自由的尊重，法律并不禁止其他公司、个人向目标公司出资而不记载于工商注册之股东名册，是为“隐名股东”产生之法律基础。隐名股东可通过契约约定之方式，将其股权份额记于工商注册之“具名股东”名下。隐名股东与具名股东之权利义务由双方以协议约定。隐名股东可能存在的法律隐患包括两大类：一是隐名股东的权利受具名股东侵害；二是隐名股东采取非理性行为损害公司和其他股东利益。本章列举笔者分别作为仲裁员和律师所处理之真实案件，并以此为基础探讨隐名股东资格之认定与否认资格可采取之相应对策。

一、隐名股东“变身”具名股东：股东资格确认以实际出资为准[②]

隐名股东常有。

隐名股东权利受侵害常见。

① 本章系根据笔者处理之真实案件整理而成，相关人物、事件已作必要隐蔽处理。

② 这是以笔者担任独任仲裁员所裁决的一起案例为基础，结合其他几起案件，并进行必要的处理和综合后形成。

隐名股东保护自身权益的前提与根本，是股东身份的确认。

这是一起隐名股东身份确认案件，该案件展示了隐名股东身份确认的两条基本原则：

第一，隐名股东身份的确认，以实际出资为准；

第二，隐名股东身份的确认，不得对抗善意第三人。

（一）隐名股东被否认股东资格，愤而提起仲裁

2004年4月1日，成大旺等四人签订《股东协议书》合伙出资开办麦迪克公司。成大旺、王军利、李鸿儒（均为化名）三人因种种原因自觉不便注册为公司股东，麦迪克公司在工商注册股东为另一名合伙人吴向南（化名）持股90%及其妻子赵敏芝持股10%。公司注册资金1 000万元，成大旺、王军利、李鸿儒分别出资300万元、250万元、250万元，吴向南出资200万元，四人在股东协议书中明确约定按出资金额分配股权比例，即成大旺持股30%，王军利25%，李鸿儒25%，吴向南20%。

公司平稳运营3年。2007年8月1日，四名股东签订《麦迪克公司股份合作协议书》约定："各股东不得私自转让自己所持股份，即使遇到客观特殊情况，也要全体股东经公平协商作出决定方可有效。"同时约定"各方同意将履行股份合作协议过程中的一切争端，交由某仲裁委仲裁"。

2007年7月18日，吴向南在没有得到其他三人的同意的情况下，擅自将所持有的麦迪克公司所有股份转让给其妻赵敏芝，并在工商局实施了变更。接着，赵敏芝以吴向南已与麦迪克公司没有任何关系、自己为实际投资人为由，拒绝成大旺、王军利、李鸿儒三人参与企业经营、分享企业利润。

成、王、李等三人遂提起仲裁：① 确认三申请人分别享有麦迪克公司30%、25%、25%的股份；② 被申请人按申请人所占股份支付分红；③ 被申请人承担本案的全部仲裁费用。

（二）被申请人辩称隐名股东不享有公司股权

仲裁庭审过程中，第一被申请人吴向南辩称："自己是莫名其妙地被申请人，三申请人虽然出资但并没有进行工商注册，可以主张债权，但无权主张股权。"

第二被申请人赵敏芝则辩称："三位申请人诉称的内容与事实完全不符，第二被申请人和第三被申请人麦迪公司均不认可三申请人的所谓股权以及由此而享有分红的权利。"

赵敏芝称：第一被申请人吴向南与三申请人签订《股份合作协议书》的时间是2007年8月1日；而此前的2007年7月18日，吴向南已和她签订《股权转让协议》

并办理工商变更登记。三申请人所称与已经不是公司股东的吴向南之间签订的协议是无效的。赵敏芝同时提出：自己与吴向南之间的股权转让协议，系经公证机关公证，其效力要高于未经公证之股份合作协议；同时，工商机关登记注册档案中，从来就没有过成大旺等三人，因此她受让股权合情、合理、合法。目前她是麦迪克公司唯一合法股东，其他人无权主张公司股权。因此要求仲裁庭"依法驳回申请人所有仲裁请求"。

(三) 仲裁认定隐名股份合法

仲裁庭查明事实，认为本案成大旺、吴向南等四名原始股东共同签订的《股东协议书》是四人的真实意思表示，而且不违反法律、行政法规的强制性规定，是有效协议。据此，仲裁庭认定麦迪克公司投资人为成大旺、王军利、李鸿儒、吴向南四人，各人享有公司股权比例分别为30%、25%、25%、20%。因工商登记需要，赵敏芝登记为具名股东并享有公司10%的股权，应当被视为与吴向南平等享有吴所持有20%股权的一半，此种共享得到公司其他隐名股东认可。而吴向南所持公司90%的股权之中，公司80%的股权系其他3名股东委托由其代持。据此，仲裁庭认为：

(1) 成大旺、王军利、李鸿儒三人分别享有麦迪克公司30%、25%、25%之股权。吴向南称三申请人只享有债权而非股权的抗辩不成立。

(2) 吴向南向公司其他股东赵敏芝转让股权，早于其与其他三位隐名股东签订股权合作协议，因而不受必须征得三位申请人同意的条款约束，但吴无权将其代持的他人股权转让给第三方。

(3) 赵敏芝事先完全知悉公司出资情况，亦无证据证明其按公允价格支付了股权转让费。故其不构成善意第三人，不得对抗三申请人。

(四) 公司实际出资人要按查明事实判决

工商注册是公司股权公示之合法方式。但并非仅有工商注册所记名之股东方享有公司股东权利。公司股东资格认定，当以股东协议、出资数额之实际情况认定。最高人民法院对此有过专门的司法解释，要求人民法院在审理此类案件时，按照查明的实际情况进行判决。即一般情况下，按照工商登记资料，但在有争议或有其他证据证明与工商登记不一致的情况下，按照实际查明的情况来认定。

(五) 隐名股东权利不得对抗善意第三人

需要强调的是，因隐名股东未经工商注册，即未经依法公示，故其效力仅及于隐名股东与具名股东之间，而不具备对抗善意第三人的效力。若第三人在不知情、无恶意的前提下,以公允价格获得公司股权并经工商注册登记,隐名股东无权向其索回股权,而只能向侵犯其权利的具名股东主张权利。

二、如何控制隐名股东非理性地损害公司利益[①]

若隐名股东非理性地损害公司和其他广大股东利益,如何从法律上应对?公司和其他股东有办法剥夺该等股东之股东身份吗?

这是我在担任某集团公司总法律顾问、名誉总监事期间所处理的一起案件,希望能够对处理隐名股东问题有所启示。

(一)公司迅猛发展拟上市

某大型输变电器制造公司是生产各种电压等级的角钢结构和钢管结构输电线路铁塔、广播电视塔、微波通信铁塔、变电站构支架的专业企业,具有中华人民共和国国家质量监督检验检疫总局颁发的生产许可证。公司按照 ISO 9001、ISO 14001、OHSAS 18001 建立了质量、环境及职业健康安全管理体系,并保持有效运转。

公司被第三方评为"AAA 级信用企业",被中国国家工商行政管理总局授予"守合同重信用企业"称号;产品荣获"省名牌产品""国家级新产品"等称号。公司曾先后为中国国家电网公司和中国南方电网公司的二百多个重要输电工程提供铁塔产品,其中包括 1 000 KV、±800 KV、750 KV 特高压输电工程。生产的输电线路铁塔、变电站构支架、通信铁塔等产品曾出口到越南、菲律宾、伊拉克、孟加拉国、缅甸、乌干达、叙利亚、哈萨克斯坦、塔吉克斯坦、吉尔吉斯斯坦、美国、厄瓜多尔、印度、也门、尼日利亚、苏丹等三十多个国家。

2010 年,公司决定在国内 A 股上市,将公司发展推向新的历史阶段。

(二)所谓"隐名股东"发难

公司系十余年前从西北某省迁至江南,十余年迅猛发展的重要原因之一,乃是公司管理层、技术层、营销层等核心层的广泛"持股"。为引进各类人才,奖励有贡献者,公司还向有建树者"授予"股权。

公司在发展过程中,培养了大批管理、营销及技术骨干,这些骨干有相当一部分独立创业,也有的加入与公司有竞争关系的企业。为避免公司遭受不必要的损失,公司遂在股东章程中约定:但凡创立或加入与公司有竞争关系的企业,公司将收回

① 本节案例以笔者作为企业总法律顾问所处理之真实案例为基础,并进行必要的处理和修改而成。

其所持股权。

后经层层“梳理”,公司“股东”合计 80 人,其中在工商机关登记注册的具名股东 8 人;其余 72 人,分别将其“股份”记于该 8 名具名股东名下。在此 72 名所谓“隐名股东”之中,有一位云姓技术骨干,在公司工作时受公司奖励“股份”2 万股(临上市时公司总股本 3 亿元),离开公司后加入与公司有竞争关系的企业并任副总经理,后又自己创业建立与公司经营同类业务的企业。因云某离开后,公司方作此种与公司竞争者自动退出公司股权之约定,加之云某与公司主要管理人员相交均甚好,故公司并未强行要求其退出公司股权。

公司决定上市后,聘请财务、法律及证券等专业机构,引进战略投资人并进行了增资扩股,拟改制为股份有限公司。但此时,云某表示其作为公司“股东”,不同意公司上市,不同意签署相关法律文件。公司派员多次与云某沟通,均未能就相关问题达成一致。云某声称,公司要赎回其股权亦可,但开出高达数千万元的高价。同时,在与公司代表沟通的过程中,还特意安排所谓“证监会”官员、重要传媒之记者、所谓“黑道”人士。如果公司不允其要求,则其断不支持公司股改及上市之进程。而若公司应允其不合理要求,则不仅公司蒙受经济损失,且存在法律障碍与风险,更重要的是此等恶俗一开,必然有极坏的示范效应,可能引发更多同种类型的风险,使公司上市陷入更大困境,甚至引发更多、更大的法律风险。

(三)如何处理“隐名股东”

如何从法律上应对此事,我们提供了三种专业思路:

1. 继续协商解决

公司先后派出公司元老、副总经理,公司董事长之子、副董事长与之沟通,云某引所谓官员、黑道、记者之类人物在场,貌似威胁,实则心虚。故建议公司隐忍不发,上市工作缓慢而稳定地推进,令其心中无底。同时,想办法摸清所谓“证监会”官员的真实身份和所谓“黑道”人物的来头。在此基础上,动之以情,晓之以理,恩威并举。

2. 否认其股东身份

负责公司上市业务的律师,提出可提起诉讼否认云某股东身份。其主要理由是公司工商注册资料上没有云某的名字。云某应该亦无法提供有效证据证明其股东身份。

我们认为该项诉讼太过冒险:一是一旦起诉,二审终审时间至少需要半年以上,且具有太多不确定性;二是经分析,云某很可能持有出资两万元的证明或公司收据,公司可能还有未收回之“股权证”在云某手中；三是云某还可能持有公司先前召开股东会的会议通知。贸然起诉，不仅可能解决不了问题，甚至可能引发意想不到的法律风险。

3. 使其丧失股东身份

我们建议公司静观其变，做好各种应对准备：

2012 年年初，公司拟定若其合作，则继续合作相处，视上市推进之需要使其签署相关法律文件；若其来意不善，则安排其他股东在股东大会召开之前对其因个人私利而妨碍公司上市损害大家利益进行道德上的谴责，进而质疑乃至否认其股东身份，在事情解决之前暂时推迟股东会之召开。与此同时，代持云某股份之具名股东，将其名下代持其他人之股份转托他人代持，而自己所有股权及所代持云某之股权均以公允价格悉数转让给不明具体情况的善意第三人。若该第三人系非股东，则其他股东放弃优先权。此等转让一旦完成，则该代持之具名股东对云某构成侵权，当赔偿云某经济损失。但所代持之云某股份，已由善意第三人以公允价格购得，云某无权再行主张公司股权。换言之，即以侵权之方式使云某丧失公司股东资格，也就使其从法律上无权阻碍公司上市事务。当然，此般处理，必然有后遗症，但却几乎是法律上唯一有效之措施，亦不失正义。

为稳妥推进公司改制与上市事务，公司采取由轻及重、由缓而急的稳步推行方针，在公司出让股权、增资扩股事宜上邀请云某参加股东会，由与其共同创业的股东朋友与其联络感情，陈之利害。在云某较为平和地接受这两次股东会决议后，再行改制，云某也配合相关工作的推进。

（四）律师应当有建设性思维

律师应当有法律思维。

这种法律思维当是一种理性思维。理性思维有两个基本要求：其一，要避免情感性判断；其二，要避免纯道德判断。本案中，断不可以侵权违背寻常道德观、违背该“隐名股东”利益为障碍。该隐名股东的非理性行为，威胁其他绝大多数股东利益在先，且呈持续状态。只要在法律范围内，公民和公司可以做法律所不禁止的事情。对于该利益可能受到损失的“隐名股东”，相关侵权人愿意给予足够合理的应有补偿。各方利益能够得以均衡满足。

这种法律思维当是一种建设性思维。所谓建设性思维，就是在有效防范和控制法律风险的前提下，进行成本收益比较：是否构成犯罪？犯罪被发现和惩治的几率？可能的刑事责任？承担违法责任的风险和成本？承担违约责任的方式和代价？两种违法或违约的成本比较？在此基础上,分析可能获得成功的可能性、收益的多少。

宏观决策中,法律成本和风险是其中最重要的考虑因素之一。

律师既要善于发现问题找到“病因”,也要有智慧和魄力敢于“开药方”解决问题。

第八章

公司“混战”

——“万科”多元利益主体间的时代博弈

笔者按：发生在2015年7月至2017年2月间的万科企业股份有限公司控制权之争，是近年来中国资本市场乃至中国社会最受关注的“商战”之一：明星企业万科，爱登珠峰的明星企业家和他爱吃“红烧肉”的小妻子，“出身贫寒”的“野蛮人”姚振华们，保险资金的巨大能量与巨额利润，二级市场举牌收购频频“逼宫”，老牌央企“华润”的“进退尺度”与自身的跌宕起伏，充满“神秘背景与实力”的地方国企深圳地铁，貌似习惯高调的恒大凑热闹，素来神龙难见首尾的安邦隐居在后，……一场市场收购引发的公司控制权之争，一场本可由资本之间进行的博弈，最终依然由权力介入予以了结。当下中国语境下，重要的市场事件其实最终相当程度上仍取决于政府的倾向性态度，博弈之道依然是“术不及道，道不及势”。

公司治理是国家治理的微结构。

实际控制权之争，是现代公司股权与治权相分离的情况下，“公司帝国”的“王位之争”。

——题记

一、“万科之争”——中国“特色政治经济学”的公司博弈？

万科企业股份有限公司成立于1984年，1988年进入房地产行业，经过二十余年的发展，成为国内领先的房地产公司，目前主营业务包括房地产开发和物业服务。公司聚焦城市圈带的发展战略，截至2015年年底，公司进驻中国大陆66个城市，分布在以珠三角为核心的广深区域、以长三角为核心的上海区域、以环渤海为核心的北京区域，以及由中西部中心城市组成的中西部区域。此外，公司自2013年起开始尝试海外投资,目前已经进驻香港、新加坡、旧金山、纽约、伦敦等5个海外城市,参与数十个房地产开发项目。2015年公司实现销售面积2 067.1万平方米,销售金额2 614.7亿元,同比分别增长14.3%和20.7%,在全国的市场占有率上升至3.00%。公司物业服务业务以万科物业发展有限公司(以下简称"万科物业")为主体展开。万科物业始终以提供一流水准的物业服务、做好建筑打理作为企业立命之本,积极开展市场化,为更多客户提供优质的居住服务。截至2015年年底,公司物业服务覆盖中国大陆64个大中城市,服务项目近千个,合同管理面积2.1亿平方米。2016年8月,全国工商联发布"2016中国民营企业500强"榜单,万科名列第十。

万科的创始人为王石。但王石始终没有谋求在股权上的优势控股,而是始终以创始人及职业经理人的双重身份管理万科。在其执掌万科期间,曾经历两次激烈的控制权之争。第一次为发生在1994年3月至4月间的"君万之争"。当时君安证券对王石的实际控制权发起有力挑战。1994年3月30日下午3时,君安证券宣布代表四家股东——深圳新一代企业有限公司、海南证券公司、香港俊山投资有限公司和创益投资有限公司(四公司共持有万科总股份的10.73%)发起《告万科企业股份有限公司全体股东书》,全文一万多字,直指万科经营和管理中存在的问题。"君万之争"正式打响。但在王石得体应对、贵人相助、法律团队得力等情况下,1994年4月4日,万科在深交所复牌,万科股票轻微涨停。4月4日下午,万科召开新闻发布会宣布战斗结束,王石第一次成功击退"野蛮人"。但自2015年7月开始的前海人寿姚振华等对万科控制权的争夺,则较前次要复杂得多也"凶险"得多。

第一部分:股票停牌——"野蛮人入侵"与"群雄争霸"的基本格局,宝能系、安邦系、华润系和"王石们"的爱恨交织

(1) 2015年1月,宝能系旗下的前海人寿开始买入万科股份。

(2) 2015年7月10日,宝能系持股比例到5%,开始举牌;买入价格区间为13.28—15.47元。

(3) 2015年7月底,宝能系又买入5%,主力是钜盛华,前海人寿少量买入。

(4) 2015年8月26日,宝能系三次举牌,持股比例15.04%,成为第一大股东。

(5) 2015年8月31日,王石在万科临时股东大会上表示,有些投资者现在疯狂买入,这是他们的选择。"过去有很多股东,都是非常支持万科,没有做过损害公司的事情。包括华润以前作为大股东也是一样,希望现在大股东也做同样的事情。"

王石认为,小股东来参加股东会就是来表态,来支持公司。"有两种持股方式,一种是拥有30%~70%股份的公司,第二种就是类似万科这种股权分散的。分散股权确实有很多问题，但是国际上很多成熟公司股权都是分散的，万科会向这种健康公司发展。”

时任万科董秘的谭华杰则表示，跟公司投资者保持沟通是公司责任。“前海人寿三次揽入公司股权后，是万科重要的投资者，当然会有接触。这几次沟通中，其明确表达增持是财务投资，对公司业绩和发展前景看好。”

（6）2015年9月1日，华润增持至15.23%，重夺第一大股东之位。

（7）2015年11月27日，通过南方资本等资管通道，在涨停板扫货。钜盛华和前海人寿已经持股达20%，超过华润，成为第一大股东；2015年12月4日，宝能系再次举牌，持股增至20.008%。

（8）2015年12月7日，安邦系杀出，持股5%。

（9）2015年12月10—11日，钜盛华继续增持万科，持股比例达22.45%；2015年12月10日，深交所公司管理部向钜盛华发出“关注函”，要求钜盛华说明借道资管计划入股万科A的资金来源、信息披露程序等问题，并令其4日之内亦即12月14日之前给出答复。

（10）2015年12月15日，钜盛华作出回应，万科当日晚间公告予以披露。针对深交所询问第四次举牌万科的资金来源等事宜，钜盛华回应称是以3倍杠杆取得万科4.97%股份的表决权，高杠杆融资平仓风险凸显。

（11）2015年12月17日，王石在万科内部讲话中表示：不欢迎宝能系成第一大股东，因为宝能系“信用不够”。

王石表示，万科是上市公司，一旦上市，谁是万科的股东，万科是不可能选择的，但谁是万科的第一大股东，万科是应该去引导的，不应该不闻不问。因为我们要对中小股东负责，万科股权分散，我们这么多年就是靠制度、团队，中小股东这么多年跟着万科，也是看重这个制度和团队。宝能系可以通过大举借债，强买成第一大股东，甚至私有化。但这可能毁掉万科最值钱的东西。

万科称，公司股权结构分散，不存在控股股东和实际控制人。根据《公司法》《上市公司收购管理办法》及《深圳证券交易所股票上市规则》等相关法律法规对控股股东、实际控制人的定义和关于拥有上市公司控制权认定的相关规定，公司认为第一大股东虽然发生变更，但公司目前仍不存在控股股东和实际控制人。

（12）2015年12月18日，宝能集团发表声明疑似回应王石称，集团恪守法律、尊重规则、相信市场力量。

（13）2015年12月18日，深交所午间公告，因万科企业股份有限公司正在筹划股份发行,用于重大资产重组及收购资产,根据有关规定,经公司申请,该公司股票(证券简称:万科 A,证券代码:000002)自 2015 年 12 月 18 日下午:13:00 起停牌,待公司刊登相关公告后复牌。万科 H 股同时停牌。

(14) 2015 年 12 月 18 日,证监会新闻发言人张晓军回应宝能举牌万科一事,市场主体之间,收购与被收购是市场化行为,在符合法律法规的前提下,监管机构不会干预。

(15) 2015 年 12 月 20 日,前海人寿发布《说明》,就自身运作合规性及购买万科的背景阐述四条观点:

首先,前海人寿强调,其万能险产品(投资资金来源之一)源于欧美,有百年历史,早在 2000 年便引入我国,是人身保险的常见产品类型之一。以此回应对公司利用高杠杆资金收购万科股权的质疑。其次,前海人寿表示,其严格遵守《反洗钱法》的有关规定,并定期接受央行监督辅导。其三,前海人寿强调自身经营依法合规。最后,对于购买万科股票,前海人寿表示,在 6 月股市巨幅下挫后,保监会于 7 月 8 日发文,鼓励保险公司增持蓝筹股。前海人寿在此背景下,“积极响应国家号召,坚定看好中国经济和中国资本市场,择机买入万科股票”。

(16) 2015 年 12 月 20 日晚,万科发布重大资产重组停牌公告称,预计在不超过 30 个自然日的时间内披露本次重组方案,即在 2016 年 1 月 18 日前按照相关要求披露重大资产重组信息。公司 A 股股票最晚于 2016 年 1 月 18 日恢复交易,公司承诺在证券恢复交易后 3 个月内不再停牌筹划重大资产重组事项。

(17) 2015 年 12 月 22 日晚,据港交所最新披露数据显示,宝能系钜盛华在万科 A 股停牌前的 12 月 15 日再度增持万科股份,持股比例增至 23.52%。同时,惠理集团在万科停牌前增持 331 万股万科股权,持股量由 4.77% 增至 5.03%。安邦保险 17 日增持 1.5 亿股,18 日增持 2 287 万股。两次增持过后,安邦占有万科 A 股股份升至 7.01%。

(18) 2015 年 12 月 24 日,据香港交易所披露文件显示,12 月 18 日深圳市钜盛华股份有限公司买入万科 H 股份 81 963 006 股,平均价格为每股 23.304 元人民币,耗资约 19.1 亿元。于此,宝能系持有的万科股份升至 24.26%。

(19) 2015 年 12 月 23 日晚,万科集团官网发布一则《关于欢迎安邦保险集团成为万科重要股东的声明》称,安邦保险集团在举牌万科后,万科与其进行了卓有成效的沟通,万科欢迎安邦成为万科重要股东,并愿与安邦共同探索中国企业全球化发展的广阔未来,以及在养老地产、健康社区、地产金融等领域的全方位合作。安邦一度被视做万科股权争夺战中的关键中间力量，其是支持宝能还是万科管理层，目前并未表明态度。此前有消息称，宝能安邦将结成一致行动人，但该消息并未得到双方的确认。

(20) 2015 年 12 月 24 日，安邦保险发布声明称，看好万科发展前景，会积极支持万科发展，希望万科管理层、经营风格保持稳定，继续为所有股东创造更大的价值。

(21) 2015 年 12 月 24 日，对于华润集团在万科与宝能系的收购风波中并无持续增持，此前有媒体报道称华润旗下的华润信托事实上是宝能地产第二大股东。华润信托发布公告澄清。华润信托公告称，公司仅是过去通过一个信托计划，持有部分宝能地产股份，该部分股份今年 7 月已经全部转出。因深圳市市场监督管理局已不再对非上市股份有限公司的股东变更进行登记，媒体报道的在企业信息公示系统中显示的宝能地产股东信息为过往记录。

(22) 2015 年 12 月 25 日晚，万科 A 发布公告，进一步说明近期公司管理层的观点。公告称，公司目前正在筹划资产重组，旨在实现提升公司价值及实现多赢，同时公司管理层希望不要轻易改变公司的文化和经营风格，为此管理层希望获得所有股东的支持。

(23) 2015 年 12 月 25 日，对于宝能举牌万科一事，证监会再度回应：核实研判。证监会新闻发言人张晓军表示，在依法合规的情况下，证监会不会干预，但是一直高度关注此事，上市公司收购人等信息披露义务人，在上市公司收购中应依法履行信息披露义务，上市公司董事会对收购采取的决策应当有利于维护公司及其股东的利益，目前证监会正会同银监会、保监会对此事进行核实研判，以更好地维护市场“三公”秩序，更好地维护市场参与各方特别是中小投资者的利益。

(24) 2016 年 1 月 6 日，万科 H 股复牌，万科 A 股继续停牌；1 月 15 日，万科 A 公告称，重组复杂，将继续停牌至 3 月。

在万科管理层不断延期复牌，以及大盘持续下挫的背景之下，这对刚刚举牌万科的宝能而言，压力着实不小。而万科 H 股股票自 1 月 6 日复牌以来，截至 15 日下午收盘，股价已累计跌去 3 成多。2016 年 2 月 16 日，市场传言称，宝能系的资金链愈发紧张，宝能已同意从万科第一大股东的位置上退下，减持部分股份，定位为财务投资者。另有报道称，宝能系实际控制人姚振华已经决定减持部分万科股份。

第二部分：引入深铁——解决问题的全新思路与博弈主体的更加复杂化（政府、地方国企、现有股东、潜在投资人、管理层……）

(25) 2016 年 3 月 13 日晚间，万科 A 发布公告，深圳地铁将注资 400—600 亿元。

公告显示,3 月 12 日,万科与深圳市地铁集团签署合作备忘录,万科将购买深圳市地铁集团下属公司的全部或部分股权。目标公司在双方签署正式的交易文件时,深圳市地铁集团将注入部分优质地铁上盖物业项目的资产。初步预计交易对价介于 400～600 亿元之间。万科拟采取以向深圳市地铁集团新发行股份为主,如有差额以现金补足的方式收购深圳市地铁集团持有的目标公司全部或部分股权。

根据协议,深圳市地铁集团主管部门指令要求深圳市地铁集团终止本次拟议交易,双方书面同意,或者 2017 年 3 月 15 日双方仍未能就拟议交易签署正式的交易文件,则本次签署的备忘录自动终止。

鉴于筹划中的重大资产重组仍存在不确定性,公司股票将继续停牌。

(26) 2016 年 3 月 14 日,原定于上午 10 点举行的"深圳地铁集团与万科集团战略合作媒体见面会"却突然取消。万科集团仅在总部举行 2015 年度业绩媒体见面会,万科董事长王石没有出席。万科、华润谈判旋即陷入微妙的局面,万科引入新股东并非外界解读的那般顺利。

一名深谙深圳房地产市场的知情人士指出,万科走到这一步,可谓"一石多鸟",夹在中间难受的除了宝能,还有华润。因为华润在深圳的业务与万科不仅少有协同,还是最大的竞争对手。

公开资料显示,据不完全统计,深圳地铁土地储备已超过 300 万平方米,并从 2014 年开始开发手头上的地块。其中深圳地铁唯一自己开发的位于蛇口的项目是山海韵。深圳地铁自己的地产开发能力很弱。万科与深圳地铁早有合作,在深圳湾一个地铁上盖综合体的代建项目。此次能与万科达成资产注入,对于其主管单位深圳市国资委而言,是大利好。

(27) 2016 年 3 月 17 日,万科 A 股东大会高票通过继续停牌的议案,但万科的第二大股东华润集团却发出了不一样的声音。华润集团股东代表表示,万科与深圳地铁合作公告,没有经过董事会的讨论及决议通过,是万科管理层自己作出的决定。

万科方面表示,就此次重组事宜,公司早就和华润董事进行过沟通。春节前,公司管理团队拜会华润董事时,曾经明确提到公司有意和深圳市地铁集团进行战略合作,并提到了存在向深圳市地铁集团增发股票的可能性。

万科称,3 月 12 日上午,公司与深圳市地铁集团签署了战略合作备忘录。此份备忘录仅为对拟议交易的初步意向,除费用、保密、终止、法律适用与争议解决等一般性条款外,其他条款目前和将来均不对深圳市地铁集团及公司产生法律约束力。备忘录并未约定具体注入项目,也没有约定在重组中对应的股权比例和股权价格,未来交易如需进行,还需要经过公司董事会和股东大会的审议。根据《公司法》及《公司章程》的规定,签署无法律约束力的备忘录,并不是必须经过董事会、股东大会审议的事项。因此,公司签署合作备忘录,无须事先通过董事会审议,符合公司治理的相关规定。

3 月 31 日晚,万科再度发布重组进展报告,称停牌期间,公司本次重大资产重组事项的相关工作正常推进,取得了一定进展。此项公告再次重申,万科有多个重组对象。

(28) 2016 年 4 月 8 日晚,万科公告称,公司股东钜盛华于 4 月 6 日与其一致行动人前海人寿签署了表决权让渡协议,钜盛华将其直接及间接持有的万科约 14.73 亿股股份所对应的全部表决权不可撤销地、无偿让渡给前海人寿。

(29) 2016 年 6 月 12 日下午,万科与深圳市地铁集团联合举办轨道交通与城市发展论坛,双方再签署深化战略合作备忘录。万科董秘朱旭透露,与深圳地铁战略合作签约仪式上,有华润的代表出席;关于复牌的确切时间,他预计提交重组预案后,万科最晚会在 7 月初复牌,而且此后不会再申请停牌。

(30) 2016 年 6 月 17 日,万科董事会以 7∶3 通过引入深圳地铁重组预案,戏剧性的表决结果引发各界强烈关注。(详细解说见后文“万科董事会的三个核心法律问题”)

此次董事会最终以 7 票同意、3 票反对、1 票回避表决了重组预案,而华润投出了反对票。据媒体透露,华润的律师坚持投票结果无效。此前万科方面表示预计今日向深交所提交重组预案,深交所需要最多 10 个工作日批复,因此最晚将在 7 月初复牌,此后也不会再申请停牌。

根据万科年报,万科董事会成员包括王石、乔世波、郁亮、孙建一、魏斌、陈鹰、王文金、张利平、华生、罗君美、海闻共 11 人;其中万科、华润各占 3 人,另外 5 人中独立董事占 4 个。

消息人士透露,华润已经向万科发送了律师函,引入深圳地铁重组方案是否通过尚无定论,华润的律师坚持投票结果无效。以目前传言的方案看,万科增发股票的价格相对其净资产折让过大。增发股票定价不到 16 元,比资本市场目前对万科每股净资产约 21 元的估值低了 24% 左右,这意味着所有股东的权益都会被摊薄 5%,而且直接导致未来两至三年万科的每股盈利也会被摊薄约 20%。

6 月 17 日消息,万科公布重组预案详情,万科拟以发行股份的方式购买深圳市地铁集团持有前海国际 100% 股权,初步交易代价 456.13 亿元人民币,股份发行价格为每股15.88元人民币。

6月18日凌晨,华润集团发了五点声明,解释了华润为何对重组议案投了反对票,且对万科已经发布的上市公司公告的法律效力提出了质疑。

双方争议的焦点在于,计算赞成率时,究竟是以全部11名董事作为分母,还是将回避表决的独立董事张利平剔除掉的10位董事作为分母。华润认为,赞成率为7/11,并未超过2/3。而万科则认为,赞成率为7/10,超过了2/3。

根据万科现有《公司章程》第137条规定,在拟订公司重大收购、收购本公司股票或者合并、分立、解散和变更公司形式方案,或决定公司对外投资、收购出售资产、资产抵押、委托理财等事项时,"必须由董事会三分之二以上的董事表决同意"。

由于上市公司公告的法律效力,目前,从法律上理解,这一方案已经获得了董事会通过。但华润对这份已通过的决议的法律效力进行质疑,并称万科在出具公告前,没有咨询过董事的意见,华润的董事也没有审阅过相关公告。

(31) 2016年6月19日,华润对引入深圳地铁重组方案强烈反对,提议现金收购。对此,万科高级副总裁谭华杰表示,深圳地铁不同意现金收购,绑定深圳地铁关乎万科生死。

(32) 2016年6月22日,针对万科收购前海国际100%股权一事,深交所向万科下发许可类重组问询函。要求万科说明张利平回避表决是否合法合规,且董事会作出的相关决议是否合法有效。深交所同时还就与收购方案相关的土地评估作价、前海国际具体盈利模式等问题向万科提出了问询。

(33) 华润、宝能合演"双簧"? 2016年6月23日晚间,宝能系发布公告称,明确反对万科发行股份购买资产预案,后续在股东大会表决上将据此行使股东权利。2016年6月23日深夜,华润发布公告,重申反对万科重组预案,高度关注万科存在的内部人控制等公司治理问题。

(34) 悲情喊话? 2016年6月26日一早,身处风波中的万科董事会主席王石在微信朋友圈喊话华润:"当你曾经依靠、信任的央企华润毫无遮掩地公开和你阻击的恶意收购者联手,彻底否认万科管理层时,遮羞布全撕去了。好吧,天要下雨、娘要改嫁。还能说什么?"万科独董华生近日称,听说有人已经放出话来,华润主导后,按央企管理,王石必须走人不说,郁亮等人可以留下,但受不了新的国企管理办法,也可以选择离开。

(35) 滥用大股东权利? 2016年6月26日下午,宝能系提案罢免万科王石、郁亮等12名董事。万科发布公告称,公司股东深圳市钜盛华股份有限公司及前海人寿保险股份有限公司向公司发出的“关于提请万科企业股份有限公司董事会召开2016年第二次临时股东大会的通知”。

根据万科2015年年报，万科董事会成员包括王石、乔世波、郁亮、孙建一、魏斌、陈鹰、王文金、张利平、华生、罗君美、海闻共11人；其中独立董事有4人，分别为华生、罗君美、海闻以及张利平。

鉴于海闻此前已经提出辞职，宝能系此次提出的议案，相当于是罢免万科本届董事会的所有董事。

(36) 2016年6月27日，万科发内部信。万科内部信指出：逐利是资本无可厚非的特征。一支优秀的团队是资本争夺的资源，而不是排斥的对象。我们不是资本的奴隶，过去不是，未来也不是。资本市场正日益发达和便利，知识经济是不可逆转的趋势和潮流。

(37) 2016年6月27日下午，万科2015年度股东大会在深圳总部召开。会上，王石、郁亮就“宝能提议罢免董事”“重组深圳地铁”等问题作出了详细解答。

(38) 2016年6月27日，深交所向华润及“宝能系”分别下发关注函，要求双方各自说明，二者是否存在协议或其他安排等形式，以共同扩大所能支配的万科股份表决权数量的行为或事实，同时须对照《上市公司收购管理办法》说明是否互为一致行动人及其理由。

此外，深交所向“宝能系”下发关注函，要求其说明提出罢免万科董事监事却未同时提名候选人的原因，同时须说明罢免董事监事对万科日常经营的影响，以及为消除影响拟采取的措施。

(39) 2016年6月27日，国务院国资委主任肖亚庆在夏季达沃斯会场内，有媒体提到关于万科股权之争一事，肖亚庆回应称，只要有利于深圳的发展，我们国资委就支持。

(40) 2016年6月30日，万科员工发表保卫万科请愿书前往市政府，万科回应，已劝回赴政府请愿员工。同日，华润声明：不同意罢免万科全部董事提议。

(41) 2016年7月1日，万科公告公司股票7月4日复牌。公告称，公司本次交易事项尚需公司董事会再次召开会议审议、有权国有资产监督管理机构批准、公司股东大会审议通过并报中国证监会核准，本次交易能否获得公司董事会再次召开会议审议通过、有权国有资产监督管理机构的批准、公司股东大会审议通过及中国证监会核准，以及最终获得批准或核准的时间均存在不确定性。

(42) 2016年7月1日，万科A拟以发行股份的方式购买深圳地铁资产：深圳市地铁集团持有的前海国际100%股权,初步交易价格为456.13亿元。上市公司将以发行股份的方式支付全部交易对价,初步确定对价股份的发行价格为每股15.88元,为定价基准日前60个交易日上市公司股票交易均价的93.61%。据此计算,上市公司将就本次交易向地铁集团发行2 872 355 163股A股股份。

(43) 2016年7月3日,万科称董事会否决宝能系逼宫提议。万科第十七届董事会第十二次会议于7月1日下午在深圳市盐田区大梅沙环梅路33号万科中心举行,会议以11票赞成,0票反对,0票弃权通过了“关于不同意深圳市钜盛华股份有限公司及前海人寿保险股份有限公司提请召开2016年第二次临时股东大会的议案”。

(44) 2016年7月4日,万科复牌,当日跌停。同日,万科第一大自然人股东刘元生向证监会等七部委发举报信,质疑华润和宝能。同日,华润公告:江平等13位法学家认定万科董事会决议不成立;次日,华生回应称,真是可惜了一世英名。同日,华润回应称刘元生举报信造谣,将追究其法律责任。同日,2016年7月4日,万科工会起诉宝能损害股东利益,法院已受理。(这分明是借鉴了当年在达能娃哈哈投资争端中,我及大成同仁代理娃哈哈集团工会、职代会提起股东代位权诉讼,直接在中国法院起诉达能集团的做法。当初这一做法的目的在于根据中国法律规定,将相关纠纷的法院管辖权由国外争至国内。似乎,在本案中效果不会太大。)在受理案件通知书上显示,万科工会委员会起诉深圳市钜盛华股份有限公司、前海人寿保险股份有限公司、南方资本管理有限公司、泰信基金管理有限公司、西部利得基金管理有限公司损害股东利益。法院认为,该起诉符合法定立案条件,决定立案登记,并将立案通知书送达万科企业股份有限公司工会委员会。2016年9月,深圳市中级人民法院就已作出判决,支持了罗湖地方法院的原判,并形成了终审裁定,万科工会胜诉。

(45) 2016年7月5日,万科电话会议称股权纷争致重组合作方观望。万科董秘朱旭在电话会议中称,公司股权之争已经导致部分合作方态度转向犹豫和观望,无法确定是否会对公司下半年业绩造成影响。而针对昨日市场关于田朴珺涉万科关联交易的传闻,她表示由于传闻并没有证据和细节,万科管理层对此没有回应。同日,宝能系再增持万科0.682%股份,持股达24.972%。

(46) 2016年7月6日,宝能系持股比例达25%。根据《证券法》相关规定,投资者持有上市公司股份达到5%后,其后所持股份每增加或减少5%,应当在该事实发生之日起3日内,向国务院证券监督管理机构、证券交易所作出书面报告,通知该上市公司,并予公告。同时,在报告期限内和作出报告、公告后两日内,不得再行买卖该上市公司的股票。这意味着,宝能系此次增持已达举牌红线25%,此后增持需暂停两日后才能实施。

(47) 2016 年 7 月 8 日，港媒曝港交所告密信，指万科拟购黑石资产保控制权；7 月 12 日，万科发布公告，就与黑石交易的相关报道发布声明，称公司尚未订立任何具备约束力的协议。万科与黑石就 129 亿元人民币收购地产资产进行磋商。交易的对价不涉及公司发行任何证券。同时，双方已经组成了一个有限合伙制基金，万科拟通过全资子公司投入 38.89 亿元。

第三部分：恒大来了！

(48) 2016 年 8 月初，恒大集团主席许家印意外入局万科，通过旗下 7 个公司大举增持万科 A(000002. HK)，截至目前，恒大持有的万科公司全部股份的 6.82%，成为万科的第三大股东。这使得原本复杂的股东结构更为复杂。面对新进的“搅局者”，万科表现出意外的冷漠，没有像之前和宝能、华润间剑拔弩张的举报，反而各方陷入了沉默。但在巨大的股权纷争背后，谁都看得出来，表面的沉默之下，实则暗流涌动。

2016 年 8 月 4 日，恒大集团(03333. HK)首次被曝光在万科 A(000002)的股东名册上。这是恒大正式入局万科管理权之争的开端，出乎太多人的意料，但是恒大大手笔买万科的作风，却折射出鲜明的“许氏”风格。2016 年 8 月 8 日恒大发布公告，已合计买入万科 5% 股份，完成了首次举牌。这意味着，恒大在短短 11 个交易日，累计耗资 99.7 亿元，大举买入万科股份。

按照《证券法》规定，投资持有一个上市公司已发行股份的 5% 时，应在该事实发生之日起 3 日内，向国务院证券监督管理机构、证券交易所作出书面报告，通知该上市公司并予以公告，并且履行有关法律规定的义务，俗称“举牌”。根据相关规定，举牌后，企业持有的股份在 6 个月内不可以减持，仅从一点就可以看出，许家印对万科的投资绝非财务投资那么简单。

在此之后，恒大还在不断买万科。在万科 A 的龙虎榜单上，多次见到疑似恒大的身影。以 8 月 12 日为例，万科龙虎榜显示，排名第一位的是安信证券猎德大道营业部，合计投入 6.85 亿元。这家安信证券猎德大道营业部被指是恒大的专用席位，在恒大买入万科股份期间，多次出现在龙虎榜上，更为巧合的是，这家营业部距离广州恒大中心仅 1 公里。

(49) 2016 年 8 月 15 日，中国恒大集团(03333. HK)持有万科 A 高达 2.36 亿股，占万科总股本的比例约 6.82%。鉴于恒大在持股 10% 之前，没有披露义务，恒大实际的持股数可能高于这个数额。

有意思的是,许家印的几位牌友在H股市场大举扫货。根据香港证券交易所消息,Nexus Capital management 8月9日第一次因持股超过5%出现在万科H(02202.HK)股东名单中,截至8月30日,Nexus capital management limited持有万科H已达151 775 844股,占万科H总股本的11.54%。其持仓成本为19.947港元/股,总耗资30.27亿港元。此外,新世界集团郑家纯家族的"御用经纪"鼎珮证券持有万科H占比1.29%。

鉴于万科H股占整个万科流通股的11.91%,意味着目前张松桥和郑裕彤总共持有的万科总股权比例为1.53%。

纵观恒大的发展经历,旗下多个产业的扩张路径,无一不是靠短期内买买买实现的。恒大2009年在港股上市,一直有在A股借壳的想法,许家印回A也显得异常高调。

在房地产主营业务方面,恒大去年以来大举收购,先后买入包括牌友张松桥、华人置业(16.04,0.10,0.63%)主席刘銮雄,以及新世界主席郑裕彤的多个位于内地的房地产项目。

2015年恒大宣布进军金融业,短短1年的时间,先后收购中新大东方人寿保险公司50%的股权,即现在的恒大人寿,获取保险牌照之后,恒大在通过二级市场收购及市场外大宗交易方式入股盛京银行(9.05,0.04,0.44%),斥资近39亿港元,持有盛京银行股本比例达到5.59%。此外,恒大还搭建了恒大互联网金融平台恒大金服。

在其高调的扩张背后,是负债率的上升:截至期末,恒大的负债总额为8 178亿元,资产总值为9 999亿元。恒大的资产负债率达92%。在恒大的扩张路径以及军事化的企业文化背后,许家印的"印记"清晰可见。就连万科的独立董事华生也感叹,恒大举牌万科是为了可再融几千亿元的平台。

(50) 2016年8月4日,在持股尚不足5%时的意外曝光,导致万科A大涨。提前泄密,导致恒大吸筹的成本大涨,提前泄密者会是谁?万科一度成为最大的嫌疑者。对此,深交所对此下发问询函,万科则否认泄密和此前媒体查阅股东名册有关。万科随即否认了股东名册泄密的可能。但可以肯定的是,梳理恒大入局后万科的反应,不难看出万科对此态度暧昧。

恒大入局之后,万科的管理权之争从白热化突然变成了多方集体沉默。

万科在7月复牌之后,宝能系继续大手笔增持万科股份,万科对于宝能的持股,从一开始就旗帜鲜明,耿直的万科董事会主席王石一开始就表示"不欢迎其成为第一大股东”。此外，在万科 A 复牌后，宝能系大举购买万科股份，万科方面多次发声，质疑其资金来源以及安全性，要求监管部门介入。

但是对于恒大，万科的态度则一反常态，在 8 月 22 日的万科中期业绩会上，万科还首度回应恒大举牌一事，万科表示，恒大在入股之前与万科高层有接触。另外较有意思的是，自恒大买入万科 A 以后，万科股价不断冲高，但是万科对此表现得异常沉默。

倒退到 2016 年 7 月初，万科复牌不久，宝能系不断持股万科导致万科股价大涨后，7 月 19 日，万科发布了一份《关于提请查处钜盛华及其控制的相关资管计划违法违规行为的报告》，列举宝能持仓成本以及资金违规等问题。意图打破股价，逼迫宝能平仓。

两者相比，万科对恒大的态度显得截然不同。

(51) 2016 年 8 月 11 日，此外，此事的另一位主角独董华生，在恒大入股之后，也一改此前非常激进的态度，转向沉默。2016 年 8 月 11 日，华生给多家媒体发邮件，称原定于 8 月上旬完成的文章因为工作量较大还没有写完，媒体见面会将会推迟，具体时间待文章发表后将以邮件形式通知大家。此外，在万科管理权争夺战中，华生曾公开发表长文《我为什么不支持大股东意见》，矛盾直指华润与宝能系之间涉嫌一致行动人等行为，其立场观点都非常倾向于万科管理层。

(52) 2016 年在 8 月 28 日，易居 16 周年庆典上，郁亮和恒大总裁夏海钧被曝会上低头交耳许久。万科管理层对于恒大的态度与以往和宝能之间的剑拔弩张截然不同，但据接近万科的人士称，恒大的意图他们依然不是很清楚。目前各方的休战，可能与高层之间的谈判有关。

(53) 王石时间。王石自 2016 年 7 月 1 日之后，其个人微博至今未发一言。但是王石的行踪很难彻底消失在公众的视线当中。7 月 28 日，王石被曝现身华润香港总部，神情凝重。王石拜会华润的结果如何不得而知，但是从其拜访的时间节点看，必然和股权之争有关。

(54) 各种“缺席”。2016 年 8 月 22 日，万科在深圳和香港召开业绩发布会以及投资者会议，万科总裁郁亮罕见地缺席，称正在处理股权事件。2016 年 8 月 26 日，万科董事局主席并未出现在香港参与华润置地(23，－0.25，－1.07%)董事会，而是通过电话参会。2016 年 8 月 30 日，恒大在香港召开中期业绩发布会，许家印缺席，许家印出席业绩发布会频率很高，此番缺席，被指是为了避开媒体提问万科问题。另一位主角华润董事长傅育宁，也始终处于回避状态。

(55) 遥遥无期的第二次董事会与股东大会。根据此前万科董秘朱旭的说法,万科就与深圳地铁的重组,还需要召开第二次董事会以及股东大会。

万科自6月17日召开董事会审议重组以来,股权结构发生翻天覆地的变化,截至目前,宝能系持股比例25.40%,华润集团持股15.29%,恒大系持股6.82%,安邦持股6.18%。而在万科股权之争中拥有相当比例权重的宝能系和恒大,目前在董事会尚无席位。

根据万科《公司章程》的规定,上市公司董事会由11名董事成员组成,现任万科董事会包括王石、乔世波、郁亮、孙建一、魏斌、陈鹰、王文金、张利平、华生、罗君美、海闻共11人,11人中王石、郁亮、王文金三名董事代表万科管理层;乔世波、魏斌、陈鹰三人为华润派驻董事;华生、罗君美、海闻以及张利平等四人为独立董事,还有一名是来自平安集团的外部董事孙建一。

分析称,目前各方的沉默,不排除各方正在洽谈一个方案,也可以大胆判断,正因谈判处于关键期,才不愿意向媒体释放声音来影响谈判的进展。

(56) 花絮。

花絮一:2016年9月6日晚间,万科的官方微信公众号《万科周刊》发文,"不信谣不传谣,吃瓜群众可以散去了!"这是针对当日网上流传的一则万科股权之争结果的辟谣。该文称,万科股权之争在深港通开通之即尘埃落定:马云26%、许家印25%,两位挚友合计持股51%控股万科。马云任万科名誉董事长,许家印任万科董事长,王石任万科首席顾问。这则谣言,无疑再次掀起了公众对于万科股权之争结果的揣测。

花絮二:小股东诉讼——"打酱油者"的抗争与炒作?

2016年9月22日,联合代理投资者袁女士、张先生诉讼万科的上海天铭律师事务所宋一欣律师、上海汉联律师事务所郭捍东律师收到深圳市盐田区人民法院送达的《通知书》,内称依照《民事诉讼法》第133条第4项及最高人民法院《关于适用〈中华人民共和国民事诉讼法〉的解释》第224、225条的规定,决定于2016年10月9日上午召开庭前会议。

郭捍东称,在两案举证期内,被告万科公司没有提出任何新的证据,但在答辩意见中,万科提出两份要求两位原告分别提供6亿元诉讼担保金的《申请书》,合计担保金总额为12亿元(2016年7月19日万科公司申请,2016年9月23日原告收到)。

万科的回应显然令两名投资者猝不及防,他们被指控以极低的持股比例动摇金额极高的交易,涉嫌"滥用诉权",若万科败诉,将会蒙受280亿元的损失。显然,两名投资者无法提供12亿元的担保金,如此,一是主动撤诉,不再要求撤销万科"617"董事会决议;二是申请驳回,在法律框架内提请法院驳回万科担保要求,诉讼继续进行。

我以为,只要符合《公司法》《民事诉讼法》的相关规定,小股东提起诉讼是合理合法的,虽然有哗众取宠之嫌。而万科方面提出巨额诉讼担保金之举,是基于作为小股东的原告提出的诉讼实际上系原告申请法院对万科所进行重大交易的一种中止,可能给被告带来巨大损失,以此为由要求原告提供相应的类似"反担保"之类的义务,应该说是符合公平合理的原则的。

第四部分:中国式政治经济学的戏剧性落幕?

(57) 华润出让股权。万科A2017年1月12日晚间公告,公司股东华润股份及其全资子公司中润国内贸易有限公司于2017年1月12日与深圳市地铁集团签署了《关于万科企业股份有限公司之股份转让协议》,华润股份和中润贸易拟以协议转让的方式将其合计持有的公司1 689 599 817股A股股份转让给深圳市地铁集团。转让完成后,华润股份和中润贸易将不再持有公司股份。本次转让的股份总数约占公司总股本的15.31%。标的股份的转让价格为人民币37 171 195 974元,对应的每股交易价格为22.00元/股。转让总价款高达371.7亿元,是当年华润投入资金额的好几倍。显然,这也是一种无奈的退却。

(58) 刘士余发声警告"野蛮人"。2016年12月3日召开的基金业协会第二届第一次会员代表大会上,向来温文尔雅的证监会主席刘士余的"冲冠一怒"。

据报道,刘士余当时是这么说的:

"这里我希望资产管理人,不当奢淫无度的土豪、不做兴风作浪的妖精、不做坑民害民的害人精。最近一段时间,资本市场发生了一系列不太正常的现象,你有钱,举牌、要约收购上市公司是可以的,作为对一些治理结构不完善的公司的挑战,这有积极作用。但是,你用来路不当的钱从事杠杆收购,行为上从门口的'陌生人'变成'野蛮人',最后变成行业的强盗,这是不可以的。这是在挑战国家金融法律法规的底线,也是挑战职业操守的底线,这是人性和商业道德的倒退和沦丧,根本不是金融创新。"

他还以警告的口吻说:

"有的人集土豪、妖精及害人精于一身,拿着持牌的金融牌照,进入金融市场,用大众的资金从事所谓的杠杆收购,杠杆是物理上的概念,用杠杆的强度、杠杆的长度、杠杆的支点,杠杆收购用的钱,出资人必须有风险消化能力,现在在金融市场,直接发展一些产品,实际上最终风险承受的不是发产品的机构,而是我们广大投资者。杠杆质量在哪里,做人的底线在哪里?这是从‘陌生人’变成了‘野蛮人’,‘野蛮人’变成了‘强盗’。挑战现行的金融监管的民商法是有力应对制度的创新和推进,有利于监管部门加强监管,当你挑战刑法的时候,等待你的就是开启的牢狱大门。”

2月10日,刘士余在全国证券期货工作监管会议上矛头直指“资本大鳄”,表示资本市场不允许“资本大鳄”呼风唤雨,对散户扒皮吸血,要有计划的把一批“资本大鳄”逮回来。此后不久,公认的中国最神秘的“资本大鳄”之一、明天系掌门人肖建华,据传被从香港带回内地协助调查……

(59) 保监会处罚。2017年2月24日,中国保险监督管理委员会作出《行政处罚决定书》(保监罚〔2017〕13号),对时任前海人寿董事长姚振华给予撤销任职资格并禁入保险业10年的处罚。

(60) 王石离开。2017年6月21日一早,王石在其朋友圈晒出自己攀登珠峰时与郁亮的合影,同时表示:“今天,万科公告了新一届董事会成员候选名单。我在酝酿董事会换届时,已决定不再作为万科董事被提名。从当初我们放弃股权的那一刻起,万科就走上了混合所有制道路,成为一个集体的作品,成为我们共同的骄傲。未来,万科将步入一个崭新的发展阶段。今天,我把接力棒交给郁亮带领下的团队,我相信这是最好的时候。他们更年轻,但已充分成熟。我对他们完全放心,也充满期待。”当天,万科企业股份有限公司(000002. SZ,02202. HK)发布公告显示,公司董事会收到深圳地铁集团关于下一届董事会的提名名单,拟提名郁亮、林茂德、肖民、陈贤军、孙盛典、王文金、张旭为第十八届董事会非独立董事候选人,提名康典、刘姝威、吴嘉宁、李强为第十八届董事会独立董事候选人,提名解冻、郑英为万科第九届监事会非职工代表监事候选人。其中万科和深圳地铁各占四人,原万科董事局主席王石没有出现在此次名单中。万科内部人士称:“这次是王石主动让贤,将接力棒交由郁亮,算是功成身退。”

二、万科董事会决议效力的三个核心法律问题

万众瞩目之下,万科独立董事张利平的“戏剧性回避”,使万科董事会决议事项法律效力出现“戏剧性争端”甚至不排除需要通过司法确认的“戏剧性局面”:万科董事11人,增发事项需要2/3以上多数(即至少8名以上董事)同意方可通过;张利平的回避,使该项议案最终出现7票同意、3票反对、1票回避的微妙局势。我以为,

此番万科董事会决议效力之争将涉及独立董事制度完善、司法裁判定纷止争、利益各方理性博弈等三个方面的法律问题，既考验公司股东、董事、潜在投资人解决问题的胸怀与智慧，也考验着中国司法的理性与权威，同时对中国的资本市场、监管层、专家学者及公众与媒体，也将带来冲击、反思与改进。

（一）关于万科之争所凸显出的中国独立董事制度完善问题

一是独立董事是否有权回避表决；如果有权回避，则在何种情形之下以何种程序回避表决。

二是独立董事如果与表决事项或与公司及股东出现重大利益关联，是否应辞去或被剥夺独立董事职务。

（二）对于万科"戏剧性"董事会决议事项效力的司法认定问题

本案司法认定的核心问题在于：独立董事张利平"回避表决"之后，其行为应当被视做合法"回避"还是"以回避为借口的弃权"？对这一关键事实的法律认定，将决定着此次董事会计票基数是10票还是11票，也就决定着决议事项是否取得2/3以上通过。

如果认定张利平"回避"表决有效则相关议案通过率已达70%，决议事项已经被通过；如果认定张利平提出"回避"的原因缺乏事实与法律依据，当被认定为"弃权"则通过率仅为63.64%，决议事项尚未被通过。当然，法院定纷止争的功能并非只有通过明确作出裁决一种方式实现，司法过程中，会出现很多的变数。在不违反国家法律、行政法规的禁止性规定、不损害国家、集体和第三人合法利益的提前之下，司法理当尊重当事人意思自治。

（三）考验万科的董事会、股东会、潜在投资人、相关利益方的实力与智慧，也将考验市场、媒体、司法的理性应对

虽然，"司法最终解决"是法治的基本原则之一，但针对此类重大商战，法律往往只是各相关博弈方的一个战场、一种筹码或解决问题的一种方式。

与我所参与和关注的"达娃之争""国美内战""支付宝之争"等商战如出一辙的是，万科之争也是各方社会资源（资本资源、人力资源、媒体资源、政治资源等）的综合博弈，绝非单纯的法律问题，亦非仅仅依靠法律即可解决的问题，但法律又是博弈各方相当重要的筹码和战场。万科的博弈远未"尘埃落定"：国企、民企、市场"野蛮人"、霸道的职业经理人、传说中的某家人、潜在投资人、媒体、看客，纷纷粉墨登场，或动或静，或明或暗，或打或谈，或自行和解或如引入深圳地铁般引入新的"玩

伴”……可以肯定的是,这场资本之争注定会在经过充分博弈后达成新的妥协与合作格局,因为他们都是贪婪而成熟的商家,决不至于做出过多或过度“你死我活”“损人不利己”的事情——诸如“支付宝之争”的“和谐”,“外滩地王之争”的“妥协”,虽然复杂性尚不及此番“万科之争”跌宕起伏、局势复杂,但也为此类复杂商事争端的解决提供了不同的“理性样本”。而雷氏照明吴长江的“身陷囹圄”则是典型的“反面教材”,是各方都不愿看到的情形。

总之,解决此类矛盾无非包括三种基本方式:其一,完善国家立法予以科学规制;其二,相关方协商一致,尊重当事人意思自治;其三,通过审判或仲裁裁断,司法最终裁决。当多管齐下,共同推进。“国美内战”正酣之际,我多次应邀赴腾讯财经会客厅解读、盘点国美走向,不仅准确预言杜鹃二审判决“可能破天荒地出现变数”,而且直言理性的妥协是各方利益最为均衡的共赢状态。日前,我在《商战的秘诀》一文中回顾了“达娃之争”“国美内战”“支付宝纠纷”“外滩地王之争”“雷士照明控制权之争”等经典“商战”,归纳了各方道义资源、资本资源、人力资源、媒体及智库资源、政治资源等博弈的基础,以及舆论战、资本战、法律战、政治战、心理战、买办战等诸多“战场”,刑事举报、民商事诉讼仲裁、行政诉讼、协商、谈判、斡旋、增发、重组、引进“白衣骑士”等诸多博弈及利益分配技巧,在此基础上对万科的未来进行了展望:理性的妥协,必然是万科最大的胜利。央企华润、地方国企深圳地铁、宝能系、王石、管理团队以及相关利益群体,都会有一个各方能够接受的圆满结局。例如,两大国企成为万科主要股东,实现万科的“准国有化”;“民企”宝能系只要资金杠杆不发生意外“崩盘”,必然在得到应有回报后退出;而王石,亦将保有其应有的、必要的尊严与体面,以某种荣誉虚职的方式继续成为万科高高飘扬的“旗帜”。

三、“万科事件”与中国式独立董事制度之完善①

万众瞩目之下,独立董事张利平“戏剧性回避”表决使万科董事会决议事项法律效力出现“戏剧性争端”:万科董事11人,增发事项需要2/3以上多数(即至少8名以上董事)同意方可通过;张利平的回避,使该项议案最终出现7票同意、3票反对、1票回避的微妙局势。而独立董事华生对大股东华润和万科管理层涉嫌损害公司及

① 本文根据2011年1月笔者在深交所第三十二期独董培训班(王石、牛根生亦为该期培训班学员)上的发言整理而成。后吕良彪有幸担任多家中国五百强企业及上市公司董事、独立董事,对中国式独董制度有了更深刻的体验与反思。结合此番“万科事件”再次完善相关思考。

中小股东利益的“直率批评”,则似乎使素有“花瓶”之称的“中国式独立董事”,开始有了新的定位与发展。

——引子

此番万科两位独立董事张利平、华生先后引人注目的“任性”表现,再次将中国式独立董事的独立性(独)、专业性(懂)、责任感(公)这三大问题,戏剧性地呈现在公众面前。中国的独立董事制度与欧美外部董事、非执行董事相类似又有区别。在缺乏完备、科学市场机制基础和成熟、诚信商业伦理下的中国特色独立董事很容易沦为充当着两种“四不像”的尴尬角色的:一是监管机关的“挡箭牌”或“替罪羊”;二是“漂白”上市公司董事会(甚至控股股东)意志的“橡皮图章”;而另一种情况,则是某些担任着或担任过特殊岗位的独立董事,利用其所掌管的社会公共资源或相关的影响力,为公司牟取利益。

第一个问题:独立董事如何保持独立与尊严?

确保独立董事独立性的核心与根本,乃是独立董事的意志与利益独立。华生为“表白”和强调自身的独立性,不要万科支付任何报酬;张利平则以自己可能存在与万科的间接利益为由,在董事会上回避表决。这些戏剧性事件背后,都是如何从规则上保障和约束独立董事独立性的问题。当下从制度层面而言,独董的独立性有以下几个问题:

1. 关于独立董事“回避表决”的独立性问题

一是独立董事是否可以在具体事项中回避表决。

张利平的“回避表决”,涉及独立董事是否有权回避表决;如果有权,则回避表决的具体事由、申请程序及法律后果和争端解决途径是什么?

我以为,独立董事原则上不应与公司及其股东出现利益关联,或以其他方式从公司及其股东变相获取利益,否则即丧失其法律地位与履职行为的“独立性”。即使因为对相关事项缺乏足够了解而暂缓表态,亦应在责成相关方面按照要求予以完善后发表意见,故独立董事原则上不宜投弃权票。但独立董事在担任公司独立董事之际,不可能预知所有可能发生的利益纠葛或冲突事项。在出现与独立董事地位、职责相违背的事项时,独立董事有责任也有权利将相关事项予以公示并提出回避表决的意愿。

至于独立董事可回避表决的事由、回避表决的程序及法律后果,可以通过完善立法、司法解释、公司章程约定或是司法确认的方式予以规制。需要强调的是,若各方争执不下,即使规则明确也需要通过司法程序在审理查明案件事实的基础上,对董事会决议效力等事项进行确认。因此,如果各方不能就该次董事会决议效力事项达成一致意见,可能需要进入司法程序。

二是独立董事如果与表决事项或与公司及股东出现重大利益关联,是否应辞去或被剥夺独立董事职务。

独立董事出现影响履职独立性事项时,原则上应当根据相关事项对履职独立性的影响程度决定相关法律后果和救济途径:

其一,出现的相关事项对履职独立性产生根本性影响的,应当辞去或被免去独立董事职务。例如,独董调入公司任职,独董所在机构被所任职上市公司并购,独董所在机构与所任职上市公司发生与独董本人经济利益密切相关的经济往来或业务合作,等等。独立董事本人、公司及其股东、其他董事、监管机构似均应有权启动相关程序。而其他人则有权向有关监管机构提出举报。

其二,出现的相关事项与独立董事有一定利益关联对其履职独立性在特定事项上有一定影响,但不足以影响到其整体履职独立性的,应当允许其就相关事项回避表决,并依照回避表决的相关规定处理。具体事项可由法律、法规规定,亦可以公司章程约定,还可由独立董事本人自行提出。

其三,出现事项明显与表决事项无足够关联性,独立董事原则上不应回避表决。如果独立董事不应回避而刻意回避,或不应回避而被错误要求回避,或应当回避而拒不回避,其法律后果如何,依然是需要通过立法规定、章程约定、司法认定、当事人协商确定等方式解决的问题。

所以,立法应当界定独立董事任职回避、表决回避的事项范围、提起程序、异议程序、决定机构及程序、回避表决的法律后果等。这样,诸如张利平是否有权回避、如何申请回避、执意回避后的表决票基数计算等,也就有章可循了。

2. 关于保持独立董事独立性的制度保障问题

独立董事要不再做橡皮图章,首先要保证选任的独立与尊严,摆脱由大股东或董事会直接选任。独立董事明明是代表中小股东利益并对执行董事进行监督,如果是由董事会甚至大股东推荐甚至实际指定,那还有什么意义?现行规定“单独持有或者联合持有公司1%的股份”,基本就把中小股东的机会剥夺了。所以,不妨允许一定人数以上的股东可以联名提出独董人选。

独立董事要不再做橡皮图章,要保证薪酬的独立与尊严,摆脱上市公司直接向独董支付报酬。可以参照美国的全国公司董事协会的模式在证监会指导下设立全国独立董事协会、委员会或事务所,像聘请律师做法律顾问那样的程序去聘任。总之，要有一个独立董事的人才市场，在现有规矩基础上建立注册独立董事制度。独立董事的津贴可以任职开始前由上市公司支付给相应机构，如前面提过的独董委员会、协会或事务所，再由该机构向独董个人支付费用。这样的支付方式既有利保持独立，又利于维护尊严。——另外，可以采用虚拟股票的独立董事的奖励报酬手段。持有虚拟股票的独立董事可以据此享受分红或股价升值收益，但没有配股权，没有表决权，不能转让和出售，在离开企业时自动失效。虚拟股票不是实股，不会影响股权结构，独立董事只在名义上享有股票，而实际上只享有这些股票的收益权，这样可以更有效地激励独立董事。

独立董事要不再做橡皮图章，职务、任期以及经费必须有保障。独立董事任期内非因失职、渎职并经代表公司中小股东的机构向股东大会提起，不得免职。这样的规定是通过保障公司董事的任期以减弱董事对大股东的依附程度，增强独立董事乃至整个董事会的独立性。独立董事行使职权时所需的费用由上市公司承担，独立董事在任职之初，就应与上市公司董事会签订合同或上市公司在章程中规定保证独立董事的经费支出，以保证独立董事的独立性。地位稳固，方有可能理直气壮。

独立董事要不再做橡皮图章，必须要有配套的规章制度为履责保障：

一是上市公司理应建立有效的规章制度，以保障独立董事具备足够的权威和权利，协调好独立董事与监事会之间的关系，为独董履行职责提供制度化、可执行、可问责的制度保护。如可以在公司董事会内部下设专门委员会或者确定的独立董事召集人，定期或不定期地召开独立董事会议，进行公司事务的沟通、交流、协调，以增强独立董事之间的联合，实现独立董事对内部董事的有效制衡。甚至可以赋予独立董事对违法侵害公司利益的执行董事直接的诉权，这将有利于发挥独立董事在公司治理中的监督和制衡作用。

二是应赋予独立董事的足够的履职权利，至少应当包括：要求企业充分信息披露的权力、要求其他董事在决策过程中遵守各项法规的权力、特别否决权、要求企业设立程序或者由独立董事自行制定程序的权利、特别申明权等基本权利。除上述基本权利还建议拓展的权利包括：对董事会及其成员和经营管理层及其成员进行监督，并且要以适当的方式发表评价结果的监督权；对公司财务报表、关联交易和分红派息方案进行全面审查的审核权，确保公司在这些方面的行为符合法律和法规的要求，并且符合公司的整体利益和全体股东的利益；对公司的重大投资、交易和分配行为的一票否决权。

三是上市公司应重视对独立董事的名誉赔偿和其他责任赔偿，以减轻对独立董事的名誉损害和经济损失。公司理应对独立董事的履责事项进行责任保险,增强独立董事的承担责任能力和良好心态。

3. 独立董事的独立性与公共表达的限制

应该说,此番华生的表态,是基于中小股东利益对大股东行为和管理层作为的一种批评,是基于保护中小股东利益和独立董事独立性而进行的独立意见表达。独立董事的公开表达理当审慎,尤其不得违背其在董事会中的表决意见,不得言论不当影响公司形象、损害公司利益。但具体规则,似可进一步明确。

第二个问题:独立董事应如何"懂事"而有"分寸"

一是独立董事的专业保障。据报道在某省50家上市公司的独立董事个人资料的调查中,担任上市公司独立董事的多是从事教学的学者们居多,具有明显的理论优势,但实践经验还是不足。独立董事应该具备行使职能所必需的专业知识与相关阅历,应该能够利用他与公司目前面对的重大问题相关的过去的经历与经验,如财务、营销、法律等方面的经验和知识。相比于美国,上市公司比较欢迎其他公司的CEO、已经退休的CEO或任职金融机构的人士,因为这两类人士具有管理公司的经验,有丰富的社会关系,对公司的融资和市场的拓展有一定的指导意义。

二是独立董事的敬业保障。倡导建立独立董事行业规范和执业道德,建立独立董事行权的行业化标准,但需要先对该行业的运行情况进行全面的摸底调查。因为如果在独立董事任职领域滋长无序竞争和缺乏统一的独立董事行业标准及相关的政府监督机制,不仅影响和制约该行业的健康发展和独立董事间的公平竞争,也使独立董事的合法权益得不到保障。建立全国性的独立董事标准化行业规范也就有必要了,而且应该对独立董事任职、行权、追责、赔偿各方面存在的问题进行统一规范。一方面建立独立董事的连带责任制度,如果董事会做出的是错误决策以致公司不能赢利甚至亏损、企业有违法或损害社会利益的事件发生,而独立董事并没有反对或提出异议,则应承担连带责任,以提高独立董事失职成本。另一方面建立独立董事评估机制,定期对独立董事的工作业绩进行评估,对严重失职的予以罚款或取消其任职资格,一旦上市公司做出处罚甚至更重的处理决定,就会对独立董事的声誉以及人力资本的价值造成影响,这在一定程度上保证了独立董事勤勉谨慎、尽职尽责,更加有效地发挥其独立董事的作用。

三是独立董事的时间精力保障。要考虑到独立董事的年龄和兼职公司数,保证独立董事有足够的时间和精力为公司服务,同时避免独立董事会在同一行业的其他公司任职而造成信息泄露。一般情况下,独立董事同时任职的上市公司数目不应该超过两家，以充分保证独立董事的时间和精力。

第三个问题：独立董事的社会责任与历史责任

牛根生学员介绍他做慈善甚至连比尔盖茨都感到佩服，我为有这样的同学而深感骄傲。只是在今天这样的场合我更希望与牛先生讨论一下作为独立董事、作为企业家的社会责任与历史责任问题，或者说是财富的社会责任与历史责任问题。

一是独立董事对企业的责任：例如对于腾讯与360之间，以及牛先生自己所在的蒙牛与伊利之间所发生的，可以说毫无商业操守可言的愚蠢竞争，作为一个独立董事，应该做些什么来独立表达自己的意见并有效地使企业避免陷入这种因狂妄而招致的尴尬与信誉扫地呢？

二是企业对中小股东乃至社会的责任：刚刚牛先生有一点抱怨，就是企业做了那么多好事媒体不关心，偏偏有点小毛病就总是揪住不放呢?！牛先生还有一点得意，那就是蒙牛在处理相关事件时委托律师发了一份很“好”的律师函或声明。

对此我必须进行回应：难道中国的乳品饮料行业出了三聚氢氨这样的事件，作为这个行业的一员不应该好好反省吗?！不应该好好接受舆论的监督吗?！“有则改之，无则加勉”，这是任何一个负责任的企业和企业家都必须秉持的态度。

至于牛先生引以为荣的那份法律声明，概括起来无非三点：一是承认：就是说蒙牛确实有人做过那样不好的事情；二是撇清，就是声明做那些事的人都不是公司高管，而且都已经开除了，这事跟公司没关系；三是恫吓：谁若是再揪住这事不放，就要采取法律措施！

我想强调的是：独立董事不同于其他董事之处，就在于其独立性与公益性并存。独立董事代表中小股东利益，无疑相对于其他股东代表而言具备广泛的个体代表性与社会公益性。在大股东利益、中小股东利益、管理层利益、职工利益、公司利益的平衡中，独立董事要坚定地维护公司利益、中小股东利益。甚至，在公司利益可能与中小股东利益发生冲突的情况下，也要将中小股东利益放在首位。

三是独立董事和企业对于历史的责任。

上个月牛先生也参加了在北京举办的“中国企业领袖年会”。马云在最后的演讲中说：如果政府要支付宝，我立马会给它。当时台下一片笑声。马云先生当即意味深长地说：如果它要，我能不给吗?！——台下掌声一片。

马云此番发言非常悲壮，但不久便暴发其与雅虎的支付宝股权之争，此番发言似有为其相关行为造势辩解之意。

做企业家难，做英雄难，做敢说真话的企业家英雄更难。我想说的是：没有民主法治约束权力,我们都不过行进在通往监狱的道路上;没有民主法治保障权利,任何财富的神马都不过是浮云!推动这个民族民法主治的进程,是我们在座每一位,乃至每家企业、每一个企业家对历史的责任!

四、从“万科事件”看公司九大典型“内战”①

实际控制权之争,是现代公司股权与治权相分离的情况下,“公司帝国”的“王位之争”。近来,围绕万科的公司控制权之争,央企、“不一般的地方国企”、知名民企、市场“野蛮人”“霸道的职业经理人”、传说中的“某家人”、潜在投资人、媒体、看客,纷纷粉墨登场,或动或静,或明或暗,或打或谈,或自行和解或如引入深圳地铁般引入新的“玩伴”……就万科增资问题监管部门发函质询直指问题核心;总共持有万科近40%股份的宝能与华润“联手”发难;宝能更是直接提议召开公司特别股东大会罢免现有董事。——万科之争,孰是孰非恐怕终难盖棺论定,未来发展亦尚难预料。当下所能做的,当是依据法律与商业规则,厘清各方权利义务,使万科管理层尽快进行法律所能明确确定之状态,尽快结束这种不稳定的过渡状态,消除这场“内战”给公司带来的负面影响,使万科未来的发展能够收获此番“博弈红利”,避免使万科的发展因管理层等的变动出现谁都不愿意看到的恶劣后果。

——引子

与我所参与和关注的“达能 VS 娃哈哈巨额投资纠纷”“国美黄光裕 VS 陈晓之斗”“阿里集团马云 VS 雅虎支付宝之争”“郭广昌复兴系 VS 潘石屹 SOHO 系上海外滩地王之争”“雷士照明王冬雷 VS 吴长江之战”等经典“商战”如出一辙的是,万科之争也是各方社会资源(资本资源、人力资源、媒体资源、政治资源等)的综合博弈,绝非单纯的法律问题亦非仅仅依靠法律即可解决的问题,但法律又是博弈各方相当重要的筹码和战场。——从法律视角而言,这些所谓“商战”都是股东间争夺公司实际控制权的博弈。以我所亲历及研究,当下公司控制权之争因公司类型、历史沿革等因素之差异,有如下四类企业九种典型类型。

(一)有限责任公司控制权之争

有限责任公司系非公众公司,股东人数亦有限,常以控股股东或相对大股东为

---

① 本文原发表于《中国律师》杂志2011年第9期,合作者为北京工商大学硕士生林琳琳同学(现为大成律师事务所律师)。收入本书时有修订。

实际控制人,但因种种原因(如大股东为财务投资人)也会存在例外,同时,非绝对控股的大股东的实际控制人地位也随时可能受到挑战。

模式一:“股东战争”

此种模式系公司股东间矛盾激化,双方以道德、法律、资本资源为基础,进行激烈对抗,其形式包括诉讼、仲裁、谈判、舆论造势、刑事追究甚至仇杀引发刑事案件等,典型案例如“达娃”之争。

20纪90年代中期,娃哈哈合资公司成立之际,原本约定娃哈哈集团占股49%、达能占41%、百富勤占10%。后达能、百富勤合资在新加坡成立金加公司并由金加公司控股51%。亚洲金融危机之际,百富勤将其占金加公司股份全部转让达能。达能遂成为娃哈哈合资公司控股股东。但公司因实际运转之现实,仍由宗庆后所领导之娃哈哈集团实际控制。2006年年底,达能以存在大量非合资娃哈哈企业、严重损害娃哈哈合资公司利益为由,要求以净资产价强制收购非合资公司资产,引发“达娃之争”。——围绕娃哈哈合资公司实际控制权之争,作为娃哈哈合资公司两大股东的达能、娃哈哈双方进行了全方位、立体化的“战争”,包括投资战、并购战、舆论战、买办战、法律战等。口水战是为了占据道德高地,权利义务则需要以法律战具体保护:

达能在杭州仲裁委将娃哈哈商标权判归娃哈哈集团后向杭州中院提起撤销仲裁之诉;在北京起诉国家商标局未依法及时许可娃哈哈商标转让给合资公司;在斯德可尔摩提起合资纠纷之仲裁;同时,在法国、意大利等处起诉娃哈哈集团设备供应商;在美国起诉以宗庆后家庭成员为股东的BVI公司股权。

娃哈哈集团方面针对性地提起下列诉讼、仲裁:其一,在杭州市仲裁委员会提起仲裁,请求终止《商标转让协议》;娃哈哈集团有限公司起诉要求人民法院撤销合资公司关于选举范易谋为董事长的董事会决议。其二,2007年7月,娃哈哈集团与部分娃哈哈合资公司小股东在沈阳、吉林、宜昌、桂林等地对范易谋、嘉柯霖、秦鹏等三人提起诉讼。法院已相继认定被告构成同业竞争,并判令其向合资公司赔偿损失。其三,2007年12月,娃哈哈集团工会在山东潍坊起诉达能侵犯合资公司利益,人民法院依法冻结了达能在合资企业内的股份。之所以能够提起此诉并最终胜诉,源于大成律师极富创新的诉讼战略,使娃哈哈从程序上和实体上握有打赢法律战的“杀手锏”。从管辖权的角度而言,我作为娃哈哈合资企业工会、职代会的代理人,认为娃哈哈合资企业职工是公司的股东,是独立的民事主体,依法独立享有民事权利,有权独立提起股东代位诉讼。当作为合资公司的股东怠于行使或无法行使追究侵害合资公司利益的大股东责任时,工会、职代会作为股东的代表,有权提起股东代位诉讼。此种股东代位诉讼,理应由中国法院审理而不必到国外仲裁。

经两年多综合博弈,达能、娃哈哈于2009年9月30日签署协议,达能依约退出娃哈哈合资公司。这场以“股东战争”为特色的公司控制权之争,最终以实际控制公司一方的小股东获胜告终。

而发生在郭广昌复兴系与潘石屹SOHO系企业之间的“上海外滩地王大战”同样属于公司间的“股东战争”。SOHO系公司原拟收购上海外滩地王项目公司50%股权,后因与复兴系可能产生矛盾,遂采取收购项目公司母公司股权的方式,在不改变项目公司股东构成的情况下,实际拥有了项目公司50%的股权和控制权。为此双方进行了一系列博弈,复兴系代理律师甚至提出所谓“通过上位公司股权实际损害公司股东优先受让权”的理论。后经综合博弈,双方握手言和,SOHO系在获得相应补偿后退出外滩项目。

模式二:“公司政变”

有限责任公司股东人数有限,公司自治规则宽泛,董事会内容原则上不对外公开,这就造成部分股东、董事私下沟通达成一致,在股东会或董事会上突然发难,罢免原实际控制人。各方当事人围绕因此而引发的新的公司态势展开博弈。典型案例如江南某大型批发市场控制权之争案。

2003年7月,江南某批发大市场董事会上,公司董事、第二大股东提出临时预案,要求罢免董事长。因事先与其他董事沟通并达成一致,得到其余五个董事(均为董事长多年带出来的“亲信”)支持董事会遂作出决议:

(1) 免去时任董事长职务,选举第二大股东任董事长;

(2) 鉴于被罢免之董事长在设立拍卖公司等事项上的重大失误,决定冻结其公司股份,保留追究其民事赔偿之责任。

(3) 停止其一切股东权利。

后大成律师代理被免董事长向人民法院提起要求确认董事会决议无效之诉,同时索赔三千万零一元。要求确认董事会决议无效,是因为董事会临时增加议题发动突然袭击有违《公司法》及《公司章程》要求,存在重大瑕疵。要求索赔该数额是为了一审在当地省高级人民法院,二审在最高人民法院,从而避免在第二大股东有较大活动能力之所在城市中级人民法院一审,该数额也略高于第一大股东所评估之股权价值约两成。后经庭审、谈判之博弈,原告同意以三千万价格向其他股东转让其股份,不再担任公司董事长(原告考虑到自己已63周岁)。

(二) 上市公司(股份有限公司)控制权之争

上市公司(股份有限公司)系公众公司,法律、法规规定明确,监管机构监管严格,公司治理公开。故其控制权之争最终要通过公开、公平之“股东会对决”程序决定。这种对决在股东层面有两种形式:即“股权对决”与“投票权对决”。此外,因现代公众公司所有权与治理权往往是相分离的,公司治理权经历了由股东向董事会、由董事会向管理层及职业经理人让渡的过程,故公众公司还有一个相对分散而显弱势的股东与实际掌控公司的职业经理人之间的博弈问题。 “一股独大”“大股东欺负中小股东”是现代公司治理需要防止的一种现象;“内部人控制”“架空股东利益”则是现代公司治理需要防止的另一种倾向。而宝能所指,亦是万科陷入“内部人控制”状态。

模式三:“股权对决”

即公司相对立之股东、管理人,各自以自有股票,通过展示各自道德优势乃至政治资源、人力资源优势、未来“施政纲领”赢得其他股东“选票”支持,同时通过舆论战、法律战打击对手。最典型案例莫过于国美电器“黄陈之争”。

2008 年 5 月,国美集团董事长、拥有国美集团约 33% 股权的第一大股东黄光裕失去人身自由。拥有公司约 1.47% 股份的公司二号人物陈晓继任公司董事局主席。

陈晓继任国美董事局主席后采取大量“去黄化”的措施:从舆论上否定黄光裕,从经营战略上抛弃黄光裕时期的原则与方针,以可转债的方式引入贝恩,试图增发以摊薄黄光裕家族股权比例,改组董事会使反黄阵营更加强大,以股权激励的方式笼络高管层,甚至以公司名义在香港高等法院起诉黄光裕……

黄光裕家族则针对性地对陈晓职业操守进行抨击,对陈的经营战略予以否定,坚决反对增发,提起临时股东大会改组董事会明确要求陈晓走人……

2010 年 9 月 28 日临时股东大会,黄光裕家族以原先自有的股权、后增加的 0.2% 股权,以及众多个人股东的支持,与陈晓方面以贝恩资本、摩根斯坦利、摩根大通、富平投资等机构投资人为主的阵营“交锋”。经票决,黄光裕保住了大股东地位,董事会不再试图增发;陈晓亦得以暂时留任。各方利益形成妥协。

2011 年 3 月 1 日,陈晓离开国美,由黄光裕家族更为认同且与陈晓不睦的原大中电器创办人张大中继任董事局主席。

“黄陈之争”无论过程如何,其实质都是上市公司受监管的公开、公平、公正的股东会规则下股权的对决,既有“买票”,亦有“拉票”,还包括私下战略联盟的形成与利益分配。

模式四:“收购上市公司投票权”

即股东不收购股份,而是公开征集其他股东投票之代理权利。其典型案例如“胜利股份(000407)的控股权之争”。

2000年初,广州市通百惠有限公司通过拍卖,以每股1.06元的价格低成本取得“胜利股份”16.67%股权(价款3 339万元),位居第二大股东,并首次采用“委托书收购”方式征集小股东支持,要求改组公司管理层和业务架构。而第一大股东“胜邦公司”(法人代表为原“胜利股份”董事长徐建国)通过关联持股结构紧紧控制住多数表决权,多次较量后,“通百惠”未能全胜而出。

胜利股份公司的股权之争中,引人注目的是通百惠公司为了使自己拥有尽可能多的表决权,采用了在报上发布公告,公开征集流通股授权委托的形式,使自己手中所掌握的表决权出现了有效增加。2000年3月17日,通百惠公司在媒体上刊出了广告,打出了“你神圣的一票决定胜利股份的明天”的口号,请流通股股东进行投票登记参加股东大会的选举。同时还表示,每一个流通股股东都可以将其表决权委托给通百惠公司。通百惠公司此举使委托书收购真正出现在我国股票市场上。虽然收购失败了,但通百惠的行动受到市场的广泛好评,也得到了大量胜利股份公司流通股股东的响应。

模式五:“股东与职业经理人对决”

此番王石与宝能、与华润的冲突即属典型。究其原因,是王石所持有万科股份几乎可以忽略不计,其微乎其微的股权比例决定了其“职业经理人”的法律地位。

而“国美内战”中的陈晓,虽然本人仅持有仅约1.47%的国美股权,但其背后有贝恩、摩根大通、摩根斯坦利等持股超过40%的机构投资人。故“国美内战”属于股权对决而非股东与职业经理人的博弈。

至于“雷士照明”的吴长江,原本是公司的创办人和大股东。但,因种种原因吴将自己的股权几乎全部出让,其担任雷士系相关公司董事长、CEO等高级管理职务,但其职业属性已经从公司股东演变成为职业经理人。吴现因涉嫌职务侵占、挪用资金由广东惠州市人民检察院起诉至惠州中院。——相关案件中,作为公司股东尤其控股股东和职业经理人对公司资金调度等权限是不一样的。

(三)VIE模式企业

模式六:转移并控制公司核心资产的“刘备借荆州”

其典型案例如马云与阿里巴巴的支付宝之争。

支付宝是阿里巴巴(中国)旗下的最核心盈利资源。而马云及其团队在阿里巴巴体系内只是一个拥有股份非常有限的小股东，虽然阿里巴巴集团股东一直约定由马云及其团队行使最重要的管理决策权，但相关约定很快主要回到依据股权决定公司事务的时代。在此情形之下，马云及其团队根据中国公法之强制性要求，对支付宝之“单飞”（法律归属）作出安排：第一步是2007年6月转让70%的股权给马云控制的一家内资公司，第二步是2010年8月继续转让剩下的30%股权，第三步是今年一季度终止和阿里巴巴集团的协议控制。前两步是外界此前理解的支付宝单飞，实际情况是当时还有协议控制，并没有单飞，这也是马云一直强调自己有授权的两步，核心的第三步雅虎软银不同意，更没授权。而最后一步最终解除协议控制才算是真正的单飞。马云确认并未获得董事会的授权。这可以简单理解为，马云一直在说的获得了授权并非是支付宝单飞的授权，而是做一些股权结构技术处理（不影响雅虎软银利益）的授权。

经过此番布局，马云通过向阿里巴巴、雅虎软银予以综合补偿的方式，在做大蛋糕各方均有获利的前提下，取得了对支付宝的控制，也就获得了对公司的实际控制。

（四）国企改制“回头看”状态下的公司控制权之争

近年来，我有幸处理涉及东北振兴、西部开发、中部崛起过程中的投资纠纷金额过百亿。在此过程中，有相当部分系由原国企改制所引发的纠纷，其主要表现形式之一便是公司实际控制权的争夺乃至股权的重新分配。与国企改制基本思路相对应，此类纠纷往往可分为两大类：一类是引入新的战略投资人，在战略投资人和以原资产出让方公司为代表（背后是政府及相关领导）之间的利益分配与再分配；另一类是发生在原经营者接盘成为改制后的经营者后，与原国资代表机关、当地党委、政府机关及其领导人之间因各种矛盾与利益分配再分配冲突而引发。往往，政府有关部门在对原公司进行某种“改造”后，再行新一轮“改制”，重新引入战略投资人。

模式七：国企作为战略投资人参与国企改制后公司控制权之争的行政、司法兼理

通常是在党政领导的牵线搭桥之下，市场能力强、效益好的国企参与困难国企改制，往往通过行政划拨、承债式兼并、先破产后购买破产财产等方式实现。常因改制后企业效益不佳引发各种社会、经济问题，东道地政府即通过行政、司法等强制手段欲重新“取回公司”。典型案例如西北某省工程机械厂改制纠纷案。

西北工程机械厂（化名，下称青工厂）1999年因银行债务沉重，脱壳成立了西北工程机械制造有限公司（化名，下称青工机械），与母体青工厂分别隶属于青海机电，属于一套领导班子两个单位。截至2000年10月，青工厂“累计亏损14 535万元，资产总额41 169万元,负债39 133万元,资产负债率105%。企业已严重资不抵债,生产经营难以为继”。1999年,国家科技体制改革,天工院转制为科技型企业,走上了科技与经济结合的企业化道路。划归中国机械装备集团公司管理(下称国机集团),成为国资委的二级全资子企业。自成立以来,公司的产品供不应求。“从产品的技术含量、市场效应方面来看,发展速度还应该再高;在生产制造能力方面,我们已经开足了马力,但因为厂房、设备等生产条件和技术工人队伍的限制,公司的发展受到了影响”。后经领导搭桥并相亲,确定了天工院与青工厂的合作:即以承债及安置职工方式兼并青工机械,购买青工厂破产财产。为拓宽融资渠道,天工院决定按照上市公司模式组建资本金较小的股份有限公司。经青海省人民政府批复,2002年1月4日,在天津鼎盛青海公司的地址上,青工股份注册成立。股东包括:天津鼎盛(占股29.7%)、天津正罡(占股45.0%)、上海柴油机股份有限公司(占股12.5%)、青海机电(占股11.8%,包括天津鼎盛青海公司赠股10%)、青海重型机床厂(占股1.0%)。

但因种种原因,天津方始终无法真正获得当地政府与企业员工的认同。在经济效益困难的情况下,出现部分工人堵门不让天津方代表进入企业现象,导致双方矛盾激化。政府遂派出专门工作组进驻企业,并将企业托管给青海新路董事长柴建中经营。不久,又以天津方严重违约为由要求解除《兼并协议》及《破产财产购置协议》。

后经法庭博弈、庭外谈判、上级主管机关协调,双方最终达成协议。青海方支付天津方一定补偿后,天津方退出公司。

模式八:民企作为战略投资人参与国企改制后公司控制权之争的“围剿与反围剿模式”

通常表现为:① 政府对实际控制人个人及企业刑事立案或动用公安迫使投资人就范;② 组织起诉并保全、查封企业财产;③ 以所谓“追赃”为由,顺资金走向,对所有相关企业采取强制措施。而民营则往往通过诉讼、仲裁,辅以新闻关注与领导支持之方式造势以对抗之。其典型案例如雅安某纸浆造纸厂破产案。

四川某纸浆造纸厂于上世纪90年代由政府斥巨资建成后十余年一直未能投产,每年设备维护等各项费用不菲,企业早已资不抵债,政府负担沉重。

后专注于造纸行业的某集团与当地政府签订《租赁协议》以每年支付租金方式租下该企业,并进行大规模的技术改造。不仅盘活了该企业,还以此带动了当地配套产业的发展。

后当地政府换届,企业运营亦出现一定困难。政府与该集团协商解除租赁合同未果,遂采取综合措施:其一,以资不抵债为由,宣布纸浆厂破产,宣布废止纸浆厂与该集团租赁合同,并强行对破产财产进行处置。其二,以虚假出资和抽逃出资为由,对集团负责人刑事立案,并在与政府谈判现场派公安控制当事人,迫其签约同意处置资产。其三,以保全、追赃为由,对纸浆厂及该集团所属企业进行冻结、扣押和查封。

在此情况下,该集团失去对公司的实际控制权。作为对价,当地政府给该集团一定经济补偿。——此后若干年,当年主导此案的市长、副市长相继落马。相关企业家亦卷入著名反腐案件中失去自由。这是后话。

模式九:后 MBO 时代的企业控制权之争

此类纠纷往往因改制后企业运行情况良好,引发新老矛盾激化所致。往往表现为政府一方追究企业实际控制人刑事责任并予羁押,同时以涉嫌违约、违法、犯罪为由主张原股权转让合同无效、申请撤销合同或指责对方构成根本性违约而要求解除合同。其典型案例如无锡王某某改制纠纷案。

2001 年,无锡市贸易局(原商业局)变更为资产公司,下辖一级企业 16 家,二级企业 137 家。资产公司成立的唯一任务就是改制。2004 年,在资产公司下属大部分企业改制完成后,以资产公司为平台的“收官之作”——商业实业公司改制开始筹备进行。资产公司有意让王某某接盘实业公司,改制时将乳品公司和华锦集团一并打包纳入改制,并划定 2004 年 6 月 30 日为审计基准日。王在实业公司二次出让挂牌后于 2005 年 5 月 8 日摘牌受让。资产公司又划定改制的延伸审计基准日为 2005 年 5 月 20 日,对改制期间的企业盈亏状况进行审计。2005 年 6 月 6 日和 12 日,审计机构分别出具了相关延伸审计报告。2005 年 6 月 30 日,资产公司与王某某、张某某签订股权转让协议,最终转让价格为 13 022.61 万元,王、张分别受让 95% 和 5% 的股份。2005 年 7 月 18 日,实业公司变更工商登记。王某某任实业公司总经理、执行董事。此次运作被称做是无锡“最规范的国企改制”。改制后公司运行情况良好。

2007 年 12 月,因涉嫌改制过程中受贿,王某某被立案侦查。王深感不服,并以自己曾主动向领导报告,如何处置实业公司参股的上市公司——无锡商业大厦大东方股份有限公司(下称“大厦股份”)2004 年度的分红为例,证明自己在改制中如何“规范”。而正是这一“表白”又使其多了一项贪污罪的指控。同时,资产公司又以王某某、张某某严重违约为由,提起仲裁要求收回公司股权。当地法院对实业公司采取了全方位的保全措施。

王某某一审、二审均被以贪污、受贿被判有期徒刑 15 年。直至 2011 年 3 月,最高人民法院指令江苏省高级法院再审,依法认定王某某不构成贪污。无锡仲裁委亦认定,王某某与张某某不构成严重违约。王某某、张某某最终通过全面司法博弈保有公司的股权及实际控制权。

在涉及国企改制案件的控制权之争中,“保护国有资产”通常成为政府单方动用公权解决问题的理由。宪法和法律平等保护各类所有制企业的财产权,处理此类纠纷务必掌握以下基本原则:一是不能将国有企业等同于国家;二是不能将国有企业法人独立财产等同于国有资产;三是正确认识国有资产实现形式与保护形式的多元化;五要妥善把握国企改制大背景的特殊性。

现代企业面临三大基本问题:股权问题,治理问题,文化问题。而公司实际控制权之争,则是股权与治权相分离的条件下,公司帝国的王位之争。用《三国》故事作比:达娃之争是司马炎逼走曹奂;国美内战是宦官勾结外戚篡权;阿里巴巴马云走的是刘备借荆州的路子。万科王石,应该是什么呢?总不至于是董卓曹操之流吧!——历史的进步在于“成不王,败非寇”!

第九章

结语:《公司法解释(四)》背景下的公司控制权之争[①]

最高人民法院发布的《关于适用〈中华人民共和国公司法〉若干问题的规定(四)》[以下简称《公司法解释(四)》]已于2017年9月1日起正式施行。《公司法解释(四)》共27条,涉及决议效力、股东知情权、利润分配权、优先购买权和股东代表诉讼等五个方面的纠纷案件审理中的法律适用问题。应该说,该司法解释对于公司控制权之争影响深远:公司控制权变化,基本均需通过公司董事会决议、股东会决议或股东大会决议;公司控制权之争的前提,往往是股东知情权的行使与博弈;而股东优先权问题,又往往是各方产生争议和主张相关股权转让无效的重要理由。至于分红权问题,则是控制权的重要形式,也是引发控制权之争的重要导火索。而股东代表诉讼,是公司控制权之争的重要诉讼方式。

一、关于决议效力

《公司法解释(四)》从三个方面完善了决议效力瑕疵诉讼的法律适用规则:一是确定了决议不成立之诉、决议无效之诉和撤销决议之诉,共同构成"三分法"的格局;二是明确了决议效力案件的原告范围,确认决议无效或者不成立之诉的原告包

---

① 本章根据笔者2017年10月26日在北京仲裁委仲裁员沙龙暨《公司法解释(四)》解读主题讲座上的主持与点评内容整理,尤其对司法解释颁布以来分红权问题、派生诉讼等问题进行了论述。

括股东、董事、监事等,规定决议撤销之诉的原告应当在起诉时具有股东资格;三是明确了确认决议无效或者撤销决议的法律效力,规定股东会或者股东大会、董事会决议被人民法院判决确认无效或者撤销的,公司依据该决议与善意相对人形成的民事法律关系不受影响。

二、关于强化对股东法定知情权的保护

《公司法解释(四)》对股东查阅公司会计账簿可能存在的不正当目的作了列举,明确划定了公司拒绝权的行使边界,并明确规定公司不得以公司章程、股东间协议等方式,实质性剥夺股东的法定知情权,并对股东聘请中介机构执业人员辅助查阅作出了规定。从而有效加强股东权利的司法救济,有利于妥善处理股东之间、股东与公司之间等的利益冲突,尽可能避免公司僵局。

三、探索完善对股东利润分配权的司法救济

根据我国《公司法》第 74 条的规定,股东由于利润分配请求权受侵害可以行使股份回购请求权寻求救济,但需要符合两个要件:

首先,在实体上,公司需连续 5 年盈利且符合公司法规定的分配利润条件,但该 5 年均未向股东分配利润;

其次,在程序上,受侵害的股东在股东会进行不分配利润决议时对该项决议表示反对意见。

符合上述条件的,股东可以自股东会决议通过之日起 60 日内,请求公司按照合理的价格回购其股权。股东与公司不能达成股权收购协议的,股东可以自股东会会议决议通过之日起 90 日内向人民法院提起诉讼。明确是否分配和如何分配公司利润,原则上属于商业判断和公司自治的范畴,人民法院一般不介入。因此,《公司法解释(四)》第 14 条、第 15 条明确规定,股东请求公司分配利润的,应当提交载明具体分配方案的股东会或者股东大会决议;未提交的,人民法院原则上不予支持。

近年来,公司大股东违反同股同权原则和股东权利不得滥用原则,排挤、压榨小股东,导致公司不分配利润,损害小股东利润分配权的现象时有发生,如公司不分配利润,但董事、高级管理人员领取过高薪酬,或者由控股股东操纵公司购买与经营无关的财物或者服务,用于其自己使用或者消费;或者隐瞒或者转移利润;等等。因

此,《公司法解释(四)》积极探索完善对股东利润分配权的司法救济,规定公司股东滥用权利,导致公司不分配利润给其他股东造成损失的,司法可以适当干预,以实现对公司自治失灵的矫正。中小股东通常处于相对弱势地位,因此公司法对股东权利的保护,在很大程度上是对中小股东权利的保护。《公司法解释(四)》既加强了对表决权等公益权的司法救济,也加强了对利润分配权等自益权的司法救济,有利于人民法院更加准确地适用公司法,充分发挥司法功能,依法保护股东权利。

四、关于规范股东优先购买权的行使

《公司法解释(四)》对股东向公司股东以外的人转让股权时的行使通知、行使方式、行使期限、损害救济等作出了具体规定。《公司法解释(四)》第 20 条规定,有限责任公司的转让股东在其他股东主张优先购买后又不同意转让有股权的,对其他股东优先购买的主张,人民法院不予支持。同时,为了防止转让股东恶意利用该规则,损害股东优先购买权,《公司法解释(四)》第 21 条明确规定,有限责任公司的股东向股东以外的人转让股权,转让股东未就股权转让事项征求其他股东意见,或者以欺诈、恶意串通等手段,损害其他股东优先购买权的,其他股东有权要求以实际转让的同等条件优先购买该股权。

《公司法解释(四)》还细化了行使股东优先购买权的程序规则,如规定转让股东应当以书面或者其他能够确认收悉的合理方式,将转让股权的同等条件通知其他股东;股东优先购买权的行使期限,应当按照章程规定期限、转让股东通知期限和 30 日最低期限的先后顺序确定;判断"同等条件"应当考虑的主要因素,包括转让股权的数量、价格、支付方式及期限等。就损害股东优先购买权的股权转让合同的效力问题,公司法并无特别规定,不应仅因为损害股东优先购买权就认定合同无效、撤销合同,而应当严格依照合同法规定进行认定。正是基于此类合同原则上有效,因此人民法院支持其他股东行使优先购买权的,股东以外的受让人可以请求转让股东依法承担相应的合同责任。

五、关于股东代表诉讼(派生诉讼)

《公司法》第 151 条、第 149 条规定是公司派生诉讼的基本法律依据,但其中操作性的规则尚不明确。为此《公司法解释(四)》关于当事人的法律地位问题专门规定:监事会或者不设监事会的有限责任公司的监事依据《公司法》第151条第1款规定对董事、高级管理人员提起诉讼的,应当列公司为原告,依法由监事会主席或者不设监事会的有限责任公司的监事代表公司进行诉讼。董事会或者不设董事会的有限责任公司的执行董事依据《公司法》第151条第1款规定对监事提起诉讼的,或者依据《公司法》第151条第3款规定对他人提起诉讼的,应当列公司为原告,依法由董事长或者执行董事代表公司进行诉讼。

股东代表诉讼在我国实际上存在两种诉因:一是董事、高级管理人员、监事执行公司职务,违反法律、行政法规规定或章程规定,造成公司损失的,应当承担赔偿责任;二是他人侵犯公司合法权益,给公司造成损失的。**起诉资格:**(1) 有限责任公司股东;(2) 股份有限公司连续180日以上、单独或合计持有1%以上的股东。前置程序严格,需向公司机构(监事会、董事会)进行书面请求,设定了30日的等待期。立法对越过前置程序直接提起派生诉讼的条件,进行了较为严格的限制:“情况紧急、不立即提起诉讼将会使公司利益受到难以弥补的损害。”鉴于证券市场的内幕交易或操纵市场案件的特殊情况,《公司法解释(四)》对此给予了特别规定,证监会亦设立了相关特殊保护的专门机构。

此外,《公司法解释(四)》第24条关于股东代表当事人的诉讼地位、第25条关于派生诉讼的诉讼后果归属问题、和解问题,第26条关于费用承担问题,也都进行了较具操作性的规定。

应该说,《公司法解释(四)》比较好地把握了立法与司法的三个平衡:公司自治与司法介入的平衡(如决议效力、分红权问题),公司内部相关主体利益的平衡(如查账权、优先权问题),司法刚性与自由裁量的平衡(如轻微瑕疵的自由裁量问题)。在本书中,根据控制权风险来源进行了分类。而在长期的实践当中,总结归纳了四大类公司九大类型的“公司内战”。应该说,《公司法解释(四)》的内容,恰恰可以解决股东权益保护与公司控制权之争过程中的重要“技术性”“操作性”难题。我相信《公司法解释(四)》对相关事项的完善,有助于公司“内战”的有效避免与妥善解决。

第二编

祸起萧墙

——妥善处理家族纷争与职业经理人“失节”

2

企业家是创造社会财富最核心的组织者，社会最为宝贵稀缺的资源之一，推动社会进步最重要的力量之一，堪称和平时期的英雄。企业家的高度与品味决定企业的高度与品味。

公司股东会要能代表股东意志；股东会要HOLD得住董事会；董事会要HOLD住管理层及职业经理人——即使他比“王石们”还强势。

切莫迷信特权。

能够超越规则让你尝到甜头者，亦可超越规则让你吃到苦头。

人是一切资源的载体。

家族所特有的血缘亲情纽带、家族伦理纽带、法律关系纽带是最深刻的社会纽带，是联结与共享社会资源最常见、最密切、最稳定、最低成本、也最安全可靠的纽带。

家族立宪，至关重要。

一要建立起科学的决策机制，确保在“当家人”无法正常履职的情况下仍能明确而有效地梯次决策；二要储备各种自助的社会资源和物质保障；三要建立应对危机的处置预案。

世间博弈取决于三个因素：一是你所能有效调度的各种社会资源；二是科学理性的博弈策略，包括法律、经济、社会手段的综合运用；三是利益分配方案，要理性设定自己的底线并及时调整。

强化职业经理人信托责任要处理好三个关系：一是理顺大股东与公司的关系；二是理顺职业经理人与公司的关系；三是理顺大股东与职业经理人的关系。既要避免职业经理人架空公司股东的“内部人控制”，也要建立对于职业经理人有效的监管机制和应有的激励机制。

2

第十章
导语：信托责任与家族“立宪”

家族、婚姻、亲属关系，无疑是联结与共享社会资源最常见、最密切、最稳定、最低成本也最安全可靠之纽带。公司治理，亦是如此：家族共同创业，家族共同治理，家族代代传承，这是国内诸多成功企业的成长之路。

家族企业，包含着正面与负面两个方面的应有之义。

一、强化家族纽带

家族纽带至少包括以下几个方面：

1. 血缘亲情纽带

正所谓“血浓于水”，基于血缘、婚姻关系而生的感情与信任，往往产生最核心的凝聚力与战斗力。中外都不乏家族（企业）创造奇迹与辉煌的成功典范。

2. 社会伦理纽带

中国人讲究“情、礼、法”，所谓“礼”，即是在中国传统文化中甚至优于法律的社会伦理规范，其核心为孝、悌、忠、信、礼、义、廉、耻。海鑫集团李海仓意外遇刺身亡后，其子李兆会年仅22岁即继任董事长，并强硬地迫使两个在公司长期担任要职的叔叔离开，很重要的因素就是李海仓的父亲李春元的认可与支持。香港次富郭得胜长子郭炳湘得以执掌新鸿基，源自郭得胜的培养与“传位”；而郭炳湘的两个弟弟得以联手将其罢免，某种程度上也是得到母亲郭邝氏的“点头”。

3. 法律制度纽带

关联家族利益的基本法律制度一般包括：财产共有制，夫妻共同财产制，继承制。

真正用于家族企业内部成员确定权利义务、定纷止争乃至分家析产的,无论附加何等复杂之股权、知识产权或是其他法律制度,其基础无非源于这样三种基本法律制度。

近年来,我兼任了若干知名家族企业的"董事"(似乎,中国式文化中"律师"总与争端、非善意相伴,所以客户往往更希望我以"董事""吕总"的身份参与企业对外决策和对外交流,避免产生无谓的误解或更有利于彼此的理解。——作者注),有幸伴随着企业生存发展,也有幸在一定阶段、一定领域以某种方式"引领"(更准确地说应该是"陪伴",是相互学习、启发)着家族下一代的成长。家族矛盾的处理,往往需要第一代"掌门人"认识到企业发展过程中不是他人给自己"打工"而是"兄弟共同创业";需要其他兄弟心存感恩,深刻理解如果没有"领头人"的引领搭建起这样的平台,大家都不可能有现在的发展机会和成功;需要各方都充分认识到"自家人"的利益分配往往因为亲属关系反倒更容易产生矛盾,矛盾处理当以家族共同发展的大局为先。家族企业,往往共同创业是一个奇迹,面临分家和传承是一种考验,更新换代会带来更大的机遇与考验。律师作为"外人"介入家族传承,一定要摆正自己的位置和心态,一定要把握好"立场"的理性中立与基于家族发展的适度倾斜,一定要把握好协调家族内部矛盾的"公心"与"疏不间亲"的处理尺度,一定要协调把握住血缘、伦理、法律的三种基本纽带。

日前,我接待了一位当事人——国内某知名网络公司总裁前妻,称其三年前与丈夫在美国离婚,当时男方名下拥有运营该知名网站之公司约23%的股权,其时未分配夫妻共同财产,回国后要求分配未分配之夫妻共同财产。其夫先是否认曾与其有夫妻关系。经女方申请人民法院司法确认美国法院离婚判决之效力后,男方又向老家所在地法院诉称婚姻无效,并找出若干办理婚姻登记工作人员证明女方未到场办理结婚登记手续;后此诉讼男方败诉。男方遂将其名下股权转让给公司另一股东——他的胞弟(显然不构成善意第三人);为漂白该转让,弟弟又将股权转让他人。经查,受让者系公司监事,亦不构成善意第三人。在此情形下,公司股东另行注册新公司,同时将原公司最有价值之资产知名网站域名转移至新的公司而使原公司成为空壳公司。而女方若想成功获得公司股权,或可主张此等交易系以损害第三人利益为基础、系以合法形式掩盖非法目的之无效交易。此番博弈,女方最基础也最重要的制度依据,便是夫妻共同财产制度。

家族纽带的现实性与模糊性,往往给家族企业传承带来不确定性。鉴于此,我在许多场合强烈呼吁家庭"立宪",即强调家族共享与传承当制定基本原则,一如罗斯柴尔德家族。这种"立宪"最为核心处,乃是明确决策权力分配与决策机制运行的原则。

家族企业受诟病处,多在于其以家族为纽带,家族内部成员往往或超越基本规则获得某些特权,甚至对员工、非家族成员的管理人员以主人自居。为获得家族的优越权与特权,家族成员无法容忍甚至打击迫害企业员工和职业经理人。故当理性消除家族狭隘排外。

二、强化信托责任

包括但不限于家族企业的公司通常涉及两个基本权益:一是财产收益权,二是公司管理权。现代企业,此两种权益通常相分离,尤其是成为上市公司、公众公司以后,财产权利最大的人未必是能够引领公司走好路的人。在此前提下,需要将公司交由合适的“职业经理人”管理,不负信任、不负委托的职业理性与职业操守,构成信托责任最为基本的要素。

公司产权与经营权的分离,是职业经理人产生的制度背景。信托责任,则是职业经理人制度的职业伦理基础。当下,违背信托责任、损害公司及股东利益的情形主要有三类:

(1) 国企改制使“小保姆当上女主人”。

(2) 公司治理沦为“内部人控制”。

(3) 公司职业经理人“掏空”公司资产。

职业经理人信托责任缺失有社会、文化传统的原因,而其制度性缺陷则包括:

(1) 所有权人“失位”,典型者如国有企业产权不明,监管乏力;

(2) 公司治理失范,尤其是缺乏对职业经理人应有的约束机制;

(3) 对职业经理人缺乏科学的薪酬激励机制。

“国美内战”陈晓事件有人认为是对职业经理人制度的一个巨大打击,我倒觉得陈晓事件的出现是对职业经理人制度的一个极大的肯定和推进:其一,充分展示了职业经理人的能量;其二,探讨了职业经理人面临大股东与公司利益冲突时的抉择。

三、理顺股东、公司、职业经理人之间的关系

1. 要理顺股东尤其是控股股东与职业经理人的关系

职业经理人和控股股东有没有理性状态?有。例如,盖茨与安德鲁这对“双翼

天使”共同造就了微软的伟大;李嘉诚旗下公司如长江实业、和记黄埔的职业经理人与股东共同创造了华人经济的奇迹;张学斌等职业经理人的有效工作,使创维在创始人黄宏生入狱后仍保持了不可思议的发展……

股东应深刻认识到职业经理人的能力与能量,在相互尊重的基础上方可形成良性而理性的合作关系。职业经理人绝非股东的下人,而是有独立人格与权利、忠诚于公司和股东的职业人士。要科学设置对职业经理人的薪酬激励机制,使其真正融入企业。

要让职业经理人管好“家”,同时又绝不能让“管家”自己或联合他人把“东家”的财产夺去。这既要形成良好的信托责任的文明与氛围,使之渗入公司、股东及职业经理人的血脉之中,又要从公司章程、契约等方面,形成对公司创始人的法律保护措施,如公司创始人董事会席位的特殊保障、创始人的否决权等。

2. 要理顺职业经理人与公司的关系

股东利益尤其是大股东利益原则上总是与公司利益一致的,但当股东意志与公司利益不一致时,职业经理人要依职业操守进行判断,除非股东某项意志极大地损害公司利益,否则职业经理人无权不尊重、不服从甚至自作主张更改股东意见。

对陈晓所谓“背叛”股东的诟病,相当程度上即源于陈晓与委派其职务的股东意志和利益相左;而陈晓也正是以所谓对公司和其他股东负责为由进行抗辩。

3. 要理顺公司与股东关系

股东断不可“工具化”公司。公司是具有独立法律人格的主体,公司财产独立于股东。股东不能将公司资产直接当做自家财产,必须遵守和符合法律规定,例如上市公司控股股东不得违规占用上市公司资金,从而损害公司利益。

夫妻反目、家族内耗、兄弟手足相残、职业经理人“变节”等因素,都可能给公司带来致命打击。在法律允许公司意思自治的范围内建立起家族治理、制衡与传承的公司基本“政治规矩”,完善公司运营管理的各项基本“操作规程”,理顺和平衡公司、家族成员、职业经理人之间的利益与关系,是有效加强信托责任,防止道德风险和解决家族危机的基本要素。

四、家族传承的六大核心法律问题

我接触过相当数量的民营企业家,他们给人共同的感受是缺乏安全感,近年来尤其强烈。而当下市场上所谓律师对家族传承的法律服务,往往限于家族资产理财,或是以律师专业身份及媒体带来“名气”参与保险及其他金融机构营销,家族刑事风险管理、家族基金等领域尚未形成成熟专业法律服务产品。我联合大成律师事务所同仁,经多年研究与实践,认为家族传承法律服务系高端的综合性专业法律服务领域,必须量身定做,至少包括以下六个方面的相关内容:

一是资产流动性问题:地产、房产、设备等固定资产,如何更具流动性?这是盘活资产的重要环节,资产证券化等法律产品为此问题提供了解决思路和方向。

二是资产清白性问题:财富在取得过程中或许存在的法律瑕疵乃至“原罪”如何消除?需要针对性进行法律体检、论证、研究,同时提供刑事、行政、民事等方面针对性强、行之有效的法律“漂白”解决方案。

三是资产安全性问题:没有民主法治约束权力,大家往往是行进在通往监狱的道路上;没有民主法治保障权利,任何财富的“神马”都不过是浮云。在不违反外汇管理、洗钱及其他方面法律规定的前提下,低成本地将资产合法转移至海外,是一个非常值得研究的问题。

四是海外身份问题:与前述资产安全性相关,还有一个人身安全的问题。家族成员具备海外身份,往往被视作人身与资产安全的一个重要步骤。快捷、有效、低成本的移民服务,亦成为此项法律服务的重要内容。

五是家族治理问题:如何制定家族宪法?如何有效理财?如何处置家族内部纠纷?家族危机出现的应急预案如何?尤其是企业“老大”出事时,由什么顺序来梯次担任主要决策角色?在危机发生时,“救命”的钱和人在哪?

六是家族传承及其成本问题:家族传承的规则与位次如何?家族信托、家族基金如何有效服务家族传承?家族资产转移所有权与继承过程中如何合理避税?保险理财等方式如何有效降低继续成本?

当下律师有三个发展方向:一是高度专业化,只在某一细分市场领域做精做强;二是高度综合化,即团队领袖专注于各种新旧事物高层建筑的掌控和各种高端人脉的积累,辅之以专业化的法律服务团队;三是将影响力做广做远。

为家族传承提供法律服务,可由家族根据具体需求委托某一领域专业律师处理。更需要律师团队协作:需要有足够阅历、智慧、人脉以及与家族核心成员有良好沟通的律师牵头宏观掌控,需要刑事、税务、行政法、婚姻继承、公司治理、新型理财(包括但不限于信托、保险、资产证券化等领域)、民商事诉讼仲裁及与家族企业所涉领域(如房地产、投资并购等)相关的专业律师共同组成综合团队。

第十一章

“家族”内耗

——源于婚姻、家庭与职业经理人的公司控制权之争[①][②]

笔者按：公司实际控制权之争的“家族”内部之争，源于家族内部的资源共有、共享、共治。其基本形态有三：一为“夫妻反目”，其制度基础为夫妻共同财产制度，加之夫妻共同创业，同为公司股东与负责人，典型者如中复电讯部武淳、芦朝谊之争。二为继承人间“手足相煎”，其制度基础为股权的继承与管理权的“传位”，其根源为利益冲突，典型者如新鸿基郭氏兄弟“争位”。三为家族内部势力之间的“暗战”，典型者如海鑫集团李兆会之“掌门”。此外，职业经理人“信托责任”缺失损害公司及股东利益的事件亦时有发生，除人们所关注的“国美内战”外，巨联集团被掏空亦为典型。

---

① 大成律师参与了本章有关事件的处理。本章关于相关事件事实的内容，参照多家媒体公开报道整理而成。

② 日前，笔者接待了一位当事人——某国内知名网站总裁前妻，称 3 年前与其夫在美国离婚，当时男方名下拥有运营该网站之公司约 23% 的股权，其时未分配夫妻共同财产。回国后要求分配未分配之夫妻共同财产。其夫先是否认曾与其有夫妻关系。经女方申请人民法院司法确认美国法院离婚判决之效力后，男方又向老家所在地法院诉称婚姻无效，并找出若干办理婚姻登记工作人员证明女方未到场办理结婚登记手续；后此诉讼男方亦败诉。男方遂将其名下股权转让给公司另一股东——他自己的胞弟（显然不构成善意第三人）；为漂白该转让，弟弟又将股权转让他人。经查，受让者系公司监事，亦不构成善意第三人。在此情形下，公司股东另行注册新公司，同时将原公司最有价值之资产该网站网域名转移至新的公司而使原公司成为空壳公司。而女方若成功获得公司股权，或可主张此等交易系以损害第三人利益为基础、系以合法形式掩盖非法目的之无效交易。此番博弈，女方最基础也最重要的制度依据，便是夫妻共同财产制度。

一、中复电讯:夫妻反目

“买手机,到中复”,一度是京城百姓耳熟能详的广告词之一。曾有一份调查统计显示,北京每卖出3部手机中,就有1部是中复电讯售出的,而中复电讯累计售出的手机号码更是超过了500万个,几乎占到当时北京1 000万余手机用户总量的一半。2006年至2007年,该公司却发生了夫妻反目争夺公司控制权事件。

(一) 夫妻反目:夫逐妻出公司,妻罢免夫职务①

中复电讯由郃武淳和芦朝谊共同创立,其前身是私营企业北京中复机电设备公司,该企业于1996年7月变更为有限责任公司。工商登记显示中复电讯股东为4人:郃武淳、芦朝谊各占49.5%的股份;芦的母亲王嶙、郃的外祖母臧绍伍各占公司0.5%的股份;董事会成员共3人:郃武淳、芦朝谊和芦的母亲王嶙。

郃武淳和妻子芦朝谊都是中复电讯的创立者,丈夫郃武淳是公司的董事长兼总经理,妻子芦朝谊是副董事长、副总经理,然而他们的感情并没有随着公司的日益红火而增进,相反却在公司经营过程中和家庭生活中产生了严重分歧,妻子芦朝谊逐渐被排挤出了公司,这对儿曾经一同创业的夫妻最终离婚。

2006年10月24日,芦朝谊向郃武淳发出“关于召开北京中复电讯设备有限责任公司董事会的提议”,提议2006年10月26日召开董事会,商讨更换董事长事宜。2006年10月27日,芦朝谊再次向郃武淳发出“关于召开北京中复电讯设备有限责任公司董事会的通知”,明确告知依据法律及公司章程,定于2006年11月6日上午10时在北京市朝阳区工体东路18号天照饭店召开董事会会议,议题为罢免中复电讯公司现任董事长郃武淳及选举芦朝谊为董事长。

2006年11月6日上午9时,郃武淳以公证形式将一份声明送至会场,该声明的

---

① 公司治理的基本模式在于股东会选举产生董事会,董事会选举董事长,决定任命管理层。芦朝谊依据《公司法》及《公司章程》的规定,通过董事会决议方式意欲剥夺郃武淳对公司的实际控制权,系董事会行使权利的基本方式。但非公司实际控制人通过董事会方式罢免公司实际管理人,在大陆地区往往存在相当难度,且即使通过合法有效的董事会决议,如缺乏其他强力辅助,同样难以获得公司实际控制权。笔者曾经处理一起案件:某中外合资企业,外方占99%的股权,但公司一直由中方管理者实际控制(夫任公司总经理,妻任副总经理、财务主管,儿任副总经理、营销主管)。鉴于管理人损害公司及股东权利,外方股东依法召开股东会免去该总经理董事职务,召开董事会免去三人总经理、副总经理及部门主管职务。所有会议通知、召开过程、送达等,均有公证机关现场公证。笔者还打电话向该总经理说明公司股东会、董事会决议情况并进行现场公证。但在进入公司希望接管公司时,遭大批不明身份者阻挠;向有关部门要求支持时,有关部门则要求股东出具加盖公司公章之手续、文件。实际控制人代表公司,往往与当地政府及其他势力有密切联系,股东(即使是大股东)若不与当地直接沟通联系,其权益维护往往难度较大。或者,以强力夺取公司(合法自力救济);或者,在律师、媒体协助下,争取政府力量的支持。

主要内容为,芦朝谊擅自召集、主持董事会违反公司章程,所作出的董事会决议无效。

2006年11月6日,芦朝谊召集的董事会在北京市朝阳区工体东路18号天照饭店四层会议室召开,出席董事会的董事为芦朝谊和其母亲王嶙。母女参加的董事会会议通过如下决议:罢免郤武淳中复电讯公司董事长职务,选举芦朝谊为中复电讯公司董事长。

2006年12月25日,芦朝谊向郤武淳发出声明,称已于2006年11月7日向郤武淳送达了2006年11月6日的董事会决议内容:罢免郤武淳中复电讯公司董事长职务并选举芦朝谊为董事长;现要求郤武淳于7日内进行董事长工作交接等。

2006年12月29日,郤武淳针对芦朝谊的声明作出回复,表示从未收到过声明中提及的所谓董事会决议,已就相关问题提起诉讼等。

(二) 为夺回公司,夫起诉妻主持之董事会无效[①]

董事长郤武淳为了夺回公司经营权,以自己的公司中复电讯为被告向一审法院提起两个诉讼:

一是要求撤销董事会决议,确认罢免无效;

二是确认王嶙、臧绍伍股东身份虚假,二人在中复电讯所占1%股权为自己所有。

这就是媒体所说的在被"逼宫"的情况下,郤武淳作出无奈之举,打官司自报家丑。

在接受工商部门调查时,郤武淳称,2005年工商部门曾接到中复电讯公司虚构股东问题的举报,2005年9月7日,在接受工商部门的调查时,郤武淳这样表述,"北京中复电讯设备有限公司的股东有4位,我及芦朝谊,另一个是臧绍伍,也是我的外祖母,由于年岁较大,公司内委托我行使权利,另外一个叫王嶙,是芦朝谊的母亲,也不参与公司事务,所以就形成我们公司是由我和芦朝谊在主持工作,王嶙及臧绍伍不参与,所以在公司中我外祖母的权益由我代理,芦朝谊的母亲王嶙的权益由芦朝

① 芦朝谊所发动之"公司政变",系公司自治之"内部事务";郤武淳向人民法院起诉,则系以司法救济之外力维护自身权益。符合法定条件之股东、董事,可依法起诉股东会、董事会决议无效,也是公司治理过程中当事人意思自治与国家公力救济之结合。达能、娃哈哈投资争端开始之初,和君创业李肃购买100股娃哈哈公司股票,进而以股东身份起诉达能损害公司利益。鉴于李肃持股份额不到1%,持股时间亦不到180天,不符合起诉条件,人民法院未予受理。后大成律师代理娃哈哈集团工会、职代会,以达能损害合资公司利益为由,要求娃哈哈集团起诉达能;在娃哈哈集团未能起诉的情况下,工会、职代会作为娃哈哈集团第二大股东,提起股东代位诉讼。

谊代理。我有臧绍伍的委托。股东会议决议和章程是我安排公司的人签的名”。

而在向法院的诉讼中，邰武淳并不承认王嶙、臧绍伍的亲属身份，坚持称另外两股东是“虚拟了两位世界上根本没有的自然人”。邰武淳同时自报公司变更登记时虚构股东的造假内幕：

1996 年 7 月，中复电讯公司由前身私营企业——北京中复机电设备公司变更为有限责任公司。在办理工商变更登记过程中，为了符合公司法关于公司若设董事会，其成员至少应有 3 人以上的强制性规定，且为了避免日后与夫妻以外的他人发生经济纠纷，保证中复电讯公司的股东仅是邰武淳与芦朝谊夫妻两人。邰武淳与芦朝谊分别用芦朝谊的母亲王嶙和邰武淳的外祖母臧绍伍的名字登记股东，而证明这两个人身份的身份证复印件的姓名与照片、出生日期、住址等信息均是公司经办人利用几个身份证复印件复印后涂改、拼凑再复印而成。就此，中复电讯公司的股东登记为 4 人，即除了邰武淳和芦朝谊外，还包括王嶙和臧绍伍。中复电讯公司的董事会成员登记为邰武淳、芦朝谊和王嶙，监事登记为臧绍伍。邰武淳和芦朝谊分别持有 49.5% 的股份，王嶙、臧绍伍共占公司 1% 的股份。

（三）案件处理关键：王嶙、臧绍伍是公司董事、股东吗？

对于邰武淳而言，如果承认王嶙是股东，那么他的董事长地位就会动摇。

为保证案件客观审理，一审法院追加芦朝谊为第三人出庭。中复电讯代理人则在开庭时认可自己董事长邰武淳的起诉，同意其诉求。芦朝谊的代理人则认为两个股东真实存在，是公司登记时故意弄错身份信息的。

2007 年 6 月 18 日，一审法院在同一天对两起诉讼进行了判决。

一审法院审理查明：

1996 年 7 月，中复电讯公司由原私营企业变更为公司法所规范的有限责任公司，并到工商管理部门办理了重新登记。根据当时的工商档案记载，中复电讯公司的股东为邰武淳（出资 367 万元）、芦朝谊（出资 113 万元）、王嶙（出资 10 万元）、臧绍伍（出资 10 万元）；邰武淳为董事长、芦朝谊为副董事长、王嶙为董事、臧绍伍为监事。

在工商档案中，王嶙的身份证复印件记载，“王嶙，女，汉族，1968 年 × 月 × 日出生，住北京市石景山区 × × 水泥厂集体宿舍，身份证号为 410 × × × × × × × × × × × × × ×”；臧绍伍的身份证复印件记载，“臧绍伍，女，汉族，1970 年 × 月 × 日出生，住北京市东城区和平里 × 区 × 号楼 × 号，身份证号为 110 × × × × × × × × × × × × × ×”。中复电讯公司对上述身份证复印件盖章确认真实性，芦朝谊也签字认可。

1999 年 4 月，中复电讯公司增资 1 500 万元，股东出资情况：邰武淳出资 990 万元、股权比例为49.5%,芦朝谊出资990万元、股权比例为49.5%,王嶙出资10万元、股权比例为0.5%,臧绍伍出资10万元、股权比例为0.5%。

法院认为:解决本案诉争的焦点问题为,参加2006年11月6日董事会的王嶙(身份证号为110××××××××××××××××)是否为中复电讯公司股东、董事。根据审理查明的情况可知,中复电讯公司工商档案中记载的股东"王嶙""臧绍伍"的信息与客观事实不符,并不存在工商档案中记载的王嶙、臧绍伍。虽然邰武淳曾表述中复电讯公司的股东共4人:邰武淳、芦朝谊、邰武淳的外祖母臧绍伍、芦朝谊的母亲王嶙,但是客观事实不能仅凭个人表述进行认定。公司作为一种特殊的组织形式,其基本情况在无相反证据证明的情况下,是通过公示材料即工商档案予以表明。现工商档案中记载的中复电讯公司股东、董事"王嶙,女,汉族,1968年×月×日出生,住北京市石景山区××水泥厂集体宿舍、身份证号为410××××××××××××"并不存在,也没有证据证明王嶙(身份证号为110××××××××××××××××)履行了中复电讯公司股东的出资义务并取得了中复电讯公司股东身份。故王嶙为中复电讯公司股东、董事的意见,缺乏事实依据,法院不予采纳。确认2006年11月6日形成的北京中复电讯设备有限责任公司董事会决议无效。

在第二起确认两股东身份虚假和他们所持有的1%股份归原告的诉讼中,法院认为,解决本案诉争的焦点问题为,中复电讯公司工商档案中记载的王嶙、臧绍伍是否为中复电讯公司股东。根据审理查明的情况可知,中复电讯公司工商档案中记载的股东王嶙、臧绍伍的身份与客观事实不符,并不存在工商档案中记载的王嶙、臧绍伍,也没有证据证明芦朝谊的母亲王嶙、邰武淳的外祖母臧绍伍履行了中复电讯公司股东的出资义务并取得了中复电讯公司股东身份。

但法院同时认为,虽然中复电讯公司工商档案中记载的股东王嶙、臧绍伍并不存在,但是邰武淳并无证据证明王嶙、臧绍伍名下各出资10万元的义务是由邰武淳履行的。故邰武淳请求确认在中复电讯公司工商档案中体现的王嶙、臧绍伍所持中复电讯公司1%的股权归邰武淳所有的诉讼请求,缺乏事实依据,不予支持。综上所述,根据《中华人民共和国公司法》第32条、第33条,最高人民法院《关于民事诉讼证据的若干规定》第2条之规定,判决如下:

(1)确认北京中复电讯设备有限责任公司工商档案中的王嶙、臧绍伍是虚拟的自然人,并不享有股东身份。

(2)驳回邰武淳的其他诉讼请求。

一审判决后芦朝谊不服,遂提起上诉,认为在二人发生诉讼以前,邰武淳、芦朝谊均认可王嶙、臧绍伍分别是芦朝谊、郃武淳的亲属，而且验资机构出具的验资报告表明，王嶙、臧绍伍实际出资，因此，应确认其股东资格。

北京市第二中级人民法院经审理认为，中复电讯公司的真实董事只有郃武淳和芦朝谊，不符合公司法关于公司若设董事会，其成员至少应有3人以上的强制性规定，所以中复电讯公司并不存在真正的董事会。因此，由王嶙参加并作出决议的董事会决议无效。终审判决同时指出，郃武淳没有证据证明王嶙、臧绍伍名下出资款是他所支付，所以法院不能支持他要求获得该1%股权的请求。

(四) 遗憾与隐患：葫芦僧判葫芦案？

股权是公司主权，是各项权利的基础。公司控制权之争中，股权是最后的底牌，董事会决议是直接发生效力的手段。而虚假注册，也必然要承担相应的行政责任。

本案的根本选择在于两害相权取其轻，宁可承担虚假注册的行政责任，也要否定所谓虚假股东之身份，进而否定其合法的董事身份，也就从根本上否决了董事会决议，从而保证郃武淳公司法定代表人身份不被罢免。

本案虽然从工商注册文件的虚假性否认了两位自然人的股东身份，进而否定了王嶙的董事身份，也就使董事会决议丧失了合法性基础，确立了郃武淳对公司的控制权。但本案也留下了以下缺憾和隐患：

其一，公司两位所谓虚假股东1%的公司股权应归属何人？郃、芦二人均拥有公司49.5%股权，可能引发公司僵局。

其二，法院在两位所谓虚假股东未到庭的情况下，即剥夺其股权，存在瑕疵。

其三，否定两位股东身份的基本依据是工商注册时身份资料的不真实，若此种不真实，系郃、芦二人在进行工商注册时侵犯第三人利益而为之，可能还将引发新的不稳定。

二、新鸿基：手足相煎

(一) 香港次富，长子“继位”

新鸿基地产为香港四大地产公司之一，除了在香港有多处地产项目之外，在北京、上海及长三角地区、广州及珠三角地区，以及成都都有多个项目已经建成或者正在开发中。而郭氏家族以183亿美元的身价成为香港第二富有家族，仅次于李嘉诚。

新鸿基地产创始人郭得胜祖籍广东中山。于20世纪20年代到香港做生意，完全是白手起家，最终建立了自己的地产王国。

郭得胜与妻郭邝肖卿育有三子:长子郭炳湘、次子郭炳江、三子郭炳联,三兄弟均出生于澳门,郭得胜到香港之后开了一家名为“鸿兴合记”的小杂货店。经过几年的积累,他的小杂货店易名为“鸿昌百货批发商行”(现在的新鸿基地产仍然保留着百货这一块业务,由郭炳联主管)。

随着生意规模日渐扩大,他做起了进出口贸易,不断拓展香港以外的市场,并将公司改名为“鸿昌进出口有限公司”。长子郭炳湘也是在这个阶段进入父亲的企业,被作为接班人培养。

到20世纪60年代,房地产业兴起,郭得胜联合好友李兆基、冯景禧联手创办新鸿基地产。1972年,新鸿基地产上市。之后的新鸿基地产快速发展,到郭得胜去世时,新鸿基地产的市值为254亿港元,比上市之初增长了63.5倍。李兆基在香港被称为“四叔”,现在仍是新鸿基地产的董事局副主席。

1990年,郭得胜去世,郭炳湘执掌新鸿基地产。李兆基、冯景禧离开新鸿基地产,各自再创业。

一直以来,郭炳湘都是郭得胜着力培养的接班人。郭炳湘出生于1950年,毕业于英国伦敦大学,获得土木工程硕士学位。早年间,郭得胜尚没有涉足地产行业,而在经营鸿昌进出口有限公司的时候,三兄弟中只有郭炳湘担任公司董事。

之后,郭炳湘跟随父亲征战房地产市场,将新鸿基地产打造成为香港市值最大的地产公司,盖了不少现在仍是地标的建筑,包括中环广场、香港最高楼环球贸易广场等。

1990年,郭得胜因病去世,郭炳湘执掌新鸿基地产,成为董事局主席。郭氏家族的政治荣誉也都集于郭炳湘一身,他是第十届、第十一届全国政协常委以及中华全国工商业联合会副主席,也是香港的太平绅士。

郭炳湘接管公司以后,很长时间里郭氏兄弟给外人的印象都是“兄弟合心,其利断金”。三兄弟均在公司担任要职,各有分工。新鸿基地产也在新一代领导者的管理下不断壮大。

郭炳湘受其父影响颇深,经商理念也大致相同,待人谦和,能吃亏。在他的带领下,新鸿基地产的规模不断做大,市值也持续上升,一度市值超过3 000亿港元。

(二) 兄弟反目,长兄被黜

温馨局面一直维持到2008年,整个香港都被郭氏兄弟的内斗新闻点燃,“豪门恩怨”的激烈剧情让外人看得眼花缭乱。

郭炳江、郭炳联兄弟联合指控郭炳湘患有“躁狂忧郁症”,导致在公司决策中多有失误。更加让人意外的是，郭得胜的遗孀也就是郭氏三兄弟的母亲郭邝肖卿，站出来支持郭炳江、郭炳联。郭炳湘在家族内部众叛亲离。

“抑郁症”一说源自10年前，郭炳湘曾经在郭家大宅门前遭遇绑架。绑匪头目就是当时大名鼎鼎的张子强。被绑之后，郭炳湘拒不合作，不肯给家里打电话，直至不堪忍受折磨，于4天之后才终于致电家中，确认已遭绑架。

后来，才有消息传出说被绑架期间，绑匪将郭炳湘的衣服脱去，关在木箱子中，每日只给清水与叉烧饭。4天以后，郭炳湘身心皆伤。

张子强在电话中向郭家要14亿港元赎金，郭炳湘的太太李天颖亲自面见绑匪，营救丈夫，最后将赎金谈至6亿港元。

由于在营救郭炳湘时表现得有勇有谋，李天颖甚得郭母欢心。

内斗之中，郭母站在郭炳江、郭炳联兄弟一边的主要原因是，郭炳湘与 名叫唐锦馨的女子过从甚密，关系暧昧，而郭母数次劝说无果。除交往频繁之外，唐锦馨更被指干涉新鸿基地产业务，而其理念与郭氏家族相悖。郭炳湘与唐锦馨均有意加大在内地的投资，而郭炳江、郭炳联兄弟对内地投资的态度则较为保守。更有传言称郭炳湘有意将唐锦馨纳入新鸿基地产董事会，导致郭炳江、郭炳联对唐锦馨和郭炳湘的不满达到极限。

郭炳湘当然不愿坐以待毙，他控告两个弟弟“诽谤”，并找香港四大名医证明自己精神正常。而结果是徒劳无功，最终郭炳江、郭炳联与郭邝肖卿联手，将郭炳湘踢出了新鸿基地产董事局。

2008年5月，新鸿基地产发布公告称董事局主席郭炳湘病休，郭炳湘被罢免董事局主席一职，由郭邝肖卿接任。郭炳湘曾经在公司的权力由郭炳江、郭炳联共享。郭炳江主要负责工程、建筑等业务，郭炳联则负责财务、法律等业务，曾经由郭炳湘主管的酒店业务由两兄弟共同管理。

家族内讧并没有就此结束。郭炳湘虽被驱逐出新鸿基地产，但仍然活跃于商界，并以新鸿基的名字重新注册了公司。但是这个做法不被郭母所喜，不得已，郭炳湘只能将公司改名。

真正让外界认为郭炳湘再无翻身可能的是改组家族信托事件。2010年10月，郭氏家族信托基金重新改组，郭炳湘的名字消失，只保留其家人的权益。舆论认为，此次改组是为了避免郭炳湘破罐子破摔出售股权，导致家族企业控制权旁落。

2011年8月，历时3年的内斗终于有了结果。郭炳江、郭炳联兄弟由董事局副主席升任联席主席，郭母退出董事局。

(三) 一波未平,一波又起

早在2008年,香港廉政公署就接到郭炳湘的举报,开始对郭炳江、郭炳联、许仕仁等人展开调查。

就在外界都以为郭炳湘已经彻底出局,郭炳江、郭炳联坐稳联席主席之位的时候,一起官商勾结的丑闻出世。郭炳湘被指为幕后举报人。尽管舆论热议,郭炳湘却始终未曾露面。

事实上,早在2008年,郭炳湘就曾私下调查过新鸿基地产的老臣陈钜源。陈钜源在新鸿基地产服务超过40年,曾经是郭得胜的得力助手,后来被视为郭炳江的幕僚。郭炳湘怀疑陈钜源在香粉寮项目上涉嫌利益输送,于是私下开始调查,但很快就在内斗中失败,被迫离开新鸿基地产。弟弟们的突然发难是否与哥哥的调查有直接关系,至今仍没有明确的答案。

此次一同被调查的许仕仁与郭家是世交,从小与郭氏三兄弟一起长大。许仕仁于1970年进入香港政府工作。在20世纪70年代还曾借调至廉政公署工作两年。2005年,曾荫权主政香港之后,许仕仁担任香港政务司司长。香港有媒体报道称2008年郭炳湘出局时,就是由许仕仁给郭母献计。

据香港媒体披露,早在2008年,廉政公署就接到郭炳湘的举报,开始对郭炳江、郭炳联、许仕仁等人展开调查。最近的抓捕是因为收到进一步举报称,许仕仁入住新鸿基地产旗下的礼顿山近1 200平方米豪宅,且享有长达一年的免租期,涉及租金132万港元以上。

在新鸿基地产的董事会名单中,执行委员会共有6人。其中郭炳江、郭炳联涉嫌行贿,虽然被保释,但是罪名是否会成立尚难以确定。邝准是郭母的弟弟,已经82岁。陈钜源除了年龄也不小之外,与郭炳江、郭炳联的牵涉颇深,是否会卷入此案尚未有定论。

面对危机四伏的新董事会,已经有声音希望郭炳湘重新出山。但是采用了如此极端的手段后,郭炳湘获得郭母同意重回董事局的希望似乎不大。

(四) 笔者点评:豪门恩怨与权力之殇

豪门之所以成其为豪门,相当程度上得益于与权力的和谐。古今中外,概莫能外。

究其原因,乃是一个人、一个家族、一个企业、一个团体、一个政党影响社会的基础均在于其所能掌控的有效社会资源。此种资源,对于企业而言,可概括为三个方面。

1. 人力资源

人力资源,即企业领导者、骨干及员工的个人素质和团队素质。这种素质包括术、道、势三个层面。

所谓术,指企业干部的专业技术,即解决问题的能力。这种能力理应是实用的、高端的、稀缺的。用两个字概括:智商。

所谓道,指企业干部的智慧,所谓“世事洞明,人情练达”,洞悉人性的需求,懂得各方利益的均衡与处理问题的尺度。用两个字概括:情商。知道如何团结队伍,协调各方利益,把问题解决好。

所谓势,指企业凝聚社会资源的平台。

2. 品牌资源

品牌系指企业和企业的社会形象与公众认知,一个字概括:名。所谓名,说到底是公众赋予的社会评价、社会地位、社会资源。企业之名,当具备三个维度:

一曰知名度,要在相当范围内为公众所知悉,尤其是目标客户所知悉。所以,社会认可的圈子很重要,出什么样的名、在哪里出名很重要。

二曰美誉度,要在相当程度上为公众所认同,断不可以“三聚氰胺”之方式为社会所唾弃。这也是马云、史玉柱等民营企业家不断在公众平台宣传自身及企业的原因所在。

三曰专业度,企业是做什么的,定位要精确。

企业及企业家一定要清楚地认识到自己要“出什么样的名?在什么圈子里出名?怎样出名?”

3. 公共资源

公共资源,用两个字概括:关系。

人是一切资源的载体,与人建立关系就是在相当程度上掌握社会资源。

与官员的关系,背后是最为优质与强大的社会公共资源。

与老总的关系,背后是市场,是资本,是直接产生社会财富的资源。

与媒体的关系,背后是舆论,是第四种权力,引导民众关注与支持的主要力量。

与高校及科研机构的关系,背后是技术,是权威,是先进生产力与社会权威认可。

……

如韩愈所说:君子性非异也,善假于物也。但凡企业能够发展壮大,尤其是堪称“豪门”者,除却自身资源外,必然是最大程度上利用社会公共资源者。这其中,往往与权力的“关系”最为重要和令人关注。如何对政治保持应有之兴趣与敏感,与政治人物保持适当距离,既能为企业发展创造机会,又不至于因此损害公众利益,引发公司声誉及法律危机甚至刑事风险,是全球企业,尤其是深受华人文化影响之企业所要面临的重大问题。豪门恩怨,是人性与权力、财富的交织。

三、海鑫集团:家族“暗战”①

(一)莽撞少年子承父业

山西海鑫钢铁集团有限公司是一家集钢铁、焦化、水泥、房地产、金融、保险等产(行)业于一体的大型企业集团,也是山西省规模最大的民营企业。

2003 年 1 月,集团创始人、董事长李海仓在海鑫钢铁集团的办公室里突遭枪杀。李海仓的突然过世给海鑫集团带来了沉重的打击。李海仓的父亲名叫李春元,他有 6 个儿子,李海仓排名老三,另外 5 个儿子也都在海鑫担任要职。而李海仓去世后,最有希望继承海鑫的,就是时任集团总经理的老五李天虎、时任集团常务副总经理的老六李天杰,以及当时的海鑫副董事长辛存海。

李海仓的儿子李兆会生于 1981 年,当时尚在国外求学。也许在大部分人眼中,李兆会根本没有资格继承海鑫集团。他还只是个孩子,调皮、贪玩、成绩差,还爱和父亲顶嘴,就是一个莽撞少年。

其实,李兆会自己原本也没想过要继承父亲的事业。李海仓被杀后,在澳大利亚留学的李兆会被急召回国。忽然间,这个当时只有 22 岁的男孩儿仿佛一夜间长大。后来他曾说:“那天晚上,我在父亲的灵前跪了一夜,想了好多好多事情,想我今后该对这个家庭尽什么样的责任,该对这个公司尽什么样的责任……我不想做这个董事长,因为我觉得自己现在没有这个能力。不论是给我五叔、六叔还是辛书记,我都同意。”但是最终,家族利益决定了李兆会必须坐在父亲曾经坐过的位置上。不过,李氏家族里很少有人看好他,只有爷爷李春元认为:李兆会是一个很有“爆发力”的人。李春元的坚定态度与强大控制力,是李兆会得以继承父亲职位的关键因素。

(二)李兆会正式接班、掌权

2003 年 2 月 18 日,李海仓去世后的第 28 天,李兆会正式接班。2003 年 2 月 27 日,李兆会第一次外出视察,由其五叔和六叔陪同。这第一次出访名义上是两位叔

---

① 近年来,笔者有幸担任多家民营家族企业集团“董事”“监事”“法律顾问”,以不同角色和方式参与调处企业危机与家族纠纷。

叔陪同李兆会进行访问,而实质上是李兆会在陪同两位叔叔进行访问。这种“主宾颠倒”的场面,使李兆会感到非常尴尬。他很快意识到不能老依赖叔叔“帮忙”,如此下去,自己永远也长不大。

当时,李兆会的叔叔李天虎在总经理的位置上已经做了整整 8 年,在公司里的地位除了李海仓,无人能胜。李兆会意识到,想要坐稳董事长的位置,李天虎不得不“除”,但怎么“除”,却是一个问题。他是海鑫集团的有功之臣,又是李兆会的亲叔叔,如果处理得不好,不仅伤了叔侄间的和气,也会影响员工们的士气。

那段时间李兆会与元老辛存海走得很近,他知道辛存海和李天虎之间一向不合。终于,在一次海鑫集团的内部会议上,李天虎和辛存海的矛盾爆发。李兆会以此向爷爷告状,要求李春元同意让李天虎隐退。最后,拗不过孙子的倔脾气,老人家只好同意让儿子李天虎“退位”。

有了爷爷的默许,没几天,李兆会就接到了五叔的辞职报告。为了安抚五叔,也为了平息众议,李兆会把海鑫下属的水泥厂交给李天虎打理。后来水泥厂更独立于海鑫集团之外,而李天虎的所有股份也从海鑫集团撤出,就这样,李天虎被“温和”地逐出了海鑫集团权力中心。

辛存海作为前辈创业者,在经营理念上与李兆会时有冲撞。2004 年春节之后,辛存海被调到海鑫集团驻太原办事处工作。随后与李兆会关系甚好、同在澳洲留学的李天杰空降为集团总裁,海鑫成为“海归派”的天下。

年仅 22 岁的李兆会,在短短几个月内,就把父亲手下的两位重臣清出决策层,夺回职权,而且没有留下任何足以影响海鑫效益的后遗症。

(三) 叱咤风云再创大业

2003 年,海鑫集团总产值超过 50 亿元,上缴利税超过 10 亿元,为当地财政贡献 3 亿元,成为历年来海鑫集团发展最迅速、效益最好的一年。与此同时,李兆会凭借 24 亿元的财富排在胡润百富榜第 19 位。

2004 年,李兆会真正掌握海鑫集团实权的第一个大动作是抛出 6 亿多元进入资本市场。这是一个异常大胆的动作,也是一个超常动作、高难动作。也是在这一年,海鑫集团完成总产值 70 亿元,实现利税 12 亿元,被评为纳税全国民企第一。

2005 年,在全国钢铁行业供过于求、钢铁价格不断下跌的不利形势下,海鑫集团年销售额 80 多亿元,净利润超过 4 亿元。

2006 年,李兆会入选中国富豪榜 400 名富豪,排名第 56 位,是上榜富豪中最年轻的企业家。

2007年,海鑫实业分别买进中国铝业、益民商业、华电国际等多只股票,并以11.8亿元的价格拍得银华基金21%的股权,溢价56.19倍。

2008—2009年,李兆会的守业之路遭遇重大劫难,在经济危机的背景下,席卷全国的重组风暴刮到了山西。2008年下半年,因库存严重积压,海鑫钢铁一度陷入停产危机,而李兆会将巨额资金投入金融领域,令海鑫钢铁同时面临资金短缺的危险。幸运的是,钢铁行业迅速从经济危机中走了出来,2009年海鑫钢铁全面复产,扭亏为赢,暂时摆脱了"卖身"危机。

很多人不相信李兆会有那么大的能耐——接班几年,就把李海仓留下的小海鑫变成了李兆会的大海鑫。然而,接触过李兆会的人又有另一种说法。用辛存海的话来说:"李兆会绝不是糊不上墙的刘阿斗,如果说他还是个孩子,那么,他是孺子可教!"

(四)作者点评:家族传承需要"核心""宪法"与应急预案

在李海仓意外遇刺后,李兆会的成功"继位"并掌握实际控制权,有三大因素:其一,在家族纷争初期,相当程度上取决于祖父李春元的强势与坚定支持。也确实有其特殊历史背景,或者说有相当程度的偶然性。其二,当地政府及上级政府,尤其是以政协为载体的公权力的理性支持与妥善处置。其三,李兆会自身的成熟与成长。

海鑫集团李海仓的意外,提醒民营企业家:务必要制定家族传承的"宪法",要制定意外发生时的紧急预案。这一预案至少应当包括以下几个方面的因素:其一,紧急预案的启动程序;其二,梯次决策的权限次序;其三,解决危机的财务资源;其四,应对危机的人力资源;其五,危机应对的责任分配。

四、巨联集团:遭遇"内鬼"①

(一)公司高管内外援手,公司20亿元资产被鲸吞②

巨联集团(化名),是江苏省著名民营企业,在职职工2 000多人,曾连续两年被

---

① 国企改制过程中,郎咸平曾猛烈抨击部分国企老总是"小保姆当上女主人",使人们对国企改革中产权人缺位和企业管理者信托责任缺失、侵占或变相侵占国有资产高度重视并予警惕。而"国美内战"中黄光裕、陈晓之争,则让公众尤其是民营企业家对"乱臣贼子"式的职业经理人心生怀疑。实际生活中,确实不乏企业管理者或职业经理人趁机以种种手法掏空企业财产的事例。这种管理者信托责任的缺失、所有者权益的虚置、监管的乏力等,是导致企业所有者因丧失公司控制权而遭受利益损失的根本原因。巨联集团经历了公司及企业家个人资产被公司高级管理人员联手掏空的惨痛经历。在大成律师的参与和帮助下,企业及企业家正采取积极措施,有效维护自身合法权益。

② 本案事实部分,根据《法人》记者肖黎明采写之报道综合而成。鉴于案件尚在处理过程中,且需要相当一段时间,本文未对具体处理过程作过多描述。

全国工商联评为“中国民营企业500强”，是江苏省民营企业就业先进单位和纳税大户。

2005年下半年，巨联集团董事局主席翟少群（化名）聘用包某某为集团总裁。后2006年至2008年间，翟少群因为特殊原因不能管理公司，被迫委托包某某等人负责公司事务。

据江苏十大审计事务所之一的金陵会计师事务所出具的审计报告显示，包某某主政巨联集团期间，将巨联集团价值1.39亿元的巨联会所以5 000万元卖掉，将价值高达2.1亿元的百富商城仅售8 000万元，将价值2亿多元的巨联大厦以1亿元出售。仅此三项，巨联集团损失就高达3亿多元。

专案组在审查巨联集团开发的房产项目时，发现包某某及管理层的一些人在销售巨联集团开发的玫瑰园和龙凤花园两个高档楼盘时采用阴阳合同销售，留在公司的是一份低价合同，购房者手中的则是高价合同，犯罪团伙成员及其亲友购买的一些房子根本未付款。玫瑰园项目建筑面积有10万多平方米，龙凤花园预留房的建筑面积是6.4万平方米，按照当时的市场行情，市场销售价格平均为1万元/平方米，而这两个楼盘全部售完后，巨联集团不仅没有赚到一分钱，反而亏损5亿元，以此计算该楼盘销售价仅为3 000元/平方米。

审计报告显示，包某某团伙勾结外部不法商人王某某利用高利贷套取公司资金。王某某原本欠巨联集团5 000万元没有归还，管理层竟然向他借了1 000万元的高利贷。案发时，9笔高利贷本金为5 000万元，但本息合计高达1.5亿元，据此计算，年息高达200%。王某某还私刻巨联集团及下属南北公司公章各一套，以阴阳合同低价骗走巨联集团会所、南京百富商城两处物业，并以虚假合同到银行骗贷7 000万元，以私刻假公章转提侵吞全部资金7 000万元。经巨联集团发现后报案，公安机关对其采取了刑事拘留措施。

巨联集团下属大有保险公司的股权被大有保险公司负责人许某某伙同包某某等人用冒充签名等非法手段合谋侵吞。案发后，江苏省工商局发出责令改正通知书，责令其更正并归还股权，而其至今仍然没有纠正。

巨联集团持有的原扬州商行（现江苏银行）大量原始股票，未经授权被包某某等人非法转让侵吞，使公司损失数亿元。

审计部门还发现，公司一些巨额资金流向个人账户，其中公司总裁包某某的一笔入账就是100万元。

审计报告显示，短短两年，以包某某为首的管理层，通过低价处理集团优质资产、直接拿走现金、做假账隐藏销售收入、故意借高利贷等非法手段,给巨联集团造成直接和间接损失近20亿元。

(二)大案涉案主犯一审获刑仅7年,公司索回财产困难重重

审计期间,巨联集团财务总监莫某指使并伙同出纳主管夏某等销毁大量会计资料,巨联集团下属的南京南北房地产开发有限公司的财务会计凭证、账册被隐匿、销毁,导致所收1.46亿元房款无法核查,截至2008年年底,应实现收入与财务账面收入相差3.23亿元。

莫某等人销毁会计资料的行为被审计人员当场制止后,出纳主管夏某投案自首,并举报包某某等3名高管合伙舞弊、侵吞公司资产。

2008年11月审计终结后,金陵会计师事务所建议巨联集团向司法部门报案。

由于案情重大,审计署南京特派办原负责人亲自将涉案材料移送南京市公安局,引起南京市公安局及省市领导的重视。随后,南京市公安局经侦支队受理此案,对涉案人员包某某、夏某等人采取强制措施;此后南京市公安局鼓楼分局与检察院、审计局联合成立"11·5"专案组,侦查此案。

经过两年多的等待,巨联集团终于等来了对包某某等人的审判。

2011年4月27日,南京市鼓楼区人民法院公开开庭审理了此案。法院认定,包某某将单位钱款人民币100万元非法占为己有,数额巨大,已构成职务侵占罪。一审判决包某某犯职务侵占罪,判处有期徒刑7年,责令包某某退赔非法所得人民币100万元。

此前,法院已判处出纳主管夏某有期徒刑3年,缓刑4年;王某某因私刻印章罪被刑拘,后被取保候审;财务总监莫某的案子还在审理中。

(三)作者点评:遏制民企高管犯罪的立法对策与司法救济

《法制日报》2011年7月15日载:据权威统计,我国民营经济为国家GDP贡献率达60%以上,就业贡献率在80%以上,民营经济已成为国民经济的重要组成部分。但在全国845万户民营企业中,真正进行股份制改造,尝试建立现代企业制度的只有大约两万户,不足1%。同时,现阶段我国民营经济所受的法律保护也不尽如人意,例如,职务侵占如果发生在国有企业,就很容易受到刑事追究;但要是发生在民营企业,很可能会被人为操作成一个民事纠纷,或认为民营企业里的腐败是"家务事",这种认识助长了非公有制经济领域的犯罪滋生。

中华民营企业联合会曾做过调查,有70%的民营企业老板对聘请职业经理人和公司高管表示不信任,这种不信任的后果非常严重:一是会促使很多民营企业向内

转——被迫借助家族企业的老规矩来规避职业经理人可能带来的风险;二是会阻碍民营企业实行现代企业治理的步伐,使大多数民营企业很难做强做大。

我国《刑法》第168条第1款规定:“国有公司、企业的工作人员,由于严重不负责任或者滥用职权,造成国有公司、企业破产或者严重损失,致使国家利益遭受重大损失的,处三年以下有期徒刑或者拘役;致使国家利益遭受特别重大损失的,处三年以上七年以下有期徒刑。”但是,该条款所规定的国有公司、企业人员失职罪和国有公司、企业人员滥用职权罪,都仅仅适用于国有公司、企业的工作人员,而不能适用于民营企业的工作人员,在刑法保护上造成了国有企业与民营企业的不平等状态。因此,从立法上考虑,可将《刑法》第168条的犯罪主体修改为“公司、企业的工作人员”,以实现对国有企业与民营企业的平等保护。

目前,大成律师已接受巨联集团委托,就其维权事项提供法律建议与服务。鉴于此案尚在处理过程中,不宜就细节进行过多探讨,在客户理性认可的前提下仅就阶段性处理结果进行通报:

关于被包某某等人非法以超低价处置之房地产项目,相关方面已明确允诺将给予巨联1亿多元的补偿。

关于被包某某等人以非法超低价处置之公司对外股权,保险公司部分,已得到支持。

关于包某某等人通过非法转让扬州巨联投资有限公司股份,使巨联集团间接持有的原扬州商业银行(后扬州商业银行并入江苏银行,江苏银行目前正拟上市)股权被非法侵吞,亦开始启动法律救济程序。

至于被包某某等人内外勾结所骗取之企业家个人字画及其他艺术收藏品,亦可采取刑事、民事并举之方式,维护自身权益。

五、雷士照明:吴长江,从“尊贵创始人”到“失节经理人”的坠落

2014年8月8日下午,雷士照明召开董事会,经董事会成员多数表决通过,罢免吴长江CEO职务,并提议召开临时股东大会,以罢免吴长江公司执行董事职务。

9月10日下午,雷士照明董事长王冬雷一方在北京召开媒体沟通会,指责吴长江违规进行担保,可能使雷士照明遭受1.73亿元的巨额损失。

10月22日,惠州市公安局认为吴长江等人涉嫌犯罪,立挪用资金案进行侦查。12月12日,吴长江被惠州公安刑事拘留。

12月17日晚间,德豪润达发布公告称,作为公司第二大股东的吴长江,目前所持公司全部股份已被重庆市高级人民法院司法轮候冻结,轮候冻结数量达1.3亿股(占公司总股本9.31%),委托日期为12月12日,轮候期限为24个月。按德豪润达昨天的收盘价8.74元/股计算,吴长江被冻结的股票资产市值约11.4亿元。

2015年1月5日,惠州市公安局报请检察机关批准逮捕吴长江;1月12日,吴长江被惠州市公安局正式执行逮捕。此后,围绕本案管辖问题,吴长江的辩护律师提出了异议,认为应当交由重庆市公安机关管辖。围绕吴长江是否构成犯罪、本案应由何地司法机关管辖等问题,各方都组织了"高规格"的专家论证。

2015年9月1日,吴长江涉嫌挪用资金、职务侵占一案在惠州市中级人民法院正式开庭审理。

至此,雷士照明公司控制权之争彻底画上句号。草根出身的吴长江,从创办雷士照明到与早期的共同创业者分道扬镳,从与软银阎焱的亲密合作到被逐出决策层,再由雷士照明的"兄弟们"请回来,再从与德豪润达王冬雷的亲密合作到最终被免去CEO职务并身陷囹圄,一路走来可谓"轰轰烈烈",其结局令人痛惜、感慨……

毅然辞职　奔赴深圳圆"老板"梦

吴长江,重庆铜梁人,毕业于西北工业大学飞机制造专业。雷士照明控股有限公司总裁。西北工业大学毕业后即被分配到西汉中航空公司,在即将被提拔为副处长的前夕,他选择了辞职,来到深圳,完成他的"老板梦"。

从保安到灯饰企业打工仔,再到辞职办厂,他只用了10个月的时间。1994年,惠州明辉电器公司成立了。这家总资本10万元,拥有6个个人股东的公司由吴长江全面负责。

1998年年底,吴长江联合两个在行内资历很深的高中同学杜刚、胡永宏凑齐100万元,成立了惠州雷士照明有限公司。

雷士照明在市场上迅猛崛起,先是创立了在照明行业率先实行的产品召回制度,赢得了市场信誉,又在行业内第一个推行专卖店模式,逐渐有经销商主动找上门要求加盟。

截至2005年,雷士照明的营业额已超8亿元,成为国内最大灯具企业。

然而,雷士照明企业内部还是没能逃过大多数民营企业所共同经历的"地震"——内部分歧。从2005年至今,雷士照明内部以吴长江为震源的三次地震,每一次都在雷士照明内外产生极大的舆论效应。

首次分歧:利润分配导致分歧 全员“逼宫”要求吴长江回归

2005 年吴长江第一次“下课”,其实早在2002 年就初见端倪,关于吴长江喜欢赌博的传闻,也是在这个时候。有传言吴长江曾从公司账上拿钱去还欠下的赌债。雷士照明创始人因此决定稀释其股权。

雷士照明于2002 年进行了一次股权调整,三人均分股权。之后,吴长江自己成立了工厂,使用雷士照明的品牌和渠道,生产其他类别的灯具,雷士照明的部分员工也转投到吴的公司。

吴长江对于这一行为的解释是,他自己做的产品与雷士照明的产品没有重叠,不影响雷士照明的发展。最终的解决办法是,吴的这些产品向雷士照明缴纳3%品牌使用费。

三人的分歧越来越大。期间还传出雷士照明厂区曾于2004 年被放贷者围堵,来追讨吴长江欠下的巨额赌债。直到2005 年吴长江再放豪言,雷士照明销量要翻倍,并要于7 月在美国上市。

三人对于雷士照明是否发展过快产生严重分歧,且矛盾已然公开化。胡、杜两位创始人在雷士照明经销商前,以公司章程为由要求吴退出。吴长江当场表现冷静,还建议胡、杜二人在他走后应召开“维稳”大会以稳定军心。

结果就在慰问大会在成都召开的当天晚上,吴长江在惠州举行经销商大会,现场封官许愿拉拢人心。大会第二天,吴长江找胡、杜二人谈判,且仅允许他们二人进入会议室。

据说会议室摆了些明晃晃的器械,二人不签字就不能离开。最终,胡、杜二人只能签字同意,每人领走八千万元走人。至此,吴长江对雷士照明100%控股,之前因与胡、杜产生分歧而出走的吴长勇也回归雷士照明担任副总裁。

四处寻钱:赛富基金、高盛、施耐德陆续入股雷士照明

每次被问起最艰难的时光,吴长江都会提到2005 年的那次股东内讧。因为要支付胡、杜两位股东1.6 亿元现金,吴长江四处找钱。

据他回忆,“当时公司账面上只有几十万元。我被迫四处找钱,甚至拆借过5 分利的高利贷。那段时间,我晚上天天做噩梦,但白天还要装作若无其事。在绝境的时候,你很容易感受到温暖——一位素昧平生的美籍华人与我第一次见面就借给我2 000 万元,他相信我的人品,甚至没有抵押。靠天时地利人和,我最终捱了过去”。

在吴长江第二次“下课”后顶替其董事长职务的阎焱,就是这个时候进入吴长江的视野的。阎焱是软银赛富首席合伙人,他帮助吴长江解了燃眉之急,两人从此成

为商业伙伴。虽然暂时解决了吴长江的资金饥渴,但是此次合作的代价应该也是吴长江始料未及的。

软银赛富以2200万美元收购了雷士照明35.71%的股权,在董事会中拥有三个席位,超过吴长江所占的两个席位。2008年,吴长江有意制衡软银赛富,引入高盛。

高盛以3655万美元购入雷士照明9.39%的股份。但吴长江的意图并未实现,软银赛富立刻增资1000万美元,成为雷士照明第一大股东,持股比例增至30.73%。

2010年5月雷士照明在香港上市后,虽然赛富和高盛所持的股份均被摊薄,但是赛富"雷士照明第一大股东"的地位并没有改变。

半年禁售期过后,雷士照明股价上涨近一倍,而赛富却并没有选择出售雷士照明股票并退出,而是在2011年7月引入施耐德电气。有传言,吴长江2012年的"二次下课"就是由赛富和施耐德联手策划的"逼宫大戏"。

二次下课:"逼宫"再现　经销商施压阎焱与施耐德

2012年5月25日,吴长江被毫无征兆地"因个人原因"辞去了雷士照明一切职务,而接替他出任董事长的则是软银赛富的阎焱,接替他出任CEO的则是来自施耐德的张开鹏。

5月25晚,吴长江连发两条微博,就辞职一事进行了回应。他表示,"由于我近期身心疲惫,想休整一段时间,所以辞职",并称"等我调整一段时间,我依然会回来的,我为雷士倾注了毕生的心血,我不会也永远不会放弃"。

此次事件伊始,吴长江与阎焱口风一直保持一致,双方均在微博表示内部没有任何矛盾。直到在6月19日召开的股东大会上,吴长江提议其弟吴长勇担任雷士照明董事这一议题被彻底忽略。吴长江对媒体表示自己"不想下船,但被逼下船"。

阎焱随后对媒体澄清,雷士照明董事会并没有对吴长江"关上门",只要吴满足三个条件:一是必须跟股东和董事会解释清楚被调查事件;二是处理好所有上市公司监管规则下不允许的关联交易;三是必须严格遵守董事会决议。吴随后在微博表态"绝不接受!"

7月12日,阎焱及其他雷士照明董事会成员面见雷士照明的管理层、经销商、供应商代表。在会议现场,员工代表和经销商提出的相同要求包括:第一,要改组董事会,不能让外行领导内行;第二,要让吴长江尽快回到雷士照明工作;第三,让施耐德退出雷士照明。

此外,员工代表要求获得更多员工期权,经销商代表则要求进董事会,要两个董事席位,如果不答应,将罢工和停止拿货下订单。

2012年7月13日,罢工正式开始。此次罢工愈演愈烈,直至8月10日,雷士照明核心供应商停止向雷士照明供货。这期间,雷士照明董事会对吴长江是否回归的审议一直没有结果。

雷士照明“断货”后,雷士照明内部多名高管离职,董事会依旧不同意吴长江回归,但是“施耐德系”两名高管已经辞职,算是对经销商的妥协。8月20日,吴长江现身重庆动员供应商恢复供货,部分供应商表示会响应吴长江的提议。

这次“地震”断断续续持续了整整一年。雷士照明2013年6月23日晚公告,该公司创始人、现任CEO吴长江已于6月21日的股东大会上当选执行董事。这意味着,历经一年,吴长江正式重返雷士照明董事会。

事后,吴长江在回应“辞职门”时表示,自己是因公司2009年聘请了一位顾问而协助有关部门询问调查,出于对董事和大股东的尊重,于第一时间告诉了来自赛富的阎焱。第二天,便被告知经董事们商量,一致要求自己辞去董事长、CEO及附属公司一切职务,并先回避一段时间。

成功单飞:德豪润达接棒　成雷士照明第一大股东

如果说第二次“下课”真如传言所说,是被赛富和施耐德联手“算计”了,那么2014年8月刚刚发生的三出雷士照明,可以说是吴长江自己“引火烧身”。

2012年12月26日晚,德豪润达公告称,以16.5亿港元收购雷士照明20.05%股份,成为雷士照明第一大股东。而德豪润达也对吴长江定向增发,使其成为德豪润达第二大股东。

此次,吴长江撇开赛富等投资者,成功单飞与德豪润达达成交易。德豪润达在董事会中力挺吴长江,才有了吴长江半年后的正式回归。

吴长江的此次“单飞”出乎阎焱等股东的意料之外,他们当初将吴长江驱逐出董事会的时候,应该并没有想到吴长江会以如此高明的手段与德豪润达融合。

然而,吴长江应该也没有想到,雷士照明的“地震”,尚有“余震”。

三出雷士照明:“内斗”过后　雷士照明是否还能姓“吴”

2014年8月8日,雷士照明发布公告称,董事会通过决议罢免吴长江的首席执行官(CEO)职务,由董事长王冬雷接替。

王冬雷正是助吴长江成功单飞的广东德豪润达电气股份有限公司董事长兼总裁。上一次的内斗严重影响了雷士照明的股价,2012年12月及2013年4月,德豪润达两次从吴长江手中收购雷士照明股份,累计持股27.03%。德豪润达董事长王冬雷接任雷士照明董事长。

王冬雷表示,吴长江涉嫌为其直接或间接控制的公司进行利益输送,同时,他嗜赌成性,欠下4亿元的赌债。

对于吴长江此次被罢免的原因,也有很多说法。主要有四个原因:一是吴长江绕过董事会,在未告知董事会成员的情况下,将雷士照明品牌权利私自授予另外三家企业:山东雷士照明发展有限公司、重庆恩维西实业有限公司和中山圣地爱司照明有限责任公司。吴长江与上述三家公司各签署一份为期20年的雷士商标授权协议。二是吴长江有意绕开财务总监,涉嫌为其弟吴长勇侵占、挪用或诈骗公司资金提供便利,谋取私利。三是吴长江身背数亿元赌债,涉嫌在损害公司利益的前提下为自己偿还赌债。四是暴力阻挠万州工厂开工。

8月11日下午3点,由吴长江主导的雷士照明媒体见面会(重庆)在重庆雷士照明光电体验馆召开媒体见面会,吴长江、王明华、穆宇、赵一方等高管亲自出席。同日下午4点,由德豪润达主导的雷士照明媒体见面会(北京)在北京中国大饭店举行,王冬雷亲自坐镇。双方在各自的"雷士照明媒体见面会"上隔空激辩。

对于吴长江欠下4亿元赌债的传言,王冬雷拿出了录音证据;而吴长江也不甘示弱,播放了"德豪大股东王冬雷涉黑被重庆公安局抓捕"的1分多钟视频。

也许是从前两次"下课"中吸取了充分的教训,吴长江在发布会上对《南方都市报》记者承认,在换股之前双方签订了具有法律效力的秘密协议,主要包括由吴长江来担任雷士照明的董事长,掌控包括总裁在内的人事任免权利,在雷士照明的董事会获得的席位的数量,等等。

吴长江说:"这么说吧,我就是想控制雷士,因为我觉得只有我能做好雷士。我不像某些人,既想做婊子,又想立牌坊。"

回顾从2005年的第一次"内讧"开始,喜欢赌博、欠下赌债;关联交易;被自己曾经的"救星"摆了一道……这些在第三次雷士照明内斗重新出现的字眼,其实早在九年前就已经初现端倪。吴长江和他一心想控制的雷士照明,似乎永远也跑不出"内斗"这一魔咒。

第三次雷士照明"地震"仍在持续,很多场景似曾相识,但有一点却与前两次有很大不同:在上周吴长江再次被"逼宫"之后的几天里,其两次"下课"都力挺他回归的经销商们此次选择了沉默。

吴长江不认罪 雷士照明之争局未了

历时19个月,雷士照明(02222. HK)创始人吴长江再次回归公众视野,与往日威风八面的排场相比,这一次,他平静地坐在被告席,相伴左右的是严肃的法警。

禁止拍照、录像,这是庭审现场的“纪律”,就连官方的照片,也是拍的吴长江的背影。《时代周报》记者现场观察发现,当天庭审时,吴长江身穿灰色T恤、黑色短裤和蓝色塑料拖鞋,被带进审理法庭时,这位照明大佬以惯有的光头形象示人,面容安静,平视着前方。

《时代周报》记者获得关于庭审的资料显示,起诉书指控,吴长江挪用资金逾9亿元、职务侵占1 370万元。此次庭审历时两天,直至结束并未当庭宣判。

随着吴长江的锒铛入狱,雷士照明背后的“吴王之争”,胜负已见分晓。吴长江与王冬雷之间的纷争,曾一度震惊中国照明界,并被列入股权争夺案例目录。

在德豪润达(6.120, -0.01, -0.16%)(002005.SZ)成为雷士照明单一大股东、德豪润达董事长王冬雷接任雷士照明董事长兼CEO之后,雷士照明逐步摆脱纷扰,回归平静。

就在吴长江庭审前的8月26日,雷士照明2016上半年中期业绩报告出炉,归属上市公司股东的净利润8 214万元,同比增长3.8倍。

吴长江一手创立的雷士照明,目前盈利水平创了近几年“吴王之争”以来的最高水平。随着未来的最终判决,这家中国照明第一股的未来,又将何去何从?

“雷士大厦”暴风眼

重庆南岸弹子石商业中心区,系这座西南山城最耀眼的金融财富区之一,吴长江昔日梦寐以求的“雷士大厦”项目即位于此。9月1日,来自吴长江庭审现场的一纸起诉书,让“雷士大厦”再次回归公众视野。

据起诉书介绍,雷士照明(中国)有限公司(原重庆雷士实业有限公司,以下简称“雷士中国”)是一家于2011年11月7日经重庆核准登记的公司(台港澳法人独资),其唯一股东为香港雷士照明有限公司(以下简称“香港雷士”),香港雷士的唯一股东为世通投资有限公司(以下简称“世通投资”),世通投资的唯一股东为雷士照明。

起诉书指控,2012—2014年8月期间,雷士照明聘请被告人吴长江为雷士照明总裁,同时聘请吴长江担任世通投资董事长、香港雷士董事长、雷士中国董事长。

起诉书称,吴长江通过其本人实际控制的5家公司,利用雷士中国保证金作为担保,向3家银行先后共申请流动资金借款9.0162亿元。

雷士中国为此先后出质保证金总额人民币9.2388亿元,所贷款项由被告人吴长江支配使用,用于重庆无极房地产开发有限公司(以下简称“无极地产”)的“雷士大厦”项目建设等。

在当天的庭审现场,吴长江称,和重庆市政府有协议,如果在重庆市的投资达到10亿元,除了享受到重庆政府的常规优惠外,还能获得额外的税收、高管优惠,且重庆市市政建设将优先采用雷士照明的产品,并且政府应允出让给雷士照明一块地段不错的地。

然而,彼时董事会所授权的雷士照明投资额度只有2亿元。这离雷士照明享受相关优惠政策的10亿元投资标准相去甚远。因此,吴长江想通过一种"既不违背董事会决议、又能达到投资标准"的方式来达到政府的政策优惠标准,即投资兴建"雷士大厦"。

值得注意的是,"雷士大厦"的修建主体为无极地产,无极地产的法人代表为吴长江前妻吴恋,最终的控制权在吴长江之手,与雷士照明没有任何所属关系。换言之,"雷士大厦"所产生的一切收益与雷士照明无关。

据起诉书称,后由于被告人吴长江无力偿还上述贷款,致使上述3家银行将雷士中国的人民币5.565亿元保证金强行划扣,造成雷士中国巨额损失。

就在雷士照明起诉吴长江等人的同时,雷士照明对吴长江、吴恋等涉案单位的财产采取了诉讼保全措施,查封了包括无极地产名下土地等财产。

一代枭雄没落路

吴长江最后还是栽在了一手创立的基业上。

《时代周报》记者获悉,另据起诉书指控,被告人吴长江分别于2014年、2011年期间两次职务侵占金额达1370万元。

"对公诉机关指控你犯挪用资金罪,犯职务侵占罪,你认不认罪?"审判长问。"我不认罪。"吴长江的回答干脆而清晰。其称,这是公司管理上的漏洞。

吴长江的此次庭审历时两天,庭审的焦点就在于吴长江的两项指控罪名,截至9月2日的庭审结束,该案未当庭宣判。

吴长江,系重庆铜梁人,这位山城昔日走出去的企业家,时刻受到当地人的关注。"他在我们心目中,威望依然很高。"日前,一名重庆当地人士在了解了吴长江的案子后告诉《时代周报》记者。

吴长江的基业其实是在重庆,这从此次庭审披露的5家关联企业可以看出,《时代周报》记者发现,包括无极地产在内,起诉书披露的吴长江通过其本人实际控制的5家公司,均位于重庆。根据起诉书,吴长江实际掌控的这5家企业分别为无极地产,重庆雷立捷实业发展有限公司、重庆华标灯具制造有限公司、重庆恩纬西实业发展有限公司(以下简称"恩纬西实业")和重庆江特表面处理有限公司。

根据查询上述5家企业的工商资料,《时代周报》记者发现,吴长江并未在上述这5家企业中任职或者持有股权,但却被指实际掌控着这些企业。

如恩纬西实业公司,这家公司当天在庭审环节还被提及,其成立于2009年,注册地位于重庆市荣昌区,注册资本为5 008万元,法定代表人为吴琦,经营范围为光源、灯具等照明设备,吴长江岳父吴某是大股东。

自2014年10月以后,随着吴长江入狱,与他关联的这些公司因此陷入司法的漩涡当中。

“性格决定命运。”也许正是应了这句老话。与吴长江打过交道的人士告诉《时代周报》记者,吴性格刚硬、固执、江湖义气重。

在两次雷士股权之战中,吴长江最终遇到了王冬雷,这位雷士帝国的后来者,一步步通过旗下公司运作,成为雷士照明的第一大股东。

“改朝换代”王家人

在当天庭审最后的被告人陈述环节,吴长江再次强调对雷士照明的感情。这家他一手创立的公司,依然活跃在中国资本市场。只不过,掌舵者却变成了“吴王之争”的另一位核心人物王冬雷。

据接近王冬雷的广东一家LED上市公司相关人士告诉《时代周报》记者,王冬雷在LED领域耕耘多年,对照明行业颇为了解,同时治理企业也十分专业。

对比雷士照明往年净利润数据,2014年上半年5 800万元,2015年上半年1 700万元,2016年归属上市公司股东净利润8 214万元,盈利水平开创了近几年“吴王之争”以来的最高水平。

王冬雷一直在谋划一招“大棋”,自2013年入主雷士照明以来,他带领这家曾在吴长江治下的照明企业,走过了3年的进程。

翻开雷士照明的资料,其董事会序列中,最引外界关注的恐怕要数王冬雷、王冬明二位“王氏兄弟”。

根据雷士照明公告,王冬明系于2013年6月加入公司,此前其在电器、财务行业有逾15年的经验,其曾在德豪润达担任执行董事、副总经理,财务总监及照明事业部总经理。

根据公开资料,作为王冬明的兄长,王冬雷则是2013年1月加入雷士照明,此前,他自2001年起担任德豪润达董事及董事长。

经过多年资本运作,2015年,雷士照明的营业收入为38.5亿元,德豪润达的营业收入约45亿元,两者相加约为83.5亿元。“王氏兄弟”二人,试图打造一个“大雷士”。

雷士集团总裁张鹏8月9日曾透露,包括雷士照明及其他关联公司资产在内的“大雷士”,今年将加强上下游资源整合,力争总体营业收入冲击100亿元。

2012—2014年,德豪润达逐步收购了雷士照明27.03%的股权,成为其第一大股东,在LED应用领域建立了较为完善的销售渠道

即使成为雷士照明第一大股东,但王冬雷对这家企业的管理十分巧妙。根据德豪润达最近的公告,其未将雷士照明列入合并报表范围内的控股子公司。主要原因之一是,德豪润达尚未控制雷士照明的董事会,截至最近一次反馈意见回复签署日,德豪润达向雷士照明委派了4名董事(雷士照明董事会总共有11个席位),公司实际拥有雷士照明董事会席位不足50%,未能实施控制。

此外,雷士照明第二、三、四大股东分别持股18.50%、9.22%和5.67%,合计超过德豪润达持股比例,“德豪润达持有表决权相对于其他主要投资方持有表决权份额差距不大,公司无法控制雷士照明重大事项的表决结果”。

雷士照明斗争剧的延续

万科:王的悲情与无奈

“我的去留已经不是很重要,重要的是这个文化能延续下去。从某种角度来讲,我们是万科文化的守望者。”王石说出这句话时,多少有点无奈。昨天有媒体毫不掩饰地疾呼:王石,若是真英雄,你就杀回来。

倘若王石离开,这恐怕又是一个新的“资本赶走创始人”的悲剧故事。

在中国商业史上,像王石一样为资本所伤的企业创始人并不在少数,他们都是因为和股东发生了分歧而最终离开了自己一手“养大”的公司。

那么,现在那些离开了创始人的企业发展得如何?对如今的“驱王运动”又有何启示?

新浪:王志东离开得并不情愿

在百度百科上,我们看到,对于王志东的几行醒目的介绍是:中国互联网产业十位最有影响力企业领袖之首。新浪网的创办人,成功创建了中国第一门户大网新浪网而被称做“中国网络之王”,曾领导新浪网成为全球最大中文门户并于2000年在纳斯达克成功上市。

这几行字,已经将王志东在早期的个人成就及影响力介绍得非常清楚,可见,王志东的名号在早期互联网领域的影响力是非常大的。王志东在个人职场生涯达到巅峰时却选择离开新浪。事实上,他的离开并非他本人所愿,而是突如其来。

1998年起,王志东开始担任新浪网CEO,2001年6月,段永基等新浪5名董事在董事会上突然对王志东宣布免除其在新浪的一切职务,原因在于王志东坚持认为拯救门户网站的出路是广告,但当年新浪网广告收入增长缓慢,同时他坚决反对持有4亿美元现钞的中华网与新浪网的合并计划。

关于这个突如其来的决定,王志东本人也表示,新浪向他宣布决定更换公司的执行长,自己事先没有得到他们要采取这一行动的任何通知,也没有给他对这一行动或相关问题进行讨论与解释的机会。直至他离开,他仍未得到任何形式的解释。

据新浪当时发出的报道称,王志东是由于个人原因主动辞职的。随后,王志东发布了其辞职以来的第一份的正式声明,其中第四点声明否认是个人辞职。

但据当时的报道分析来看,王志东是不想看着新浪变为别人的产业的,实际上,他也为此做了不少努力。就在雅虎频频报亏、股价日日下滑的同时,王志东曾发表文章,宣言网络还是要广告赢利。这可以说是王志东的纲领宣言,将拯救新浪的宝押在了广告上,尽管当时,此举伴随着众多网民不满的抗议声。

但无论王志东如何争取,他最终还是被迫离开了。他的离开,在业界被称为“中国创始人与投资人决裂的第一案”。而后,在BAT的大格局时代来临后,新浪也逐渐走了下坡路。作为曾经的第一门户,微博之后,新浪网确实没有创新业务接续。有人评论说,当微博衰落后,除了门户和微博,新浪已没有什么拿得出手的产品。不过,从目前来看,在游戏、视频、电商等这些风口上的产业确实少了新浪的身影。

乐百氏:何伯权巅峰时出局

如今再次说起乐百氏,大家也许不会陌生,但是乐百氏这个品牌,已经从大众视野中消失了。

有人说这样的结局和他的创始人何伯权被踢出局有关。

何伯权现如今给自己的定位是天使投资人,而要说起他和乐百氏的关系,要追忆到1989年,当时,何伯权与4个年轻人组建中山乐百氏保健品有限公司,在短短8年内,何伯权让乐百氏的销售额由1989年的几百万元上升到1997年的15亿元,连续5年全国市场占有率第一。

2000年,正当乐百氏的事业处于巅峰,何伯权却将92%的股份卖给法国达能。但是在2001年11月30日,却爆出了时任乐百氏总裁的何伯权向全体中层以上干部宣布他和杨杰强、王广、李宝磊、彭艳芬等五位创业者集体辞职的消息。

据当时的报道分析,何伯权之所以选择离开,是因为与控股方达能公司在今后的发展战略方面产生了严重分歧。而很多乐百氏的老员工在谈到乐百氏的衰败时,往往把原因归咎于"达能并不想做大乐百氏",甚至有意要把乐百氏"雪藏"在达能大家庭中。比如,对于新产品"脉动",消费者甚至看不出其与乐百氏的关系,"乐百氏"的字样在包装瓶的右上角,很不显眼。

资本和创始人的博弈

其实,创始人和资本的博弈并非当下才出现的话题,在国外也时有发生,许多全球知名企业的创始人也未能逃出被资本踢出局的命运。比如思科和古驰,当人们提及这两大在不同领域闻名世界的品牌时,会赞叹其创始人的伟大。但如今,这两大品牌的运营早已与创始人及其家族无关。思科创始人桑迪因"脾气太坏"而被思科6名副总裁赶走;奢侈品品牌古驰因为家族内斗,不甘于小股东身份,古驰家族第三代的成员乔吉欧和罗贝托先后卖掉了股份,最终古驰家族彻底从古驰集团出局。在创始人出局后,思科和古驰这两家著名企业却依然发展得很好,这与中国的企业案例形成了一个鲜明的对比。

有被资本驱逐的创始人,也有跟不上资本节奏的CEO。资本是一把双刃剑,创业者与投资人也是博弈关系,从最初走到一起时的"你侬我侬"到最后的创始人被踢出局,如何处理资本与创始人的关系一直是很多创业者们所面临的重要课题。

第十二章

家族：警惕“灭顶之灾”

——民营企业有效应对刑事风险应当注意的十个问题①

笔者按：所谓家族企业，系指以家族为核心纽带相连接的企业，其表现形式可以为合伙企业、有限责任公司、股份有限公司（包括上市公司）等。企业治理是国家治理的微结构，都包括三个基本问题：主权（股权）、治权（国家政体与企业治理结构）、文化（核心价值观与企业文化）。企业治理受制于国家治理宏观环境，又影响和改变着国家治理的格局。家族企业需要格外重视刑事风险、商业风险与传承风险。2012 年 11 月 3 日，中国法学会商法学会与大成律师事务所联合举办“家族企业传承与法律风险管理高峰论坛”，笔者应邀出席论坛并作题为《家族企业如何有效应对刑事法律风险》的主题演讲。本章内容根据讲演整理，着重探讨家族企业刑事风险管控问题。

不要害怕！（BE NOT AFAID！）

——教皇约翰保罗二世

法治时代的学者、记者、律师，是公民私权利、社会理性不同声音、集合私权制约公权力的忠实代表；律师是社会的“法律雇佣军”，是国家赋予民营企业家维护自身权益的“自卫之剑”。

——题记

① 2012 年 11 月 3 日，中国法学会商法学会与大成律师事务所联合举办“家族企业传承与法律风险管理高峰论坛”。笔者应邀出席论坛并作题为《家族企业如何有效应对刑事法律风险》的主题演讲。

家族、民营企业控制刑事风险应当注意以下十个问题:

一、法律与家族企业

(1) 任何商业的、非商业的风险,都将戴着法律的面具出现,都表现为权利的灭失与义务的增加。

(2) 对于家族企业而言:法律首先是"发展之矛"——建构商业模式、凝聚和放大社会资源;法律同时是"安全之盾"——管理法律风险、维护企业权益;法律还是"组织之魂"——厘清产权归属、科学运营管理。

(3) 家族企业法律与经济在深层次具有一致性:经济注重财富的高效产出,法律注重财富的公平分配,从而影响社会资源的配置;法律约束公共权力,规制个人行为,营造经济运行氛围。

二、家族企业的三大基本纽带

(1) 血缘亲情纽带:所谓"打虎亲兄弟,上阵父子兵""兄弟同心,其利断金",都是用最质朴的语言表明血缘亲情是最紧密、最稳定、最低成本的利益纽带。甚至盗墓者形成的最安全的规则都是:儿子下去探宝,父亲在上面接应——其他情况下上面接到宝物者都会抛弃下面的探宝者。

(2) 社会伦理纽带:作为社会性成员,如父子、夫妻、亲属等在交往过程中所形成的社会伦理规则,如孝、悌、忠、信、礼、义、廉耻等。海鑫集团李海仓意外遇难后其22岁的儿子李兆会接班并将几位叔父、元老逐步清出管理层,很大程度得益于李海仓父亲的坚定支持;新鸿基集团郭炳湘最终失去董事局主席职务而被两个弟弟取代,很大程度上取决于郭母邝氏的态度。

(3) 法律制度纽带:家族财产形式越来越丰富,家族企业控制权越来越复杂,但从根本上说,制约其财产分享的主要法律制度仍然是婚姻、财产共有(共有与夫妻财产共有)、继承等三种基本法律制度。

三、家族企业的三大类风险

1. 管理风险

主要是指经营管理过程中因企业、家族、职业经理人、非家族投资人之间发生冲

突导致的风险,包括三类:

(1) 家族成员间发生冲突导致企业利益受损;典型者如夫妻共同创业、共同拥有公司股权、共同管理公司,一旦离婚,有时会对企业产生灾难性影响。如中复电讯、土豆网等。

(2) 家族与职业经理人之间的冲突而引发的风险,主要包括职业经理人与家族发生冲突、职业经理人之间内讧、信托或因责任缺失而掏空企业,损害公司和家族利益。如"国美内战"、力联集团被职业经理人掏空等。

(3) 家族与非家族投资人之间产生冲突,主要是家族对非家族成员投资人信托责任缺失,损害企业和其他投资人利益。也包括其他投资人非理性行为损害公司利益的风险。

2. 传承风险

主要是指家族企业在控制权的传承过程中可能出现的风险。

(1) 血缘风险。典型者如"子不若父、一代不如一代""狭隘排外,劣币驱逐良币"等。

(2) 传承风险。一是继承风险,如前述海鑫集团控制权继承问题。二是家族王国传承风险,如包玉刚遗产平均分给四个女儿后,"包氏王国"整体实力和影响力大为分散而日渐式微。目前,李嘉诚先生将家族整体控制权交其长子,保证家族王国的统一与强大,同时也兼顾其他儿子的利益。而家族基金则越来越多地形成保证家族成员利益与家族王国传承的有效形式。三是家族失和,如新鸿基集团郭氏兄弟因控制权之争,郭炳湘甚至将两个弟弟告至香港廉政公署。

(3) 情缘风险。所谓"情多财尽",企业家的婚姻(结婚、离婚)、亚婚姻(情人、"二奶""小三儿"等)状态,亦会使家族企业产生极大风险。

3. 刑事风险

指家族成员、家族企业管理者、家族企业因卷入刑事犯罪而使家族企业产生的风险,包括三类:

(1) 犯罪行为实施者。既包括有组织、有预谋的犯罪,也包括不知不觉的犯罪。

(2) 犯罪行为受害者。一是家族成员被害,如周祖豹被杀案;二是企业被外部犯罪(如诈骗)伤害;三是企业被内部犯罪伤害,如力联集团被职业经理人非法掏空。

(3) 因权力滥用而"被犯罪"。大的利益纷争背后,一定有权力的黑手。典型者如所谓重庆打黑过程中大规模、有组织地对民营企业家进行"黑打"。多年来,"严苛立法、普遍违法、选择执法"的中国特色,不仅使中国民营企业家身负"原罪",而且时时处于危险之中。①

刑事风险是家族企业最致命的风险,它不仅可能导致家族企业财产的巨大损失,还可能导致家族成员丧失财富、自由乃至生命。一旦发生利益冲突,当事人往往首先想到找出对方违法犯罪的事由,通过刑事方式打击对手。甚至在达能娃哈哈这样的巨额投资争议中,达能也曾试图通过侵占国有资产、商业贿赂、巨额税务犯罪等手段,对宗庆后进行“刑事狙击”和“定点清除”。

四、公权力“收拾”民营企业家的“三板斧”

一曰“刑事立案”。即对“不听话”的投资人立案追究刑事责任,再根据事态进展需要决定是否实际羁押。早年用得多的是贿赂、税收方面的罪名。后因关于税收问题的司法解释出台,须因税收问题经查处多次方可能构成犯罪,这一招不太灵了。而贿赂问题打击面大,牵扯利益多,为对付企业家而牵出所谓受贿人显然得不偿失。现在用得多的主要包括虚假出资、抽逃出资和非法集资、骗贷等,容易立案,容易查实,而且法律上具有一定的模糊性,便于权力打擦边球。不久前,最高人民检察院和公安部出台司法解释,严格了以虚假注册、抽逃出资追究企业家责任的条件,是一个进步。

二曰“民事捆绑”。一旦投资人不听话,当地与之有业务往来的公司或个人,很容易被暗示甚至被组织起诉,然后无论起诉的标的额多大,都可以此为由将投资人

---

① 大成律师所处理的几起与家族企业相关的“被犯罪”刑事案件,相当程度上折射出时代特色与中国民营企业家的命运:

如民营企业家江西新大地老总涂景新因挂靠海南机械进出口公司而戴上“红帽子”,后因财产纠纷被海口市中级人民法院以贪污、挪用公款罪判处死缓,其妻被判无期徒刑。经大成律师努力,社会各界共同关注支持,历经 7 年,终以“证据不足,不构成犯罪”给企业家附条件的自由,同时认定涉案财产系“国有资产”而予以剥夺。是为权力特色!

如某房地产商因出让项目公司股权而与地方势力发生冲突,地方势力先是以诈骗、侵占追究其刑事责任未果。后因重要领导关注,先以合同诈骗抓人,后以非法倒卖土地提起公诉。在法庭上,公诉人又公然花费大部分时间讯问其与地方势力民事往来的情况,试图为对方民事诉讼收集证据。在大成律师的努力下,当地政法机关企图以所谓“名为股权转让,实为倒卖土地”的刑事追究终未得逞,各方最终回归到民事确权解决纠纷的法治轨道上来。是为权力走私!

如江南某实业公司董事长王某,前些年在国企改革浪潮中通过 MBO 方式成为公司控股股东,改制后公司经营状态非常良好,引发体制内的各种矛盾。意欲将股权收归“国有”。政府即以所谓贪污、受贿之名将企业家抓进去审判,再启动仲裁程序。该案一审、二审,企业家都被以贪污、受贿之名被判 16 年。经大成律师与人大代表、政协委员、新闻媒体及各界专家的有效努力,最终经最高人民法院审查,认定企业家不构成贪污。刑事问题解决,仲裁程序也随之认定当年的收购不构成重大违约,保住了股权,保住了改制成果。是为权力反复!

资产全部冻结。

三曰“污染株连”。因涉及抽逃、转移涉案款项，公安机关可顺着资金走向，对与投资人有业务往来的关联企业均采取相应措施。

现实生活中，公权力机关往往有种“合法伤害权”，“维稳”“保护国有资产”往往是地方政府动用公权力解决民商事问题最“天经地义”的理由。而且，在此过程中往往还伴随着对民营企业家的道德抹黑。

五、民营企业刑事风险的三大成因

1. 法律环境变更

如国家对集资风险、传销行为的重点整治，典型者如重庆“打黑”过程中出现的黑打，其实质就是大规模、有组织地抹黑、剥夺民营企业家；再如“红帽子”企业家犯罪问题的认定，也随着法律环境的不同而发生变化；涉税犯罪因相关司法解释将涉嫌刑事犯罪的税务违法界定为多次偷税且经行政处罚，极大程度上使企业家免除此等刑事风险。

2. 法律行为

(1) 主动行为与被动行为。如当年顾雏军挑起“郎顾之争”，相当程度上是将自己置于国企改革问题的风口浪尖，使自己成为公众对国企改制过程中的国有资产流失、大范围官僚体制的贪腐、普遍性的社会不公等问题的抨击对象，最终招来牢狱之灾；而宗庆后则是被动遭遇“刑事狙击”。

(2) 犯罪行为实施者；刑事犯罪受害者，权力滥用受害者。

(3) 合法行为与非法行为。前者如签合同被骗，后者如倒卖国有土地，都可能引发刑事风险。

(4) 素质风险与道德风险。前者如员工不慎泄露重大商业机密乃至国家秘密，或误将重要资料当成废纸；后者如职业经理人掏空公司，以及职务侵占、挪用资金等。

(5) 理性行为与非理性行为。前者指经过成本、效益、抗风险能力、应对措施等综合考量后作出的行为，即使承担刑事责任也值得去做，如某些新型的涉及集资的业务类型可能触犯刑律，但立法相对模糊，且在被追究之前有足够的机会积聚足够的财富。后者则属“天若使其亡，必先使其狂”的“狂者必亡”行为，如大邱庄的禹作敏。

3. 法律事件

即非因人为因素出现的客观情况,导致出现刑事风险。

六、有效应对刑事风险的三大机制建设

(1) 刑事风险的识别。如认清权力“三板斧”;掌握企业不同阶段容易出现的问题。

(2) 刑事风险的控制。如我们在处理某省部级官员贪腐案过程中,在当事人积极配合案件调查的前提下,说服有关机关让被变相羁押的企业家有条件地获得人身自由,拯救企业。

(3) 刑事风险的处置。家族要有刑事风险应急预案,其内容至少需包括家族梯次决策程序及启动条件;应对风险的各种资源,既包括内部的人力资源、财富资源,也包括外部的公共资源,如权力、智库、媒体、“白衣骑士”等;律师等专业人士及诉讼应对策略。

家族传承与风险控制的一个重要因素,是推进“家族宪法”的制定:家族传承规则,财产与控制权行使规则,家族梯次决策机制,家族议事规则,家族对外婚姻规则,等等。

七、刑事自救的三大社会资源

(1) 道义资源(正义资源)。道德资源是企业家安身立命和占据社会资源的正当性基础。对付民营企业家,往往从舆论上先行对企业进行道德抹黑开始,利用人们心目中为富不仁的偏见和容易仇富的心态,典型者如重庆“黑打”。

(2) 人力资源与资金资源。资金资源即所谓“救命钱”,当下中国之形势家族企业尤其要注意三点:一是务必要尽可能保证资产的流动性与安全性;二是打通国内外财富的分配与放置;三是关联企业及亲属的财富存放与相互支持。人力资源除却家族企业内部的人员调动以外,尤其要注意积累“外脑”(专家、智库)、外嘴(记者、媒体、有影响力之传媒组织及评论员)。

(3) 社会公共资源。集中体现为“关系”。与官员的关系背后是权力,一种最为强势与优质的社会公共资源;与老板关系的背后是市场、资本等商业资源;与媒体关系的背后是舆论,是第四种力量的支持;与学校、科研机构关系的背后,是智慧资源

与权贵专业地位的认可;与“黑社会”关系的背后,是一种反社会形式存在的公共资源;而与其他国际组织和机构如联合国、世行、世界卫生组织、外媒等关系的背后,是国际化的公共资源。

八、刑事自救的三大技巧

一个中心:以法律正义为中心。刑事自救,最核心的问题是要有“法律正义”与“客观正当性”。如果确已构成犯罪,则应努力保证当事人勿被羁押或保障其在看守所内的应有权利;穷尽一切法律上可以从轻、减轻的法定与酌定从轻、减轻情节;如介于法律空白间,当努力以民事、行政等非刑事救济途径解决;如确有冤情,则当在法律正义基础上,以媒体和权力的支持为两翼与强权博弈。

两个基本点:一为媒体关注;一为领导支持。二者均系作为弱者在与强势一方博弈时的“造势”技巧。盖因在强大的公权力面前,任何拥有财富的个体都是弱者。而因为缺乏有效之监督,权力极易被滥用。故当以公众关注或上级关注,迫使动用权力一方或是地方政府、司法权力“讲理”,遵守程序正义。

外部的媒体叫新闻,有体制内的《人民日报》《法制日报》及体制外的《财经》《第一财经》《新世纪周刊》等;内部的新闻要内参,通过新华社及各大媒体提供给一定规格、级别的领导审阅,批转;网络时代,还涌现出博客、微博等网络自媒体。

律师当具有职业智慧与职业能量,既要会做事,能把案件业务办好,也要会做人,善于团结各种力量一起战斗,还要会作秀,要有足够的“折腾”能力吸引公众眼球,调动媒体资源,实现当事人合法权益的最大化。当下“律师组团”辩护,其实是律师、记者、学者共同“阻击”强权的一种有效方式。

九、刑事风险的三大教训

(1) 注重个性与修养。中国传统文化里面有很重的官本位、仇富思想。人们往往容易崇拜或仇恨强者,同情且鄙视弱者,认可而尊重智者。狂妄、霸道招祸,克制、内敛安全。企业家尤其要学会给自己的欲望一个容器。

(2) 妥善处理与权力的关系。企业要关心政治,我曾说过:“企业家不关心十八大,说明你生意做得还不够大,也不太可能做得大。”执政党的党代会报告往往就是整个社会下一阶段的工作重点,社会资源重点投放领域,企业发展的重要机遇和软环境。企业家要审慎处理与官员的关系,企业家需要借助依附官员来利用公共资源把企业做大做强,但过度与官员形成利益共同体,将会是企业最大的风险。

(3) 专业机构的投入不是成本而是投资。律师是企业家永远的合作伙伴。家族企业需要“外脑”提供智慧资源,以专业的能力解决专门问题。如万向集团鲁伟鼎曾言:聘请专业人士是投资,而非成本。

十、民企保护与社会进步

(1) 没有民主法治约束公权力,民企老总们无不行进在通往监狱的道路上;没有民主法治保障私权利,任何财富的“神马”都不过是浮云。推进民主法治是我们这一代人的责任。

(2) “法治中国”语境下的民营企业家,其不为权力所垄断和轻易剥夺的社会财富,是民众制约公共权力的物质基础,是实现民主法治与宪政的物质基础。

(3) 法治时代的学者、记者、律师,是公民私权利、社会理性不同声音、集合私权制约公权力的忠实代表;律师是社会的“法律雇佣军”,是国家赋予民营企业家维护自身权益的“自卫之剑”。

第十三章

企业家的“法律管家”与“法律保镖”！

自由在高处；功夫在诗外。

企业和企业家既要有内部的“法律管家”；也要时刻保有至少一个与之相匹配的外部律师团队作为“法律保镖”！

——题记

现实生活中，企业家聘请律师合作往往有以下几种基本状态：

（1）导师：上午，某大型家族企业接班人称这些年坚持读我的文章，学到了许多东西、渡过了一个个难关，家族已经很放心让他接班了；前几日某知名律所主要负责人特地过来找我，称这些年读我博客、微信、书籍里的理念观点，甚至直接用我的文章出去讲课、谈客户，效果相当不错。

（2）朋友：几乎天天都有商人、企业家、咨询专家乃至法官、领导希望来看我，我特别喜欢与人交流，在此过程中享受学习的快乐与交流的温暖，帮人解决问题、介绍合适的人或企业相识、合作，他们也喜欢将我推荐给他们的朋友。

（3）专家：有外地姐弟为一起标的不过百余万的案件慕名而来，咨询一个来小时；作为专业人士参与咨询、论证，担任大型企业或上市公司董事、独董，接触过的项目和参与项目的不同角度，确实极大丰富头脑，也很有意思。

（4）军师：无论央企，还是家族企业，无论企业家自身危机，无论家族矛盾还是惊险商战,律师能够有效参与其中,也是一种快乐和价值。

(5) 马仔:前些日子准备筹办一大型企业的朋友让我帮看几个人和几份文件,其中之一便是一万块钱请某所律师为其提供专项服务,他们所理解和需要的律师,其实是马仔或摆设。

(6) 冤大头:也常有人过来专门讨教,有了他们所意想不到的解决问题的思路和方法后,回去安排自己的律师或法务照着处理,有人批评我老做"冤大头"或是对其他付费客户不公,我倒是觉得那也是自己做的一些功德吧。不过,律师的时间、精力都太过有限,工作的价值既取决于实际为客户创造的价值,也取决于客户通过付费等方式认可与实现的价值。

(7) 合作者:我的学生在与客户合作过程中,客户支付的不是律师费而是股权或其他形式的利益,他渐渐成了客户的商业伙伴。

(8) 其他:某地查处案件,让官方特别愤愤不平的是一百多亿的项目律师居然拿了几个亿的律师费,认为其中必然猫腻多多必须深入查处。有的时候或者是他们还不能够完全理解律师工作的价值,而有的时候或者律师是参与分赃的同谋。

本章,我们着重探讨作为"保健护士"与"外科大夫"式的,或称"法律保姆"与"法律保镖"式的律师团队,在化解企业及企业家刑事风险方面的相互配合。

一、商事争端中有效化解刑事风险的多元方式

我的主业是公司治理、投融资风险控制及其争端解决,尤其是公司股权、控制权之争,并不是常规意义上所谓专业的刑辩律师。但在职业生涯中,我有幸经历和参与处理过诸多堪称惊心动魄的刑事案件。——巨额利益争端的背后,肯定少不了国家公权力尤其司法权力的"粉墨登场"。——无论我是作为法官、仲裁员之类的裁判者,还是作为律师或是大型公司董事的参与者、服务者;无论是在处理刑事业务,还是民商事诉讼仲裁或是重组、并购等其他业务过程中;无论是通过诉讼仲裁,还是谈判、重组乃至斡旋、引进"白衣骑士"等方式解决相关争端;刑事案件结果无论是当事人最终无罪、"变相无罪",还是案件不了了之。——总而言之,需要律师采取多元化的方式,有效化解当事人刑事风险;或是通过刑事手段达到当事人期望实现的目标。

律师当有"将客户秘密烂在肚子里"的定力。今天结合我自身处理过的一些巨额商事争端与大家分享以下六个方面关于律师职业视野拓展与多元解决争端的感受。毫不夸张地说,所涉及的每一起案件都很复杂有趣并被媒体热炒,本文也都进

行了必要处理。

(1) 刑事业务并不局限于“刑辩业务”,刑事措施是实现商业利益的手段而不是目的。遇有巨额投资争端,当事人首先想着的总是把对方“送进去”,同时防着被对方“整进去”。——一旦一方当事人人身自由被限制,另一方无疑占据极大主动。典型者如并购案件中,并购方通过支付部分费用控制公司,进而“倒查”出对方在财务中涉嫌违法、犯罪问题,再逼对方协商谈判,迫使对方就范。现实生活中,这种事件时有发生。此外,以构成诈骗或其他方式犯罪为突破口,否定合同尤其是担保合同效力从而免除担保人保证责任,实践中也时有发生。

(2) 刑事业务并不局限于进入司法程序后、更不限于上法庭开始,诸多工作需要企业家与律师“第一时间”就配合好。这一点律师要深刻认识到,同时要有效传播和影响企业家。如果等到法庭才开始,很多情况下只怕“黄花菜都凉了”。我曾经专门总结归纳过律师庭前“有效辩护”的十项工作(附后),希望对大家有所帮助。例如,广东某上市公司举报前股东、前 CEO、某知名企业家涉嫌职务侵占、挪用资金案件,公司与被告人一方正在博弈的是案件管辖权——当下中国,案件在作为被害人的公司所在地法院审理,还是由被告人主要活动区域所在地法院管辖,案件结果或许会有相当差异。

(3) 刑事业务并不局限于仅与司法机关相关,需要视野广阔、思路多元。例如,某国有控股上市公司老总因公司财务危机爆发被抓。即使并没有查实这个老总有多大违法犯罪事件,但公司亏损或困难问题不解决,必须需要有人承担责任,否则事件无法平息。——所以,当事人及其辩护律师一方面要有律师与侦查机关积极沟通;另一方面律师也要找出解决问题的宏观思路、办法,而非仅仅执著于与司法机关的“较真”甚至“死磕”。我们有的案件就是通过种种路径帮助当事人引进战略投资人,极大地改善公司财务状况,这就完全可能可以从根本上把“套”解开;在此基础上加强与纪检、检察机关沟通,也可以在相当程度上有效化解当事人刑事风险。——所以说,刑事案件,往往也需要“功夫在诗外”。

(4) 刑事业务并不局限于刑事方面事务,而是复合型、复杂性的法律事务。例如,我们在处理某省两起巨额投资纠纷与上市公司重组案中,即遭遇地方政府对付外来投资人的“三板斧”:一曰“刑事立案”,在企业家头上悬把刀,不听话就抓人;二曰民事捆绑,以种种理由将企业家在当地公司查封起来;三曰“污染株连”,即以资金流向为路径,以涉嫌“赃款”之名将企业家关联公司予以查封。——俗称:“开门招商,关门打狗。”对此,我们律师往往针对性地采取“一个中心两个基本点”的基本策略应对:即以“法律正当性、道德正义性”为中心,以媒体关注和领导支持为两翼,营造出一个“讲理的法庭”“讲理的平台”。解决问题往往涉及刑事辩护、民事诉讼、谈判斡旋、媒体沟通、政府协商、群体对话、引入第三方等种种方式。——如吉林某纸业企业投资危机,整体思路便是通过司法宣告企业破产的方式使上市公司“净壳”,然后再引进江南有实力的企业借壳重组上市公司。既解决了投资危机,也化解了企业家刑事风险,还使企业焕发全新活力。

(5) 刑事业务并不局限于律师“一个人在战斗”,而是需要与社会各界的广泛合作。刑事律师最有资格堪称“法律骑士”,但绝不应是“孤独斗士”。律师尤其需要与同事合作,既为追求光明,也可抱团取暖。不久前大成律师事务所负责刑事业务、互联网金融业务、私募股权投资业务的七八名律师组成律师团,联合为企业家提供相应法律服务;律师需要与同行合作,坦率地说我也经常给客户推荐律师,包括在一些有影响力的案件中推荐周泽、斯伟江、朱明勇、张友明等所外律师。律师还需要与社会各界广泛合作。例如,前几年我们在江苏办理一起刑事案件,是当时的省委常委杨卫泽严令要办成“铁案”的案件甚至在一、二审当事人都被判有期徒刑 15 年,公司亦面临被政府低价收回。我们接手后最为核心之处,便是我们联合全国顶级的财务专家、法律专家,从财务专业上论证所谓被贪污的财产,根本不构成国有资产而纯属改制后公司资产,从而有效地对当事人贪污进行了有效的辩护,同时有效地帮助当事人成功地继续控制公司。

(6) 刑事业务并不局限于司法程序乃至法律事务参与者,要立于高处并善用“外脑”“外嘴”。例如,我们所处理的某起刑事案件,某企业家将地产公司股权转让他人而得罪当地某些势力,该省公安机关以合同诈骗为由逮捕企业家,最终以所谓“名为股权转让、实为倒卖土地”为由起诉外来投资人。究其原因,相当程度上是对方当事人聘请了当时风头无二的某副国级领导的律师太太出面处理。我们当时邀请了江平老师等法学大家仗义执言,成功取得了国内诸多高端媒体的高度关注,全国人大代表、政协委员的全程监督,最终在上级法院关注下,当事人终获人身自由。——所谓“自由在高处”,律师职业视野需要立意高远一些。

可以说,每个律师都有一个刑辩梦——说到底这是律师的英雄梦想与职业理想。因此,我虽不完全认同田文昌律师所说“刑辩是律师最高端的业务”,但始终坚定地认为刑事业务是律师最本质、最核心、最需要坚强、敬业与智慧的法律事务。

二、“有效辩护”与律师及企业家庭审前应当做好的十项辩护工作

“为人辩冤白谤是第一天理”。

所谓“有效辩护”，是指通过律师的辩护，使无罪的人得到清白，使罪轻的人减轻罪责，使罪恶深重者的合法权益也能得到保护。有效辩护需要“有话可以说”的程序性保障；需要“说了不白说”的制度性约束；需要律师“说得很到位”的精准辩护。

“有效辩护”是大成刑事律师所一直秉持的基本价值追求。我理解：所谓有效辩护应该是指通过律师的辩护工作，使无罪的人得到清白；使罪轻的人得到轻判；使确有重罪的人在受到法律惩罚的同时，他的基本权利也能够得到保障。有效辩护既不等同于无罪判决，也不局限于程序问题。

有效辩护应当包括三个层面的因素：

一是“有话可以说”的程序性保障。当事人的权利，律师的执业权利，要得到有效的尊重和保障。

二是“说了不白说”的监督性保障。即在尊重司法独立的原则之下，通过权力体系内部的权力监督、体系外部的媒体与当事人及其代理律师的监督、司法裁判者内心的职业信仰与职业操守，确保当事人及其律师的声音不被蔑视甚至无视。

三是“有话好好说”的律师专业度。即律师要有良好的“专业能力”，能够和当事人要找准问题的关键，各项诉求和表达准确到位，各项工作科学有效。此外，也还需要律师整合各种资源形成有效的“职业能量”，以保证“说话有人听”“法庭讲道理”。

不久前，大成宁波所刑事部主任龚永茂律师关于定罪量刑的工具书由宁波出版社正式出版发行，让我给写了个序。在序言中我认为律师辩冤白谤，最要紧的是国家法治昌明；其次是律师的专业：包括职业勇气，包括职业智慧——职业思维、职业视野、职业技能的综合体与统一体。——律师办理刑事业务需要“针尖对麦芒”的职业勇气与技能，也需要“自由在高处、功夫在诗外”的职业视野与素养。

我始终在各种场合提示企业家：企业和企业家既要有内部的“法律管家”，也要时刻保有至少一个与之匹配的外部律师团队作为“法律保镖”！

企业家的有效辩护与庭审前的十项基本辩护工作

提起刑事辩护，人们总本能地想起法庭上的“唇枪舌剑”——确实，庭审或许是刑事辩护中“最戏剧性”“最刺激过瘾”的一幕，甚至可能是最终决定案件结果的关

键环节。但,法庭上的“精彩表现”,其实完全有赖于律师庭前扎实的准备工作;这里的法庭辩论指的其实是广义的法庭审理。但,即使法庭审理,辩论前的举证、质证其实比法庭辩论更为重要。——正是法庭前的各项准备,决定着律师庭审表现以及辩护工作对案件走向的影响。律师的“战场”在法庭,但律师的有效辩护切不可拖拉至案件到法院后再开始,而以“审判而非侦查为中心”的司法理念与制度设计以及新刑诉法的规定,为律师有效辩护提供了更大空间。统计数据表明,企业家、官员所面对的刑事风险要远远高于常人。而在侦查机关采取强制措施之前,当事人与律师沟通、所秉持态度与所采取措施不同,往往形势大不相同,甚至可能决定了企业家是否“进去”,对于案件发展和企业、企业家的命运也会产生至关重要的影响。——辩护,绝非仅仅“决战在法庭”!风险管理、申请会见、查阅案卷、建议不捕、申请取保、调查取证、沟通意见……都要从“第一时间”就开始。——等案件到了法院才开始“发力”辩护,黄花菜都凉了!

以我的体会,刑事法律服务实务中,律师与当事人之间要保持相互主动的密切沟通。法院开庭审理之前,辩护律师至少可以(包括与当事人一起)在“第一时间”进行以下十项“辩护”工作:

第一,当事人意识到刑事风险之际,就应当“第一时间”主动与律师分析事件性质、责任风险,制订相应的“应急方案”。——企业家要有一个好的律师作为“终生情人”,甚至可聘请律师担任董事、顾问,对日常运营及特殊事项进行“体检”:既包括客户个人如何面对风险,也包括客户的企业如何应对危机。尤其是当下“反腐风暴”之中,企业家如果需要配合对“落马官员”的调查很可能时间长短不同地失去人身自由时,如何维护企业家权利与稳定企业本身,都是极其重要的事务。

第二,当事人接受调查和讯问之际,就应当“第一时间”与律师商量应对方案。如何在积极、如实配合侦查机关的同时,有效应对侦查机关可能的诱供、陷阱乃至其他“合法伤害”行为。尤其是当下企业家如果涉嫌与落马官员有权钱交易甚至完全可能是被索贿的情况下,也有可能既要对官员的犯罪事实充当“污点证人”,又要“自觉自愿”地配合办案机关以使涉案款项如何“合法”地成为“赃款”,进而由当事人自愿“合法”地将“涉案”巨款打入“办案单位”。——配合调查、人身安全、财产安全、企业稳定之间如何协调处理,需要思路清晰,理性面对。

第三,当事人被采取强制措施之时,律师就要“第一时间”与办案机关沟通,“第一时间”争取会见,“第一时间”向侦查机关提出法律意见。——刑事案件当事人能够及时见到律师,侦查机关能够有效听到辩护律师意见,情况可能会大不相同。侦查机关能否第一时间见到理性的法律意见，例如当事人不应当被逮捕或者应当撤销案件的法律意见，处理结果也可能大不相同。这样常常就要求律师要在当事人失去人身自由3～7日内，最迟在37日内，将相关法律文书交至办案机关、办案干警。

第四，当事人被限制人身自由之后，律师就要“第一时间”争取取保候审。显然，当事人“在里面”和“在外面”是大不相同的。尤其，在被“监督居住”、被刑事拘留而未被逮捕前。

第五，侦查机关要报“批捕”当事人时，律师就要“第一时间”与检察机关沟通，争取不要批准逮捕。一般而言，如果检察机关不予批捕则案件处理显然要对当事人有利得多。一旦批捕，案件就不可避免地涉及侦查机关自身的切身利益，事情就要复杂难办得多。一方面要在侦查机关做好工作不报批，另一方面也要及时向检察机关提出法律意见，要求不予批捕。

第六，即使当事人已经被刑拘甚至被逮捕，律师也要“第一时间”对羁押的必要性问题提出法律意见。如案件主要证据存疑当事人很可能无罪，无须羁押也不至于妨碍侦查，即使检察机关已经批捕也依然可以建议不予羁押。

第七，检察机关审查起诉，就要“第一时间”争取阅卷并就是否应该起诉发表法律意见，争取不起诉或撤销案件。

第八，如果发现可能存在对当事人有利的证据，律师就要“第一时间”以合适的方式调查取证。在此过程中，既要保证证据的真实性、完整性，也要避免因此而产生的法律风险，包括律师自身的法律风险。

第九，如果案件确实“疑难复杂”，律师应该“第一时间”建议并安排邀请专家“会诊论证”。辩护律师是“法律骑士”但绝非“孤独斗士”，辩护律师最好要多与同事、同行沟通，多向专家请教，多学习相关领域的专业知识。——我成功进行过的一起无罪辩护案，就是向财务专家讨教，从“权责发生制”的专业角度，认定所谓“贪污款”并非法律意义上的“公款”。而针对地方权力滥用，权威专家的法律意见与媒体关注，对于争取一个“讲理的法庭”而言，还是非常重要的。

第十，如果遭遇刑讯逼供。就要“第一时间”向有关机关提出控告，必要时通过媒体自媒体的方式曝光相关违法行为。刑讯逼供是当下刑事诉讼中不容忽视的现象，律师除了在“排非”和庭审程序中否定相关证据，还要在侦查、审查起诉、法院审理的每一个阶段，切实保障当事人合法权益，尤其是不被刑讯逼供。

鉴于庭前会议亦是在法庭主持之下进行的“准审理程序”，故将此阶段律师工作排除在本文探讨范围之外。需要说明的是：所谓“第一时间”，既是最快最及时的

“第一时间”,也可能是现实可能性允许的“第一时间”,还可能是辩护律师与相关方面经过精心研究选择的最恰当的“第一时间”。

三、安邦 PK 财新——企业“怒怼”媒体的十种基本模式

近来,神秘而强大的“安邦”及其董事长“出事”的传闻时有耳闻——中国素来有“放风”与“采风”的权谋之道,所以许多事往往“谣言”与“遥言”(遥遥领先于事实的传言)相互交织、灵活转化,令“吃瓜群众”眼花缭乱、不知所从——日前,因财新系媒体屡屡“起底”安邦,安邦在其公司网站上发明声明,直斥财新关于“其董事长有三次婚姻等报道严重失实”,拟起诉财新及其负责人。“安邦”不是一般的企业;财新不是寻常的媒体。吴晓晖有着太多的神秘,而胡舒立始终是个传说。他们的交集,不可避免地带有强烈的时代色彩与中国特色。

财新传媒在当下中国地位似乎甚为特殊,相当程度上是当今大陆报道尺度最大最接近“公众”的“耳目”与“喉舌”这一属性的媒体。应该看到,切实保障媒体新闻报道和评论的自由是当下矛盾的主要方面,加强媒体操守与法纪约束则是同等重要的一个方面。媒体不可避免地会发生报道失误甚至恶意的可能,媒体自身利益与被报道对象乃至公众利益都可能发生冲突,被诉、被判侵权甚至构成刑事犯罪在中国亦不鲜见。近年来,我曾在众多复杂商战中处理公共媒体上的“口水战”,也曾帮助著名企业、知名人士乃至政府官员“消化处理网络危机”,还曾代理“韩寒 VS 方某某案”“长江实业、和记黄埔 VS 某著名财经媒体诽谤案”“方某某 VS 罗永浩侵犯其姓名权、肖像权案”等诉讼案件。本文不对具体案件的是非得失进行评判,仅就移动互联时代的特点,结合实践体会总结出当下中国企业应对网络负面舆情的十大主要模式。

1. 安邦式的“郑重起诉”

如前文所涉及案件,我并不建议当事者采取诉讼这等长期受关注的方式应对,除非自身是一个有职责和义务的机构(如上市公司、知名企业),对方是一家严肃的、负责任的媒体。毕竟,无论是官员,还是公众人物或是公众公司、知名企业,对网络质疑要采取宽容和忍受的态度,避免无谓的意气之争,除非面对明显恶意的诽谤。此类案件,往往取证难,立案难,审理过程中还要面对各种意想不到的压力。——当然,财新不是一般的媒体,胡舒立是非同一般的新闻人,安邦及其董事长更是令人惊叹……

2. 政泉式的“公然开撕”

相对于被安邦起诉，财新媒体及其负责人与政泉系负责人郭问桂针锋相对的互撕、被辱骂，财新选择了刑事起诉郭问桂。政泉的手法，即针对负面新闻报道者，收集甚至“创造”其负面新闻并予以炒作，令其名声扫地或付出更大代价。现实生活中，还有通过举报、检查其税务状况，找出行政违法处予以处罚并予丑化；更有甚者，多以受贿、侵犯商誉等名义追究其刑事责任。——需要说明的是，如果案件证据确凿却自以为可以有权势或是可以挟媒体尤其自媒体之力通过攻击办案机关和办案人员的方式来达到目的，无疑是愚蠢至极的。比如，上海那位大嘴记者。

3. 华润式的“严正声明”

“鸵鸟战术”往往为政府及官员在就“与个人无关”的“公共事件”应对媒体时常用，也往往是最“安全”的战术。罗昌平实名举报刘铁男、宋林，后者在自家网站上发出“严正声明”后便迅速“出事”——一定程度上，该二人所在机构官网“义正词严”的表态，其实对事态恶化起到了极大的推波助澜作用。

4. 三一式的“自嗨营销”

“三一重工”在美国被总统“欺负”了，或许相当程度上是因其自身在美国并购事务可能存在的失误导致的麻烦。然而“三一”选择了起诉甚至“诉讼战胜奥巴马”的英雄剧，这便是另一种因势利导甚至形成事件营销式的收获了。

5. 德云社的“娱乐自黑”

针对北京台的指责乃至“封杀”，德云社和郭德纲最终没有采取起诉等激烈方式，而是在德云社等舞台上，在自我调侃的同时也调侃对手，使整个事件变得“很欢乐”，郭氏人气也始终在飙升。——这是一种智慧。

6. 吉利式的“关注疲劳”

在当下“人咬狗”事件频出的时代，公众很容易产生“关注疲劳”，很快会淡忘某些人和事。如针对某知名财经媒体称在收购时大额举债借高利贷，吉利已面临资金链条断裂——李书福最终放弃法律救济模式，而是低调处理使事情淡化。尽可能淡化处理，使事件渐趋平息，往往不容易造成极端结果。当事人通过媒体、网络自媒体折腾，可能会造成相当麻烦，但只要没有特殊原因导致有影响力媒体持续关注，相关领导“拍案而起”，或是当事人处于将被提拔或面临上市之类“敏感时期”，随着公众关注的疲劳，许多事件都会日渐平复。

需要说明的是，淡化不等于不闻不问地逃避，而是表面平静而镇定地做好应对工作，同时不要和对方争执起来使事件升温。我们在处理某上市公司、某知名地产企业被无端举报、被媒体错误报道抹黑之类事件时,都是通过淡化处理与积极沟通,使当事者无法诬告、协调媒体以编辑声明的方式予以更正和道歉,效果就比较好。如果是官员被无端“举报”,需要根据实际情况向组织报告清楚并取得组织帮助。

7. 壹基金的“客观澄清”

公众机构、上市公司之类面对质疑,最负责任的做法就是以事实和证据说话,坦然应对,如李连杰“壹基金事件”。某公益机构应对媒体非正当罗列证据诱导公众的报道,最合适的做法莫过于聘请专业机构对其财务状况进行审计并予以针对性之说明;反之,缺乏事实基础或传播智慧,则容易越描越黑,典型者如南京政法委关于彭宇案的澄清说明。

8. 蒙牛式的“依法和谐”

中国的任何新闻媒体均非独立机构,“依法”与“和谐”,你应该懂的,所谓“和谐”,无非收买、恐吓或是封杀。

正向的收买,即当事者主动向相关记者、媒体、当事人支付利益,以求得相关事宜不被披露;逆向的收买,则是相关记者、媒体、当事人以负面报道相威胁,索取当事者钱财及其他利益。只是,这也容易成为当下权力收拾媒体的一个原因或一种手段。比如,传说中的“二十一世纪事件”。

此类事件不胜枚举,例如蒙牛的牛根生当年曾经提到过针对媒体的指责,他们就“依法”给对方发《律师函》:一是承认确有不合格之事;二是指出此等行为系“个别员工私下违规操作,且已被除名”;三是声称日后谁要再揪住此事不放,便要“依法”采取措施——最狠的恐怕莫过于“跨省”吧。

9. 阿Q式的“自我调适”

有些事,你当它是个事就是个天大的事;你不拿它当个事,它就啥也不是。——有些负面网络舆论亦是如此。当事者能够理性面对、淡化处理,或是以某种近乎阿Q式的心态蔑视之不为所扰,有时也能避免许多无谓的烦恼。对于现实中的诸多无奈与无助,对于那些造谣成性者而言,不妨告诉自己“三尺头上有神明”,事实也一再证明:不积口德恶意伤人者,往往自有其报应。

10. “搅浑水”地转移目标

面对舆论危机,有些机构不惜制造新的社会热点事件以转移公众注意力。正如有网友笑称:每当社会危机性事件出现得如火如荼时,便会出现明星“非同寻常的”出轨、嫖娼、吸毒之类事件,成功地转移公众注意力。与公关公司等机构合作,进行正向、反向炒作,通过各种手段删帖,制造热点新闻转移视线等,也都是企业应对媒体危机的常用手法之一。

上述十条可综合使用，形成更加立体而全方位的"组合拳"则效果更佳。我也曾因代理案件而遭对方律师及其媒体盟友在网络上谩骂与抹黑。对此，我更乐意自我反省，然后放下。

近年来，我参与处理不少经典商战，其中必经的第一大战役便是媒体上互相讨伐的所谓"口水战"。舆论战目的往往有三：

其一，剥夺对方道德资源而增加己方道德资源，所谓"得道多助、失道寡助"，以期获得博弈的优势。

其二，通过"媒体泡沫"营造强大的心理压力，使对方在强大压力之下不够理性而出"昏招"。

其三，通过所谓社会影响与"舆论压力"，引起政府的关注。

舆论问题处理不好往往会陷入被动，甚至将自己置于"社会公敌"的境地，引发诸多法律风险甚至刑事风险。典型者如"郎顾之争"里的顾雏军。因此，在某些备受关注的名誉权案件中，作为律师我所做的是说服当事人不必再与对方纠缠，而不可以挑动当事人"折腾"为自己博名。律师最要紧应该一切服从与服务于当事人利益，若如某未成年人强奸案中某些同行那般过于"得瑟"地自我博出位，不仅会被律协所处罚，也终将为社会所不齿。

第三编

居心叵测的外人觊觎

——应通晓强制并购与反并购的法律技巧

3

任何商业、非商业的风险，最终都将戴着法律的面具出现，都无一例外地表现为权利的灭失或义务的增加。风险管理，事前防范、事中控制与危机处置，一个都不能少。

我们寄希望于未来的，当是正义而非报复。

法治社会，一切复杂的政治、经济问题最终都可以转化为法律问题，并随着程序的推进而不断降温。唯有民主宪政与市场经济，方可引领中国走出“丛林时代”。

股东权利保护不应有盲区。政府机关要从尽可能保护当事人利益的“权利本位”看待问题，尽量“解决当事人提出的问题”而非“解决提出问题的当事人”。

当下中国最严峻的问题之一在于对法律普遍缺乏应有的敬畏。当使法治成为我们的信仰，使诚信成为我们的本能。——前者让我们对公权力放心，后者让我们对交易对手放心。法治将权力装进公民权利的笼子里；诚信将贪欲控制在理性、善意的框架内；法律的完备以及人们对法律的敬畏和内心的诚信，才可能让我们有稳定而明确的预期，而明确而稳定的预期，则是现代市场经济与法治社会得以存在的基础。

企业家需要理性，媒体则需要良知。

以社会评价为表现形式的道义资源，是占据其他社会资源尤其是控制公众公司的正当性基础。商业博弈，当超越道德评判，但需占据道德资源；当超越道德之争，但要通晓博弈之道。“舆论战”或“口水战”无非希望达到三个目标：一是增强己方道义资源而置对方于失道寡助之境地；二是在强大舆论压力之下力争使对方出错；三是试图以此造成社会影响引发“缺乏定力”的政府机构出手收拾对方。

“若批评不自由，则赞美无意义。”

媒体作为民众的耳目与喉舌、社会正义的守望者，当具备两个基本维度：一是应有的言论自由与报道权利；二是不可或缺的专业素养与职业操守。没有言论自由的媒体必然沦为权力的打手与资本的附庸；没有职业操守的媒体容易沦为“没有准星和保险的机关枪”。

3

第十四章

导语:中国式全球化并购与央企重组基本路径

这是一个全球资源与本土智慧、全球智慧与本土资源相融合的伟大时代。

——题记

一、中国式并购的全景式描绘

全球化时代,全球资源与本土智慧、本土资源与全球智慧的整合日益深刻。无论是国内经济还是资本的跨国流动、产业的全球整合都步入新的时期。

(1)中国企业海外并购进一步加强。2017 年下半年,我国有史以来最大的一笔海外并购案"中国化工并购先正达案"通过美国证券交易委员会(SEC)及欧盟相关国家相关机构的许可,股权收购比例已超过 95%,基本完成收购。① 而民企李书福和吉利在"吃下"沃尔沃之后,又对奔驰产生"觊觎"之心……

(2)中国市场进一步对外开放。2016 年 12 月 30 日,国家发改委副主任宁吉喆在新闻发布会上称,国家欢迎外国企业来华上市,无论主板、创业板上市还是新三板挂牌;电信、互联网、文化、教育等领域,也将逐步向外资开放。

---

① 笔者有幸受聘作为法律专家参与国务院国资委委托相关机构对该项达 480 亿美元项目的相关评估与处置工作。

(3) 中国服务产业国际化进一步升级。2015 年年底,我所在的大成律师事务所与跨国性的律师事务所 DENTONS 合并成立"大成 DENTONS"律师事务所,目前在全球五大洲约 60 个国家设有 150 余间办公室,律师及专业人员接近一万人。全球化时代,大成律师事务所不仅仅是一家国际化的律师事务所(InternationalLaw Firm),更是一家多中心、多元文化共存的全球化律师事务所(Global Law Firm)。我们要关注全球化(Globalization),也需要重视本土化(Localization),才能做到全球资源与本土智慧、全球智慧与本土资源的有效融合。

(4) 中国国内政府与民间的合作受到空前重视。以 PPP 模式(Public-Private Partnership)为特色的政府和社会资本合作日益深化。在该模式下,鼓励私营企业、民营资本与政府进行合作,参与公共基础设施建设。尤其在公共服务领域,政府采取竞争性方式选择具有投资、运营管理能力的社会资本,双方按照平等协商原则订立合同,由社会资本提供公共服务,政府依据公共服务绩效评价结果向社会资本支付对价。PPP 是以市场竞争的方式提供服务,主要集中在纯公共领域、准公共领域。PPP 不仅是一种融资手段,而且是一次体制机制变革,涉及行政体制改革、财政体制改革、投融资体制改革。政府试图以此种方式,既拓宽资金来源渠道,又改善项目、企业乃至国民经济的运营方式。

(5) 中国国内的投资与并购保持活跃。本书列举了并购上市公司的八种主要路径,而非上市公司之间的并购、上市公司对非上市公司的并购更加频繁。

(6) 深化国企改革。深化国企改革一直是我国社会主义市场经济建设的重中之重。前些年,堪称轰轰烈烈的国企改制有两条基本路径:一是在原有国有企业的基础上引进战略投资人,试图使投资人的技术、资金、管理、市场优势与原有国企固有价值相结合,焕发出新的市场活力。二是原有管理班子通过 MBO 的方式成为企业的所有者、控制者,在新的产权结构下调整企业治理结构,使企业保持好的发展势头。

二、央企合并和重组路径的解读

此处,将在调查研究的基础上对央企的合并和重组进行路径解读。关于央企改革,目前已有 30 家央企实施了合并重组(部分合并仍在进行中),15 起合并案例基本可分为以下三类。

第一类,两家集团合并为母子公司。即通过无偿划转的方式,将一家央企集团股权无偿划转至另一家央企集团旗下,形成母子公司的架构。

市场案例:宝钢集团和武钢集团合并,中材集团与中建材集团合并,中电投与国家核电合并,五矿集团与中国中冶合并,招商局与中外运长航合并。

案例分析:宝钢和武钢

合并方案背景:① 两家公司业务高度同质化,且钢铁行业产能严重过剩,国家政策倡导供给侧结构性改革;② 宝钢的钢产量约是武钢的2倍;③ 武钢的负责人原在宝钢工作,两家合并后其任宝武钢铁的负责人;④ 两家公司的绝大部分资产为宝钢股份和武钢股份两家上市公司持有。

具体重组方案:① 武钢无偿划入宝钢,成为其全资子公司;② 宝钢更名为中国宝武钢铁集团有限公司。

第二类,两家集团吸收合并为一家公司。即通过吸收合并的方式,将一家公司的资产注入另外一家公司;完成后,被吸收合并的公司注销,两家集团再形成一家央企集团。

市场案例:中国南车集团与中国北车集团吸收合并为中国中车集团,中国港湾与中国路桥新设合并为中国交通建设集团。

案例分析:中国南车和中国北车

合并方案背景:① 中国南车和中国北车的生产经营范围高度同质化,为直接竞争关系,且体量相当;② 由于历史原因和互相竞争,南车和北车的关系较差,各方都不愿意做被吸收合并的一方;③ 两家公司的绝大部分资产和业务为上市公司持有。

具体重组方案:按照"坚持对等合并、着眼未来、共谋发展"的合并原则,技术上采取先合并上市公司,后合并集团公司:① 在上市公司层面,中国南车吸收合并中国北车,合并后中国南车更名为中国中车;② 在集团层面,中国北车集团吸收合并中国南车集团,合并后中国北车集团更名为中国中车集团公司;③ 合并后,资产没有太多的整合,总部人员则按比较公平的原则进行挑选。

第三类,两家集团之上增加控股公司。即在两家集团之上新设一个控股集团,持有两家集团原有股权,两家集团公司的下属子公司根据业务范围,做同类项合并,实现两家集团在资产、业务、人员等方面的深度整合。在全部完成之后(数年),再注销两家集团公司。

市场案例:中远集团和中海集团之上新设中国远洋海运集团有限公司,宁波港与舟山港之上新设浙江省海港集团。

案例分析:中国远洋和中国海运

合并方案背景:① 两大集团经营高度同质化,产业链配置非常相似,为直接竞争关系,且体量相差不大;② 两家虽有直接竞争,但关系较好,且都认为应该合并。合并工作组由两家共同成立,但双方对合并有高度共识,配合较好、效率较高。

具体重组方案:① 两大集团的上面,新设中国远洋海运集团有限公司。新公司设立后,国资委将中国远洋、中国海运的股权无偿划转至新公司下;② 新公司成立过程中,中国远洋、中国海运对旗下资产进行高度整合重组,按四大业务板块(集装箱、散货、油运、码头)整合相关资产,使其中四家上市公司成为了各版块的专业化公司。

公司资源整合的最基本方式是并购,并购的基础是各方所掌握的社会资源。尤其值得一提的是,并购是一项极其综合多元的事务,涉及经济、法律、政策、社会等极其多元的内容;而诉讼与非诉讼相结合,是相互促进、有效解决企业所面临问题的重要方式。我们在为企业家提供刑事辩护的过程中,就曾促成两家上市公司的并购重组和借壳上市,同时也有效化解或减轻了当事人的刑事责任。通过民商事诉讼仲裁甚至刑事举报,我们也解决过并购重组过程中存在的障碍。

这是一个整合的时代。你能整合别人,说明你有能力;你被别人整合,说明你有价值。在这个时代,你既整合不了别人,也没人整合你,那说明你离成功还有很远,所以你必须考虑借平台、整合、改变和学习。在这个开放的时代,整合已经形成社会化的主灵魂。——此语未必妥帖,却是异常生动。

第十五章

“倒腾”上市公司的那些事儿

——股权并购的八种基本手法[①]

笔者按：借壳上市，是华远地产、金融街集团、中关村、北大方正、苏宁环球、中国华润等众多知名企业成功上市的方式。所谓借壳上市，系指非上市公司通过收购或其他合法方式获得上市公司的控制权并将自身相关资产及业务注入该上市公司，从而实现未上市资产和业务间接上市的行为。换言之，也就是未上市公司通过并购、改造上市公司的形式，实现自己主营业务的成功上市。本章着重结合并购实践，探讨获取上市公司控制权的具体模式。

投资人取得上市公司的实际控制权，将原上市公司资产、业务进行必要处置或剥离后，将自己所属业务“装进”已上市公司并成为其主营业务，即为“借壳上市”。本章在大成律师之研究与实务操作的基础上，介绍如何取得已上市公司实际控制权的八种基本手法。

律师当具全球视野：要融合“本土智慧与全球资源”“全球智慧与本土资源”，在提升客户价值的同时提升自我价值。

你能整合别人，说明你有能力；你被别人整合，说明你有价值。在这个年代，你既整合不了别人，也没人整合你，那说明你离成功还很远！

——题记

① 需要说明的是，此种借壳专指收购方与壳公司之间没有产权关系的间接上市行为；收购方与壳公司之间存在产权关系（控股或被控股）的间接上市行为，系企业集团内部自愿的资源整合行为，并不发生上市公司实际控制权之实质变更。获取上市公司实际控制权，可能出于双方自愿，也可能出于一方主动甚至强制，即使整体上双方自愿但在具体问题上也可能存在分歧与矛盾。因此，借壳的过程，也就是上市公司的实际控制权之争。

这些年分别作为公司董事、外部律师参与大量上市公司对外的投资并购,也参与过若干针对上市公司的并购与重组,同时也作为仲裁员裁决了不少并购、对赌、股权激励、VIE 协议纠纷等新型投资争端,深有感触。

一、协议收购:金融街集团(000402)是怎样上市的?

协议收购,指收购方与上市公司的股东以协议方式进行的股权转让行为。协议收购是我国股权分置条件下特有的上市公司国有股和法人股的收购方式。

北京金融街集团(以下简称"金融街集团")是北京市西城区国资委全资的以资本运营和资产管理为主业的全民所有制企业。金融街集团主营业务为房地产开发,在当时的政策环境下,房地产公司 IPO 有诸多困难。

重庆华亚现代纸业股份有限公司(000402,以下简称"重庆华亚")成立于 1996 年 6 月 18 日,主业为纸包装制品、聚乙烯制品、包装材料等的生产和销售,其控股股东为重庆华亚的控股股东华西包装集团。

1999 年 12 月 27 日,华西包装集团与金融街集团签订了股权转让协议,华西集团将其持有的 4 869.15 万股(占总股本的 61.88%)国有法人股转让给金融街集团。2000 年 5 月 24 日,金融街集团在中国证券登记结算公司深圳分公司办理了股权过户手续。2000 年 7 月 31 日,重庆华亚更名为"金融街控股股份有限公司"(以下简称"金融街控股")。

之后,金融街控股将全部资产及负债(连同人员)整体置出给金融街集团,再由华西包装集团购回;金融街集团将房地产类资产及所对应的负债置入公司,置入净资产大于置出净资产的部分作为金融街控股对金融街集团的负债,由金融街集团控股无偿使用 3 年。

2001 年 4 月,金融街控股注册地由重庆迁至北京。至此,金融街集团实现借净壳上市。2002 年 8 月,公司公开增发融资 4.006 亿元;2004 年 12 月公开增发融资 6.68 亿元,2006 年 12 月 27 日定向增发融资 11.81 亿元,累计融资 22.469 亿元。

同样以股权协议转让方式成为上市公司控股股东并借壳上市的,还有香港华润集团的全资子公司——中国华润总公司。2000 年 6 月 20 日,中国华润总公司一次性受让深万科(000002)第一大股东——深圳经济特区发展(集团)公司持有的 5 115.5599 万股国有法人股,占万科总股本的 8.1%。在此之前,香港华润集团的间接控股公司——北京置地有限公司已经持有 2.71% 的万科 B 股。至此,香港华润成为万科的第一大股东，由此组成了中国房地产业的“巨无霸”。

协议收购还是当下公司收购最常用的方式。司法实践中，亦存在公司在新三板挂牌后股东以挂牌后企业不得私下协议方式进行股权转让的抗辩。我认为，原则上，股权转让的方式并不妨碍或否定当事人之间进行股权转让的意愿。

二、举牌收购：北大方正“吃掉”延中实业(600601)成功上市①

二级市场竞价收购，是指收购方通过证券二级市场(证券交易所集中竞价系统)购买上市公司流通股股份的方式，典型者如北大方正收购延中实业流通股股份。

延中实业(600601)是二级市场上典型的三无概念股——无国家股、无法人股、无外资股，其公司股份全部为流通股，股权结构非常分散，没有具备特别优势的大股东，在收购行动中最容易成为被逐猎的目标。1993 年 9 月，宝安集团就曾在二级市场上收购延中实业，拉开了中国上市公司收购的序幕。1998 年 2 月 5 日，北大方正及相关企业在二级市场举牌收购延中实业，随后将计算机、彩色显示器等优质资产注入了延中实业，并改名为方正科技，成为第一家完全通过二级市场收购实现借壳上市的公司。同样的并购，还包括天津大港油田收购爱使股份(600652)。

三、收购母公司：凯雷收购徐工(000425)的“后山小道”

收购上市公司母公司，也就间接控股了上市公司，还可以避免很多法律、政策上的障碍。如样板戏《智取威虎山》中所唱：山前强攻不是办法，可以探寻一条攻占威虎山的“后山小道”。凯雷投资意欲收购徐工科技(000425)母公司——徐州工程机械集团，就是一例。

通过收购目标公司母公司的方式实现收购目标，也会产生争端，典型者如郭广昌的复兴系与潘石屹的 SOHO 系在上海外滩东八地块上的 PK。此外，境内公司收购也往往通过收购作为目标公司的股东或实际控制人的境外项目公司或离岸公司，也是各类基金尤其是外资基金经常采用的方式。

---

① 前期，海外上市或拟上市企业拆 VIE 架构回归国内 A 股市场的风头甚劲，令人关注。

四、行政划拨:北京住总集团借壳琼民源(000508)的"借尸还魂"之路①

琼民源全称为海南民源现代农业发展股份有限公司,其前身为1988年7月在海南注册成立的北京市科委所属的民源海南公司,1993年4月30日在深交所上市交易。截至1996年年底,琼民源总股本55 956.42万股,占总股本的38.92%。

证监会于1997年2月28日宣布琼民源停牌,当时的收盘价为23.49元。随后,证监会对琼民源进行了调查,发现公司虚增公积金6.57亿元,虚构利润5.4亿元,报告是假的。证监会对造假、操纵股价的琼民源及有关的会计师事务所和注册会计师进行了处罚。1998年11月12日,北京市第一中级人民法院对琼民源一案作出一审判决,琼民源董事长马玉和及公司聘用的会计师文昭被判刑。至此,国内证券史上最严重的一起诈骗案水落石出。但是,琼民源股票停盘了,持有18 742.347万股琼民源流通股的散户被套,成本价多在15~20元的高价。琼民源问题由此而生。

北京住宅建设总公司(以下简称"北京住总")抓住这个机会,联合六家有浓烈科技色彩的企业,将新组建的公司定名为中关村科技发展股份有限公司(以下简称"中关村"),以全新的高科技形象出现在市场。

1. 行政划拨壳公司股权,借壳方获得壳公司控制权

1998年11月20日,北京市政府批准将民源海南公司持有的琼民源38.92%的国有法人股无偿划拨给北京住总集团。这一安排使北京住总集团代替民源海南公司成为琼民源的第一大股东,既保证了北京住总集团有权对琼民源的资产进行重组,又使中关村与琼民源的资产、债务并不发生直接关系。

2. 组建具有股份公司性质的借壳公司

1999年6月8日,以北京住总为主发起人,联合北京市国资经营公司、北京市新技术产业发展服务中心、实创高科、联想集团、北大方正、四通集团等六家发起人,发起设立"中关村"公司。经北京德威资产评估有限公司评估,并由财政部确认,北京住总注入中关村建筑安装类净资产为2.7亿元,按1:1的比例折为2.7亿股国有法人股,由北京住总持有;其他六家发起人共计出现金3 000万元,按1:1的折股比例

---

① 琼民源的故事,没那么简单。法人股股东们,尚在坚持维权,而民源大厦项目等资产"神秘"流向野力,并最终为华远和SOHO系所开发盈利,还是需要一个"说法"的。

折为3 000万股发起人股。

3. 定向增发实现增资

1999年6月，中关村向北京住总定向增发18 742万股，北京住总以经评估确认后的18 742万元净资产（建安类）按1∶1的比例认购股份。通过定向增发，中关村的总股本增至48 742万股。

4. 收购方以其定向增发获得的借壳公司的股份与壳公司流通股份互换，实现“借尸还魂”

1999年6月，经中国证监会同意，北京住总将自己拥有的中关村定向增发的18 742万股股票与琼民源的18 742万股社会公众股按1∶1的比例实施换股，即琼民源的社会公众股股东可以将自己持有的琼民源股票换成中关村公司的股票。此换股交易相当于中关村向社会公开募集股份，从而成为公开募集设立的股份公司，经批准可在交易所挂牌交易。

此交易结果导致：一方面，琼民源原18 472万股流通股份变为北京住总集团一家持有，琼民源股权分布不符合上市公司社会公众股最低比例要求，面临退市困境；另一方面，中关村公司的4.87亿元总股本中的1.87亿元变为社会公众股流通股，只等证监管部门批准中关村上市，同时琼民源退市，持有琼民源流通股的投资人便有机会在股市中并解套，此谓“借尸（壳公司）还魂（流通股东）”。

5. 壳公司退市，借壳公司上市交易

1999年7月7日，琼民源公司董事会与深交所同时发布公告，宣布根据《公司法》第158条和《深圳证券交易所股票上市规则》的有关规定，经中国证监会批准，自1999年7月12日起，琼民源股票终止上市。同日，中关村股票在深交所上市流通（股票代码为000931）。由于高科技题材及其他原因，上市当日，中关村股价维持在30.10～38元，散户解套。

6. 股东权利保护不应存在“法律盲区”

据媒体披露：“琼民源”当年巨额资产被“暗箱化”神秘处置，当年所谓“京城第一烂尾楼”民源大厦的原址上，矗立起全新的、雄伟巍峨的SOHO系建筑物。“琼民源”当年的资产主要有两大去向：一是中关村的借壳上市；二是神秘的“野力”及最终的“潘仁美”们。

琼民源股东构成中，法人股持股比例超过22%，因岁月流逝，这部分法人股成员相当部分已不复存在或无法明确主张权利，部分国有法人股股东坐视权利或将灭失而无动于衷，部分小股东始终在坚持却只争取到仅存的0.23%股权的股东支持，距

《公司法》规定可采取诸多法律行动所要求的1%的股权底限尚有差距。——除却刑事举报、行政干预、当事人和解,《公司法》对于此类小股东维权的困境当如何设定法定救济措施?从权利保障和朴素正义的角度来讲,应当想方设法去保护股东的权利,而不是以暂时没有找到法律依据为由而去漠视他们的权利,这是一个基本的原则问题。

琼民源法人股股东维权问题一直受到各界关注,2016年11月,和讯网以《琼民源小股东遭漠视　特别股东会或存法理依据》为题再次报道了法人股股东代表的维权事件:

和讯网消息　近日,琼民源小股东维权事件有了新进展,在12月12日公司营业期限即将到来之时,持有0.23%股份比例的9个小股东自行召集和主持了一次特别股东大会,同时在会上通过了《关于根据"公司法"延长公司存续期并办理工商核准的决议》等两个决议。

本次会议召集人姚愉之前曾对和讯网表示,如果不办理公司存续,琼民源公司即将解散,在这个生死存亡之际,小股东维权已经到了最后一搏。皮之不存毛将焉附。公司一旦解散,何谈股东权益。公司是属于全体股东的,即使只剩下一个股东要守卫公司也具有天然的合法性。对于上述股东大会和发布决议的法律效力,和讯网随即连线了大成律师事务所高级合伙人、著名律师吕良彪。

吕律师具有二十余年法官、律师、仲裁员从业经历;处理重大、疑难、复杂案件百余起;办理境内外融资、并购、企业法律风险管理等大量非诉讼法律事务;为多家海内外知名企业及著名企业家提供法律服务。其中吕良彪对于投资争端的调处,更是得到业界和市场的高度评价,更不乏精彩的案例。其《控制公司(基业长青的大商之道)》一书为法律人提供了一种为企业家们解决问题的智慧,已成为法商的经典教材。吕良彪在书中提到,公司治理要防止两种倾向:一是"一股独大"欺负小股东,另一个是"内部人控制"小保姆赶走女主人。股东权利保护不应存在"法律盲区"。

吕良彪对和讯网表示,首先从背景来看,琼民源的问题确实非常特殊,当时处理时也并未完全仅仅依照法律方式处置,而是涉及行政、经济、法律等方方面面。同时,在处理股权和资产时,特别是中关村(000931,股吧)借壳上市时,国有股、国有资产的保护问题和个人股的社会稳定问题得到了安置,但这些22%的法人股权益就被忽视掉了。

虽然这次所谓的股东大会,存在一些法律上的瑕疵,但任何一种权利只要是合法的都应该得到保障和救济。而且当时政府方面确实存在一些违规的地方,客观上损害了这部分琼民源法人股东的利益,怎样使这些股东得到补偿是遗留下来的问题,单纯依靠法律去解决也不是非常合适的办法。

第二,0.23%的股东召开的股东会及决议,要求将公司继续注册延展,这个问题从现有法律上来看,肯定存在一定缺陷。但其并非没有任何道理或者没有任何法理上的依据。

因为法人股占到成员股22%,现在姚愉希望作为这部分股东的代表逐一查实了法人股股东信息,并且试图和所有法人股股东进行联系,目前已联系上了其中一部分而且是几乎包括所有当下依法存续的法人机构。这部分法人股股东代表所做的这个行为,有着某种法律上的类似于代位行使的这样一种权利,以代替其他暂时不能发出意志的股东和他们的继承人,把他们应当有的这部分份额争取下来,也就是说这部分股东以类似代位权的方式行使了22%左右股东的权利,这是针对此事一个很特殊的情景下的金融处置方式。

吕良彪认为,是不是有它的合理性,这可能要从法律上进行考虑,但这是公司法、公司治理等都没有遇到过的问题,虽然有一些牵强,但是从权利保障和朴素正义的角度来讲,应当想方设法去保护他们的权利,不是没有法律依据而去漠视他们的权利,这是一个基本的原则问题。

第三,公司延展是保证成员法人总体诉讼程序的必要手段。当下工商行政部门不宜无视他们的主张,应当本着尊重历史、尊重当事人,尊重合法权益,合理合法解决问题的原则来审慎地处理,必要时可向国家工商总局甚至国务院请示。

另外,对于这样的问题立法当中可能存在一定疏漏,这种情形下,有些法律法规的修改专家意见可以提出来,行政机关、国务院去要求国家立法机关,全国人大常委会等对这些问题做立法解释。

第四,不管琼民源公司是否得到了延展,这些法人股股东的权利都不能被剥夺。无论公司主体是否继续存在,哪怕已经注销,只要它没有依法清算,没有依法偿还债务和承担其他应该有的法律责任,相关的权利人都可以通过司法和其他的方式向其股东、权利继承人主张这些权利。

最后,当年中关村借壳上市是阶段性解决琼民源问题的创新,当下要彻底解决琼民源遗留问题还需要政府协调,各方当事人包括野力和野力背后的这些人,要本着以现实为基础的态度,采取合作的方式往前运作,这才是解决问题的根本。

五、司法拍卖:顺义大龙城乡建设开发总公司(600159)的上市之道①

司法拍卖,即投资人通过竞买人民法院依法拍卖之上市公司股权成为上市公司控股股东。2004 年年底,宁城县法院委托拍卖国资局所持的全部 ST 宁窖(600159)国家股,北京顺义大龙城乡建设开发总公司以 3 000 万元竞得 53% 的股份,取得控股权。之后,ST 宁窖以全部账面资产与北京顺义大龙城乡建设开发总公司所持有的北京市大龙房地产开发有限公司 93.30% 的股权、北京市大龙顺达建筑工程有限公司 98.26% 的股权、北京京洋房地产开发有限公司 90% 的股权进行置换,北京顺义大龙城乡建设开发总公司实现借壳上市。

六、先破产再置换:苏宁环球借壳 ST 吉纸(000718)

法院对资不抵债的上市公司 ST 吉纸(000718)先行宣告破产,投资人苏宁环球再将其优质资产置入上市公司空壳之中,上市公司控股股东再以象征性价格出让上市公司控股权。这便是苏宁环球低成本的上市之路。

ST 吉纸总股本为 399 739 080 元,其中吉林市国资公司持有国家股 2 000 980.080 股,占总股本的 50.06%;募集法人股 11 037 000 股;社会公众股 188 604 000 股。ST 吉纸自 2002 年 6 月 21 日开始停产,2003 年 1 月 5 日至 2003 年 2 月 27 日短暂恢复生产后,自 2003 年 2 月 28 日至 2005 年 6 月 30 日一直处于停产状态,连续亏损,ST 吉纸财务状况不断恶化。截至 2004 年年底,ST 吉纸资产总额 213 213.09 万元,负债总额 233 531.72 万元,大量到期债务无力偿还。2005 年 5 月 9 日,ST 吉纸接到深圳证券交易所通知,公司股票暂停上市。

苏宁集团始创于 1987 年,荣列 2004 年度中国企业 500 强第 420 名,2002 年在全国工商联上规模民营企业中排第 49 位。苏宁集团成立后已累计开发房地产项目近 40 个,开发面积超过 300 万平方米。

---

① 司法拍卖上网,是通过互联网保障司法公正高效的有益尝试。通过司法拍卖实现借壳的前提是控股股东对外债务的到期不能偿还导致失去所持上市公司股权的支配权,或是上市公司不能偿还到期债务且资不抵债通过破产重整方式进行公司改造。

苏宁环球并购ST吉纸并成功借壳上市的步骤为：

1. 进入破产程序，解决债务纠纷

2005年4月30日，吉林市中级人民法院受理关于债权人申请公司破产的事项。2005年8月15日，在吉林市中级人民法院的主持下，ST吉纸与债权人达成和解协议，债权人同意公司以全部资产抵偿全部债务，抵偿后公司净资产为0。

2. 一次性清偿债务，实现净壳

为按期履行和解协议，ST吉纸与吉林晨鸣纸业有限责任公司（以下简称“吉林晨鸣”）签署了《资产收购协议》，并与吉林造纸（集团）有限公司（以下简称“纸业集团”）签署《承债式收购资产协议》，将其全部资产分别转让给吉林晨鸣和纸业集团。资产转让和债务重组完成后。ST吉纸成为无资产、无负债、无业务的“净壳”公司。

3. 苏宁集团将资产置入

苏宁集团将持有的南京天华百润投资发展有限公司95%的股权和南京华浦高科建材有限公司95%的股权，按经评估确定的价值40 277.90万元转让给ST吉纸，并豁免ST吉纸由于受让上述资产而产生的全部债务，即ST吉纸将无偿获得价值40 277.90万元的经营性资产。

4. 苏宁集团收购股权，实现对上市公司的控制

以收购人挽救ST吉纸的行为为前提条件，ST吉纸控股股东吉林市国资公司按收取苏宁集团1元象征性转让款的方式，向苏宁集团转让其持有的ST吉纸全部50.06%的股份。资产置入完成后，ST吉纸净资产从0元恢复至40 277.90万元，每股净资产从0元上升为1.01元。

资产重组和股权重组后，上市公司由造纸及纸制品生产经营企业变为房地产经营开发企业，其名称为由吉林纸业股份公司变更为苏宁环球股份公司，相应的，股票简称也由“ST吉纸”更名为“苏宁环球”。

七、与母公司“联姻”：复星集团成功控股南钢股份（600282）[①]

复星集团收购南钢股份（600282）采取的是与上市公司母公司合资成立新公司，投资人复星集团成为新公司控股股东；上市公司母公司，则以其所持有的上市公司股权出资。

---

① 钢铁企业，几乎全行业亏损。

2003年3月,南钢股份的控股股东南京钢铁集团有限公司与上海复星高科技(集团)有限公司、上海复兴产业投资有限公司和上海广鑫科技发展有限公司共同签订合同,合资成立了南京钢铁联合有限公司(以下简称“南钢联合”),四方出资比例为40%、30%、20%、10%,后三者均为民股性质,南钢联合的经济性质为民营性质。

在取得财政部的批准后,南钢集团将再以其所持有的南钢股份35 760万股国有股股权及其他部分资产和负债与另外三家股东共同按原持股比例对南钢联合增资。最终的结果,来自“复星系”的两家公司占南钢联合50%的股权,使“复星系”间接成为南钢股份的实际控制人。

八、定向增发加换股吸收合并:华远地产(600743)的戏剧性上市之路

2001年,亚洲金融危机发生,任志强以北京华远新时代房地产开发有限公司的身份二次创业,后改制为北京华远地产股份公司,总股本50 085.8万股,资产总额为446 555.47万元,净资产为73 987.92万元。2006年1—10月,华远地产实现主营业务收入81 683.84万元,实现利润20 380.59万元。因受政策限制,公司上市颇具障碍。

幸福实业(600743)成立于1996年8月,是经湖北省人民政府批准,由原幸福服装厂改组并经社会募集方式设立的股份有限公司。1996年9月9日在上海证券交易所挂牌交易。截至2006年10月31日,总股本31 280万股,流通股7 820万股。1999—2000年,幸福实业连续两年亏损,且每股净资产低于股票面值,根据有关规定,上交所对幸福实业股票自2001年2月21日起实行特别处理。2001年,由于S＊ST幸福连续三年亏损,自2002年4月30日起暂停上市。2002年9月3日,由于S＊ST幸福在2002年上半年实现盈利,经上交所上证上字〔2002〕146号文批准,S＊ST幸福股票获准在上交所恢复上市交易。2002年以来,尽管S＊ST幸福实现持续盈利,但每年的净利润微薄,每股净资产仍远低于股票面值。S＊ST幸福的主营业务竞争力弱,缺乏持续经营能力,亟须进行战略转型。

通过中信证券牵线,2006年八九月间,华远地产开始与幸福实业接触,10月份即签署合作意向。华远地产对幸福实业进行重组,以幸福实业吸收合并华远地产的方式,使华远地产成为幸福实业大股东,从而实现借壳上市。地产“牛人”任志强率领华远地产的上市之路极具戏剧性:

1. 等比例缩股

ST幸福股权分置改革相关股东会议股权登记日登记在册的全体股东所持股份以每1∶0.4股的方式减少注册资本。股份总数将由31280万股减少为12512万股,其中非流通股9984万股,流通股3128万股。注册资本将由31280万元减少为12512万元。

2. 回购净壳

S＊ST幸福将全部资产和负债整体出售给名流投资或其指定的企业,在评估净资产值3995.18万元的基础上,出售资产的交易价款确定为4000万元。

名流投资整体受让S＊ST幸福的全部资产和负债,并负责安置本公司全部职工,华远地产原股东同意以其持有的部分华远地产股份合计为16874000股,由华远地产原股东按照其对华远浩利承担2261116股,京泰投资承担2024880股,首创阳光2024880股,华远旅游承担91457股。16874000股按照每0.767股华远地产股份折合为1股S＊ST幸福的比例共折合为2200万股S＊ST幸福。

3. 定向增发,吸收合并

S＊ST幸福的换股价格以截至2006年10月23日的20个交易日收盘价之算术平均值为基准确定为3.88元/股,华远地产股份的换股价格确定为5.06元/股,新增股份的换股比例确定为1∶0.767,即每0.767股华远地产股份换1股S＊ST幸福股份。华远地产现有股份500858000股可换S＊ST幸福股份653009126股。即向华远地产的全体股东发行653009126股人民币普通股(A股)。在合并实施完成以后,华远地产五位股东将成为S＊ST幸福的股东,其中华远集团将成为公司的控股股东。

4. 对价股改

华远地产五位股东将以其换股获得的公司股份代公司非流通股股东向流通股股东送股,即在股权分置改革方案实施股权登记日登记在册的流通股股东以减资后所持流通股股份数量为基础,每持有10股流通股将获送15股股份,总计共获送4692万股。经过此番对价股改,每10股流通股获送15股股份共计25股,也正相当于以0.4∶1的比例将先前所缩股份还原,实现公平。

任志强此番设计,可谓用心良苦。

2007年9月,华远地产借壳首次上会未获证监会重组审核委员会通过。2007年11月,华远地产借壳幸福实业终得证监会放行。2008年8月,华远地产挂牌上市,却遭遇股市动荡,股价跌约68%。

第十六章

暗度陈仓

——公司控制与反制的“另类手法”[①]

笔者按： 公司实际控制权之争有两种另类手法值得关注：其一，是控制目标公司母公司股权，间接控制目标公司。根据《公司法》的规定，公司股东向非股东转让公司股权时，其他股东有优先权。为规避此项规定，目标公司股东并不直接向外转让目标公司股权，而是转让目标公司母公司之股权。2011 年年底暴发的 SOHO 中国与复星集团两家中国明星民营企业关于外滩“地王”权益之争，SOHO 中国便是取得目标公司母公司的股权，从而间接获得外滩“地王”50% 的投资权益。2012 年 5 月 31 日，复星国际发布公告称，已正式就上海外滩 8-1 地块向上海市第一中级人民法院提起民事诉讼。其被告是向 SOHO 中国转让股权之目标公司母公司（绿城中国、上海证大和上海磐石），SOHO 中国亦当牵涉其中。其二，是各权利主体，在因法律、法规或政策限制不能直接持有目标公司足够数量股权的情况下，通过协议约定权利主体对目标公司的实际控制权。其典型者如新浪的 VIE 架构模式。此外，公司并购与反并购的基本手法，亦值得关注和研究。

① 本章所涉事件，为笔者所处理、研究及适度介入；案件事实，均源自媒体公开报道。

一、控股母公司：郭广昌与潘石屹外滩“地王”之争

2012 年 5 月 30 日，复星国际发布正式向上海市第一中级人民法院提交起诉书，正式提出民事诉讼。11 月 22 日，潘石屹亲发长微博称，拒绝复星集团董事长郭广昌要收其 5 亿元“中介费”的不合理要求后，双方合作谈崩。11 月 29 日，该案在上海市第一中级人民法院开庭。2013 年 4 月 24 日，上海市第一中级人民法院一审判决浙江复星商业发展有限公司胜诉，被告方证大、绿城和 SOHO 中国的股权转让协议无效。

《判决书》显示：

本案涉讼主体及合同当事人分别隶属于四个核心利益集团，其中原告复星商业和复地集团、复星国际有限公司为一方，被告长烨公司、被告长昇公司和 SOHO 中国有限公司为一方，被告嘉和公司、被告绿城公司和绿城中国控股有限公司为一方，被告证大置业公司、被告证大五道口公司和证大房地产公司为一方。

2010 年 2 月 1 日，被告证大置业公司通过公开竞买方式竞得外滩 8-1 地块，成交价创“地王”新纪录。同年 4 月 26 日，海之门公司成立，注册资金 10 亿元，复星商业、证大五道口公司、绿城公司、磐石投资分别持股 50%、35%、10%、5%。

2011 年 10 月 28 日，证大置业公司将项目公司 100% 股权及相关权利以及其就股东借款享有的全部权利，以 95.7 亿元价格转让给海之门公司。同年 12 月 29 日，证大五道口公司受让磐石投资 100% 股权。2011 年 12 月 22 日、28 日，被告证大置业公司曾两次致函原告复星商业，同意原告可以以 42.5 亿元购买证大方股东合计持有的海之门公司 50% 的股权及股东借款，但均未果。

12 月 29 日，长烨公司与嘉和公司、证大置业公司签署《框架协议》，受让证大置业公司、嘉和公司分别持有的证大五道口公司、被告绿城公司 100% 股权，交易价款计 40 亿元。这意味着长烨公司通过证大五道口公司及绿城公司间接拥有海之门公司 50% 股权，间接拥有项目公司及外滩 8-1 地块 50% 权益。与此同时，复星国际发布声明：“本公司认为其于建议转让中拥有优先认购权，若该等权益无法得到保障，本公司将采取一切合适之法律手段维护其权益。”

2012 年 1 月 9 日，长烨公司与嘉和公司、证大置业公司签署《框架协议之补充协议》；2011 年 12 月 29 日、2012 年 1 月 12 日，证大置业公司、嘉和公司又分别与被告长昇公司（实际控制人系 SOHO 中国）签署《股权转让协议》，约定由长昇公司受让

证大置业公司持有的证大五道口公司100%股权,以及嘉和公司持有的绿城公司100%股权。2012年1月12日、17日,绿城公司、证大五道口公司的股东均变更为长昇公司。

上海市第一中级人民法院认为,被告绿城公司和被告证大五道口公司实施上述交易行为具有主观恶意,应当承担主要的过错责任。上述交易模式的最终结果,实际上剥夺了原告对海之门公司另50%股权的优先购买权。此外,双方对海之门公司的董事会成员改组事宜已发生争议,各持50%的股权结构的不利因素已初见端倪,海之门公司未来的经营管理和自治僵局也在所难免。显然,上述交易后果的发生,也难以保障外滩8-1地块项目后续的正常开发。

上海市第一中级人民法院依法判决认定系争股权转让协议无效,被告嘉和公司、被告证大置业公司将被告绿城公司、被告证大五道口公司的股权状态恢复至转让前。

一审宣判后,被告方SOHO中国、绿城、证大等七家公司已向上海市第一中级人民法院提交了上诉状,该案将在上海市高级人民法院进行二审。

(一)"皆大欢喜"的最终和解

2015年9月23日晚间,SOHO中国与复星国际双双发布公告,公布了有关于当年外滩"地王"的股东协议,SOHO中国最终放手外滩"地王"。根据公告,外滩"地王"的项目公司作价84.93亿元整体出售给复星,这也意味着SOHO中国通过全资附属公司五道口、绿城合升以及上海磐石所间接持有、合计50%的外滩"地王"股权全部交给了复星。而此时,该项目已大半落成,取名为外滩金融中心·BFC。

在业界看来,复星中国是这场长达三年的博弈中的最大受益者。2010年上海证大以92.2亿元的价格拍得BFC地块;而五年之后,复星只以不到85亿元的价格,就获得了这一项目的全部股权。不过,SOHO中国也并非没有所得。据潘石屹在微博上披露的信息,通过交易和后续事项的处理,SOHO中国预计将获得约10亿元的税前收益。

(二)"外滩地王并购案"并购技术分析

SOHO中国潘石屹、绿城中国宋卫平和证大地产戴志康在上海外滩大战复星国际郭广昌,打得难分难解,仍未分最终胜负。围绕外滩"地王"争夺,双方之间精彩爆料频出:"5亿元过路费""母协议真伪""深喉先生汪先刚""优先认购权不适应论""两口子结婚价值观说"等诸多细节纷纷登场。

外滩"地王"背后,是戴志康、潘石屹和郭广昌三方借助法律、技术和政策等各种手段，进行控制与反控制、收购与反收购的殊死搏斗。衡量控制权的主要标志是董事会组成结构的转变，谁控制了董事会，谁就争取了主动。因此，潘石屹和郭广昌对外滩“地王”股权争夺越来越复杂的博弈核心，是海之门公司（上海外滩“地王”8-1地块项目公司，下文中的8-1地块统称“外滩地王”）的董事会争夺战。上海市第一中级人民法院在《判决书》对上述推测给出佐证：目前双方对于海之门公司的董事会成员改组事宜已经发生争议，各持50%的股权结构的不利因素已经初见端倪，海之门公司未来的经营管理和内部自治的僵局情形也在所难免。

相当意义上，“外滩地王”之争有标本意义：资本市场惯常操作的“一致行动人”“驱鲨条款”“白衣骑士”“毒丸计划”等策略在这一股权收购战中频繁使用，但对三方而言，效果迥异。

1．“一致行动人”结盟

拿下“外滩地王”后，政策和市场形势突变，戴志康计划中的融资落空。据媒体公开报道，2010年9月30日，在北京昆仑饭店，复星总裁汪群斌、范伟与戴志康一行谈至深夜2时。戴志康亮出家底儿，只拿得出来大约10亿元，还有接近36亿元土地款的缺口和3.6亿元的土地契税及分期利息。其中，利息支出相当于每天往黄浦江里扔10辆宝马。

如果戴志康在宽限期满还不能缴款，这块地就有被收回的风险。不得已，戴志康将“外滩地王”原项目公司股权转手海之门公司，复星国际乘虚而入，占股50%。彼时，戴志康仅仅拥有海之门公司35%的股权。从表面上看，复星国际“一股独大”，海之门公司剩余的股权分散，分别由绿城持股10%，磐石投资持股5%，事实上，熟稔资本市场反收购的戴志康顺势使出“一致行动人”策略，绿城的股份全权委托证大管理，即上海证大、绿城和磐石结盟为“一致行动人”。这就意味着海之门董事会的组成人员一半为戴志康方，一半为郭广昌方。

凭借“一致行动人”策略，戴志康和郭广昌达成妥协，证大负责操盘，复星负责政府关系和资金。但是，“一致行动人”威力越来越弱。戴志康抱怨说，复星最后主导这个项目，是复星的过分强势而形成的。

海之门公司成立之初，戴志康陷入财务困境。海之门的注册资本金23.9亿元人民币，戴志康居然无力缴纳应该出资部分，复星国际代为垫付。在海之门成立的第二天，戴志康继续通过新华信托融资，募资9.58亿元人民币，代价是转让海之门公司10%的股权。在后续对海之门追加开发投资资金时，戴志康似乎更加有心无力，复星国际主导海之门也就顺理成章。戴志康的“一致行动人”策略在海之门董事会层面势微。戴志康后来在微博上很委屈地表示,郭广昌抢走了他的“外滩地王”。郭广昌却委婉表示,海之门项目规划上报政府受阻,复星国际推动和落实了上海“外滩地王”的规划审批。

事实上,从《判决书》分析,戴志康出让股权,并且让出第一大股东的位置,完全是受困资金造成。《判决书》显示,郭广昌同时持有证大地产约 2 431 815 000 股股份,以0.33 港元/股成本价计算,价值约8.02 亿港币。也就是说,戴志康同时以上市公司股权质押的方式向郭广昌借钱。尽管受到资金掣肘,海之门公司股权被郭广昌拿走一半,但戴志康一直试图收复“失地”,决心要重新掌控主导上海“外滩地王”的运作。

2. 设计“驱鲨条款”

戴志康失手海之门公司股权,源于资金链吃紧,最终受到致命一击的恰恰是其自设的“驱鲨条款”。“驱鲨条款”就是后来被媒体广泛报道的“母协议”。

为了达到收复“失地”目的,戴志康分别同郭广昌和宋卫平约定了“驱鲨条款”。“驱鲨条款”约定,“除非本协议另有规定,未经对方事先书面同意,任何一方均不得全部或部分转让其在本协议项下的任何权利和义务”。“驱鲨条款”主要是戴志康防止郭广昌与宋卫平出售海之门公司股权,减轻海之门公司股权回购难度。《判决书》显示,“驱鲨条款”由戴志康主动提出。通过公司章程约定,戴志康为以后重新夺回上海“外滩地王”埋下伏笔。

事实上,戴志康与上海“外滩地王”渐行渐远。受困于资金链,戴志康最终决定要甩卖剩余的股权。宋卫平同样受困于资金链,在甩卖海之门公司股权问题上,与戴志康达成一致。为了提高海之门公司股权出售价格,戴、宋二人又一次达成一致,成为“一致行动人”。但是,这条“驱鲨条款”同时也成为他日后出售海之门公司的最大障碍。

根据“驱鲨条款”的约定,没有三方股东郭广昌、戴志康和宋卫平的书面同意,海之门公司任何一方股东股权转让无效。擅长太极的郭广昌顺势借戴志康设计的“驱鲨条款”为己所用。在后来的海之门股权争夺大战中,“驱鲨条款”成为郭广昌驱逐潘石屹的杀手锏。精明的潘石屹最初还被蒙在鼓里,公开在其微博上一再强调,郭广昌根本就没有所谓的“母协议”,“如果有,就请拿出来,不就真相大白了吗?”戴志康亦受困其中,只能大谈“母协议”精神,称其意在双方平等操作上海“外滩地王”项目。除了“驱鲨条款”,戴志康在“白衣骑士”策略使用上频频丢分,而潘石屹深得“白衣骑士”要义,郭广昌则以不变应万变。

3. 潘石屹:从“白衣骑士”到“黑衣骑士”

按照收购意图,通常可以分为财务收购和战略收购。所谓财务收购,投资方收购公司的股权,股权增值后,再把股权卖掉,很少参与被收购公司的运营管理。具体到上海“外滩地王”,潘石屹声称,郭广昌要多收他“5亿元过路费”。郭广昌则表示,双方没有共同价值观。

实际上,郭广昌希望潘石屹作为财务投资者身份出现在海之门公司,而潘石屹则坚持在董事会上“说话算数”。早在2011年4月,潘石屹就说:低于50%的股权我们就不进入了。手持海之门50%股权的郭广昌则希望成为控股股东,“我可以收购1%,也可以收购10%,只要复星占绝对大股”。假如潘石屹收购海之门成功,最终双方在股权关系上形成50:50的股权关系。这是一个吵架的股权结构,若事先不能在董事会达成一致,董事会结构畸形,就将成为日后引爆董事会战争的一颗地雷。以投资见长的郭广昌和以收购烂尾楼出名的潘石屹不可能不知道这个道理。但是,潘石屹“义无反顾”地参战,以至于郭广昌称其“很生猛”。

潘石屹的“生猛”自有其逻辑。他后来在微博上公开透露,在交易之前,我最后跟SOHO中国的律师通了一个电话,说你最后给我一个肯定的回答,咱们有没有触犯复星的优先购买权?如果触犯了复星的优先购买权,我们不可能花四五十亿元做违法的事情,这是绝对不能做的。中伦律师事务所的郝翰律师说,潘总你放心,我们转的是“爷爷辈儿”的公司,他(郭广昌)说的优先购买权是“孙子辈儿”的公司,所以他是没有优先购买权的。我说他的手能不能伸到上面去,郝翰说,他的手要是能从“孙子辈儿”公司伸到“爷爷辈儿”公司的股权里面去,《公司法》就不存在了。

交战双方的公开说法都自有其道理。但是,潘石屹、郭广昌和戴志康的商业智慧不仅仅在于法律层面的较量。还原“外滩地王”收购过程,我们更能看清楚该事件的真相。在海之门公司股权收购战的背后,资本市场常用的“白衣骑士”策略持续发挥威力,三方不同的利益诉求和各怀心事,最终导致最不可能出现的结局。

一审判决书显示:戴志康受困资金链,有意出售海之门公司股权;郭广昌有意收购,但在股权比例和价格上,戴志康并不满意郭广昌的方案;郭广昌找到第三方潘石屹,希望双方合作,但前提是股权比例不能高于50%,谈判未果;戴志康也找到潘石屹,希望潘石屹给出较满意的价格,双方谈判深入。潘石屹和郭广昌就此形成了竞争关系,海之门公司50%的股权拍卖机制就此形成。这是资本市场收购战中常用的“白衣骑士”策略。戴志康引入“白衣骑士”潘石屹,从理论上说,是为了牵制郭广昌。郭广昌要收获海之门公司股权,就需要付出更高的价格。郭广昌原来希望潘石屹成为他的“白衣骑士”,他没有想到,潘石屹变成了他的“黑衣骑士”。潘石屹扮演的“骑士”角色,也就是戴志康的“托”和对付郭广昌的“一张牌”。“白衣骑士”在收购战中被频繁使用,但同时也是一把锋利的“双刃剑”。

在上海“外滩地王”股权争夺战中,复星国际的身份同时还是海之门公司第一大股东和实际控制人。复星国际对海之门公司不仅有优先购股权,且海之门公司章程中有“驱鲨条款”。戴志康也不可能不知道自己亲自设计的“驱鲨条款”的威力。但是,他仍然希望赌一把,希望郭广昌最后时刻出手,这也是最好的结果。复星国际是证大的二股东,双方知根知底,心理博弈就此展开。而聪明人潘石屹亦不甘心充当“白衣骑士”角色,垂涎上海“外滩地王”这块肥肉。他在赌复星国际同样受困于资金链,最终会抛开优先购买权和“驱鲨条款”,接受他的入局。潘石屹考虑的是,复星国际投的现金、股本金和项目贷款共 60 亿元,超额贷款更多,“等我们进去后,超额贷款不光拉平,我们会多承担一些给项目公司的贷款。你承担这样大的资金负担,何必呢?你把钱放在里面跟我们打官司,在 8-1 项目上,我们之间的权益是 50:50,你们打我们一耳光,你脸上感觉比我疼”。

三方的价格博弈就此展开,多轮报价背后,三方之间的信息不对称也为各自的利益最大化提供了空间。据媒体公开报道,复星国际方面称,我们希望 SOHO 中国作为第三方去谈,这样可以避免戴志康觉得复星国际压价,但是 SOHO 中国迟迟没有拿出真正的价格,我们直到签约前一天才知道他是 40 亿元买,还是通过我们在证大的董事知道的。戴志康则称,谈判期间,无论是 SOHO 中国还是证大地产,均一直向复星国际通报相关的进展,但复星国际最终给出的商业条件低于 SOHO 中国所出的商业条件。在互相报价期间,出现一幕反常的细节。判决书显示,戴志康在 2011 年 12 月 22 日和 2011 年 12 月 26 日,分别给出两次报价。其中,第二次报价在转让股权价格约定和付款期限上更加苛刻。在第二次报价中,戴志康不仅提出要复星国际支付“人民币 42.5 亿元的总对价购买证大方股东合计持有的海之门公司 50% 的股权及股东借款”,还特别提出“但不包括证大房地产公司和被告证大置业公司及其关联方为海之门公司和项目公司前期垫付费用人民币 2 079.71 万元、被告证大置业公司及其关联方向项目公司直接提供的人民币 2 600 万元流动资金、被告证大五道口公司要向新华信托所支付的信托收益”。也就是说,在第二次报价中,戴志康要求增加至少 0.4679 亿元人民币。戴志康同时要求,第一笔付款日期要比第一次报价提前 35 天。

据媒体公开报道,戴志康向郭广昌报价,潘石屹并不知晓。而戴志康对媒体说,

“绿城(2011 年)12 月底之前一定要钱,不然资金链就断裂了。证大的资金还没那么紧张,但我们要考虑到绿城”。如果说是应“一致行动人”绿城的要求,第一笔款的支付日期也应在 2011 年 12 月 31 日。研究发现,这是戴志康在价格谈判的最后关头,向郭广昌最后一次施加心理压力。郭广昌并没有中招。复星国际方面后来表示,这样的询价,对于在同等条件下拥有优先权的复星国际,并没有体现出应有的权益保护,更像是在比价。2011 年 12 月 28 日,证大地产临时宣布召开董事会,没有会议场地,没有内容提示,没有任何文件,在仓促的电话会议上,证大宣布 SOHO 中国将收购证大和绿城在合资公司的 50% 的股权。当天晚上,郭广昌紧急打电话给潘石屹,要求他暂停签约。

但潘石屹似乎是假戏真唱,收购了上海“外滩地王”项目。

为了完成这笔生意,潘石屹为这一交易结构进行了“特别设计”,即通过收购目标公司(证大五道口公司、绿城公司)的上级公司即转让方(嘉和公司、证大置业公司)股权,且剥离这些上级公司的资产,使其成为仅拥有目标公司权益的壳公司,用意恰恰是为了绕开复星国际在目标公司的优先认购权。如果转让方资产不良,潘石屹自然会损失惨重。资本市场通常将上述类似转让对方公司资产的行为称做“毒丸计划”。潘石屹自然深知转让方的资产如果不剥离干净,后果严重。潘石屹与戴志康的谈判细节不得而知,判决书披露,戴志康将以潘石屹“满意的方式”将证大资产剥离完毕。“满意的方式”一词尽显戴志康一番博弈后山穷水尽的窘态,也凸现潘石屹志在必得的心理优势。

2011 年年底,复星国际曾专门咨询。我认为:从程序上,根据上海市高级人民法院与最高人民法院新近出台的规定,该案应由上海的中级人民法院一审,高级人民法院二审。从实体上,该项交易系转让项目公司母公司股权,除非有特殊约定,否则子公司股东对其他股东母公司的股权转让无优先权。此外,如果双方开始曾实质性协商直接收购项目公司,但为“排除来自项目公司其他股东优先收购权法律障碍”而刻意设计收购母公司或“祖父母级”公司股权,有可能被认定存在主观恶意,此种原理类似于“刺穿公司面纱”的认定。从诉讼策略上,诉讼仅为各方利益再分配的一个平台,边打边谈、边谈边打、以打促谈,也许可以在未来的利益格局中最大化地占据主动。

二、VIE 架构:新浪的“协议控制”架构分析

笔者按:协议控制①,是保障契约自由与信守契约精神的产物。提及协议控制,人们多想起新浪模式、VIE 架构。大成律师承办了多起海外红筹上市、VIE 公司架构、与 VIE 相关投资争议处理等相关业务。我们将在本部分把“新浪协议控制模式”作为一个专有领域的问题来讨论,而新浪确实堪称协议控制之典范,其“协议控制”亦有其特定的融资背景。

(一) VIE 架构基本模式②

VIE 在投资意义上系指“可变利益实体”(Variable Interest Entities, VIEs),是 SPE(特殊目的实体)的一种。

VIE 结构:中国互联网公司大多因为接受境外融资而成为“外资公司”,但很多牌照只能由内资公司持有,MIIT 就明确规定 ICP 是内资公司才能拥有的,所以这些公司往往成立由内地自然人控股的内资公司持有经营牌照,用另外的合约来规定持有牌照的内资公司与外资公司的关系。后来这一结构被推而广之,应用于许多非互联网赴美上市的公司中。为了更好地理解,举几个 VIE 结构的案例:

[案例一] 中国公民甲,在国内创立了一家企业 A,业务很好,想上市(为了融资、为了退出)。但是无法达到上交所和深交所的要求,即使达到要求,对漫长的审批也无望。于是想到境外更容易上市、方便融资和退出的市场去 IPO。但私人企业要去海外上市,也需要中国证监会等部门审批的,以“防止国内资产外流”。这时,可

---

① 在如何控制公司的实践中,通过协议的方式实现公司控制权的屡见不鲜,隐名股东与具名股东之间,就存在一个协议委托与控制的问题。而地方政府在引进投资人、对企业进行改制重组过程中,通过协议方式安排公司控制权的做法也很常见。笔者就曾作为某产业集团总法律顾问,参与该集团入主东北某拟上市公司的重组。因上市之需要以及维护与目标企业债权人银行的关系等种种复杂原因,该集团未直接受让目标公司股权,而是由当时的州长代表政府(目标公司控股股东为政府)以一纸协议将目标公司“托管”给集团老总。后目标公司整合上市,而投资人与政府之间的矛盾亦日趋激烈。政府遂找出投资诸多“问题”,一纸通知解除“托管”。双方因此产生投资争议,同时围绕目标公司控制权与投资权益补偿问题展开一系列的诉讼与其他博弈。而本书第二十章所提及之目标公司,亦被当地政府以一纸合同“托管”给当地企业家。

② 近年来,大成律师处理了大量协议控制、离岸公司事务、红筹上市等领域法律事务。本节内容结合大成律师业务实践进行了归纳、整理与总结。

在海外成立一家壳公司B,B(或者通过其在国内设立的全资子公司C)与内资的公司A签订一份几十年的协议,将A所有债务和权益都转给B,B以此在海外成功上市,俗称新浪模式,也就是VIE模式(可变利益实体)。目前在海外上市的绝大多数中国企业都采用了该模式,包括新浪、百度、腾讯、阿里巴巴(1688)等。

[案例二] 中国公民乙,在中国创立一家公司A,申领了各种许可证。一些行业对外资进入有限制甚至被禁止,比如新闻网站、网络游戏、在线视频、在线支付等,但对内资公司来说,这都不是问题。后来,A想融资,发现极少有人民币基金(因为外汇管制的问题),而且很难和他们谈,但美元基金又不能直接投入内资公司。于是,在海外注册了一家公司B,基金组织将美元投给B(A和基金组织都拥有B的股权),B再到国内注册成立一家外资全资子公司C。然后,A和C之间签订一份几十年的协议,A的所有债务、权益全部由C承担和享有。也就是典型的VIE结构。

以上两个案例,并非完全独立,有交叉,可能从创立企业、融资、领取各种牌照、到海外上市,各个环节均涉及VIE。

本来公众对这种公司结构没有太多的关注,因为觉得无非是"新瓶装旧酒",就是利润多绕了几次弯儿,最后利润的实质归属并没有发生改变,而国家也对该结构采取默许的态度。不过,最近的"支付宝事件"却让投资者开始越来越多地关注起相关的风险。根据数家公司招股说明书及年报,大致归纳了VIE架构公司以下几类风险。

1. 政策风险

国家相关部门对VIE结构采取默许的态度,目前并没有实质的可操作的明文规定。一旦国家相关部委出台相应的规定,可能会对采取VIE结构的公司造成影响。

例如,我国政府曾针对特殊行业使用VIE结构出台过相关的文件。2006年,中华人民共和国信息产业部(MIIT)发布的《关于加强外商投资经营增值电信业务管理的通知》指出,将会对互联网公司使用VIE结构进行密切审视。行业里认为这是一个告诫性的信号,但没有禁止。因此尽管对VIE结构的使用有所限制,但使用仍然在继续。

2. 外汇管制风险

利润在境内转移至境外时可能面临外汇管制风险。例如,2012年5月10日,世纪佳缘就在招股书中披露,其在中国境内开展业务的两大子公司之一北京觅缘信息科技有限公司(以下简称"北京觅缘")未能如期取得国家外汇管理局审批的外汇登记证,世纪佳缘因此未能完成对北京觅缘的首次出资。根据我国法律,商务部签发的外商投资企业批准证书也将失效,而北京觅缘的营业执照将被北京当地的工商局吊销,它将不再是一个合法存在的法人实体。

3. 税务风险

VIE 结构的公司将会涉及大量的关联交易以及反避税的问题,也有可能在股息分配上存在税收方面的风险。比如新浪就在其年报中披露,上市的壳公司没有任何业务在中国内地,如果非中国运营的境外壳公司需要现金,只能依赖于 VIEs 向其协议控制方及境内注册公司分配的股息。壳公司并不能保证在现有的结构下获得持续的股息分配。

4. 控制风险

由于是协议控制关系,上市公司对 VIEs 没有控股权,可能存在经营上无法参与或公司控制经营管理的问题。

(二) 协议控制,被权力扭曲而成的"经济怪胎"

"协议控制"源于新浪 2000 年 4 月在美国上市前的一系列制度安排,因此又被称为新浪模式,而新浪模式的基本要素是:通过合作协议的方式,实现境外的壳公司对境内公司的实际控制。自新浪模式始,国内已经有四十多家网络公司通过这种"协议控制"的模式,实现了境外上市的目标。

近来,关于中国企业通过离岸公司在海外上市且以"协议控制"的方式规避国内某些监管的现实,因为支付宝的股权之争风波而炒得沸沸扬扬。曾有消息称:中国证监会等监管机构的一份监管报告提议禁止"协议控制"的模式,认为这种模式本身一方面规避了国家的法律监管,另一方面存在利益输送和资产流失等严重风险,而且还违背了国家的产业准入政策,建议对"协议控制"采取疏堵结合的方式,逐步引导高科技互联网企业选择境内上市或回归境内市场。

中国资本市场一开始的定位就是为国企筹措改制发展的资金,大量的民营企业被挡在中国资本市场门外,再加上中国资本市场上市过高的利润要求和门槛,在创业板尚未设立的情况下,那些刚刚起步的网络公司因为盈利达不到要求而根本没有可能在国内上市,这等于堵死了国外风险投资公司退出的最好通道。在这种情况下,一些民营企业和网络公司开始通过在海外注册离岸公司,并由离岸公司"返程投资"收购国内企业的资产,曲线在美国等海外资本市场上市,这被称为"红筹上市"模式。"红筹上市"模式本身就是被逼无奈的产物:通过这种方式,一方面国内的网络公司获得了继续发展的风险投资,另一方面海外资金通过上市实现了退出。这种模式帮助了数百家中国企业实现了海外上市,在突破体制方面,可谓功不可没。

国家外汇管理局在 2005 年出台了"11 号文"和"29 号文",这两个文件规定,中国内地居民或法人开办或投资海外企业之前,必须由国家外汇管理局审批。这两个文件的初衷是为了打击热钱和境内资本的外逃问题,但这两个文件的出台等于从实质上消灭了“红筹上市”模式,自这两个文件出台之后,就没有任何项目通过审批。后国家外汇管理局出台的“75号文”中,对之前两个文件对风险投资的误伤进行了政策层面的补救,明确允许境内居民(包括法人和自然人)可以特殊目的公司的形式设立境外融资平台,通过反向并购、股权置换、可转债等资本运作方式在国际资本市场上从事各类股权融资活动,合法利用境外融资满足企业发展的资金需要,等于再次承认了“红筹上市”模式的合理性。

2006年8月,商务部等六部委出台了《关于外国投资者并购境内企业的规定》(俗称“10号文”),要求境外壳公司收购境内关联企业必须报商务部审批,并且必须由证监会进行审批,而在此之前,返程投资海外上市不需要证监会审批,只需要获得证监会的“无异议函”即可。可以说,“10号文”出台之后,“红筹上市”模式基本宣告终结。据我所知,很少有公司能够通过层层审批。

(三)笔者点评:权力过度主导是当下妨碍中国经济、社会发展的最大问题

近10年来,中国的民营企业、网络公司的海外上市之路一直和扭曲以及多变的政策在斗争。我认为,“政府中的某些当权者不甘寂寞,权力屡屡出轨”,“看得见的手”沦为“闲不住的手”“管不住的手”是当下中国非常严峻的问题。

如何规制权力之手对国民经济运行之影响,协调市场“看不见的手”和政府“看得见的手”之间的关系,如何处理全球化与国家经济主权与安全的关系,是中国特色市场经济不可回避之问题。

三、司法实践中认定VIE协议效力的几个问题

最近,最高人民法院在华懋金融服务有限公司与中国中小企业投资有限公司关于民生银行股权纠纷一案中,判决双方VIE协议无效。(我注意到最高人民法院调整了北京市高级人民法院的判决,虽然认定合同无效,但依照公平原则认定涉案收益与华懋集团的投资有因果关系,故依法给予了华懋集团40%的投资权益。也就是所谓的“认定协议无效,但比照有效处理”。)最高人民法院这一判决是仅仅针对本案,还是确立了VIE协议无效的原则?我和相关法官讨论时认为这仅仅是个案判决,最高人民法院的法官也没有提出反对意见。但此后,我注意到贸仲上海也先后裁决认定两起网游领域纠纷中的VIE协议无效。这是不是受到最高人民法院前述判决的影响?华懋案因涉金融领域,故以事关公共利益与国家管理为由否定其合同效力尚有情可原,若网游领域的VIE协议也以事关国家利益为由判定合同无效是否

合适?是否会出现以国家利益之名剥夺合同一方商业利益的不公平?

因此,如何正确认识与妥善处理最高人民法院影响性裁决与仲裁庭独立性问题非常有必要。我认为,对 VIE 协议的效力问题,不能简单套用最高人民法院这一判决认定合同无效,而是应当根据《合同法》关于合同效力的规定,具体案件具体认定。

当事人一致认定合同有效,仲裁庭未必当然认为合同有效。那么,当事人一致认为合同无效,仲裁庭是否就当然应当认定合同无效呢?

贸仲上海两起关于 VIE 协议纠纷的处理中,似乎双方当事人均认为协议不是为了、也确实没有实际履行,是仲裁庭认定合同无效的重要理由之一。因未见到案卷我不宜对具体个案发表意见,但毋庸置疑的是,仲裁庭并不应当依当事人意思自治而当然否定合同效力(例如基于对公共利益和第三人利益的保护的考虑)。

当年支付宝股权纠纷时,我曾经给相关当事人法律风险提示:如果诉诸法律,各方 VIE 协议的效力可能得不到法庭或仲裁庭支持,则对各方的风险都是极其巨大的。另一方面,支付宝若继续留在以外资为主的阿里巴巴集团,则其取得中国政府第三方支付业务许可的可能性微乎其微,或者说只有转到内资企业杭州阿里巴巴名下,方能取得第三方支付牌照且业已实际取得该牌照。大家的“蛋糕”已经做大,断无再将股权退回阿里巴巴而失去第三方支付牌照之理。所以,重要的是对已经获得的利益以及未来上市后的期得利益进行合理分配。各方经协商最终达成谅解。

我想说的是:未诉诸法院或仲裁的 VIE 协议仍然在被各方有效地履行,为何一旦诉诸法院或仲裁便要认定其无效呢?所以,合同效力还是应该具体问题具体分析。

一方面,我们判案不能根据法律的原则,或者笼统地称之为“以合法形式掩盖非法目的”而否定合同效力。司法实践中,往往容易被主观臆断的“非法目的”成为否定至少形式合法的合同效力的“神秘理由”。另一方面,我们也完全应当明确并坚守一些基本的东西,例如:任何人无权以所谓国家利益之名牺牲他人利益而牟取自身利益;任何人无权因自身的违约或违法行为获取商业利益。若以所谓违法为由简单否定 VIE 合同效力粗暴剥夺海外一方当事人的商业利益,实际上使同样明知违法而参与的另一方当事人因此获利。这显然是有违法律的基本原则的。

所以,我们要坚守内心的法律信仰,同时以仲裁的专业性来保证仲裁独立性与公正性。我一直坚定地认为:“政府中的某些当权者不甘寂寞,权力屡屡出轨。‘看得见的手’沦为‘闲不住的手’‘管不住的手’,是当下中国市场经济乱象频出的根本原因。”而 VIE 架构本身便是在权力过度干预经济的大环境下,非国有企业与资本被不正当地扭曲而成的“经济怪胎”。我们有尊重现行法的要求问题,也有一个如何选择与适用现行法不同规定的专业技术性问题。

简单地一概否认 VIE 协议的效力,对投资领域的负面影响不言而喻。同时,对中国的律师业、仲裁事业也带来相当的风险:那些因 VIE 协议并未违反中国法律、行政法规禁止性规定而出具相关法律意见的律师,将因非法律环境变更而是某一具体司法行为遭受巨大的职业风险。仲裁若过度以违反法律合同无效为由过度伤害外方当事人利益,未来只能导致各方将此类纠纷约定至国外仲裁。

四、VIE 架构拆分与中概股回归的法律问题[①]

协议控制,是控制公司的基本方式之一。而 VIE 架构下的协议控制,则是应对“中国式市场管制”的产物。当下 VIE 架构合法、高效的拆分,实质上是一种特殊的公司并购,既是企业(尤其是中概股公司)回归 A 股市场的必由之路,亦为投行、律师等提供了新的服务领域。

——题记

VIE 原本就是应对“中国式市场管制”的“变态产物”;当下 VIE 架构的拆分潮既是为国内 A 股市场的“疯狂”吸引,亦是“应付”市场管制新规的对策。我认为,协议控制是与股权式控制、“实际”式控制、核心资产式控制等相并列的公司控制的基本方式。VIE 的拆分,实际上就是一次特殊的公司并购。

引子:中概股,欢迎回家

2015 年前 5 个月,中国的 A 股究竟有多牛? Wind 资讯数据显示,2015 年年初至 5 月 20 日,上证综指涨幅为 39%、创业板综指的涨幅竟高达 144%。而全球其他地区的主要指数,涨幅最高的是俄罗斯 RTS 指数,也仅为 30.51%。A 股涨幅独领风骚,不仅诞生了市值高达 360 亿元的暴风科技(300431.SZ),更使得在海外上市的中国概念股们羡慕不已。一边是 A 股动辄上百倍的市盈率,一边是自己在海外被严重低估的市值;看着“别人家的股票”(暴风科技)连续三十几个涨停,早就回家心切的中概股们有些坐不住了。

5 月 20 日,宏达新材(002211.SZ)的一纸公告,宣布分众传媒从海外成功归来。与此同时盛大游戏(GAME.O)、完美世界(PWRD.O)、世纪佳缘(DATE.O)等上市公司也被报道称有意私有化退市。在中国概念股酝酿回流潮的同时,5 月 19 日上交

---

① 本文是笔者的学习笔记,许多内容、信息、专业图片均源自互联网,尤其是向晶晶《史上最全 VIE 拆分上新三板历程》一文。如未能准确注明出处,敬请谅解。

所副总经理刘世安对外透露,上交所正在筹建的战略新兴板将采用更具包容性的上市条件,首先淡化盈利要求,允许暂时达不到要求的新兴产业企业、创新型企业上市融资。

这一条无疑是最受市场关注的,这意味着 A 股将为不少尚未盈利的互联网公司上市开了绿灯,也为海外上市的中国股票回国上市建立了通道。

Wind 资讯数据显示,目前在境外市场上市交易的中国概念股(指主要业务在中国大陆,但在境外交易所上市的公司股票)共有 380 家,总市值约为 19 744 亿美元。这其中不乏增长力强、增长迅速,对维护国家安全具有战略性意义的优质企业。①

(一) VIE 的基本架构

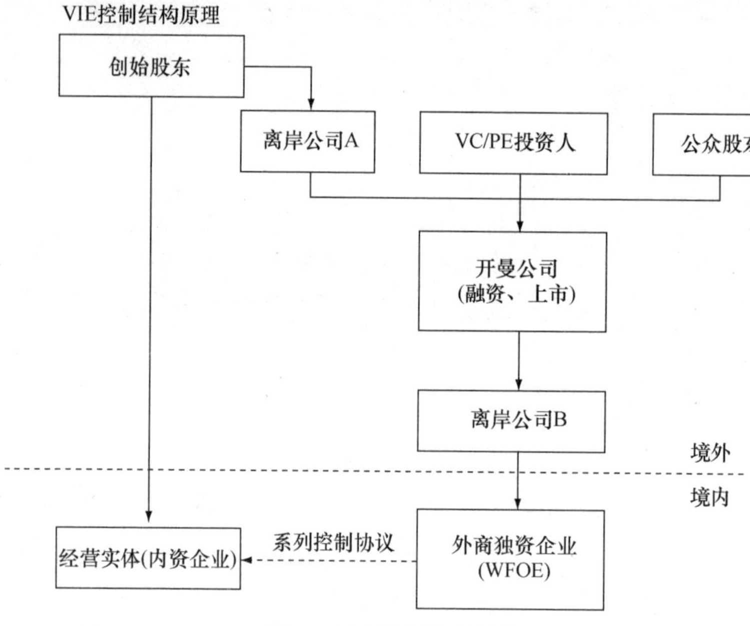

图 1　VIE 控制结构原理

VIE,即 Variable Interest Entity,通常是指境外特殊目的公司通过其在中国的全资子公司(外商独资企业、WFOE)以协议控制的方式控制一家内资公司,从而实现境外特殊目的公司对内资公司的并表,进而境外特殊目的公司得以基于此在境外融资或上市。用于控制内资公司的协议包括控制权、利润转移协议、股权质押协议等一系列合同。这些公司通常的做法是:

① 参见刘永刚:《中概股,欢迎回家》,载《中国经济周刊》2015 年第 20 期。

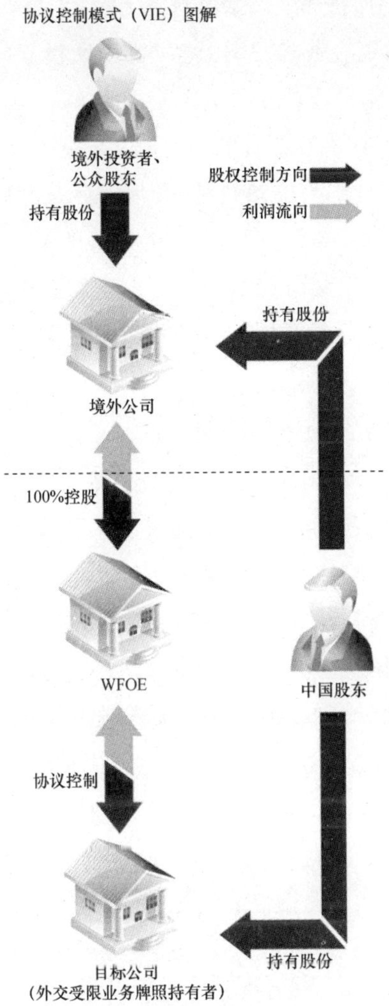

图2　VIE 控制架构图

(1) 公司的创始人或是与之相关的管理团队设置一个离岸公司，比如在维京群岛(BVI)或是开曼群岛。

(2) 该公司与 VC、PE 及其他的股东，再共同成立一个公司(通常是开曼)，作为上市的主体。

(3) 上市公司的主体再在香港设立一个壳公司，并持有该香港公司100%的股权。

(4) 香港公司再设立一个或多个境内全资子公司(WFOE)。

(5) 该 WFOE 与国内运营业务的实体签订一系列协议，达到享有 VIEs 权益的目的，同时符合 SEC 的法规。

VIE 架构协议控制如何搭建？以暴风科技为例：

(1) 2006 年 5 月，内资企业酷热科技(冯鑫团队设立的视频软件开发、运营主体)的创业团队在投资人指导下设立了境外公司 Kuree。

(2) 2006 年 7 月，Kuree 在中国大陆注册成立全资子公司互软科技(即 WOFE)。

(3) Kuree、互软科技分别与酷热科技、暴风网际及其股东签署一系列协议，使 Kuree 能够享有酷热科技的收益，这就是所谓的 VIE 架构。

根据路透社的数据，在纽交所和纳斯达克上市的 200 多家中概股中有 95 家用了 VIE 架构，将近一半的企业都在用 VIE 架构。近年来，新浪、京东、阿里巴巴等一大批互联网企业赴海外上市。

(二) VIE 是中国式市场管制下的产物

采用 VIE 这种结构上市的中国公司，最初大多数是互联网企业，比如新浪、百度，其目的是为了符合工信部(MIIT)和新闻出版总署(GAPP)对提供“互联网增值业务”的相关规定。中国互联网公司大多因为接受境外融资而成为“外资公司”，但很多牌照只能由内资公司持有，MIIT 就明确规定 ICP 是内资公司才能拥有的，所以这些公司往往成立由内地自然人控股的内资公司持有经营牌照，用另外的合约来规定持有牌照的内资公司与外资公司的关系。后来这一结构被推而广之，应用于许多非互联网赴美上市的公司中。

本土优秀的互联网企业之所以舍近求远，宁愿采用 VIE 这种迂回曲折的方式赴境外上市，主要有以下几大原因：

一是上市门槛高。例如创业板上市盈利条件为最近两年连续盈利，最近两年净利润累计不少于 1 000 万元；或者最近一年盈利，最近一年营业收入不少于 5 000 万元。互联网有其独特的商业模式，发展初期需要通过不断“烧钱”抢占市场份额，在刚开始是无法体现收益的。而这时正是互联网企业最需要资金的关键时期，大多数互联网企业在这时处于亏损状态。我国主板和创业板市场上市的盈利硬指标使互联网企业无缘境内上市。但反观亏损的公司在境外上市，却是比较常见的现象。

二是等待时间长。等待时间过长使互联网企业没有办法在主板市场获得及时筹资。互联网企业成长很快，而且开始时总是非常缺钱的，一般在 C 轮融资后就要准备上市做大规模筹资了，境内上市需要满足持续经营 3 年以上，主板市场更是要求上市连续 3 年盈利。互联网公司很有可能在两到三年间就失去了最好的发展时机。互联网行业瞬息万变，上市需要排队，上市时间不确定使互联网企业往往耗不起、伤不起。以 10 年前曾是中国最大的搜索引擎技术提供商中搜网络为例，在谋求海外上市失利后转战创业板,但终因排不起队不得不先在新三板挂牌。

三是 VIE 结构不允许在境内上市。我国法律对境外资金投资互联网企业有非常严格的限制。国内互联网企业在发展初期资金匮乏,主要的资金来源以 VC、PE 和天使投资为主,大多也引入了境外的投资。在上市的时候,VIE 架构作为一种绕开监管的灰色模式,是不允许在境内上市的。融资约束和监管政策的限制,使大量的互联网企业不得不远走他乡。

鉴于 VIE 模式本质上是“应对”中国式市场管制的产物,因此不可避免地会存在法律、税务、外汇等方面的风险。最典型者如 2013 年最高人民法院在华懋金融服务有限公司与中国中小企业投资有限公司关于民生银行股权纠纷案中判决双方 VIE 协议无效。此后,贸仲上海也先后裁决认定两起网游领域纠纷中 VIE 协议无效。如果 VIE 协议被司法裁定无效成为惯例,不仅不符合基本的商业及法律规律,影响相关领域与产业的健康成长,也必将给曾经服务于 VIE 搭建并确认其在中国大陆具有法律效力的中国律师带去致命性的打击。为此,北京仲裁委员会就 VIE 协议相关问题进行专题研讨。此后,司法实践中基本达成共识:**华懋案系因事涉银行金融这一当时禁止外资领域而导致协议无效,而非 VIE 架构本身非法导致协议无效。**

(三) VIE 企业拆分回国上市的三个基本问题

中概股遇冷,A 股互联网公司受捧。一些已赴美上市但股价长期低迷的互联网公司,也开始跃跃欲试回归国内资本市场。融 360、蚂蚁金服,陆金所等多家互联网金融企业已计划在国内上市。百合网、世纪佳缘和盛大游戏等也准备拆分 VIE 结构回国内上市。那么,VIE 拆分回国潮何以产生?如何拆分 VIE 架构?回国后如何进军 A 股市场?

1. VIE 拆分回国潮的产生原因

一是 VIE 灰色地带遇监管困局。2015 年年初,商务部出台了《外国投资法》的草案征求意见稿。其中第 149 条指明了外国投资者、外国投资企业以协议控制在禁止实施目录列明的领域投资、未经许可在限制实施目录列明的领域投资,将进行处罚。草案明确将 VIE 控制协议纳入了境外投资的监管范围。由此看来,收紧对 VIE 的监管是大势所趋。

二是注册制助推互联网企业上市。目前来看,注册制落地只是时间问题。在注册制下,证券发行审核机构只对注册文件进行形式审查,不进行实质判断,股票发行的持续盈利条件也会做出相应的改变,可以从源头上减低互联网公司上市的门槛,帮助发展初期亏损的互联网公司上市。

三是高市盈率吸引 VIE 企业回归。2014 年年底至今,我国国内资本市场牛市行情持续。特别是创业板在今年行情更可谓是热得发烫,2015 年 4 月 30 日,创业板的市盈率已经飙升到 104.4 倍。在创业板上市的互联网公司中,市盈率最低的顺网科技目前也有 97.24 倍。暴风科技自 2015 年 3 月 24 日登陆创业板上市以来,创纪录经历了 34 个涨停,市盈率达到 147.05 倍。而再看赴美上市的中国互联网公司中,市盈率均值在 40 倍左右。土豆和唯品会等企业的流血上市,也让我们看到境外上市似乎并没有想象中美好。拆分 VIE,回归境内资本市场怀抱,成了许多中概股的新选择。2015 年"两会"总理提出了互联网 + 的概念。稀缺的互联网题材站在被热炒的风口之上。若是注册制解决了互联网公司上市门槛的问题,互联网企业必定会成为新一轮被爆炒的标的。

2. VIE 架构如何拆分——以暴风科技为例

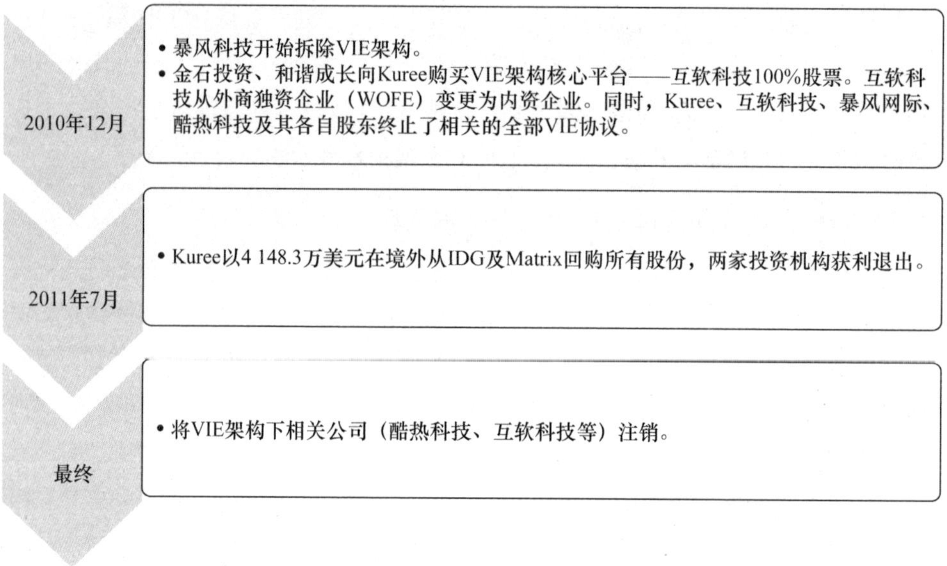

图 3　暴风科技 VIE 架构拆除全过程

一是寻找"接盘侠"。2010 年 12 月,暴风科技开始拆除 VIE 架构。中信证券旗下金石投资等中资"接盘侠"出场了。

二是核心企业股权并购。2010 年 12 月,金石投资、和谐成长向 Kuree 购买 VIE 架构核心平台——互软科技 100% 股权。互软科技从外商独资企业(WOFE)变更为内资企业。

三是终止 VIE 协议。同时,Kuree、互软科技、暴风网际、酷热科技及其各自股东终止了相关的全部 VIE 协议。

四是回购相关股份。2011年7月,Kuree以4148.3万美元在境从IDG及Matrix回购所有股份,两家投资机构获利退出。

五是注销相关公司。最后一步是将VIE架构下相关公司(酷热科技、互软科技等)注销。

截至2012年5月,历时一年半的VIE架构拆除工作全部完成,没有留下任何债权、债务后患。

VIE模式的企业拆除架构的核心在于解除实际控制人通过特殊目的公司设立的外商投资企业与境内公司签署的一系列旨在转移利润的协议,需要将外商独资企业变更为内资企业,需要将VIE架构下的相关公司进行注销,还涉及从境外资本机构回购股份的问题。如启明星辰在招股书中披露,VIE架构签署的一系列合同均未实际履行,没有出现导致有限公司控制权和利润转移的情形,所以其并未等待三个完整的会计年度才上市,但这需要保荐人和律师的谨慎核实。

3. 天下武功,唯快不破:新三板是VIE拆分企业的新逐鹿战场?

一般来看,VIE拆分后回归A股上市起码需要2—3年的时间。如暴风科技从2010年12月历时一年半上市,在今年3月才获得创业板上市。时间跨度还是比较长的。深交所的有关负责人表示:“创业板将积极研究解决VIE架构企业回归A股上市中存在的主要障碍,包括允许连续计算VIE架构存续期间的经营时间,合并计算VIE架构下相关主体的业绩等,以加快此类企业回归境内上市的进程,增强创业板市场的包容性。”

按照目前主板和创业板的规定,新三板公司没有利润限制门槛,申报流程短,融资方式灵活。在目前注册制尚未落地,主板创业板上市需要排队等候的情况下,新三板可以较为迅速解决公司融资问题,并且也可以作为今后转板的通道。大多数新三板挂牌企业从排队到正式登陆新三板仅需要1～3个月的时间,远快于主板市场,手续也没有主板市场上市的复杂。新三板成为了拆除VIE互联网企业的新选择。近日,证监会发布关于支持深圳资本市场改革创新的15条意见中也提到:“将积极研究制订方案,推动在深圳证券交易所创业板设立专门的层次,允许符合一定条件尚未盈利的互联网和科技创新企业,在全国中小企业股份转让系统挂牌满12个月后,到创业板发行上市。”

至于新三板的上市条件与基本操作,如下表所示:

表 1　新三板挂牌条件

股份有限公司申请股票在全国股份转让系统挂牌，不受股东所有制性质的限制，不限于高新技术企业应当符合下列条件： (1) 依法设立且存续满两年，有限责任公司按原账面净资产值折股整体变更为股份有限公司的，存续时间可以从有限责任公司成立之日起计算； (2) 业务明确，具有持续经营能力； (3) 公司治理机制健全，合法规范经营； (4) 股权明晰，股票发行和转让行为合法合规。

表 2　新三板挂牌前后需要完成工作

(1) 召开董事会和股东大会就股份报价转让事项作出决议； (2) 与主办报价券商签订推荐挂牌报价转让协议； (3) 向当地政府申请股份报价转让试点企业资格； (4) 配合会计师事务所和律师事务所进行独立审计和调查，会计师事务所出具审计报告；律师事务所出具法律意见书，对公司股东名册的鉴证意见； (5) 配合主办报价券商项目小组尽职调查，形成如下文件：尽职调查报告、推荐报告、股份报价转让说明书、调查工作底稿； (6) 配合主办报价券商组织材料、接受主办报价券商的内部审核； (7) 配合主办报价券商组织材料向中国证券业协会报备； (8) 中国证券业协会向主办报价券商出具备案确认函后，到工商部门办理股份登记退出手续；以后的企业年检在工商部门，股东名册在登记公司； (9) 与中国证券登记结算公司深圳分公司签订证券登记服务协议，并与主办报价券商共同办理股份登记手续和在交易所的挂牌手续。

据不完全统计，迄今为止，大成律师事务所有幸为超过 300 家企业在新三板成功上市提供法律服务。而 VIE 架构的拆分回归，对 A 股市场尤其是新三板企业上市的历史沿革、股权结构等提出了新的课题。

五、应对恶意并购的“三种思路”与“五大战术”

强制并购与反并购，是争夺公司控制权的重要战术。实践中，我主要建议和帮助公司股东以三种思路应对恶意并购以保护对公司之控制。

第一，降低公司品质，使恶意收购失去价值和动力，其典型战术为“焦土战术”，包括两种具体做法：一是出售公司最有价值之核心资产；二是大量收购没有意义之“垃圾资产”。

第二，增加恶意收购者负担，一旦其恶意并购实施，则必然付出高昂代价，其典型战术包括令收购者支付额外代价的“毒丸战术”和向公司管理层支付高额报酬的

"金色降落伞"战术。

第三,安排自己能够认同和接受的投资人充当"白衣骑士"先于恶意并购者收购公司,或通过抬高公司收购成本等方式挫败恶意并购。

(一)"焦土"战术

"焦土"战术主要包括出售"皇冠上的珍珠"和"虚胖"战术。跟"毒丸"战术一样,"焦土"战术的运用有可能会大伤企业元气,恶化企业经营状况。

1. 出售"皇冠上的珍珠"

企业最有价值的部分才最具并购吸引力,比如技术秘密、专利权或关键人才、商标、某项业务或某个子公司等,以及被市场低估了的资产如房地产、设备等,这些通常被誉为"皇冠上的珍珠"。"皇冠上的珍珠"非常容易诱发其他企业的并购企图。针对这种情况,目标企业可以将"皇冠上的珍珠"出售或者抵押,从而降低恶意并购者的并购兴趣。

1982 年 1 月威帝克公司提出收购波罗斯威克公司 49% 的股份,但在波罗斯威克公司把它"皇冠上的珍珠"——舍伍德医药工业公司卖给美国家庭用品公司后,威帝克公司随即打消了收购的企图。

我国香港特别行政区玉郎国际也采用过此策略。玉郎国际以漫画起家,逐渐建立起玉郎漫画王国。但由于盲目扩张导致公司超负荷运转,控股权降至失控边缘,引起了收购者的注意,星岛集团就想乘机收购。为击退强敌的袭击,玉郎国际采用焦土战术,打算卖掉该集团的两项重要资产。1988 年 3 月 23 日,玉郎国际宣布以 1 亿港元出售玉郎中心大厦给另两家公司。当年 3 月 28 日,又将《天天日报》的七成股权出售给另两家公司。这两项资产出售以后,星岛集团取消了收购计划。

2. "虚胖"战术

"虚胖"战术的做法有多种,例如,有的购置大量与经营无关或盈利能力差的资产,令目标企业包袱沉重,资产质量下降;有的大量增加目标企业负债,恶化财务状况,加大经营风险;有的故意投资一些长时间才能见效的项目,使目标企业在短期内资产收益率大减。所有这些措施都会使被收购公司从精干变得臃肿,原有的"魅力"消失,导致恶意并购者放弃并购计划。这种方法使被收购公司付出的代价太高,要适时采取,否则,企业即使成功渡过收购危机,也很可能因此而一蹶不振。

所谓"焦土"战术,实为目标公司在遇到收购袭击而无力反击时,所采取的一种两败俱伤的做法。此法可谓"不得已而为之",因为要除掉企业中最有价值的部分,即对公司的资产、业务和财务,进行调整和再组合,以使公司原有“价值”和吸引力不复存在,进而打消并购者的兴趣。

(二)“毒丸”战术

1.“并购毒丸”

2006年,凯雷欲收购徐工。此项目迟迟未获得国家有关部委审查批准。为打消决策层对行业龙头被外资控制的忧虑,徐工关于凯雷—徐工并购案以“最新补充条款”的形式向相关部委递交关于此项并购的“毒丸计划”安排。其主要内容为:

如果凯雷未来以公开发行股份上市的方式退出合资公司,一旦有与合资公司构成竞争的潜在投资者A获得上市公司的股份达到或可能超过15%时,“毒丸计划”自行启动,上市公司立即向除A之外的所有股东,以人民币一分钱或等值外币的价格,按A实际持有的股份数增发新股,以增加A为获得对上市公司的控制权而需收购的股份数量及其需支付的对价,从而使潜在产业竞争者在实际上无法实施收购。

虽然有专家称:“这种针对潜在敌意公司的‘反并购’条款在我国的跨国并购中是首次使用,有关领导私下也承认,徐工把跨国并购中对中方利益的保护提高到了一个新的高度。”但这种所谓“并购毒丸”是否能够真正起到作用,尚有待观察。

首先,美国凯雷收购徐工机械85%的股权、处于绝对控股地位以后,美国凯雷是否会凭借其绝对控股权,对目前签订的收购协议进行修改,从而使徐工机械最终掉入海外敌对公司的并购陷阱?

其次,目前签订的收购协议是否对外方的违约责任进行了具体、明确的约定?中央和地方政府是否建立了一整套完善的监督机制,确保目前签订的收购协议能够得到有效的执行?如果外方违反了协议约定,对其违约责任如何追究?

我以为,近年来最为社会关注的“并购毒丸”,乃“国美内战”中陈晓代表公司与贝恩资本的近16亿元可转债的借款事宜。双方约定:

贝恩资本向国美提供约16亿元人民币的可转债。若国美出现使陈晓离职等事项即视为违约,将向贝恩资本偿还150%(即24亿元)。贝恩亦可视需要,在必要时将其债权转化为国美公司股权。

某种意义上,这就是一种特殊形式的“并购毒丸”。其实质,乃在于陈晓离职、贝恩有效控制公司存在障碍的情况下,国美公司将支付高昂的代价。

经博弈,后“国美内战”各方达成一致:大股东地位不受威胁;陈晓暂时掌管公司。后于2011年3月9日,陈晓离职而由张大中接替。

2. “金色降落伞”

“金色降落伞”指的是雇佣合同中按照公司控制权变动条款,对失去工作的管理人员进行补偿的规定。一般来说,员工被迫离职时(不是由于自身的工作原因)可得到一大笔离职金,它能够促使管理层接受公司控制权变动,从而减少管理层与股东之间因此产生的利益冲突,以及管理层为抵制这种变动造成的交易成本。

该制度原本系公司高管保护自身利益的一种制度安排,但亦常被作为提高恶意并购者成本的有效战术。“降落伞”通常分金、银、锡三种,针对高级管理者的计划为金色降落伞,中层管理者为银色降落伞,一般员工为锡色降落伞。例如山东阿胶集团就成功实行了“金色降落伞”计划,将部分参与创业但已不能适应企业发展要求的高层领导人进行了妥善的安排,达到了企业和个人的双赢。

在美国,“金色降落伞”计划出现以前,许多高管人员通常会在被收购以后的很短时间内被“踢”出公司,辛苦奋斗换来如此结果,让人于心不忍。于是,一种旨在保护目标公司高管人员的规定,即“金色降落伞”应运而生。但是随着商业的发展,新增案例不断出现,“金色降落伞”的弊端时有暴露。由于高管层得到的经济补偿有时可以是一个天文数字,因此,这种补偿反而可能成为高管层急于出售公司的动机,甚至是以很低的价格出售。如果是这样,很显然,股东的利益就将遭受极大的损害。因此这一策略也曾一度饱受争议。

西方国家的“金色降落伞”主要包括一次性的契约解除补偿金、津贴和股票期权等。在我国,大部分企业领导人领到的是一笔退休金。而按照我国现行的退休制度,每月发放一定的退休金是必然的选择,其余的可以包括一次性的奖金或是股票期权。

目前,“金色降落伞”计划在我国已有了一定的应用,以盛大网络为例,陈天桥授予唐骏的期权属于吸引人才的“金手铐”性质,而授予谭群钊、瞿海滨、李曙君的期权则是针对元老的“金色降落伞”计划。我们希望在不远的将来,更多的企业能通过“金色降落伞”计划等一系列的约束与激励的手段,彻底解决由于经营者付出与回报不对称而导致的企业经营状况不佳的问题。

(三)“白衣骑士”战术

当公司成为其他企业的并购目标后(一般为恶意收购),公司的管理层为阻碍恶意收购的发生,去寻找一家“友好”公司进行合并,而这家“友好”公司被称为“白衣骑士”。一般来说,受到管理层支持的“白衣骑士”的收购行动成功可能性很大,并且公司的管理者在取得机构投资者的支持下,甚至可以自己成为“白衣骑士”,实行管理层收购。

谋求自身的利益而"肯为朋友两肋插刀"的企业几乎是不存在的。"白衣骑士"并不是天使。为了吸引友好公司来与恶意收购者竞价并最终击退后者,处于被收购威胁中的目标公司通常会与这家友好公司达成一些协议。当然,这些协议都是尽可能地使"白衣骑士"从中获益。

在与"白衣骑士"谈判时,对给出的优惠条款应当谨慎。企业董事会也不应该由于私人原因或者个人利益而任意拒绝其他收购者的出价。

如果是基于有利于股东的原则而采用"白衣骑士"策略来抵御恶意收购,那么"白衣骑士"的收购条款应当比恶意收购者更加优厚。从本质上说,"白衣骑士"策略就是寻找能够提供更优厚收购条件的收购者与恶意收购者展开竞争收购来保障投资者的权益。但是在实际操作中,尤其是上市公司,由于管理层大权在握,并没有真正从投资者利益角度出发。如果公司治理结构不够健全,"白衣骑士"策略在很多时候往往被沦为为了保护管理层的权益,基于管理层的个人利益和私人交情来寻找"最熟悉、最友善"的收购者的扭曲结果。

在2002年丽珠集团的股权之争中,公司管理层与第一大股东光大集团不合,光大集团有意将全部股权转让给合作伙伴东盛科技。为了避免公司控制权落入东盛科技之手,公司管理层主动与太太药业配合,将公司第二大股东丽士投资所持有的丽珠集团的股份以较优惠的价格全部转让给太太药业,而丽士投资由丽珠集团员工持股会持股90%。太太药业同时通过二级市场收购流通A股和B股,以及协议收购法人股等方式最终成为丽珠集团的实际控制人。太太药业与丽珠集团有很强的互补性需求,前者缺少像丽珠集团那样的优势品牌的处方药以及销售渠道,而后者也需要"太太式"的管理。所以,通过引进"白衣骑士",丽珠集团既避免了被非友好方所控制,又促进了行业发展,提高了公司的整体质量和竞争力。

(四)点评:超越道德之争,通晓博弈技能

并购与反并购,是公司控制权之争的矛与盾。作为企业家,当摒弃道德之争,通晓强制并购与反恶意并购的各种法律、经济手段,有效整合社会资源,维护企业及自身权益。

本节所提及各项反并购策略,并非只在单纯企业并购中运用,在解决投资争端的诉讼、仲裁中,亦可运用这些战术尤其是"白衣骑士"战术,维护自身权益,突破诉讼、仲裁的对抗性思路限制,创造出各方利益平衡的矛盾解决方案。

第十七章

社会声望

——特殊的公司控制力

笔者按：控制公司的基础是社会资源，包括：资本资源，如控制公司股权；人力资源，主要是经营、管理公司的团队资源；市场资源，即与其他市场主体良好的关系与合作；媒体资源，主要是媒体的宣传、保护功能和监督、制约功能；等等。而所有这一切的基础，则是道德资源，表现为企业、企业家的公众形象与社会声望。一旦公司或管理者道德资源缺失，公司良性的社会影响力、企业家对公司掌控的正当性与有效性，都会大受影响。当下中国，正处于一个缺乏底限与敬畏、充满功利与浮躁的时代。诚信的社会性缺失，使人们对市场主体丧失信任；契约精神匮乏，投机与贿赂盛行。在这样一种大环境下，企业要独善其身非常困难。这种情形之下，格外需要强化媒体的揭露与监督职能，同时也需要防止媒体对公权力的监督过程中发生“擦枪走火”伤及无辜。2010 年至 2012 年，笔者和林晓东律师代理李嘉诚先生旗下的长江实业、和记黄埔两大上市公司，起诉诽谤“李嘉诚公司行贿”的《财经》杂志、财经网。人民法院最终认定被告构成侵权，并责令其公开向原告赔礼道歉。各类媒体对本案予以关注、报道，本章在媒体公开的范围内予以说明。

一、热点新闻:“绝不行贿”的李嘉诚旗下公司被曝“行贿”

道德资源,是占据社会资源的正当性基础,是控制公司的基础。

“若批评不自由,则赞美无意义。”媒体作为社会正义的守望者,须具备两个基本维度:新闻自由与权利、职业素养与操守。没有新闻自由的媒体容易沦为权力与商业利益的帮凶,没有专业素养与操守的媒体必然沦为没有准星和保险的机关枪。

——吕良彪

李嘉诚先生多年来一直是华人首富。

李嘉诚先生旗下两间最重要的公司分别为长江实业(集团)有限公司(以下简称“长江实业”)、和记黄埔有限公司(以下简称“和记黄埔”),均为在香港联交所上市的跨国企业。

多年来,“绝不行贿”已成为李嘉诚先生及其旗下公司经营发展的基本原则。

2010年6月7日,国内知名财经媒体《财经》于2010年第12期以封面文章方式刊发记者署名文章《新贵之盟》,并由其官方网站“财经网”(http://www.caijing.com.cn)全文转载。

《新贵之盟》一文言之凿凿地赫然指称所谓“李嘉诚公司”为牟取非法利益,额外向为其提供服务的北京思峰律师事务所律师张××支付50万美元,用于向原商务部官员邓×、郭××等行贿;多处使用“牵涉华人首富李嘉诚”“李嘉诚公司50万美元‘感谢费’”“李嘉诚、黄光裕泥足其中”“即使李嘉诚、黄光裕旗下的公司,也不得不向这个技术官僚低头”“权力膨胀之时,即使是李嘉诚这等富翁亦难善身”等侮辱性言辞对两公司及董事局主席李嘉诚先生进行肆意诽谤。更有甚者,《新贵之盟》在所谓“受贿图谱”中甚至直接指称“行贿者如和记黄埔、长实投资”。

鉴于《财经》杂志社系在大陆与港澳台地区发行量较大并颇具影响力的财经媒体、该“调查报道”又指涉多起刑事大案及国内外诸多知名企业,故《新贵之盟》一文在该期杂志发行后直接导致各种媒体大量转载和公众热议,并使广大公众误以为原告及董事局主席确曾为谋取不正当利益向国家工作人员行贿,且金额巨大、情节严重,造成社会公众对原告及董事局主席的评价严重降低。

二、事件背景:近十余年来,“新贵之盟”控制下的外商投资领域

署名饶智、王延春、康逸梅的《新贵之盟》一文,讲述的是一群青年技术官僚的集

体倾覆。他们家世普通，但拥有良好的专业背景，大学毕业即入部委工作，而立之年已是权重一方的司局级领导。过去10年里，中国涉外贸易法律法规大都出自他们之手；若无贪腐事发，未来20年之于他们可谓海阔天空。

“他们分别是：原商务部条法司巡视员郭××[①]、外资司副司长邓×，原国家工商总局外商投资企业注册局副局长刘×伟，原国家外汇管理局（以下简称“外管局”）管理检查司司长许××、资本司司长邹×，以及曾是政界同事、后为律师的张××、刘×阳。”

“上述七人中，张××最早案发，彼时其正带一女人在哈尔滨索菲特大酒店休假；刘×阳被抓时，也与一女人在一起。张××因用情不专遭女友举报，‘思峰村委会’买卖及关联人员的资产均被呈报纪检部门，郭××、邓×、刘×伟、刘×阳以及许××都在其中。郭××被查后，检举了其邻居刘×伟、老同事邓×，后又揭发许××。针对许××的调查又带出邹×。2009年3月17日，邹×选择了自首。熟知邹×的一名外资银行执行董事告诉《财经》记者：‘如果不为这点小利，如果本分做事，他还大有可为！’实际上，无论是邹×、许××，还是郭××，为之惋惜者众。作为精通国际商贸法律事务的专家，郭××还精通外语和商业谈判。郭××落马后，商务部部长陈德铭叹惋：‘他的谈判很厉害，跟美国人谈判时人家都很怕他。’”

“与普通的腐败官员不同，这群技术官僚深通律法，仕途风顺，未来将是主政者乃至国家倚重的栋梁。然而，他们最终围绕合资企业上市、外商投资审批、企业并购和反垄断审查等，利用立法设租、审批游说、咨询代理等方式组成一条罕见的审批腐败流水线。其设租寻租手法高明，除了自身出卖公权牟利，更将法律模糊地带的自由裁定运用至极。”

《新贵之盟》一文这样描述7人有密切联系的犯罪的三大历史背景与以及“一幕幕鲜活的权力寻租图景”：

> “WTO前过渡期（1998—2002年），正值中国加入WTO前后，由郭××、张××成立的‘思峰村委会’小试牛刀，行贿者如新飞、首创、新奥等；
>
> 商务部成立初期（2003—2006年），此为内、外贸管理统一之后，外商在华投资、内资赴境外上市出现井喷。行贿者如和记黄埔、长实投资，以及黄光裕运作国美电器在港上市等；
>
> 反垄断时期（2006—2008年），彼时相继启动的反垄断审查如国美并购永乐、法国SEB并购苏泊尔案等，本来的监管机制沦为寻租空间。”

---

① 本书撰稿时对《新贵之盟》一文中相关人员的姓名作了适当处理。

“对应于这十年,外商在华直接投资金额出现三次波动,其中1998年至2000年间呈下降趋势;而2001年至2003年、2007年至2008年则两次出现高增长。外资在华涨落之间,正是相关政策更迭之时。判决书中任意个案,均现一条阡陌相交、利益共沾的外资审批寻租链;而郭××、邓×、许××、邹×、刘×伟、张××、刘×阳系列案的完整版本,则展现了由‘链’变‘网’的系统性制度腐败。一个依托权力而生的利益共同体,从监管者到寻租者仅转身之间。”

《新贵之盟》还对这一技术官僚的集体贪腐进行制度性拷问:

“中国人文官僚主政历史悠久,而兴于20世纪90年代的技术官僚,可谓官吏史上一次结构变动。反观郭××系列案,其背后的制度弊病既拷问对技术官僚的监管,亦对中国外商投资制度设计极具镜鉴。”

“实际上,无论商务部还是外管局,均在此案之后稀释审批大权,前者将注册资本1亿美元及以下外商投资性公司审批权下放至省级;后者将外汇监管由审批制改为事后审查。但谁来监督监管者,仍然无解。”

三、侵权报道:媒体任意“裁剪”判决书,“生产”所需要的新闻“事实”

在评点和指称了一大批向这一“新贵之盟”行贿的知名企业后,《新贵之盟》花了相当篇幅,专门叙述所谓“李嘉诚旗下公司”如何“行贿”:

即使李嘉诚、黄光裕旗下的公司,也不得不向这个技术官僚联盟低头。

中国的贸易主管部门分合经常。1949年11月,中央贸易部成立,三年后变更为对外贸易部。此后多次更迭,至2003年3月,新成立的商务部合并了原外经贸部、原国家计委、原国家经贸委的部分职能,延续至今。

商务部的成立,改变了原来内、外贸易分江而治的管理模式。借此机会,郭××们设立了“双向收费站”:一是针对外商在华设立投资公司,二是针对民企赴海外以红筹形式上市等。权力膨胀之时,即使是李嘉诚这等富翁亦难善身。

李嘉诚好友、李嘉诚基金会董事周凯旋为感谢邓×在长江实业相关项目审批中的帮助,给了一笔共50万美元的咨询费,由张××、邓×和王××分配。

张××的第二项指控中,即卷入华人首富李嘉诚旗下公司。

据邓×供述,李嘉诚的公司委托张××在华设立长实(中国)投资有限公司和和记黄埔(中国)投资有限公司。由于无法律明文规定,审批者内部原则认为,外资在境内不能同时设立一家以上投资性公司。商务部成立之时,此真空地带已纳入商讨范畴。

郭××所在的条法司认为应该放开,邓×所在的外资司也赞同。邓事后供述:“我当时认为这个项目是李嘉诚的,按照他的实力部里会批准,另外张××、周凯旋也找过我,所以2003年年底,我在内部报批材料上签了字。”

据香港维港公司执行董事王××介绍,其2004年4月告诉张××,李嘉诚好友、李嘉诚基金会董事周凯旋为感谢邓×在长江实业相关项目审批中的帮助,给了一笔共50万美元的咨询费,由张××、邓×和王××分配。

和记黄埔(中国)投资有限公司后来获商务部正式批复。而在2005年12月1日,长实(中国)投资有限公司成立,注册资本1亿美元,地址在东长安街1号东方广场内。

同在2005年,58岁的邓×突来一次重病。据其供述,出院后他思想大变,觉得钱不拿白不拿,正赶上其家附近富力城的房子开盘,故主动提出将50万美元中属于自己的咨询费——约合170万元人民币——拿过来。

王××证实,其效职香港维港公司后开始运作东方广场项目,起草法律文件需要中方律师,邓×推荐了张××。在王××的帮助下,张××顺利拿到了东方广场、长江实业、和记黄埔等项目的法律服务,获利颇丰。而张××的思峰律所,正是设址在李嘉诚投资建成的东方广场。

周凯旋接受警方调查时表示,根据其与张××商定的协议,以项目为结算单位,每个项目的律师费以50万美元为上限。2003年,思峰律所给维港公司发来账单,周凯旋让公司把律师费付给了张××;2004年或2005年,张××多次来电,称其工作时间长、工作量大,周又支付了上述这笔50万美元“咨询费”。

那么,以上貌似客观而权威的叙述从何而来?

《财经》代理律师后来在法庭上先是声称:记者就是根据七份《刑事判决书》写作而成;后又改称《财经》进行了周密而翔实的调查,但基于对信息提供者的保护,不能告诉法庭和公众;再后来,又声称在七人的刑事庭审笔录和案卷中,有《新贵之盟》一文的全部依据,如果法院不予调取就不能查明事实。《财经》代理律师甚至称:“记者就是要大胆地想象、大胆地去揭露,如果事后证明你所写的是对的,更说明记者的勇气和水平!”

显然,除了七份电子版、未经盖章的《刑事判决书》,《财经》记者在撰写《新贵之盟》这一深度调查文章时,并无其他证据支撑。《财经》既然未进行有效之独立调查,又是否尊重生效法律文书呢?

后来,据当庭比对,《新贵之盟》一文指称"李嘉诚公司"行贿根本未经调查,而是直接篡改张××行贿案判决内容,仅举几例:

(1)《新贵之盟》一文连李嘉诚公司、长江集团是一家还是两家公司等基本事实都未核实,仅仅依据邓×单方证言就进行谬误百出的"想象"与"创作"。

长江实业、和记黄埔系两家独立公司,按《新贵之盟》一文所述,完全符合当时在大陆设立两家投资性企业的要求。《新贵之盟》借邓×之口称,所谓"李嘉诚公司"根据规定只能设立一家投资性公司,但他们却要违规设立两家。由此误导读者,所谓"李嘉诚公司"存在"行贿"的必要性。这完全是编造出来的。

(2)《新贵之盟》一文中所谓"据王××介绍"的所谓"分赃安排",其实只是邓×一个人的供述,王××本人根本没有说过、判决书也没有引用。但在《新贵之盟》一文中,去掉了"邓×供述",而被编造成王××的直接介绍。

(3)周凯旋小姐证明长江实业、和记黄埔确曾向张××所在机构支付过两笔50万美金的咨询费,同时强调这只是律师服务的费用,绝对没有向相关人员行贿的意思。但《新贵之盟》却刻意删除了周凯旋小姐最后的声明。

正是通过有意将邓×错误百出且无任何证据佐证的证言认定为"事实"、故意将邓×证言的内容"改编"为王××的自述、刻意删减周凯旋证言等手法,《新贵之盟》将检察机关指控、人民法院认定的"邓×等人从张××处收取贿赂"这一基本事实,加工、演绎、编造成为"两原告通过周凯旋实施、指使张××向邓×行贿"。

甚至在关于"李嘉诚公司"究竟向张××所在机构支付了多少费用?为什么支付这些费用?都出现了荒谬的场景:

本案证据表明的基本事实是:两原告合法合规委托成立两家外商投资性公司并支付共两笔费用。和记黄埔与长江实业是两个法律上互相独立的公司,有权分别在大陆设立一家外商投资性公司。2002年,两原告各自委托张××所在机构提供设立服务,后分别于2004年4月和2006年5月向思峰公司各支付了50万美元,和记黄埔付的是第一笔,长江实业付的是第二笔。除此之外,从未向张××本人或律师事务所或思峰公司支付过其他任何费用。

但被告记者、编辑仅凭判决书中邓×的单方证言就认定两原告是一家公司,设立一家以上的外商投资性公司存在障碍,故需要通过行贿完成审批。为了使这个虚构的事实变得真实,被告故意将邓×证言中的内容伪造成王××接受采访后的自述,并改编周凯旋的证言,称原告在依法应当支付的50万美元之外“又支付”了50万美元,用于行贿邓×。请注意:在被告记者笔下,原告是一家公司,设立一家外商投资性公司本来只需要支付一笔50万美元,因为违规设立了两家外商投资性公司,所以不得不支付第二笔50万美元。

而在法庭上,被告代理人无视刑事判决认定、超越《新贵之盟》一文报道进一步“猜想”出新的所谓“事实”:两原告各自支付的50万美元正当费用之外还存在第三笔50万美元!

四、诉讼被告终被判侵权

李嘉诚先生“绝不行贿”的人生原则,以及长江实业、和记黄埔对自身声誉的珍惜与爱护,都使他们无法接受《财经》这样一家权威媒体如此不符合事实、极端不负责任的报道。几经周折,他们派代表找到大成律师事务所,希望全权委托我担任他们的代理律师。

我在法院做过多年新闻发言人,对媒体之意义与影响力深有感受。

我一向致力于拓展媒体的表达空间,因为我深知,自由的学者、独立的媒体、职业的律师,是集合民众力量形成公众意志的同盟军。所以,对于代理起诉媒体,尤其是《财经》这样曾经作出过许多优秀报道的媒体,于我确实是一件很纠结的事情。

我也深感媒体之尊严,媒体作为社会正义守护者的价值体现,有两个基本维度:一个新闻采访和报道的自由;二是新闻从业人员的专业素养与职业操守。没有自由与权利,媒体容易沦为权力与金钱的帮凶;没有专业素养与职业操守,媒体很可能成为威力强大而没有保险与准星的机关枪,容易伤着人。

我与同事林晓东律师一起代理此案。对相关证据进行了梳理,同时认真研究、整理了媒体侵权问题新理论。在详细分析了案情以后,我们坚信《新贵之盟》这篇报道确实存在问题,已经构成新闻侵权。此番代理起诉媒体,有着足够的法律正义感与信心。

对于本案的证据与法律问题,我们非常有信心。但在当下的中国这种语境下,对于诉讼可能引发的不利舆情,我们尚缺乏一个明确的预期;对于缺乏足够定力的中国司法,在可能的舆论尤其是网络舆论压力之下,会如何“变通”,我们亦缺乏一个足够明确的预期。不过,我们坚信这个社会基本的正义观还是存在的,基本的事实还是可以得到维护与尊重的。

经与当事人的多次协商、沟通,我们决定正式向人民法院起诉。

第一个问题:谁来作原告?

显然,《财经》这一报道,对李嘉诚先生本人及长江实业、和记黄埔两间公司都构成名誉侵权,那么由谁来做原告呢?李先生,公司,还是李先生和公司?

李嘉诚先生历经风雨,作为公众人物对媒体的报道亦持宽容与欢迎之态度。纵然媒体出于疏忽甚至某种恶意,先生亦以理解、配合之心态淡然处之。

但长江实业、和记黄埔,作为两家在香港联交所公开上市的公众公司,必须要对广大投资人负责任,必须澄清一个基本问题:公司有没有行贿?管理层是否使用了违法乃至犯罪的方式拓展业务?

最终,由长江实业、和记黄埔两间公司作为原告,起诉《财经》杂志、财经网之侵权。

第二个问题:被告应该是谁?

被告当然应该是《财经》杂志、财经网,侵权的文章就是这两个相关联的纸媒与网媒制作、传播出去的。至于其他数以百计的网站所进行的转播,众多网民所进行的评论乃至谩骂,其根源都在于此二者的传播行为。

然而,经我们研究发现,《财经》杂志、财经网一直以不存在这样的机构、非经工商机关注册之机构、非独立法人机构等事由,拒绝由杂志社(虽然有面积巨大的办公场、过百人的团队、独立制作和发布报道)和网站作为被告承担法律责任,尤其是赔礼道歉之责任。而是由负责管理《财经》杂志的北京《财经》杂志社有限公司和负责运营财经网的北京和讯在线信息咨询服务有限公司作为被告承担法律责任。

最终,我们将《财经》杂志社、北京《财经》杂志社有限公司、北京和讯在线信息咨询服务有限公司作为共同侵权的被告,告上了法庭。

经法院研究、建议,《财经》杂志社在法律上不构成独立的人格,虽然由冠名"《财经》杂志社"的"单位"完成被控侵权之行为,但这一"单位"却不能成为本案的被告。我们遂决定以运营《财经》杂志、财经网的北京《财经》杂志社有限公司和北京和讯在线信息咨询服务有限公司两家公司为被告。

第三个问题:法庭内外的博弈

本案注定从开始就不可能太顺利。

我们将立案材料交人民法院后,长时间杳无音讯。经3个月漫长等待,法院终于通知正式立案。"热矛盾,冷处理",这种刻意的低调,倒也在我们预料之中。

从2010年10月初正式立案,至2011年9月21日正式开庭,法庭先后多次正式或非正式约双方代理人“谈话”。在此过程中，双方进行举证、质证，陈述各自的理由。

法庭审理主要围绕三个核心问题展开。

（一）原告的主体是否适格？

《新贵之盟》一文泛指所谓“李嘉诚公司”，文中所称“行贿者如和记黄埔、长实投资”，而并无长实投资这一公司主体。

原告长江实业（集团）有限公司、和记黄埔有限公司系在香港注册并上市的大型跨国公司，在香港证券交易所的法定简称分别为“长江实业”（股票代号：1）与“和记黄埔”（股票代号：13），外界亦周知该简称系指代两原告。虽然被告报道中对包括两原告公司在内的涉案企业均未规范使用全称，但根据其简称或其他代称以及行文逻辑，完全可以看出报道相关内容所指向的是、且只能是两原告，理由如下：

（1）2002年，两原告正式在大陆申请设立外商投资性公司，后经商务部批准，各自获得了长实（中国）投资有限公司与和记黄埔（中国）投资有限公司的《外商投资企业批准证书》。因此，两原告是大陆两家外商投资性公司的境外投资者和实际控制人。思峰公司收到的400万人民币（折合50万美元）和50万美元系两原告各自安排所支付。

（2）张××行贿案判决书第4页第1段邓×证言：“后来张××代理了长江集团的两个大项目，分别是设立长实（中国）投资有限公司与和记黄埔（中国）投资有限公司。因为涉及外资在境内不能同时设立一家以上投资性公司的内部审批原则，在设立长实（中国）投资有限公司的审批过程中，因为当时正在研究这类大型跨国公司能否设立一家以上的投资性公司，条法司认为应放开，其当时认为这个项目是李嘉诚的。”需要说明的是：客观上不存在一个名为“长江集团”的企业或集团，两原告公司系法律上互相独立的公司，且两原告作为上市主体、均为各自企业体系中层级最高的母公司，李嘉诚先生分别担任两原告公司的董事局主席。故邓×所说的“长江集团”“大型跨国公司”“李嘉诚的（公司）”无疑是指两原告，被告亦是根据邓×的上述证言进行报道，但被告未作基本的查证，以讹传讹，误将两原告公司当做一家公司。

张××行贿案判决书第6页第3段王××的证言：“张××拿到了东方广场、长江实业、和记黄埔等项目的法律服务工作。”此处“长江实业”“和记黄埔”即为两原告公司的简称。

（3）《新贵之盟》引言中，被告直接指称“外商在华投资、内资赴境外上市出现井喷。行贿者如和记黄埔、长实投资”。此处所指的只能是两原告和记黄埔有限公司、长江实业(集团)有限公司(外商在华投资)。但由于被告记者未经核实,将长江实业(集团)有限公司简写成“长实投资”,“长实投资”系长实(中国)投资有限公司的简称。之所以可认定系被告记者未经核实造成的误称,是因为根据其自身的逻辑,长实(中国)投资有限公司应该是原告行贿、违规获得审批的结果,绝不可能是行贿者本身。

《新贵之盟》多处提到的“李嘉诚旗下的公司”“华人首富李嘉诚旗下公司”“李嘉诚的公司”(涉案《财经》杂志第81页)、“李嘉诚公司”(第77页受贿图谱)亦是指称两原告,众所周知李嘉诚先生为两原告公司之董事局主席,被告所指不可能是原告所投资的分支机构,更不可能是其他公司。

由于被告行文随意,既指向两原告公司,又使用“牵涉华人首富李嘉诚”等语句指向李嘉诚先生个人。李嘉诚先生当然亦是该失实报道的受害者,但其不是因为个人身份,而是因两原告董事局主席身份被牵涉其中。被告所指向的主要是两原告公司,并意图利用李嘉诚先生的名望进一步放大其报道的影响。对此,被告代理人亦承认用“李嘉诚”指代两原告公司是“约定俗成的表述”,“就像用克林顿指代美国政府”。

由于受被告报道的误导,两原告遭到网络广泛的负面评价。如著名时事评论员何三畏先生因此相信并指责原告公司(“李嘉诚旗下的公司”)行贿。

(4) 两原告起诉后,被告始终认可原告的主体资格,仅抗辩认为其报道虽然涉及两原告,但未构成侵权。如被告代理人多次称“报道不仅涉及长实、和黄两原告,还包括其他企业”,“和黄、长实确实各付了50万美元,但又付了第三笔50万美元”。在正式开庭进行答辩时,被告代理人再一次明确称:“《财经》并不是致力于演绎和铺陈原告如何进行了行贿犯罪,而是在表达像原告这样的知名人士和大型跨国公司在中国要做点事也不得不按照技术官员的利益共同体的要求,比如在两笔50万美金之外支付第三笔50万美元的咨询费。”

综上,被告以明确结论方式指称两原告公司是“行贿者”,周凯旋是行贿行为的具体实施者,两原告在大陆设立的长实(中国)投资有限公司与和记黄埔(中国)投资有限公司则是行贿的结果。

被告不负责任的失实报道已严重损害两原告之名誉权。两原告作为大型跨国公司,始终珍视自身名誉,尊重国家法律;并且,两原告有足够的实力,有完善、严格的管理制度和监督机制,不可能也没必要通过行贿这样的违法、犯罪行为去获得市场机会。

根据《民法通则》第101条的规定，法人与公民一样，享有名誉权，禁止用侮辱、诽谤等方式损害法人的名誉。作为公众公司，两原告的名誉更是与公司的商业信用、广大投资者的权益密切相关，依法应受法律保护。

（二）《财经》是否构成新闻侵权？

我们认为：被告既未进行有效之独立调查，又不尊重生效法律文书，即通过改编生效刑事判决之方式捏造事实、言之凿凿地指称原告行贿，存在严重的主观过错，行为具有明显的违法性，造成两原告的社会评价降低，且二者之间存在直接的因果关系，已构成新闻侵权。

（1）被告指称两原告行贿根本未经调查，而是直接篡改张××行贿案的判决内容。

本案为名誉权纠纷，核心的事实焦点是被告指称原告支付“50万美元”用于感谢邓×，从而构成行贿是否依据充分。根据最高人民法院《关于民事诉讼证据的若干规定》的规定，被告有义务就其主张的原告行贿的事实提供证据加以证明。作为媒体，被告有两个证明途径：① 实施独立调查，获取并出示原告行贿的证据。② 以司法机关认定的事实作为证据。但结合双方证据和法庭调查情况可以看出，被告根本没有进行独立调查，甚至连李嘉诚公司、长江集团是一家还是两家公司等基本事实都未核实，仅仅是依据邓×单方证言就进行谬误百出的“想象”与“创作”。虽然被告代理人称这是记者编辑的权利、《财经》不是法院判决书的留言板，但诸如将王××根本没有说过的话、判决书也没有引用的话编造成王××的直接介绍不应是一个严肃媒体所为。此类违背新闻从业人员基本操守之举在本案中表现得最为突出。

关于《新贵之盟》一文对张××、邓×案刑事判决的恣意篡改，前文已进行了详细比对并已书面呈交法庭，在此不再赘述。被告正是通过有意将邓×错误百出且无任何证据佐证的证言认定为“事实”、故意将邓×的证言内容“改编”为王××的自述、刻意删减周凯旋的证言等手法，将检察机关指控、人民法院认定的“邓×等人从张××处收取贿赂”这一基本事实，加工、演绎、编造成为“两原告通过周凯旋实施，指使张××向邓×行贿”。

（2）更为荒谬的是，不仅《新贵之盟》报道与事实相差甚远，被告代理人在法庭上又“演绎”出与《新贵之盟》完全不相同的所谓“事实”，进一步说明被告及其代理人对客观事实的毫不尊重。

本案证据表明的基本事实：两原告合法合规委托成立两家外商投资性公司并支

付共两笔费用。和记黄埔与长江实业是在两个法律上互相独立的公司,有权分别在大陆设立一家外商投资性公司。2002 年,两原告各自委托张××所在机构提供设立服务,后分别于 2004 年 4 月和 2006 年 5 月向思峰公司各支付了 50 万美元,和记黄埔付的是第一笔,长江实业付的是第二笔,不存在周凯旋付款或指示付款。对以上事实,原告已提供证据予以证明。除此之外,从未向张××本人或律师事务所或思峰公司支付过其他任何费用。两原告只是按律师要求方式付费,至于费用支付至思峰公司而非思峰律师事务所,并不违反法律、行政法规之禁止性规定。被告据此认定两原告支付费用用于行贿,显然是毫无根据的臆想。

在张××案中,邓×作证称:因为涉及外资在境内不能同时设立一家以上外商投资性公司,(在批复后)王××和张××说周凯旋为感谢其在长江实业相关项目审批中的帮助,给了一笔 50 万美元的咨询费。这是引起本案争议的关键。该案判决书查明的事实第 13 项可以证实:思峰公司于 2004 年 4 月收到 50 万美元咨询服务费,法院认定邓×从这一笔 50 万美元中向张××索贿。结合原告和记黄埔在本案中提供的证据 2 证明:这一笔款是和记黄埔所付,而且是和记黄埔所付的唯一一笔。该案判决书所引用的周凯旋在接受调查时的陈述也可以证明和记黄埔、长江实业先后为其项目付费,两笔 50 万美元共 100 万美元。

但被告记者、编辑仅凭判决书中邓×的单方证言就认定两原告是一家公司,设立一家以上的外商投资性公司存在障碍,故需要通过行贿完成审批。为了使这个虚构的事实变得真实,被告故意将邓×证言中的内容伪造成王××接受采访后的自述,并改编周凯旋的证言,称原告在依法应当支付的 50 万美元之外"又支付"了 50 万美元,用于行贿邓×。在被告记者笔下,原告是一家公司,设立一家外商投资性公司本来只需要支付一笔 50 万美元,因为违规设立了两家外商投资性公司,所以不得不支付第二笔 50 万美元。

被告代理人无视刑事判决认定、超越《新贵之盟》一文报道,进一步捏造所谓的"事实":两原告各自支付的 50 万美元正当费用之外还存在第三笔 50 万美元。

进入诉讼阶段后,被告代理人多次强调两原告在正当支付的各一笔 50 万美元之外还存在第三笔 50 万美元。那么,这第三笔 50 万美元是由谁支付?在何时、以何种方式支付?

如果被告代理人所谓的第三笔是指张××判决书中提到的 50 万美元咨询服务费,那么原告和记黄埔提供的第二份证据付款凭证已经证明:这 50 万美元系原告和记黄埔所支付,与邓×所说的长江实业无关,与周凯旋无关,邓×的证言和被告的报道均不符合事实。如果被告代理人所谓的第三笔不是指张××案判决书中提到的50万美元,而二中院已认定邓×就是从判决书提到的这50万美元中向张××索要了170万元人民币。显然,被告代理人所谓第三笔50万美元之说纯属臆构。

被告代理人只是一再声称《财经》作为独立媒体,有权利质疑并予报道。但《新贵之盟》绝非质疑而是通过改编判决书以调查结论方式告诉读者原告"行贿"之"事实"。

(3)被告构成新闻侵权,并无任何可抗辩之正当事由。

其一,本案并非因为被告报道不自由,而是其刻意捏造事实所致。

被告辩称:报道失实的根本原因在于其报道权利受到限制,本案诉讼过程中二中院又拒不提供庭审笔录。并一再宣称:在采访受到极大限制的情况下,被告记者如果大胆撰文又被事后证明正确,正说明被告记者水平之高超。

本案关键绝非所谓媒体报道受限制,而是被告在根本未经调查的情况下,任意歪曲、捏造事实,完全丧失媒体人应有之职业操守,为制造新闻轰动效应而对原告进行诽谤。本案起诉之初,被告方面称报道依据就是张××等案的判决书,没有其他依据。诉讼过程中,被告代理人一方面宣称《财经》有一个庞大的信息网络,报道时进行了充分的调查和采访,一方面又反复申请法院调查取证,并将其报道失实归责于二中院不提供庭审笔录,理由是庭审笔录中有证据和细节可以证明原告行贿,意图将自己主观推测和恶意诽谤的责任转移给外在因素。如果按照这个荒唐而可怕的逻辑,岂不是每个媒体都可以胡编乱造诽谤他人,然后以"莫须有"的方式申请法院调查,将责任推给审理法院?

其二,《财经》是在得出事实结论而非在进行正当的"评论"。

《新贵之盟》系以改编判决书之方式告诉公众两原告确已"行贿"而绝非所谓"公正评论"。被告辩称:原告作为公众公司,被告有权利对其进行质疑与监督,有权利对其行为进行公正评论,故其报道不构成侵权。

对于包括《财经》杂志社在内的媒体正当的报道、评论和舆论监督,原告均秉持认同和尊重的立场。但《新贵之盟》绝非合理质疑与公正评论,而是在既未进行独立调查亦不尊重生效法律文书的基础上,刻意歪曲事实、以新闻报道的方式言之凿凿地向公众指称两原告行贿之"事实"。

其三,本案所谓行贿受贿绝非众所周知的、不需要证明的事实。

被告辩称:社会普遍存在潜规则是"众所周知的事实",不需要举证,《财经》有权作出原告不得不向技术官僚低头的判断。

社会存在潜规则并非民事诉讼法上免于举证的“众所周知的事实”,存在潜规则亦不等于两原告必然已向技术官僚行贿。这种常识性的逻辑错误只能进一步说明被告的报道不是从个案的事实和证据出发,而是“莫须有”的恶意揣测。

其四,本案并非可以免责的新闻事实。

虚假报道绝非“新闻事实”。被告辩称:其报道即使与客观事实不相符,也符合“新闻真实”。

首先,新闻真实并非法律概念,判断报道是否失实的标准应该是1998年最高人民法院《关于审理名誉权案件若干问题的解释》第6条规定的“客观准确”。其次,所谓新闻真实是指消息来源可靠、有据可查,符合新闻从业人员的内心确信。它要求新闻从业人员对有疑问的消息,应当尽到必要的审慎核查。

本案被告不仅未尽审慎核查之义务,而且存在刻意歪曲生效法律文书之举:第一,虽然张××行贿罪判决书显示:邓×曾作证称“王××和张××说周凯旋给过一笔50万美元的咨询费”,但该证言无疑是传闻证据,且是孤证,并无任何其他证据佐证。第二,如果王××确实说过此话,那判决书应该有引用王××相同内容的证言,但是没有,说明王××根本没有说过。《新贵之盟》刻意将邓×证言内容改头换面为王××自述,这一刻意歪曲捏造恶意明显。第三,更重要的是:邓×和张××案判决书明确认定的是邓×为张××谋取利益,四次向张××索要和收受贿赂。对上述判决内容,不必说几个专业的法制记者和一家专业的财经媒体,就是一个普通读者,都不可能仅凭邓×这一句话形成原告行贿的内心确信。

故《新贵之盟》以邓×单方证言之孤证认定所谓“事实”、故意将邓×证言内容篡改为王××自述、刻意删减周凯旋证言,绝不构成所谓的“新闻真实”。

其五,无论篇幅大小均已构成侵权。

被告不得以不应苛求非法学专业记者编辑使用“法言法语”、关于原告报道篇幅很小为由抗辩。被告辩称:《新贵之盟》所称“行贿者”并非“法言法语”,不能以法律人之要求苛求记者与编辑。

被告明知有关检察机关指控和人民法院认定的是邓×为张××的利益,向张××索贿、受贿,但为制造新闻轰动效应,却在报道中故意歪曲事实,将原告依法支付的服务费歪曲成付给邓×个人的“感谢费”,并蔑称两原告为“行贿者”——任何稍有常识的人都应当清楚,一个企业向官员行贿50万美元,是数额巨大、情节严重的单位犯罪。

被告辩称:该报道的重点是张××案,而不是两原告行贿,因而不构成对原告之侵权。这是无法自圆其说的，无论从封面提示还是正文内容、相关图表，均涉及原告及董事局主席，内容完整、篇幅较长，侵权表现明显。况且，认定侵权是否成立，关键在于是否符合侵权要件，而不是看相关内容占文章的比例。

其六，尊重事实，是媒体当满足"公众知情权"的前提。

被告虚假报道严重侵害"公众知情权"。被告辩称：其是为了满足公众知情、服务社会的需要进行报道，其报道行为合法，故报道不可能侵权。这是极其荒谬的！

公众和社会需要的是真相，不是改编判决书后用优美文字包裹的虚假事实。被告充分利用普通读者当时无法查证相关刑事判决内容形成的信息不对称，通过貌似独立深刻的春秋笔法肆意诽谤。这是对《财经》一贯的严肃、独立立场的背叛，是对公众的愚弄和欺骗。

（4）被告的违法行为造成原告社会评价严重降低，违法行为与损害结果之间存在直接的因果关系。

原告提供的《公证书》可以证明：被告的侮辱、诽谤行为直接造成了众多媒体、评论员和网友误以为两原告及董事局主席确曾为谋取不正当利益，向国家工作人员行贿50万美元，导致社会公众对原告及董事局主席的评价严重降低，虽然被告代理人辩称转载是各大媒体、网站自身的行为，但正是基于被告的失实报道才导致负面影响的产生，二者之间存在直接的、无可争议的因果关系。

综上，两被告的行为完全符合名誉权侵权的四个要件。作为出版发行者和互联网信息发布者，二被告理应承担全部法律责任。

（三）财经网是否应当承担连带责任？

被告代理人提出，财经网与其他网络媒体一样只是转载，与《财经》杂志是两个独立的行为，不应当由二者承担连带责任。我们认为二被告各自分工并协调行动，共同完成同一传播行为、共同实施侵权行为，应承担共同侵权之连带责任。

第一被告称其发表与第二被告转载系两个独立行为，不构成共同侵权。第二被告辩称其注册管理的财经网（www.caijing.com.cn）并非《财经》杂志的官方网站，其仅仅是进行了链接，不应承担连带责任。这是错误的，理由如下：

1. 第一被告北京《财经》杂志社有限公司系涉案文章的新闻采编者、出版发行者，第二被告和讯在线信息咨询服务有限公司系涉案文章的互联网信息发布者、电子版杂志销售者。二者各自分工并协调行动，分别通过纸质、网络方式共同完成同一传播行为，共同实施侵权行为，绝非各自独立的两个行为。

2.《财经》杂志版权页刊载的是财经网网站LOGO及网址（www.caijing.com.

cn)。任何一个杂志都不可能将无关的网站刊载在自己的版权页上。且第一、第二被告法定代表人为同一人(王波明),被告代理人亦承认二者之间股东存在交叉,即二者系关联企业。

3. 更明显的是,《公证书》显示涉案文章在财经网上传、刊载的时间是涉案《财经》杂志出版的前一日,而非被告代理人辩称的在涉案杂志出版后数日,足以证明二被告之间具有共同的意思联络和一致行动,完全符合共同侵权的法律要件,第二被告的责任绝不同于新浪网等普通的转载、链接者。

在代理意见的最后,我表达了这样的意见:

新闻媒体乃"社会正义守望者",其基本职责有二:一是监督权力与公共资源;二是保护公民、法人权利不为公权力所侵害,亦不为媒体在监督公权力的过程中"擦枪走火"所伤。《新贵之盟》涉及媒体对两类不同社会事务应有之态度:对于外商投资领域中的权力贪腐,如被告代理律师所言,媒体只要无恶意即可大胆质疑、小心求证,但这一原则绝不可滥用。而对于公众公司的行为,媒体可质疑其是否存在贿赂,或者如果存在,是行贿还是被索贿;但要得出结论,必须有足够依据,而不是编造事实、恣意诽谤。

原告作为公众公司,理当接受媒体之监督与质疑,但同时也有责任对股东、公众澄清事实,维护公司合法权益。原告对媒体质疑的"忍受界限"在于"承受质疑、评论,而不遭受捏造事实之非法诽谤"。

新闻媒体实现其"社会正义守望者"的职业价值,需要两个基本维度:其一,新闻自由;其二,职业操守。被告作为知名媒体运营商,理当认识到《财经》杂志、财经网作为知名公共媒体区别于微博等"自媒体"的社会责任与自我约束所在;理当时时保持深刻之自我反省。

原告深知新闻自由对于公民、企业、社会乃至民族、国家的重要意义,亦十分尊重《财经》杂志、财经网曾经乃至将来之贡献。但,任何权利都是有边界的,新闻自由绝不应成为恶意诽谤的遁词,不能成为侵犯公民、法人基本权利的保护伞。

2011 年年底,北京市朝阳区人民法院作出一审判决,认定《财经》杂志、《财经网》相关报道构成侵权,责令两被告向原告公开赔礼道歉。

2012 年 11 月,香港高等法院已判决认定《财经》对周凯旋小姐构成诽谤,责令其公开道歉并向周凯旋赔偿 65 万元。

一审判决后,被告没有上诉。

一审判决生效后,被告至今仍拒不执行法院判决。

第四编

警惕 “伸向公司的权力黑手”

——为权利而斗争（一）

4

有自由，才能有幸福；要勇敢，才能有自由！——正义“等”不来，你我当“为权利而斗争”！

政府中的某些当权者不甘寂寞，权力屡屡“出轨”，“看得见的手”沦为“闲不住的手”“管不住的手”，是当下中国社会经济乱象频生的根本原因。

国之本在民；民之本在权——自由权与财产权。

不为权力所垄断或轻易剥夺的社会财富，乃是民权制约公权的物质基础，是实现民主、宪政与共和的物质基础。

经济关注社会财富的有效产出；法治关注社会财富的公平分配。——法治不彰，乃是社会不公、两极分化的根源之所在；而“严苛立法、普遍违法、选择执法”，则会使企业家身负“原罪”且时时处于危险之中。若公权力得不到有效约束，我们无不行进在通往监狱的道路上；若私权利得不到切实保障，任何财富的神马都不过是浮云。——推动这个社会的民主法治进程，是我们对于历史的责任。

地方政府收拾“不听话”的民营企业家往往有三板斧：一是“刑事立案”，迫使投资人就范；二是“民事捆绑”，即动员当地合作商起诉，然后越标准查封投资人资产；三是“污染株连”，即以追赃等名义，不同程度地控制投资人其他关联公司。

4

第十八章

导语:警惕保护国有资产成为权力的大棒!

——让权利的阳光穿透权力黑幕[①]

国企改制,是我们前所未有的事业,是中国历史上关于"国有资产"最大规模的一次利益再分配。在这样一场"饕餮盛宴"中,各种社会资源都"本能"地谋求自身利益的最大化。

在权利与权力的碰撞中,力量的对比是很明显的。要警惕"保护国有资产"成为权力的大棒与赖账的理由。

不能将国有企业等同于国家,不能将国有企业独立法人财产等同于国有资产;要客观看待国企改制不规范操作的特殊背景,正确把握国有资产实现形态及保护措施的多元性。

——办案手记

一、警惕"保护国有资产"成为权力的大棒和赖账的理由

近年来,我有幸处理涉及东北振兴、西部开发、中部崛起过程中的投资纠纷,总金额过百亿元。在此过程中,有相当一部分纠纷系由原国企改制所引发的。此类

---

① 参见《法制日报》2009 年 4 月 18 日,载 http://www.legaldaily.com.cn。

纠纷往往又分为两大类:一类是引入新的战略投资人(因战略投资人系国有或非国有,其博弈特色又有区别),在战略投资人和以原资产出让方公司为代表(背后是政府及相关领导)之间的利益分配与再分配;另一类是发生在原经营者接盘成为改制后的经营者后,与原国资代表机关、当地党委、政府机关及其领导人之间因各种矛盾与利益分配再分配冲突而引发。随改制后公司发展境况之不同,往往因地方政府换届等原因,对改制后公司控制权问题在一定程度上发生"国企改制回头看"现象。

在此过程中,"保护国有资产"成为东道地政府动用公权力与改制后企业及其经营者进行博弈的重要手段。在西南某省,我曾经承办一起因战略投资人所租赁企业破产而引发的纠纷。某种意义上,该"破产"就是当地政府为解除租赁合同而采取的一种特殊方式,因为该企业在战略投资人租赁前已停产近十年,租赁六年后年年有利润,上交租金数千万元,且带动当地相关"一条龙"产业。但当地政府主要领导班子调整以后,各方矛盾日益突出,地方政府急欲以此企业建立新的"政绩工程"。于是,当地政府针对投资人采取了一系列法律行为:一是宣告企业破产并解除租赁合同,同时剥夺承租方在破产案件中的表决权;二是由原料供应商起诉承租方并查封其所有财产、账户,而且原料供应商大多是分散而众多的竹农;三是以承租方可能抽逃资金为由,寻找资金往来的关系,追查承租方所有的上游企业,使其整个企业集团陷于瘫痪;四是针对企业家个人以所谓虚假出资、抽逃资金刑事立案;五是在谈判现场动用公安,迫使投资人在其准备好的合同文本上签字。东道地政府代表,挂在嘴头上的正是"保护国有资产"。类似的情况,我在西北、东北和中南地区同样不止一次地碰到。政府为"保护国有资产"采取的措施都惊人的相似。

10年前,江西民营企业家、江西新大地的老总涂景新,因挂靠海南某国有企业戴上一顶"红帽子",在企业经营红火之际,同样因为原单位主要领导调整后的矛盾冲突,被海口市中级人民法院一审以贪污、挪用公款罪判处死缓,妻子被判无期。2006年12月12日,经包括全国工商联在内的各方奔走营救,大成律师事务所海南分所律师的参与,涂景新终因"证据不足",被海南省高级人民法院宣告"不构成犯罪"。但同时,完全由涂景新个人积累形成的"新大地"的资产,被认定为"国有资产",而交由海南的国有公司——当然,这背后的利益分配不用去细说。

近期,我在苏南地区所承办的王某炜贪污、受贿案,同样是将"保护国有资产"的矛头直指改制后的企业家个人,以贪污、受贿将企业家个人判刑。同时,试图通过仲裁的方式,收回王某炜等人对改制企业的股权。处理此类案件,必须将其置于国企改制的大背景之下,必须将其置于犯罪构成的基本原则之中。

国企改制,是我们前所未有的事业,是我国历史上关于国有资产最大规模的一次利益再分配。在这样一场"饕餮盛宴"中,任何社会资源都将"本能"地谋求自身利益的最大化。我国的宪法和法律,平等保护各种所有权项下的财产——无论是国有财产、集体财产还是个人财产,不同的是国有资产背后强硬的国家权力后盾。在权利与权力的碰撞中,力量的对比是很明显的。因此,国有资产的保护不可放松,但更要警惕"保护国有资产"成为权力的大棒。

二、当前"国有资产保护"要正确把握的几个问题

(一) 不能将国有企业等同于国家

当前相当突出的一个问题是,政府领导、国有企业负责人,往往习惯或有意将国有企业等同于国家,从而使自己获得道义上、法律上的正当性与优越性,亦为其动用国家机器解决民事争议提供合法理由。

国家既是国有资产的所有者,也是公共事务的管理者。而国有企业,则仅仅是国家所投资的企业,在民事活动中与其他所有制企业处于平等的法律地位。不能以国家机器为后盾,人为地制造国有企业地位的特殊性。

(二) 不能将国有企业法人独立财产等同于国有资产

国有资产更多的是一个法律乃至政治的宽泛概念,具有多种表现形式。国有企业独立法人财产,属于国有资产的一种表现形态。但更重要的是,国有企业作为民事法人独立承担民事责任的基础,是厘清企业责任与国家责任的基础。国有企业独立法人财产,是国有资产所有权与使用权分离的成果,是国有企业独立承担民事责任而不再由国家承担当然的法律上的连带责任的基础。

(三) 正确认识国有资产实现形态的多元化

在国有企业法人财产中,国有资产表现形态既包括资产、资金,也包括商标、产权、商誉等知识产权,还包括债权、股权、期权、有价证券等多种形式。国有资产以一种表现形态转化为另一种表现形态,不能够当然地认为"流失"了。

(四) 正确认识国有资产保护形式的多元化

保护国有资产,需要刑事、民事、行政等多元化的法律形式,切不可凡有矛盾即动用国家"蛮力",一抓了事。这种简单、粗暴的方式看似高效,却从根本上与国企改

革的目的和价值背道而驰。

(五)妥善把握国企改制大背景的特殊性

国企改制是一项前所未有的事业,存在这样或那样的不规范是必然的。

三、民营企业的社会价值与权利保护的律师作为

我们不仅要善于砸烂一个旧世界,我们更要善于建设一个新世界。

在世界上任何一个国度,企业家、科学家、金融家、艺术家、工人、农民、医生、教师……都是堂堂正正的"劳动者",值得骄傲,理应受到尊重。

我们欣赏、尊重纤夫的劳动,我们也深知:长江航运这一社会化生产链条中,纤夫所创造的财富价值是有限的。——理性认识各种不同类型劳动的价值,科学设置财富的公平分配方式,是当下中国走出"丛林时代"需要迫切普及的常识。

——吕良彪

小时候看电影里,革命领袖对工人群众进行教育的经典桥段便是教工人(农民)识字,尤其是"天 = 工 + 人",是教育工人群众(农民兄弟)天下是劳动者用双手创造的,资本家和地主老财都不干活,都是不劳而获的剥削者。——这种直观形象的说教,后来有了理论依据,便是经过中国化了的"剩余价值"理论。——新中国成立以来,民营企业家一度被"消灭";改革开放以来,民营企业及企业家社会地位包括宪法地位有了相当提升,但依旧在"仇富"情绪下被视为剥削者甚至背负"原罪"。所以,正确认识企业家的社会性质与价值至关重要。

应该说,在世界上任何一个国度,企业家、科学家、金融家、艺术家、工人、农民、医生、教师……都是堂堂正正的"劳动者",值得骄傲,理应受到尊重。

经过新中国成立后六十余年的艰难乃至苦难探索,我们已经深刻认识到,社会财富的生产绝非仅仅依靠底层劳动者的基础性、体力性劳动创造,而是各种资本资源、人力资源、矿产资源等的综合投入与科学管理,具体劳动实施者只是人力资源的一部分。仅仅只有劳动者、企业家、金融家、科学家等,社会化的大生产都是不可能完成的。离了资本、资源,仅仅依靠劳动者,社会化大生产也是不可能完成的。我们当下的社会生产,是各种社会资源共同参与的结果,理应看到不同社会资源的价值,理应承认各种社会资源所应当获取的回报。社会化大生产不仅离不了"以手去争"的"挣钱",同样更需要"用贝(钱)去兼"式的"赚钱"模式。甚至,从个体平均价值创

造而言,从事相对简单劳动的底层工人的人力资源价值可能无法与企业家、工程师、金融家、艺术家、科学家等群体相提并论。而且从劳动的“不可替代性”而言,不同群体的差异显然也是显而易见的——离了某个工人,离了某个技术人员,离了某个管理人员,离了核心的企业家,对企业的影响当然是完全不一样的。所以,认为社会财富都是由具体干活“挣钱”的“劳动者”创造,其他资源提供者或从事更复杂劳动者都是“不劳而获”显然是有悖常理、有悖社会基本事实的。

艺术作品里纤夫的形象往往很美,我们欣赏、尊重纤夫的劳动,我们也深知:长江航运这一社会化生产链条中,纤夫所创造的财富价值是有限的。——理性认识各种不同类型劳动的价值,科学设置财富的公平分配方式,是当下中国走出“丛林时代”需要迫切普及的常识。

公民私权利与国家公权力的博弈,是人类社会最基本的博弈。凡公民权利能够有效监督制约公共权力的,便走向民主宪政;反之,便沦为专制乃至独裁。古今中外,概莫能外。而不为权力所垄断和轻易剥夺的社会财富,是公民权利制约公共权力的物质基础,是实现民主、法治、宪政的物质基础。民营企业家,是这种社会财富生产的具体组织者、最重要的创造者,堪称现代社会最稀缺的资源、和平时期的英雄。

专制社会的统治基础往往是“三个垄断”:垄断公共权力以垄断资源;垄断资源以垄断社会财富;垄断舆论以垄断真理认定。在此等垄断之下,公民所拥有的一切随时都可能、都可以被权力公然以正义之名剥夺。严苛立法、普遍违法、选择性执法,更使企业家身具“原罪”且时时处于危险之中。没有民主法治约束公共权力,我们无不行进在通往监狱的道路上;没有民主法治保护公民权利,任何财富的“神马”都不过是“浮云”。

破除“三个垄断”靠什么?我认为要靠自由的学者、独立的媒体、专业的律师,他们是公民私权利的忠实代表,是社会理性不同声音的忠实代表,是集合私权制约公权的忠实代表。

中国尽管自古以来就有对私权的保护性条款,但权力对私权的剥夺,总体而言是很难真正有制度性约束的。其根本原因在于,民间缺乏不被权力所垄断、不易被权力所剥夺的社会资源。私权利既缺乏充分的资源为后盾,亦各自孤立,难以形成合力与公权较量。

作为“在野法曹”,律师是国家赋予公民的“自卫之剑”;作为“法律雇佣军”,律师为全社会提供法律服务。

当下中国律师在制约公权、保护私权过程中所面临的三种博弈：

一曰“法律博弈”，指依法定程序与规则所进行之博弈，如李庄案、北海案以及薄案之庭审；

二曰“法治博弈”，指为确保法律之实施而集合公民私权监督制约公共权力之博弈，如李庄案之媒体尤其是网络宣传与社会关注；

三曰“政治博弈”，法律人要推动社会进步，要充分重视体制内理性与进步力量的作用。

在这三种博弈过程中，要培养三种思维：

一为“法律思维”：法律是社会运行的基本逻辑，是利益分配与再分配的基本规则。法律思维实际上是认知和管理社会的基础性智慧。其基本规则：合法性优于客观性；程序公正优于实体公正；形式合理性优于实体合理性；普遍正义优于个案正义；理由优先于结论；以权利义务分析作为法律思维逻辑线索。诉讼博弈中，则表现为对程序、证据与法律、法理的综合考虑。

二为“法治思维”：首先要把权力关进笼子，要求权力时时坦白交代。法治思维则要求权力的行使者要对行使权力的合法性、正当性承担举证责任，否则民众就有权利、而且完全应该“恶猜权力”——这是民众的宪法权利，也是权力接受监督的基本要求。法治思维，让律师有勇气、有智能集合民意，找到律师的“根”。

三为“政治思维”：政治既是公共事务的治理过程，亦为利益分配与再分配殊死搏杀与理性妥协之过程。而法律，则是利益分配与再分配之表面规则。律师要有审时度势，团结各种社会力量，综合解决社会矛盾的综合性、平衡性与建设性思维。简言之，律师要学会“做事”“做人”与“作秀”：做事，是律师处理法律业务的实务操作能力与智慧；做人，是律师团结同行、团队、客户，共同解决社会矛盾的艺术；作秀，是律师以自身行为赢得公众认可、赢得社会公共资源广泛支持的能力。

在没有法治逻辑的时代，单纯的法律思维往往会使主人深受其害，过度的法治与政治博弈思维与习惯又容易使律师偏离法律的模式参与社会事务。所以，法律人既不能做法律的书呆子，又必须坚守法律人应有的理性与底线。这是一个值得我们思考的问题。

其一，我坚定地认为：律师组团创造了律师公共参与的有效路径。如李庄案辩护的伟大意义在于第一次成功地将律师、媒体、学者这三种凝聚公众力量的群体有机结合在一起引导公民形成公众意志。

其二，律师抱团：既为取暖，更为光明！从李庄案、北海案到贵阳案，“跨区域律师团”的模式有效凝聚了民众资源与体制内资源,既保护了律师安全,更将公权违法甚至涉嫌犯罪的证据大白于天下。这是一种伟大的法治博弈。

其三,律师的职责与使命在于:不缺位,不越位。既不能做法律的书呆子,也不能放弃法律人应有的职业底线。

如先贤所言:要自由,才有幸福;要勇敢,才有自由!

第十九章

权力“特色”

——“红帽子”企业家涂景新的“生死路”[①]

笔者按：“红帽子企业”是改革开放初期，中国经济开始转型的特殊历史产物。民营经济在起步之初，因国家法律、政策限制举步维艰，其中相当一部分民营经济采取“挂靠”的方式成为某一“国有”企业的下属单位，给自己戴上一顶“国有经济”的“红帽子”。此类企业往往由民营企业家自己投资，每年给所“挂靠”的国有单位上交“挂靠费”。在国家对民营经济法律、政策日益平等和保护之后，因挂靠而戴上红帽子的企业家要从法律上明确企业资产非国有而系私有，往往需要上交相关费用，与所挂靠单位从法律上分开。若处理不善，不仅涉案财产难以得到保障，甚至企业家本人亦可能含冤入狱甚至家破人亡。曾经名列中国富豪榜第二位的华晨仰融，因“红帽子”处置不善，与某省人民政府“交恶”而被迫出走美国。而笔者的同乡、江西新大地老总涂景新的“摘帽工程”，则更惨烈得多。

20世纪90年代初期，江西民营企业家、江西新大地的老总涂景新，因挂靠海南某国有企业戴上一顶“红帽子”，在企业经营红火之际，同样因为原单位主要领导调整后的矛盾冲突，被海口市中级人民法院一审以贪污、挪用公款罪判处死缓，妻子被

① 本章系大成律师事务所处理之真实案件，相关案件事实根据多家媒体公开报道整理。

判无期。2006 年 12 月 12 日，经包括全国工商联在内的各方奔走营救，大成律师事务所海口分所律师的参与，涂景新终因“证据不足”被海南省高级人民法院终审宣告“不构成犯罪”。但同时，由涂景新个人积累资产形成的“新大地”的资产，被认定为“国有资产”而交由海南的国有公司。

此案引发法学界对个人挂靠国有企业戴“红帽子”现象是“私营”还是“国有”性质的大争论，被称为“最具典型性和挑战性的案例”。

一、从“红帽子”企业家到死缓囚犯

1992 年，当时身在海南闯荡的涂景新得知，江西省展览中心因长期闲置，当地政府拟招商出租。涂景新欲将其整体租赁下来再稍经改造，成为经营电脑及其附属商品的专业化大卖场。虽然当时的涂景新已是当地知名的个体老板，但要拿下这个工程至少需要投入近千万元，不借助贷款显然是不可能的。但在当时的社会背景下，涂景新的个体户身份却无法从金融机构贷到款。

当时《公司法》还没有颁布，所以没有法律规定个人可以注册公司，所以涂景新必须要有一个国营的主管单位才行。情急之下，涂景新想起了他在海南时结识的海南机械设备进出口公司（以下简称“海南机械”）总经理黄智忠。经双方协商，海南机械同意让涂景新挂靠，成立江西新大地实业发展总公司（以下简称“新大地”）。当初双方约定：海南机械不出资也不派人参与管理，只出具相关资信证明，并适当收取管理费；新大地由涂景新独立出资经营管理。

1993 年 2 月 6 日，海南机械承包江西省展览中心展厅 2 万平方米展馆开发为商业市场，租赁合作期为 13 年，即从 1993 年 1 月 1 日到 2006 年 6 月 30 日，准备改造出租。3 月 27 日，海南机械向中国农业银行江西省信托投资股份有限公司（后更名为江南信托投资股份有限公司，以下简称“江南信托”）贷款人民币 1 000 万元，用于装修改造。同年 4 月 10 日，经江西省工商局批准，江西新大地实业发展总公司成立，公司性质为全民所有制企业，法人代表为涂景新。就这样，涂景新成功注册了自己的公司，企业性质为全民所有制，然后，再由海南机械以红头文件形式任命涂为新大地的总经理。

新大地租赁展览中心场地后，瞄准了当时江西空白的 IT 产品市场，生意一直如日中天，甚至被当时坊间形容“日进斗金”，成为名噪南北的电脑城，涂景新也由此成为南昌响当当的商界人物。红极一时的涂景新还曾被选为江西省工商联第七届常委、江西省政协委员。

新大地公司的这种挂靠行为,是当时中国民营企业发展在特定历史条件下的产物,人们称这种企业为“红帽子”企业。后来随着1994年《公司法》的实施和国家对非公有制经济政策法规的不断完善,全国有许多挂靠的企业纷纷抓住机遇,办理手续明确产权。但遗憾的是,涂景新并没有抓住这次摘帽脱钩的机遇,办理脱钩手续,这才导致日后的变故,为自己埋下了“祸根”。

1994年《公司法》实施后,新大地公司的法律顾问曾多次向涂景新提出尽快明晰产权、与海南方面脱钩的意见,但未被及时采纳。直到1999年1月,新大地公司才与海南机械协商“脱钩”,涂景新同意支付海南机械33万元作为补偿,并在江西省工商局办理了变更手续,恢复了企业的私有性质。

但就在双方“脱钩”10个月后,海南机械把前任总经理黄智忠告到了省纪委,揭露其存在徇私舞弊和挪用公款行为。海南省纪委在立案查处黄智忠的同时,也把涂景新作为连带对象一并列入。随即,海南省司法部门介入调查。

随着海南司法部门的介入,1999年10月29日、12月27日,海南省财政厅便先后向江西省工商局提交了《关于变更江西新大地实业发展有限公司名称的函》《关于要求恢复江西省新大地实业发展公司国有性质与名称的函》。2000年1月5日,江西省工商局对江西新大地总公司作出行政处罚决定,并恢复江西新大地总公司的名称及全民所有制性质。

1999年11月5日,海南省检察院海口分院以涉嫌贪污罪将新大地董事长涂景新及其妻子王慧艳逮捕并提起公诉。此时,海南机械全面接管了新大地。

2001年8月,海南省司法机关对这起震惊赣、琼两地的涂景新等人涉嫌挪用公款案提起公诉。

公诉方指控,新大地系海南机械成立的子公司,应属于国有企业。涂景新身为国家工作人员,利用职务之便,与担任新大地财务部负责人的王慧艳相互勾结,侵吞公款2 556万元人民币;黄智忠身为国家工作人员,徇私舞弊,造成国有资产流失,并挪用公款15万元人民币。

2003年5月19日,海口市中级人民法院对涂景新贪污、挪用公款一案,一审作出判决,被告人涂景新被判处死刑,缓期二年执行,剥夺政治权利终身,并处没收其个人全部财产,其他同案被告人亦分别受到刑罚制裁。

一审判决之后,涂景新等人表示不服,向海南省高级人民法院提起上诉。

涂景新案的焦点有二:一是“新大地”企业的性质到底是国有企业还是私营企

业；二是涂景新的贪污罪、挪用公款罪有没有足够的指控证据。

二、有名无实的“红帽子”

早在新大地公司成立以前，涂景新即已作了205.85万元的前期投资，正是因为有了涂景新个人的这些初始投资，新大地公司成立时才有了实实在在的经营场所和经营条件。海南机械作为名义上的开办单位，在新大地公司成立之前及成立之时，没有投入分文的资金或实物。因此，新大地公司登记的168万元注册资金，完全可以认定是涂景新个人前期投入的。

根据1991年3月26日国家国有资产管理局、财政部、国家工商行政管理总局联合颁布的《关于〈企业国有资产所有权界定的暂行规定〉的说明》第5条之规定，在所有权界定中，不应以企业法人登记的经济性质来界定资产的性质，而要追溯企业初始投资的资金来源，按谁投资、谁所有、谁受益的原则确定。新大地公司应当界定为戴“红帽子”的私营企业，其所有人应系涂景新个人。

一审判决对涂景新、王慧艳贪污2 556万元公款的认定，证据明显不足且相互矛盾。首先，法院认定所谓的2 556万元“贪污款”，主要是来自于涂景新、王慧艳以外的一些个人存款账户的流水账，而没有一份直接的证据证实此2 556万元系新大地公司的公款或是新大地公司的应收款，更没有一份直接的证据证明上述个人账户中的2 556万元资金最终全部被涂景新、王慧艳占有。而事实上，根据涂景新本人的陈述材料，由于租赁商场铺面的租户基本上都是个体商户，新大地公司开设个人账户主要是为了方便公司及租户存取现金、为各承租户代缴税费、存入和退还租赁押金等，涂景新和王慧艳个人并没有占用上述账户内资金的故意和事实。

其次，涂景新、王慧艳不具备贪污罪、挪用公款罪的主体身份。涂景新是农民出身的个体户、民营企业家，短暂名义上的调入海南机械不能说明他就是国家工作人员。海南机械前总经理黄智忠的经济问题和“脱钩”协议应该区别对待，不能混淆。作为海南机械的前总经理，他挪用挂靠费自然不对，但并不影响其代表公司与新大地公司签订“脱钩协议”。退一步讲，新大地公司虽然在工商部门注册为“全民所有制”企业，但不是事实上的“国有”，更不是海南机械的一个分公司，因为海南机械除了“借名”出具有关资信证明外，没出资一分钱也未派人参与管理。遗憾的是，海南有关方面把这两件事混为一谈，查处对象本末倒置，导致了此案5年来“查不清，审还乱”的尴尬局面。

对于这起在中国民营经济发展史上极具典型意义的个案，中国法学会研究部给予了极大的关注。2002 年 6 月 6 日，他们邀请中国法学会商法学研究会会长、清华大学法学院院长、博士生导师王保树教授，中国法学会商法学研究会副会长、国家检察官学院副院长石少侠教授，中国法学会商法学研究会副会长、中国政法大学民商法学教研室主任、博士生导师赵旭东教授，中国政法大学经济法专家刘忠亚教授等对此案尤其是新大地公司的企业性质进行了论证。

论证意见书指出："以私人资产作担保，以国有单位名义借入资金所建立的企业，应界定为私营企业。新大地公司是涂景新以其个人资产担保承担风险并负责偿还借入的资金所建立起来的，海南机械公司没有任何出资，也没有承担风险。因此，新大地公司应属私营企业性质。"

2003 年 3 月 12 日，中国刑法研究会副会长、北京大学法学院副院长、博士生导师陈兴良教授，中国刑法学研究会副会长兼秘书长、中国政法大学阮齐林教授，中国社会科学院法学所刑法室主任、博士生导师陈泽宪教授，清华大学法学院博士生导师张明楷教授等刑法专家经再次论证，认为涂景新、王慧艳的行为不构成贪污罪、挪用公款罪。

2009 年 11 期《中国律师》杂志刊载了涂景新的二审辩护律师之一、大成律所海口分所汤尚濠的文章《从涂景新案谈国家利益和个人权利的公平保护问题》，文章认为不能简单地用"一刀切"的方式来认定"红帽子"企业的公或私的性质，而应以历史唯物主义和辩证唯物主义的观点，客观公正地界定"红帽子"企业中国家和个人的产权关系和法律关系。

我很赞同汤律师的如下分析：

从以上江西新大地公司的成立到成立后实际经营发展的历史轨迹上看，江西新大地公司实质上是一个有名无实的国有企业，或者说是一个"有实无名"的民营企业，因为国家对江西新大地公司确实没有实质性投资或者说国家并没有受到实质性的损失。对于来源于作为金融信托机构的江南信托的 700 万元资金，从客观事实上我们没有充分的理由说它是海南机械对江南信托的负债，因为海南机械并没有对江南信托履行债务人的义务，甚至这笔"债务"连列入海南机械对外负债的财务凭证也没有，实际上海南机械也没有向江南信托还过一分钱。我们也没有充分的依据和理由把这 700 万元作为海南机械对其"下属企业"江西新大地公司的投资，因为作为投资的前提是海南机械必须首先对江南信托承担债务，而且作为投资者的海南机械也必须对如此巨额的国有投资进行有效的监控和管理，而不仅仅是收取 7 万元的借名手续费了事。事后海南机械与江南信托、江西新大地公司三家签订此笔债务如何处理的三方协议更进一步表明：作为债权人的江南信托从一开始就没有把海南机械作为真正的债务人，而海南机械从一开始也仅仅是把自己作为形式上的债务人。

然而，我认为本案一个绝对不能忽视的客观事实是：如果没有海南机械这顶“红帽子”，那么，江南信托也绝对不会对江西展览馆的改造装修投资 700 万元，江西新大地公司也绝对不可能发展到涂景新被捕前的规模。一顶“红帽子”本身可能不值钱，但谁戴上了它就可能身价百倍。因此，从历史和辨证的角度客观公正地看，当江西新大地公司借助于“红帽子”发展到几千万的资产规模要摘掉这顶“红帽子”的时候，对提供这顶“红帽子”的海南机械和使用这顶“红帽子”的涂景新来讲，都不能简单的一“收”或一“脱”了之，而应当合理地评估出这顶“红帽子”的价值，进而界定提供“红帽子”的国企和使用“红帽子”的个人在戴上这顶“红帽子”的企业中各自应当享有的权利，而不是简单地认定只要戴上这个“红帽子”企业就姓“公”，摘掉这顶“红帽子”企业就姓“私”。我认为，“戴上”和“摘掉”这顶“红帽子”，对方都应当付出合理公平的对价。可惜，由于制度和立法上的滞后，“戴”和“摘”的时候，国家都没有相应的对价标准，现在也许是到了应当“亡羊补牢”的时候了！

三、自相矛盾的终审判决：“国有”与“无罪”

2004 年 3 月 2 日，海南省高级人民法院二审开庭审理了此案，但由于一审存在诸多质疑，二审开庭后长时间作不出判决结论。

在涂景新被判死缓后，江西 33 位全国政协委员签名上书到最高人民法院。2004 年 2 月 12 日，江西省工商联以红头文件的形式，将此案写成《情况反映》向中华全国工商联、中纪委和最高人民法院等有关部门专送，江西省委统战部一位领导同志还多次听取了此案的维权工作汇报，并多次致电最高人民法院反映情况。时任中华全国工商联主席黄孟复和第一副主席胡德平还亲自在上报的材料上签名。江西省工商联认为，从表面上看来，新大地公司是“国有”性质的企业，但实际上就是私有企业，在特定的历史背景下，民营企业挂靠国有企业是“无奈”之举。江西省工商联对其企业性质和经营做了周密的考察，始终认定此案是冤假错案，涂景新无罪。

2004 年 12 月 15 日，在海南省海口市第一看守所被羁押了 5 年的涂景新被取保候审回到南昌。

2005 年 4 月 27 日，海南省高级人民法院将此案移交最高人民法院审查。经过 1

年零1个月的审查,最高人民法院于2006年6月中旬对此案作出“事实不清,证据不足”的结论。

基于这一结论,2006年11月7日,海南省高级人民法院再次开庭审理此案。

2006年12月12日,海南省高级人民法院作出终审判决,撤销海口市中级人民法院的一审判决,判决涂景新、王慧艳、黄智忠三人无罪,并对涂景新被查封的房产予以解封。

海南省高级人民法院审理认定,江西省新大地实业发展总公司是由国有公司即海南省机械工业总公司提出申请,并经有关行政管理部门批准、核准成立的全民所有制公司。该公司用于经营的大部分资金来源于本公司及海南省机械工业总公司名义的贷款。其中少部分为涂景新的财产,但比例过小。而且,自从2000年1月,在江西省新大地实业发展总公司被有关行政管理部门重新确认为全民所有制性质至今,海南省机械工业总公司均按国有公司的性质派员管理、经营。因此,无论是从初始投资情况还是现实经营情况,都没有理由将江西省新大地实业发展总公司视为非全民所有制性质的公司。

至此,历经近8年之久的“涂景新冤案”最终以“国有”“无罪”的宣判落下帷幕。

舆论普遍认为,该案撤销原海南省海口市中级人民法院一审对涂景新、王慧艳犯有贪污罪、挪用公款罪判处死缓和无期徒刑的判决,撤销一审法院对黄智忠犯有挪用公款罪、徇私舞弊罪判处12年有期徒刑的判决,体现了国家保障人权和司法公正的原则。但也有学者评论此案表现出了“判决私有化”的倾向,损害了国家利益。

对此,时任江西省工商联副会长的吴成华评价道:“终审判决结果认定新大地是国有企业,同时认定涂景新无罪,这是自相矛盾的。新大地是名为‘国有’,实为戴了‘红帽子’的私有企业。也许这么判的目的,在于为了避免对错案的责任追究,但是涂景新损失的7 000万元的财产,5年的牢狱之苦,近8年的惨重精神代价谁来负责?”

四、博弈的时代特色与国情特点

在我看来,此等“国有”与“无罪”自相矛盾之判决,乃各方利益相博弈之妥协产物。

其一,以贪污罪追究涂景新等人刑事责任,实与案件事实、法律规定相悖,社会各界反响强烈,舆论压力强大。

其二,为防止涂景新等人“反复”“不配合”,故以“证据不足”宣告其不构成贪污罪。从另一个角度,亦可解读为:若涂景新等人不合作,完全有可能“发现”“新”的证据。

其三,涉案资产恐已由相关主体“依法”处置,故必须以“国有资产”之名“追认”。

当下,必须破除相当部分领导脑海中根深蒂固的错误意识:

错误意识一:国家 = 政府 = 领导 = 少数人决定 = 特权;

错误意识二:国有 = 政府所有 = 领导支配 = 少数人实际享有 = 特权。

从死缓到无罪,涂景新的经历见证了中国民主法治的进步与无奈。

好在,我们的道路,毕竟是在前行。[①]

---

① 21世纪初,笔者离开法官队伍进京做律师。临行前,作家胡平先生主持的《江南都市报·江铃都市新观察》对笔者作了两个版万余字的专访,表达笔者对中国民主法治进程的判断与期待,标题就叫《毕竟是在前行》。

第二十章

权力“走私”

——公权参与抢夺公司控制权的非法倒卖土地案[1]

不能因为当事人在经营过程中获得了利益，就认定为违法乃至犯罪，商业行为的出发点就是利益，这是天经地义的。

当下权力干预经济生活最严峻的问题在于：政府“不甘寂寞”，权力“屡屡出轨”。“看得见的手”沦为闲不住的手、管不住的手。

——吕良彪

笔者按： 公权力非法介入民商事纠纷，追究一方当事人的刑事责任或以其他方式支持股权争议的另一方当事人，通过刑事诉讼确认一方当事人所谓“犯罪”事实，以“先刑后民”原则对抗可能对己不利的民事诉讼，若认定构成犯罪，则直接以所谓“追赃”方式直接抢夺一方股权，若不足以认定构成犯罪，则试图以刑事强力取证的方式或在刑事诉讼过程中确认某些对一方当事人有利的所谓“事实”，帮助一方当事人赢得对股权的权利主张。据媒体报道，内蒙古、山东均出现过此等案例。本章所探讨的，是笔者所办理的一起离奇刑事案件：控告人以诈骗报案未果，遂以侵占为由提起刑事自诉，案件审理过程中，公安机关又以合同诈骗为由拘捕当事人，检察机关则以非法倒卖土地提起公诉，最终在律师有效辩护和各界广泛关注之下，以检察机关撤回起诉结案。

---

① 本案系大成律师承办之真实案件，《法制日报》曾进行过专题报道，收入本书时已对相关人物、事件作必要隐蔽性处理。

一、转让地产公司股权构成非法倒卖土地？——刑民交叉领域法律实务问题

2009年，某地产公司股东陆某某向朋友薛某某借款1.46亿元人民币购买该公司其他股东的全部股权，同时约定了年息20%的利率。陆某某完成收购后，以年息40%的利率连本带息归还了借款。因种种原因未能开发涉案地块，陆某某便加价数千万元人民币将地产公司股权悉数转让给费某某。薛某某主张是其委托陆某某代为收购股份而非借款，先是向公安机关举报陆某某构成诈骗，因过于牵强公安机关未予立案；后又以"侵占"为由向当地基层人民法院提起刑事自诉，法院立案受理并拟对陆某某采取强制措施。因"侵占"犯罪的前提是所有权属明确无争议，而本案的前提是需要对涉案股权进行确权，在权属尚不明确的前提下即以刑事自诉的方式既追究对方刑事责任，又理所当然地将系争股权归于自己名下，显然有违法律的基本原理。最终，一审法院驳回了原告的刑事自诉。2010年3月，当地公安在该案二审过程中以"合同诈骗"为由将陆某某由北京带至江苏先后实施监视居住、刑事拘留、逮捕。后检察机关以"名为股权转让、实为倒卖土地"为由提起公诉。

我和昔日的同事、现国浩南京事务所主任马国强律师共同担任辩护人。可以说：庭审很激烈，辩护够精彩。同时，就当时接连发生的多起以刑事方式处理地产公司股权转让争议，京城四家高端专业机构组织了法律界、经济界、地产界多位国内顶级专家进行专题研讨，《法制日报》等媒体进行了专题连续报道，上级司法机关亦对此案给予了高度关注。最终，在社会各界广泛关注之下，陆某某于2011年被取保候审，本案于2013年年初以检察机关撤回起诉结案，整个事件最终回归到法治的正常轨道上。《法制日报》分别刊登于2010年3月和8月的两篇报道，比较全面地介绍了本案及相应案件的背景及法律意见，值得一读。这些意见对影响较大的南京刘某贵、上海周某某非法倒卖土地案亦有评述或启发。

二、有多少股权纠纷正走向刑事诉讼？——博士地产商借款收购股权遭遇刑案①

2010年3月10日上午，陆某某的两名律师分别从北京和南京赶到常州市公安

---

① 参见吴晓锋：《博士地产商借款收购股权遭遇刑案》，载《法制日报》，网址：http://www.legaldaily.com.cn/zmbm/content/2010-03/18/content_2085972.htm? node=7574，访问时间：2017年12月2日。

局经侦支队与他会面。3月3日,陆某某被几个据称来自北京市海淀区和江苏省常州市公安部门的人带走。律师得知,警方对陆某某采取的强制措施是监视居住,涉嫌的罪名是"合同诈骗"。

《法治周末》记者在采访中了解到,几个月前,他因同一纠纷,同一事实,已成为江苏首例新类型刑事自诉案件的被告。江苏溧阳某投资公司及其老板薛某某,首先向溧阳市公安举报陆某某诈骗未果后,又以"侵占"为由向溧阳市人民法院提起"刑事自诉",指控陆某某本是接受他们的委托购买股份,而陆某某却私自将这些股份转让他人。陆某某则坚称自己的行为是借钱购股且已还钱。

于是,一起隐名股东纠纷升级为刑事案件。

1. 收购股权祸起萧墙

陆某某,1964年生人,财政学博士,在国务院某部委工作一段时间后下海从事房地产开发。

2007年12月,陆某某与江苏合作方竞拍取得溧阳市一块321亩国有商业用地的开发权。后又与其他三方股东共同成立案涉之地产公司开发该项目,陆某某某占目标公司15%的股权,公司总股本金为1.8亿元。

2009年年初,陆某某与另三家股东协商一致,由陆某某收购另三家共85%的股权后进行开发。因一时资金周转不过来,陆某某于2009年5月找到薛某某协商借款事宜。

据陆某某的律师介绍,因两人关系不错,薛某某同意借款给陆某某收购目标公司的股权。陆某某承诺将按年息20%的利率计息付款给薛某某,如一年内不能还款,则以收购的股权作价抵偿。为保证借款确实是用于收购股权,双方约定由薛某某将陆某某需借的钱款划入双方共同的朋友虞某的账户,再由虞某直接支付给股权出让方,并由陆某某委托虞某办理明恒公司的股权变更手续。为保障借款安全,股权收购后,由薛某某委派人员担任明恒公司的财务,掌管明恒公司财务专用章。

陆某某与薛某某口头达成一致后,借款事宜如约进行。陆某某总计向薛某某借款1.46亿元,均通过虞某的账户付给了股权出让方。股权转让款全部付清后,2009年7月底,目标公司100%的股权变更过户至陆某某的名下。陆某某聘请了薛某某指派的姜姓女士暂时担任公司会计,并保管公司的财务专用章。

2009年8月,完成全部股权收购的陆某某开始大力推进该项目,但随之而来的许多困难困扰着首次进军溧阳地产的陆某某。于是陆某某决定寻找合作伙伴,与本地卓有经验的开发商联手共同开发。

听到这个消息，薛某某强烈表示想参与进来，但陆某某考虑到薛某某没有商业地产开发经验，又是借薛某某的钱收购的股权，再转让给薛某某也不好意思加价（当时的地价上涨很快），便一直没答应薛某某。但薛某某此时已经在外放言他已经和陆某某谈妥，将参与该商业地产项目的开发。这让陆某某非常为难，于是陆某某在2009年9月4日向薛某某还款时按年息40%的利率支付利息，比约定的20%翻了一倍，希望以此维系双方的友好关系。

最后，经过广泛考察，陆某某决定和有商业地产开发经验的溧阳某市场公司的老总费某某合作。2009年9月14日，陆某某将目标公司70%的股权转让给费。但公司财务专用章至今仍在薛某某所指派的姜姓女士手中。

2. 委托收购惹争议

薛某某对陆某某的行为首先表现出不满：认为是自己委托陆某某去收购股权，现在明恒公司所属地块大幅升值，陆某某却把公司股权高价转让给他人赚钱，只拿出很少一部分给自己，于是想通过法律求个公道。

为证明自己所言属实，薛某某提供了大量证人证言，证明是自己委托陆某某收购股权。其中比较核心的证人证言包括：曾经为陆某某管理公司事务的杨某某的证言，证明陆某某曾经连自己的股份都不想要了；某房产股东陈某某证实薛某某委托陆某某收购股份，并出具了一份薛某某委托陆某某去其他股东处收购股权的委托授权书。

对此，陆某某认为，杨某某曾经为薛某某提供过债务担保，而薛某某给其的借款中，甚至有几千万元是陈某某借给薛某某的。这说明杨、陈二人与薛某某有利害关系，证人证言可信度不够。陈某某出具的所谓授权委托书只有薛某某的签名。只有直接参与此事全过程的虞某，作为陆某某和薛某某共同信任的朋友，可证明陆某某借款收购股权的过程，以及双方产生争执的原因。但是，虞某目前也同样被常州市公安机关在指定地点监视居住。

为证明确系自己购买股权，薛某某就目标公司相关房地产开发的设计、施工出具大量证据证明自己对公司业务发展所做出的努力。但令人奇怪的是，相关的施工合同却早在所谓的设计合同之前。因此陆某某认为"这些是薛某某利用掌握的财务章和合同章伪造的证据"。

薛某某委托评估机构对这321亩国有商业用地进行了评估，认为其价值已近十亿元，而陆某某非法转让公司股权的行为，让其经济损失巨大。陆某某则认为自己决定购买公司股权时，中国地产市场受金融危机影响尚未走出阴影，他正是以自己的学识和胆识,凭借多年来对经济和市场研究的经验,才敢于借款投资。

陆某某同时质疑:如果真是薛某某委托他代为收购,如此重要事务怎么可能没有书面合同?薛某某为什么不委托亲朋好友或下属而要委托他这个外人?如果真是委托收购,那么以什么价格收购、代理权限是什么、佣金如何约定?这些最基本要素都不存在,怎么能够根据薛某某单方提供的证据指控陆某某构成犯罪?

3. 刑事自诉案"堪称经典"

2009年9月,薛某某及其公司,以陆某某侵占为由向溧阳市人民法院提起刑事自诉。其基本理由是:公司及薛某某委托陆某某以陆某某的名义收购目标公司85%的股权,陆某某却擅自将属于他们的股份转让给他人,自己非法牟利并给委托人造成巨额经济损失。

陆某某则认为,他以自己的名义与他人订立合同并支付对价,取得明恒公司所有股权并依法进行了工商登记,他才是目标公司唯一合法的股东,完全有权利处置自己名下的股权。薛某某及其公司如对此有异议,可以向江苏省高级人民法院依法提起民事确权诉讼,而不是刑事自诉。

有民商事法官幽默地表示:"这也许将开启一个先河——大量的隐名股东确权纠纷以后可以不在民商事庭审理,而要在刑事庭审理了。"

更多的刑事法官和检察官的反应是,"第一次听到这样的刑事自诉案"。

鉴于双方没有任何协议、收据,原告人一方所提供的证据主要是与其有利害关系人员的证人证言以及加盖有目标公司财务专用章的说明(该公章目前还控制在薛某某手中,公司已公告挂失),而先有证据表明,陆某某是目标公司合法注册的100%股权所有人,而且早已将借款1.46亿元归还薛某某,并按年利率40%的高息支付了利息。有鉴于此,溧阳市人民法院依法驳回了薛某某的刑事自诉。薛某某不服,向常州市中级人民法院提起上诉。

4. "民"转"刑"扑朔迷离

显名股东与隐名股东的纠纷时常出现,并困扰着司法审判。值得注意的是,这类纠纷,如今频频以涉嫌"侵占"或"诈骗"走上刑事司法舞台,且有愈演愈烈的趋势。民事司法与刑事司法两种司法手段的交织纠结,让非法律人士甚至许多法律界人士感到扑朔迷离,以至于许多网民呼吁希望最高人民法院对此作出回应。

此前,内蒙古一个隐名股东纠纷(所谓的"以下犯上"案)由"民事"转为"刑事"后遭到广泛质疑,并引起国内一批法学专家关注,包括著名刑法学专家、北大教授陈兴良,清华大学教授张明楷,中国商法学会会长、清华大学教授王保树等,他们一致认为民事纠纷不应通过刑事诉讼途径解决。同时,从证据的效力来讲,书证证明力高于证人证言。仅凭后来警方收集的调查口供不足以推翻书证。

是借款,还是代为购买股份?是经济纠纷,还是刑事犯罪?是“内蒙古案”争议的焦点。同样的故事又在博士地产商陆某某身上上演。更多的人在关注,到底经济纠纷与经济犯罪的边界在哪里?公权何时能介入私权领域?公安机关立案有什么标准?在这个活跃的经济社会,还有多少隐名股东纠纷在走向刑事诉讼?

最高人民检察院与公安部曾联合签发**《关于公安机关管辖的刑事案件立案追诉标准的规定(二)》**,公安机关办理经济案件有严格的立案标准。笼统地讲就是“罪”与“非罪”的把握,公权力不能任意介入到平等主体的纠纷中。首先,经济犯罪在实体上表现为社会危害性较大,数额较大,对法意的侵害较大;其次,在证据上有比民事纠纷更高的证据标准;另外,就行为性质来讲,要严格符合刑法及相关司法解释规定的“犯罪构成要素”。在股权权属争议中,对于如今常常出现的“民事”转“刑事”、通过公安机关侦查寻求证据的现象,这位检察官认为,公安机关立案应该慎重,严格的证据标准是立案的前提,而不是结果。

三、通过股权转让获取土地收益的法律风险有多大[①]

如果一家房地产公司试图转让公司名下的土地使用权,将面临一系列土地管理法律、法规的制约;但如果通过转让公司股权获取土地使用权的收益,依照公司法的规定,则几乎没有任何障碍。因此,房地产公司一般不会选择直接出让或受让土地使用权的方式,而是选择转让或受让股权的路径。眼下,这种操作的合法性问题开始受到房地产业界、司法界和学界的关注。

1. 四家学术机构联合研讨“股权炒地应否追究刑责”

长期以来,上述所谓“变相炒地”行为司空见惯。不仅最高人民法院若干判决明确将股权转让合同认定为合法有效,而且几乎没有见到过行政管理部门对这种行为作出处罚。根据媒体公开报道,有法律专家指出,上述行为顶多算是钻法律的空子,仍是当事人在法律允许范围内的合法选择。

但是,进入2010年后,情况发生了变化,房地产业开始对上述操作忧心忡忡。一是因为,2010年1月27日,海南省国土环境资源厅发布了《关于充分发挥土地调

---

① 参见张维:《京城四家学术机构联合会诊通过股权转让获取土地收益房地产老》,载《法制日报》,网址:http://news.sina.com.cn/o/2010-08-19/075917988109s.shtml,访问时间:2017年12月2日。

控作用促进房地产业平稳健康发展的通知》,其中明确规定“严禁以股权转让为名,变相违规转让土地使用权”。二是今年以来,一些地方的公安机关对此以“非法倒卖土地使用权罪”立案,有多家房地产公司老总因此身陷囹圄。如上文提到的常州陆某某因转让房地产公司股权先后被诉侵占、合同诈骗一案,最终被以“非法倒卖土地使用权罪”审查起诉。2009 年,南京下海官员刘有贵亦以“非法倒卖土地使用权罪”被判刑。

关注这种变化的,不仅是房地产业,还有法律界。2010 年 8 月 12 日,中国人民大学刑事法律科学研究中心、中国社会科学院法学研究所欧盟法研究中心、清华大学法学院民事法研究中心、清华大学法学院资本金融与法律研究中心就此类问题联合召开专题研讨会,邀请国内刑法、刑诉法、公司法、土地法、合同法领域的知名专家就房地产公司股权转让中的法律责任问题进行专题研讨。

在国家法律制度尚未作出调整的情况下,地方政府部门规定的法律效力如何?在最高人民法院将其认定为合法民事行为的情况下,地方公安机关动用刑事手段追责是否会造成法律适用的不统一?在司法机关、执法部门的认识产生“罪与非罪”重大分歧的情况下,立法部门有无必要尽快对此作出权威解释?这些都是法学界关注的问题。

研讨会上,专家认为罪刑法定原则不可突破,有关机关不宜无视国家公司法律制度,将公司法、合同法明确允许的股权交易认定为实现所谓非法目的的“形式”。此类案件应慎用刑事追究。同时,专家对陆某某等案件中地方公安机关动用刑事手段处理此类纠纷给国家公司法律制度带来的困境、对房地产业带来的巨大冲击、可能造成的权力寻租等亦充满忧虑。

2. 股权转让有自由但土地使用权转让有限制

根据《公司法》第 138 条的规定,股东持有的股份可以依法转让。清华大学法学院施天涛教授指出,公司法目前还未有针对特定标的的股权转让的限制,只是对股权转让本身的程序有所要求。按照公司法的规定,是可以以土地使用权出资的,出资之后形成公司的股权。即使是股权的价值、价格受公司享有的土地使用权的影响,甚至由其决定,此类股权的转让在公司法上也是允许的。

从法律上讲,股权转让是完全自由的,而土地使用权转让则是有限制的。《城市房地产管理法》第 39 条规定:“以出让方式取得土地使用权的,转让房地产时,应当符合下列条件:(一) 按照出让合同约定已经支付全部土地使用权出让金,并取得土地使用权证书;(二) 按照出让合同约定进行投资开发,属于房屋建设工程的,完成开发投资总额的百分之二十五以上，属于成片开发土地的，形成工业用地或者其他建设用地条件。转让房地产时房屋已经建成的，还应当持有房屋所有权证书。”

根据上述规定，房地产企业在转让名下土地使用权时，有一系列严格的条件：必须已经支付全部土地出让金并取得土地使用权证书；开发土地进行房屋建设的，必须已经投入25%以上，等等。

那些被诟病为“炒地”的开发商，往往是因为资金不足，在尚未全部缴纳土地出让金的情况下，通过转让股权赚取土地使用权的升值效益，然后把继续出资义务转嫁给接盘者。

这种明显规避土地管理法律的行为早已引起社会各界的关注。早在2007年，江西省南昌市中级人民法院就受理了多起房地产公司股权转让纠纷。审判人员在接受记者采访时说，对此类通过股权转让方式掩盖买卖土地使用权行为的案件，由于当事人是以股权转让纠纷提起诉讼，法院依法仅应审查股权转让合同是否符合法律规定，而不能将被转让公司的资产纳入审查范围。而且法律并未明确禁止以股权转让形式获得土地使用权，因此法院在审理时，无论认定股权转让合同是否有效，都会产生一些难以处理的问题。南昌市中级人民法院的一位法官指出：随着城市房地产市场的进一步规范，通过股权转让方式掩盖土地使用权买卖的案件呈增长趋势。建议有关部门对此问题予以高度重视，对此类案件在审判实践中遇到的问题尽快作出相关规定。

3. 最高人民法院判地产公司转让股权合同有效

名为股权转让，实为土地使用权转让。这样的合同是否有效？

记者查阅到北京市第一中级人民法院和最高人民法院的相关判例，均认定其为有效合同，也未将此类纠纷按刑事案件移送公安机关。

在最高人民法院编号为(2007)民二终字第219号判决中，有如此表述：本案股权转让合同的内容和形式并不违反法律法规的强制性规定，股权转让已经实际履行，并办理了公司变更登记手续，应当认定股权转让合同合法有效。

分析最高人民法院编号为(2004)民一终字第68号判决，可以看到，法院查明：“A公司意欲通过转股，实施对B公司全控股，进而获得B公司242.66亩土地的使用权、开发权和公司的其他权益。”在法院明知该股权转让的目的是转让土地使用权的前提下，依然没有认定转让合同无效。

值得注意的是，上述两个案例中，在签订股权转让协议时，涉案土地未缴齐出让金、未办理使用权证、未实际取得土地进行开发，更未达到25%的投资，违反《城市房地产管理法》第39条的规定,显然不能直接转让土地使用权。当事人实质上是通过股权转让的形式进行土地使用权转让。法院指出了这一点,但依然认为这是民事纠纷,应适用民事法律处理,不认为该行为涉及行政违法或刑事犯罪。

4. 学界呼吁慎追刑责,"罪刑法定"不可突破

根据《刑法》第228条的规定:"以牟利为目的,违反土地管理法规,非法转让、倒卖土地使用权,情节严重的,处三年以下有期徒刑或者拘役,并处或者单处非法转让、倒卖土地使用权价额百分之五以上百分之二十以下罚金;情节特别严重的,处三年以上七年以下有期徒刑,并处非法转让、倒卖土地使用权价额百分之五以上百分之二十以下罚金。"这是"非法倒卖土地使用权罪"的法律依据,但没有规定"以股权转让形式出让土地使用权"构成犯罪。实践中,对上述行为按刑事犯罪追究的逻辑则在于:以股权出让之名行土地使用权买卖之实,是以合法形式掩盖非法目的。

对此,中国政法大学终身教授江平认为,南京刘有贵案件不单纯是股权转让,还涉及土地使用权的直接转让,并不典型。常州陆某某案则是典型的股权交易。从法律上讲,股权转让是完全自由的,而土地使用权转让则是有限制的。公司法允许股权自由转让(除极个别限制外),土地使用权的转让则须经过政府批准。决不能把土地管理法关于土地使用权转让的程序和规定,与公司法关于股权转让的程序和规定混为一谈。须知股权的任何转让都不会变更土地部门的批准证书,因为批准证书上使用权是给了公司。股权的变更原属公司内部的权利变更,公司作为有独立法人人格权的主体不会因股权变更而变更。

清华大学法学院崔建远教授也指出,股权转让并不引起目标公司名下土地使用权的转让,因为股权转让不影响土地使用权主体的变更,土地使用权的享有者仍然是目标公司;再者,股权转让的当事人是作为转让方的目标公司的股东,作为受让方的第三人,目标公司并非当事人。假如是目标公司的土地使用权转让,其当事人应是作为转让方的目标公司,作为受让方的第三人。

一些房地产公司老总被追究刑事责任,有一个潜在的原因:股权转让使其获得了巨大的土地使用权的升值利益。

对此,江平教授指出,股权的升值是极有可能因土地使用权的升值引起的,但不能因为升值就说它是非法所得,这就如同股票升值不能被认定为违法是一样的道理。

中国社会科学院法学研究所孙宪忠研究员也认为,商业行为基本上都是以盈利为目的的,仅因其获利即将其定罪,并不妥当。

中建地产潍坊公司副总孙兴华更是发出质疑：“如果因赚钱就被判定违法，那么，如果亏本的话，又由谁来补偿呢？”房地产公司转让股权、转让项目，实质上是一种社会融资，根本不是地价和房价上涨的原因，不会影响社会公众的利益。而且只要没有强买强卖就不损害第三人利益。从实践中看，股权转让所缴纳的税收并不比土地使用权直接转让缴纳的税收少。这种转让本身并不存在所谓严重的社会危害性。否则，央企退出房地产行业如何操作？

北京大学法学院教授陈瑞华分析，这类案件涉及民事法律、行政法规和刑事犯罪三者之间的关系。在处理这三者关系时应遵循如下原则：第一，民事法律应该得到足够的尊重，民事法律关系应该优先。凡是用民事法律关系能协调解决的，优先选择民事法律；第二，如果在这三个法律关系发生冲突的时候，刑事法律关系应该受到最严格的控制，入罪是最后的手段。他说，近年来刑民交叉、刑事犯罪和行政违法交叉发生冲突的情况屡有发生，考虑到中国处于社会转型、社会大变革时期，法律制度的变革完善往往跟不上形势的发展，实践中的问题层出不穷。在这种情况下，司法机关应该慎用国家追诉权，本着在发生冲突时，在法律规定不明确的情况下，应该作有利于当事人的解释的原则。在处理这类案件时，一定要在有充分把握的情况下定罪，如果没有，不妨先用民事法律和行政法律解决。陈瑞华特别强调刑事追究应严格遵循罪刑法定原则。他说，刑事司法必须重视犯罪构成要件，不能轻易以刑事思维下所谓卖地的“实质”去否定民商法中合法的股权转让“形式”。

此外，国家有关部门应该尽快制定司法解释或行政法规，以弥补由于社会转型期社会发展变化太快而显现出来的法律漏洞。

第五编

国企改制回头看

——为权利而斗争（二）

5

政府是国有资产的持有者与管理者；是社会事务的管理者或社会公共服务的提供者。国有股从本质上讲是权力的一种行使方式。

国企改制是个宪政问题。国有资产流失的关键是权力作祟。

国企改制是我们前所未有的事业，是有史以来关于国有资产最大规模的利益再分配。在这样一场“饕餮盛宴”中，各种资源都本能地谋求自身利益的最大化。

警惕“保护国有资产”成为权力的大棒与赖账的理由。

不可将国企等同于国家；不可将国企独立法人资产等同于国有资产；当历史地、客观地看待国企改制中操作不规范的特殊时代背景，正确把握国有资产表现形式的多元化与保持措施的多样性。

企业家要善用“外脑”与“外嘴”。聘请专业人士绝非成本而是投资。

自由学者、独立媒体、职业律师是企业家天然的同盟军，是公民权利的忠实代表、社会理性不同声音的忠实代表、集合私权制约公权的忠实代表。

对于公民而言，法无禁止即可为；

对于政府而言，法无授权不得为。

推定“权力神圣不可侵犯”“权力正确不容质疑”“权力万能应当扩张，凡出现问题都是因为权力管理不到位”等错误理念，极大地阻碍着中国社会的发展。

第二十一章

导语:国企改制是个宪政问题[①]

一、国有资产流失的本质是权力作祟

郎咸平之所以可以点燃人们心中的"火药桶",就因为国有资产流失是一个不争的事实。

赵晓撰文反驳说:近年来国有资产总量不是减少了而是增加了。——通过电信、石油等人们的私产正大量变为国有资产。——从统计数据上说,赵晓说的也许不无道理。

然而赵晓在这个问题上却犯了一个简单的逻辑错误:国有资产绝对数量的增加绝不等于国有资产不流失,还需考虑到国债的大量发行、银行巨额不良资产等因素。国债借的是百姓的钱、银行贷款用的钱同样也是百姓的钱;而国有资产名为"国"有,即为代表全体国民之政府代替全体国民行使所有权,归根到底主权在民,国家一切权力(利)的最终归属则在民。所以,从这个意义上说,流失的不仅仅是国有资产,而是每一个公民的私人财产。于是,我们看到了自己所处的危险境地:我们的私人资产通过石油、电信等国家垄断(权力)的作用成为所谓"国有资产",然后又在权力因素(滥用或者错用)的作用下流入某些掌握权力因素的私人。只有把权力管好了,国有资产才不会落入少数人的腰包;只有把权力管好了,真正的市场经济才可能在中国建立;只有把权力管好了,中国人才可能有公平可言。

国有资产的流失绝不仅仅是一个经济问题,而是一个地地道道的法律问题,更

① 本文系2004年9月笔者在《法制日报》《法人》杂志社主办的"国企改革法律研讨会"上的演讲。

准确地说是权力与制约权力的问题,是一个宪政问题。看不到这一点,治理国有资产流失乃至国企改革都注定要走入死胡同。

二、治理“国有资产流失”关键在于防范和惩治“侵犯国有资产行为”

国有资产流失是约定俗成的一种说法,通常认为它指的是国有资产的非正当减少。我认为,目前国有资产减少可分为以下三种:

一是合乎规则的减少。目前已经出台了一套相对有可操作性的国企改制规则,依规则进行的合理的国有资产减少应当被认定是正当的。如3 000万元账面价值的国有资产,在穷尽一切可能情况的前提下,只能以300万元出售,否则还将继续贬值甚至损失更大。这也是国企改制过程中国有资产现实存在的一个“冰棍效应”。

二是不合乎规则的减少。那些自买自卖的所谓MBO即属此类。

三是规避规则的减少。即利用规则的不完备,以合法的形式掩盖其非法交易获取国有资产的本质。

第一种国有资产减少是符合正当程序的减少,是符合市场经济规则和程序正义的减少。而第二、三种则属于违反市场规则的非正当程序的减少,是对国有资产的一种不法侵害,也是治理国有资产流失需要防范和惩治的行为。

国有资产流失只能表明一种状态,并不是一个严格而准确的经济学或法学用语,不能指明不法行为人行为的实质与责任。要治理国有资产流失,就必须从制止行为人的不法行为着手,就必须对非法侵犯国有资产的行为予以防范和惩处。除去贪污、挪用、侵占等显性的违法犯罪,国有资产的流失通常是通过某种交易的形式来转移所有权,因此国有资产所有权的移转是否符合正当程序、是否符合市场经济规律、是否不曾受到权力的干预就是我们判断是否构成侵犯国有资产行为的标准。依据这一标准,结合当前国企改革的具体情况,从内涵和外延上对侵犯国有资产的行为予以科学界定成为当务之急。

三、国企改革需要法律人的声音

郎咸平发出声音后,一度出现了所谓“经济人失语”的状态。赵晓对此解嘲说:那是因为郎教授用了3个月时间研究,我们至少要用1个月吧,前提是我们还得比郎教授聪明三倍。这也不失为一个理由。而在此是非评判的过程中，作为社会规则制定与操作者和社会矛盾解决裁断者的法律人却始终未能对此重大事件发出应有之声音，可谓“法律人的始终缺位”。

中国的改革就是“变法”，几千年莫不如此。然而在重大社会事件面前，法律人却往往失语，常常缺位。这种失语与缺位有法律人特质的原因，更折射出中国法律人乃至中国法治的悲哀。

法律人应该是务实的。无论社会如何争论，法律人应始终秉承“现行法不容批判”之原则，忠实履行着自己的职责，依照法律和政策，推动着国企改革向前发展。

法律人应该是理性的。法律人在忠实履行职责的同时，也应时时保持着批判精神，对现行政策和法律进行着质疑，并依照相应程序以一种不张扬的方式表达自己的意见。

法律人应该是审慎的。对纷繁复杂的社会生活，法律人始终保持一种消极与滞后，他们是规则的制定者和守候者，注定要在事物发展到一定阶段再对其作出法律评判并以成熟之方式解决之。

这种缺位更折射出当代中国法律人的悲哀与国企改革的关键。

在郎咸平事件中，我们看到的是情感的宣泄多于理性的认识、道德的评判取代了理性的或法律的评判。作为治民之器的法律在中国一向是发达的，但法治的思想却从来没有在这里产生过。在社会需要一种具有公信力的声音的时候，法律却患上了软骨病，任凭本应“出主意”的经济人去定规则、评是非。

国企改革，关乎每一个人的切身利益；关注国有资产流失，就是关注我们自身财产所受到的侵害。国企改革与治理国有资产流失，本质上说都是宪政问题，都是监督权力的问题，都是需要我们每一个人为之呐喊与奋争的问题。

第二十二章

权力“蛮横”

——民企参与国企改制后遭遇公权力“三板斧”[①]

笔者按：近十年来，笔者作为战略投资人的法律顾问或代理律师、辩护人，先后参与处理“东部率先、西部开发、东北振兴、中部崛起”过程中数以十亿计的投资纠纷，代表投资人尤其是非国有投资人与相关当事人及其背后的政府和政府所主导的公、检、法机关，进行了堪称“艰苦卓绝”的博弈，往往涉及刑事辩护、民事代理、行政诉讼，需要谈判、协商、斡旋相结合，需要与政府官员、企业家、企业职工乃至记者、学者、警察、检察官、法官等各色人等深入接触，深刻洞悉并均衡满足各个利益群体的利益诉求；同时，更要时时盘点、整合自身资源，甚至要说服天性顽强（或称蛮横）、积极进取（或称贪婪）的企业家当事人……在此过程中，注意到地方政府对付非国有投资人的“三板斧”：一是“刑事立案”，即追究或威胁追究“不予合作”的投资人的刑事责任。早期涉嫌的罪名多以贿赂、偷漏税收类犯罪为主，现在则多以虚假注册、抽逃出资、非法集资等罪名为主。二是“民事捆绑”，往往可动员与目标企业有交易之企业或个人，尤其是提供基本原材料的企业和个人，起诉该企业，然后将其所有资产冻结。三是“污染株连”，即以所谓“追赃”为由，顺目标企业的资金走向，将投资人所有的关联企业都尽可能地予以查封、冻结。在此等“组合拳”下，迫使当事人签订“城下之盟”。四川某制浆造纸厂破产案，即为典型。[②]

---

① 本案系大成律师处理之真实案件。本文已对相关人员和事件进行必要隐蔽性处理。

② 2008 年，《雅安日报》曾对本案进行过特别报道。

一、“超常规”引进战略投资人

四川A制浆造纸厂于1991年11月开工建设，后因后续资金投入不足无法开机生产，企业近10年时间处于停滞状态。政府每年注入几千万元的保养资金，很长时间内成为省、市政府的“包袱”，甚至已经资不抵债。

为解决这一难题，省、市政府积极招商引资，试图通过引进有行业生产和管理能力、有融资和经营资源的战略投资人，以租赁方式盘活企业。

1999年年底，北京某产业集团（下属有多家造纸厂、投资公司、物流公司等）积极响应国家“西部大开发”的号召和省市两级政府的招商邀请，在当地成立纸业有限责任公司（以下简称“当地纸业”），与该纸浆造纸厂于2000年12月24日依法订立《租赁合同》，租赁经营该制浆造纸厂。省委省政府主要领导均对该项目予以关注和支持，2000年9月，省人民政府正式下文批复同意当地纸业租赁经营制浆造纸厂，经营期限为20年。

项目启动后，当地纸业冒着巨大风险投入6 000万元技术改造资金，完善工艺系统，启动生产。后又陆续投入流动资金5 000万元和技改资金上亿元，累计投资2亿多元。按照市政府的要求，“5万吨改8万吨”技改工程正在进行之中，设备已经全部到厂。

截至2006年年底，当地纸业连续5年为该市纳税大户，累计实现税收数亿元；累计收购竹材115万吨，向农民支付竹材收购款近5亿元，直接带动竹农致富。同时，还带动了煤炭、化工原料、电力、运输、建材等相关产业的发展。并在当地建竹林基地30万亩，2006年起已进入采伐期。当地纸业现已被列为四川省农村产业化重点龙头企业。同时，招聘原A制浆造纸厂职工近千人上岗，带动劳务用工上千人。

二、政府换届后的新一轮“洗牌”

2006年年底，当地政府换届。

A制浆造纸厂的租赁成为当地政府的一块“鸡肋”：一则前任领导班子使工厂运转起来解决了将资产盘活问题，但政府每年向企业收取的租金相当有限，不足以承担因该项目所欠下的银行利息及其他成本；二来该造纸厂是当地最大的企业之一，新班子务必要在这个企业上“有所作为”并“做出新的政绩”。

在这样的大背景下,该市中级人民法院于2007年3月6日宣布裁决A制浆造纸厂破产,同日,清算组向当地纸业送达了关于解除A制浆造纸厂20年租赁合同的通知,并要求当地纸业在接到通知后10天内清理并向清算组移交资产。

当地纸业认为,引发这起事件的根本原因在于当地市委市政府主要领导更换后,当地市政府部分人员对当地纸业租赁经营等情况不了解,仅仅只看到当时收益不错,不了解历史情况,对租赁经营产生了想法。最终采取以所谓破产之名行非法剥夺其合法租赁经营权之实。

第一,当地纸业租赁时,该企业已经背负巨额债务。政府为何当初不提出破产,而是在当地纸业投入数亿元资产并使企业飞速发展后突然提出破产?其非法剥夺当地纸业合法经营权的用心可谓"司马昭之心,路人皆知"。

第二,A制浆造纸厂资产已经租赁给当地纸业,地方政府和企业作为债务人其权利受到限制,破产必须先征求当地纸业的意见;但当地市政府和企业在未征求当地纸业意见的情况下即断然宣告破产,于情于理于法均应予以纠正。

第三,当地纸业与A制浆造纸厂依法签订的租赁合同受国家法律保护,且经由省委、省政府批准,理应依法按照合同规定继续履行。但当地市政府和企业背信弃义,以破产形式非法剥夺当地纸业的合法经营权,对此严重的违法行为,必须依法予以纠正。

三、尊重法庭与尊重法律:方言语境下的债权人会议交锋

2007年6月13日,市中级人民法院召集制浆造纸厂破产案第一次债权人会议,我方作为破产企业第二大债权人参加会议。会议上,我作为当地纸业的代理律师,就该次会议的违法问题进行了激烈抗争。

(一)关于破产清算组非法剥夺当地纸业作为债权人的合法权益

债权人会议伊始,清算组宣布债权申报情况,其中居然不包括我方已申报约6.2亿元债权。

我们质问清算组为何不认可我方债权。清算组的回答是:法院于2007年3月12日发出债权申报公告,要求债权人于5月底前向清算组申报债权。我方公司系于2007年6月6日向破产清算组申报债权,故已丧失债权人应有权利。我方当即指出:我国《破产法》明确规定,自人民法院发出债权公告之日起3个月内,债权人均有权申报债权。即依照法律规定,当事人于6月12日前申报债权均为有效。任何违

反法律规定限制或缩短债权人申报期间的要求都是非法和无效的。

经我方依法据理力争，法院当场裁定要求清算组将我方所申报债权纳入破产债权。但法院紧接着以所谓债权需经司法诉讼确认为由，认为该债权无法明确，故引用新《中华人民共和国企业破产法》（以下简称《企业破产法》）第59条第2款裁定我公司虽系债权人，但不能行使表决权。

令人哭笑不得的是，我方代表均系外省人员，但法院在我方代表一再要求下，还是使用方言主持会议，而且在法院的这种示范之下，本来使用普通话的清算组工作人员也改用四川方言，致使我方代表无法听清会议内容。

对此，我一再要求法官用当事人能够听得懂的普通话主持会议，要求破产清算组不要受法官不良言行影响，用普通话发表意见。每一轮发言，我们都指出此前程序的违法处。法官仍然坚持用方言主持会议，并要求我方遵守法庭纪律。

在通过《破产财产处置方案》时，法庭居然根本不征求作为第二大债权人的我方的意见。我当即质问法官为什么？法官称刚才已经明确告知过我们了。我质问法官告诉我们什么了？我们一再要求用我们听得懂的普通话表述，为什么要坚持讲方言？难道这里的法院不是中华人民共和国的法院？不需要保护当事人诉讼权利？

在此种情形下，法官被迫用普通话向我们宣读了新《企业破产法》第52条的相关规定。

对此，我当场表扬了法官改说普通话的进步，同时指出法院认定事实和适用法律的违法性：

1.《企业破产法》于2007年6月1日起正式施行，当地市中级人民法院于2007年3月6日即宣告A制浆造纸厂破产。此种情况下，根据最高人民法院的相关司法解释，当地市中级人民法院根本无权引用《企业破产法》规定非法剥夺我公司在债权人会议中所应享有的各项权利。

2. 此次各债权人向清算组所申报之债权均未经司法判决、裁定的确认，当地市中级人民法院以我方债权需经司法确认为由认定我方无表决权明显是对我公司的歧视，不符合事实，也与法律的基本原则相违背。

3. 极度漠视我方和其他债权人的诉讼权利。首先，对于我方代表在会议现场依法严正提出的问题采取置之不理的态度，如对于我方代表要求人民法院纠正明显的适用法律错误；其次，禁止我方代表携带笔记本电脑进入法院，使我方无法使用存于笔记本电脑中的资料。

关于新旧《企业破产法》的效力，法官提出全国人大、最高人民法院亦无相关明确规定。言下之意,法律并未明确规定此案不可以适用新《企业破产法》。

我当即指出:法律适用的溯及力问题,法律有明确规定的适用法律规定,法律无规定但有司法解释的适用司法解释的规定,没有司法解释的适用司法惯例,没有司法惯例的依法学原理。法律原则上无溯及力,尤其是实体性法律规定无溯及力,而程序性法律可以有溯及力。破产法有程序性规定,也有实体性规定。《企业破产法》第52条的规定系剥夺当事人的实体权利,故不应有溯及力。

(二)无视债权人的合法要求,强行违法推进破产程序

1. 第一大债权人信达资产公司提出政府出资不到位,要求追究政府出资不到位的责任。

2. 破产清算组只提供一纸债权说明而根本未提供所有债权人债权依据,致使其他债权人无法对破产债权进行判断,债权人行使权利也就失去了事实和理性基础。

3. 法院无视债权人的意见且在剥夺第二大债权人表决权的基础上,强行裁定《破产财产处置预案》的效力。

该次债权人会议,律师与法官争至激烈处,双方有如下对话:

法官:请尊重法庭!

律师:请尊重法律!

四、图穷匕见:公安"控制"下的"商业"谈判

2007年8月,破产清算组欲统一处置A制浆造纸厂资产,但A制浆造纸厂财产中,有价值6 000余万的技改及环保工程系当地纸业投资建设,其物权归属于当地纸业而非破产企业。而该部分资产,对于A制浆造纸厂后续的生产、经营,又具有非常重要的意义。

原本,根据《企业破产法》的相关规定,他人财产在破产企业且与破产财产一并处置更为有利的,当地政府可以破产清算组的名义一并处置,然后给予权利人应有的补偿即可。

然而,当地政府为了使自己的决定做得貌似更"合法""合规",以谈判为由,将投资人诱至成都进行"谈判"。

地方政府代表有当地国资委主任、破产清算组负责人、政府委派的A制浆造纸厂负责人、律师、会计师,还有一个被称为司法局副局长的官员。投资方代表有集团

总裁、投资人，集团副总裁、人大代表、投资人委派的当地纸业董事长、财务总监以及具体负责与破产清算组接洽的工作人员。我作为集团法律顾问参加谈判。

谈判过程中，我方坚持对方破产系背信弃义，但在充分保障我方利益（认可我方的投入、以合法途径认可我方所申报之破产债权的前提下，我方可同意将 A 制浆造纸厂物权统一交由破产清算组统一处置。

政府方面只是带来一份以破产清算组名义起草的《资产处置协议》，要求投资人签字，而且没有任何讨价还价的余地。想来，以参加谈判者的权限，他们只是强求我方在协议上签字，无权对协议本身进行任何修改。

当谈判进入僵局时，起先自称为当地司法局副局长的李姓政府官员离席打了个电话，随即，谈判会议室被强行打开，从外面闯进八个彪形大汉站在我方谈判人员身后。我身后站了两个，估计是我说话最犀利，他们拿我当了投资人了吧。

我调侃李局长，怎么从司法局副局长摇身一变就成了公安局副局长，怎么连这么点诚信与自信都没有？

我再质问政府方面代表：如此高端机密的商务谈判，怎么会有身份不明的人闯进来威胁谈判人员的人身安全？

李局长即介绍说，这是当地公安机关侦查人员，是来办案的。

我当即质问：中央三令五申，禁止公安插手经济纠纷。双方是一起再明显不过的投资纠纷，政府为什么要动用公安为“打手”？公安人员称是依法办案，如果今天在省会城市不能解决问题，那就要请我们尤其是投资人到 A 制浆造纸厂所在地政府去谈——其意图再明显不过：今天签了资产处置协议就行，否则就要把人都带到当地去谈，甚至是被关起来谈。

我质问公安，我是投资人的律师，希望了解公安是以何名义、来办什么案件。

公安即出示相关法律文书：当地公安机关已经以“虚假注册”为由立案，欲追究投资人的刑事责任。

我当即指出：这不是办案，这是典型的违法行为。虚假注册最高刑期不到 5 年，法定的追溯期为 5 年。也就是说，行为过去 5 年后便不可再追究其刑事责任，除非经最高人民检察院批准同意。本案公司注册是在 2000 年，至今已 7 年，显然已经过了追溯时效。所以，公安再以所谓虚假注册为由，企图对我方当事人采取强制措施，就属于非法拘禁。

李局长称：这个人问题还多得很。

我说，无论我方当事人还有多少问题，如果今天以涉嫌虚假注册的罪名对他采取措施,就是违法办案。你如果非要带这个人走,麻烦你回去重新开一个法律文书过来。

随后,我对投资人说:留得青山在,不怕没柴烧。现在最大的问题,就是不能让你失去人身自由。一旦走到那一步,对方为搞定这个问题,会采取更多的行动,也会给公司和你本人带来更大风险。而且,今天受威胁的全过程亦已有录音,以后如果想澄清问题,完全可以以此录音为证据,向公安部、中央政法委乃至中纪委反映情况,再以受胁迫为由要求解除该合同并追究相关责任人员。

公安坚持要将投资人带至办公室单独询问。我即搬把椅子坐在门口,对投资人说:如果他们有非法伤害、威胁或者侮辱你,或者你身体哪不舒服,可大声叫出来,我就在门口。

然后告诉公安,投资人心脏、血糖都非常不正常,而且现在身体状况显然很不好,请他们务必注意,切莫引发不必要的麻烦。

最终,投资人签署了资产处置协议。

此前,为迫使投资人合作,当地多家原料供应的厂家和个体经营户已提起数十宗民事诉讼。法院对当地纸业所有资产均予以了查封、冻结。

而此后,公安又以涉嫌所谓"抽逃资金"为由,冻结了多家与当地纸业有过资金往来的投资人所属多家公司账号。

是为公权力最典型的"三板斧"。后来,更升级为以所谓政府主导、引导战略投资人对企业重组的名义,将投资人资产完全据于自身控制之下。

五、"戏剧性"的拍卖

2008 年年初,A 制浆造纸厂破产财产公开拍卖,底价(含我方资产)约 5 亿元。

投资人联合国内某上市公司,联合参与拍卖。

经多次竞价,当地政府有意让紫光集团(化名)以人民币 9 亿元的价格,拍得该破产企业全部资产。

而据我们所知,破产债权人并未因此项拍卖所得获得预期的、应有的回报。这让我想起地方政府"定向"招商引资常用的手法:以拍卖或其他公开、公示的方式让目标企业获得某项权利;政府再以优惠、补贴或其他方式,将超出约定部分支付的款项,返还给目标企业。具体到此案,可由企业以 9 亿元价格拍下,政府再以其他方式将超出的部分返还给所引进的企业。

鉴于拍卖所得超出原评估值的50%，故我们认为我们评估价值6 000余万元的资产，亦理应获得超出评估值50%的回报。因为溢价是对所有财产整体的溢价，我方资产作为破产财产整体的一部分，其回报亦应以实际成交价为基础。故，我方要求按增长比例，获得超过9 000万元的所得。

六、超越事件本身的博弈

博弈包含三个基本因素：其一，博弈所凭借的社会资源；其二，博弈之道，包括诉讼、仲裁、谈判、协商以及“白衣骑士”角色的出现等；其三，利益分配方案。

本案的博弈，很大程度上也超出了投资争议本身。

地方政府公权力在手，且本能地以正义自居，遇见问题习惯性地以公权力强悍解决。没有约束的权力与没有诚信的政府、企业、个人，是阻碍中国市场经济正确发展的主要因素。所谓公权力制约非公有经济投资人的“三板斧”，不过是权力蛮横的“冰山一角”。

而投资人投资利益的保护，除自身的法律正义外，很大程度上需要公共媒体的关注与支持。

中国社会经济发展，正处于由威权向民主法治过渡的临界线。如果民权能够健康成长，能够有效监督制约权力，中国便走向民主法治。反之，将更深地沦为专制乃至集团独裁。

不久前，投资人告诉我：最终投资人的权利在一定程度上得以维护，相关责任官员最终因此过错遭受实质意义上的追责，说到底都是各方资源博弈的结果。

我要和体制内的同志分享的一个深刻教训是：

任何警察、检察官、法官乃至政府官员，都应当有法律与职业底线。否则，即使为了所谓的公共利益，最终还是要承担相应的责任。

面临可能的非正义，要有“枪口抬高一寸”的良知与操守。

第二十三章

权力“无常”

——后 MBO 时代民营企业家的困惑与挣扎[①]

笔者按：后 MBO 时代的企业控制权之争往往因改制后企业运行情况极佳，引发新老矛盾激化所致。往往表现为政府一方追究企业实际控制人的刑事责任并予羁押，同时以涉嫌违约、违法、犯罪为由主张原股权转让合同无效、申请撤销合同或指责对方构成根本性违约而要求解除合同。其典型案例如江南商业实业公司（化名，以下简称“江南实业”）王某某改制纠纷案。当事人经一审、二审被判处有期徒刑 16 年，经中级人民法院、高级人民法院、最高人民法院三级法院再审，终被认定不构成贪污犯罪，股权亦得以保全。

近年来，我有幸处理涉及东北振兴、西部开发、中部崛起过程中的数个投资纠纷，总金额过百亿元。在此过程中，有相当一部分纠纷系由原国企改制所引发的。此类纠纷可以分为两大类：一类是引入新的战略投资人（因战略投资人系国有或非国有，其博弈特色又有区别），在战略投资人和以原资产出让方公司为代表（背后是政府及相关领导）之间的利益分配与再分配；另一类是发生在原经营者接盘成为改

① 本章所涉案件由大成律师成功承办。2009 年，《中国经济周刊》曾对本案有详细报道。本案根据公开报道整理，不涉及律师与客户间商业秘密。

制后的经营者后,与原国资代表机关、当地党委、政府机关及其领导人之间因各种矛盾与利益分配的冲突而引发。随着改制后公司发展境况的不同,往往因地方政府换届等原因,对改制后公司控制权问题在一定程度上发生“国企改制回头看”现象。

江南实业王某某贪污、受贿一案,是我所经历的最为惨烈的公司控制权之争之一。公司大股东、实际控制人王某某被以贪污罪、受贿罪追究刑事责任;原国有资产管理部门又提起仲裁,以受让人王某某构成犯罪、严重违约为由,欲收回其已改制公司之股权;公权力亦已全面控制公司。

作为该案辩护律师,我的策略是:集合司法会计等专业人士力量,在法庭上强力辩护指出案件事实、证据、法律认定存在的问题,在法律上站稳脚跟;同时,争取得到多名全国人大代表的强烈关注,将此冤案逐级反映至最高人民法院;辅以适度的媒体关注以防公权力过度干预。最终通过上级法院尤其是最高人民法院超越地方势力影响,求得案件的公正处理。

关于股权问题的仲裁,法律上、证据上均不是问题。随着刑事诉讼的较圆满解决,鉴于上级法院推翻一、二审判决,认定公司实际控制人不构成贪污犯罪,而民事上亦不构成违约,最终迫使申请人撤诉,成功保住了公司股权,股东也委派代表实际控制了公司。

一、“国企改制回头看”及其法律困惑

2008年,大成律师事务所在江苏设分所。我受所里的委托,兼任大成律师事务所某分所的主任,担任总部和分所之间的联系人。

2008年年底,有人向我推荐王某某的案子。王某某是江南实业公司总经理、执行董事,2008年10月,区法院一审判决,王某某因在国企改制中利用职务之便贪污、受贿被判处有期徒刑16年。

王某某案之所以吸引我,原因有二:

第一,是背景非常有意思,因为王某某所在的江南商业实业公司改制曾经被称为“某市最规范的国企改制”,也是某市国企改制的收官之作。何以从“最规范”到贪污罪和受贿罪的认定?政府部门为何要解除合同索回股权?这让我格外有兴趣。

第二,作为“国企改制回头看”中非常典型的公司控制权之争,本案是通过刑事司法的方式剥夺了投资人——也就是过去的企业管理者、现在的企业股东——的自由权利,然后再追究他的违约责任,进而解除合同,夺回公司股权及控制权。企业管

理者当时购买股权的时候,可能花了几千万元,但现在公司已经增值到二三亿元,甚至更高,这时国家、个体和职工的利益怎么平衡?社会矛盾怎么解决?涉及的方方面面,都非常复杂。

江平老师曾经问我,“你不是擅长处理经济案件吗?你怎么老搞刑事案件?”其实这些投资纠纷都是很复杂的经济问题,同时也是很重大的利益分配与再分配的问题。凡是涉及重大利益的问题,背后往往有公权力的介入,强势一方的当事人往往会动用公权力,通过刑事追究的方式,来实现自己的诉讼目的。

我处理过的大的投资纠纷中,除了纯粹公对公(国企对国企)的以外,没有一个案子不对企业家进行刑事立案的。先对企业家进行刑事立案,然后以民事诉讼的方式,把公司账户冻结起来,如果有关联企业在外地的,再通过牵连的方式,比如说追查赃款的走向等方式,把关联公司的账户全部冻结,然后再来讨价还价,这是经常使用的一种招数。

我认为,处理此类案件,必须将其置于国企改制的大背景之下,必须将其置于犯罪构成的基本原则之中考虑。

国企改制,是我国历史上关于国有资产最大规模的一次利益再分配。在这样一场“饕餮盛宴”中,任何社会资源都将“本能”地谋求自身利益的最大化。

我国的宪法和法律,平等保护各种所有权项下的财产——无论是国有财产、集体财产还是个人财产。不同的是,国有资产背后有强硬的国家权力作后盾。

在权利与权力的碰撞中,力量的对比是很明显的。因此,国有资产的保护固然是不可放松的,但也要警惕“保护国有资产”成为权力的大棒!

尤其是,保护国有资产需要刑事、民事、行政等多种法律形式,切不可凡有矛盾,即动用国家“蛮力”,一抓了事。这种方式看似高效,却在根本上与国企改革的发展目的和价值背道而驰。

其实早在2006年前后,我就开始对“国企改制回头看”这个大的课题感兴趣了。这些年的国企改制基本是沿着两种路径去改的:

第一种路径就是MBO,也就是经营者接盘的路径。由原来的企业经营者或者主管的领导下海,通过各种各样的资金筹集方式,向国资管理部门交一笔钱取得公司的股权,这样管理者就成为公司的股东或者大股东,王某某案就是这一类。还有一些不规范的,就是买了企业,然后以企业名义向银行贷款,再用贷款还股权转让款。

第二个路径就是引进战略投资人。由政府出面,引进新的战略投资人,把国有企业改制成一个公司,把人员装到新公司里面,财产剥离出来,然后企业破产,把它卖掉。

这种注资有两种方式：第一种就是投资人帮老国企解决一些问题，如安置人员等，然后用象征性的价格获得股权的转让。第二种是对老国企资产债权债务进行调查评估，再根据这个评估值引进投资，投资人占有一定比例的股份。而新的战略投资人往往又分为两种：一种是做得比较好的国企对经营困难的国企进行投资，另一种是非国有的民营企业、股份制企业或是上市公司，对老国企进行投资。

在国企改制中，也往往会出现公司控制权之争或者是投资纠纷，实际上就是谁来管理和控制公司的问题。

听了当事人对案情的介绍，加上我之前的了解，我对他们说：这个案子一定是有法律问题的，无论是证据取得、法律认定上或是其他暂时没有考虑到的方面，但是是什么样的问题，要进一步探讨，要对相关法律问题进行论证，然后才能拿出负责任的结论来。

另一方面，因为一审在区人民法院，二审在中级人民法院，所以要以长远的目光看这个问题。因为以中国的司法现状，不太可能把二审翻过来。但是二审非常关键，必须做好，眼光要看得长远一些，要准备好向高级人民法院和最高人民法院申诉，要在一审原有传统思路的基础上，拿出站得住脚、足以服人的结论，让案子“立”在二审这个地方。

二、法庭内外的较量

我当时考虑，一审辩护的思路，是传统刑事辩护打证据的思路，常规来说，是没有错的，但如果二审依然纠缠于这样的思路，肯定没有新的突破。

——办案手记

（一）一审传统抗辩与二审辩护新思路

2007 年 12 月，因涉嫌改制过程中受贿，王某某被立案侦查。王某某深感不服，并以自己曾主动向领导报告，如何处置实业公司参股的上市公司——某市商业大厦大东方股份有限公司（以下简称“大厦股份”）2004 年度的 436 万元分红为例，证明自己在改制中如何“规范”。而正是这一“表白”又使其多了一项贪污罪的指控。同时，资产公司又以王某某、张君严重违约为由，提起仲裁要求收回公司股权。当地法院对实业公司采取了全方位的保全措施。

这 436 万元的分红的由来，是 1998 年实业公司等 5 家企业法人共同出资组建大厦股份(2007年更名前为某市商业大厦股份有限公司)。其中,实业公司出资590万元,持有大厦股份1 246.04万股国有法人股,占总股本的3.73%。据知情人士介绍,2005年实业公司改制时,这590万元法人股按照成本法评估进入改制资产,当时不能流通。2007年9月,实业公司持有的大厦股份法人股经股改后上市流通。

同年10月,某市国资委认为,包括实业公司在内的资产公司原下属3家企业,在改制时,其持有的大厦股份法人股按成本法评估缺乏合理性,要求按净资产法评估追缴差额。实业公司股东遂于同年11月30日支付了差额款2 000万余元。

2005年5月28日,大厦股份股东大会对2004年度分红方案作出决议,实业公司可分红436万余元。2006年11月,此款项被做入实业公司利润账。

一审判决认为,分红方案确定时,实业公司改制尚未完成,处于延伸审计期间,王某某具有国家工作人员的主体身份,却并未将分红信息告知审计机构和资产公司董事长任智,并在改制后逐步将分红款转为改制后公司利润,最终完成对国有财产的侵吞,其行为构成了贪污罪。

一审的辩护重点主要是在证据上面,核心问题是“436万余元有没有向组织报告”,也就是王某某有没有向董事长报告有这么一笔钱或者怎么使用这笔钱的问题;第二个收受贿赂的问题,一是辩称不是受贿而是朋友间正常往来款,二是认为收受的干股不应该构成受贿。因为持有干股不能证明是股东,且不能变现,实际他也没有获得利益,所以不能认定为受贿。

一审的辩护律师是南京大学刑法学教授,也是非常有名的刑法学学者,江苏最有名的刑事辩护律师之一张晓陵教授,他的这个思路,按常规来说,是没有错的。

但是我接手之后就考虑,如果二审依然按照这样的思路,肯定没有一个新的突破。另一方面,假如二审在原有证据上推翻了原判决,相当于案件证据不足、基本事实不清,这对检察院是毁灭性的打击,肯定会引发很大的矛盾和反弹。

在这个案子中,436万余元的分红款到底应该归谁所有,这是一个关键性的问题。为了搞清楚这个问题,我们进行了艰苦的探索。我向具备司法会计鉴定资格的中瑞岳华会计师事务所进行了专业咨询。中瑞岳华会计师事务所经调查、研究,出具了专业的咨询意见。综合咨询意见加以法律分析,我认为,分红款依改制基准日为限,可分为2004年6月30日以前和以后两部分,前后两笔钱性质不同,但都不应该属于国有资产。对于2004年6月30日之前的那部分分红款来说,本来就应该属于改制后的公司所有,谈不上“贪污”的问题。因为2007年11月,王某某已按净资产法评估补足所持大厦股份的股本差价,意味着他已经为2004年6月30日前的分红款“买单”。目前我国《企业会计准则》采取权责发生制,该分红款虽系2004年度分红,但其权责却发生于2005年6月24日(大厦股份宣告分派现金股利的日期),属于延伸审计日之后所产生的收益,理应归属改制后的公司。

打个比方来说,你买了一只小鸡仔,小鸡慢慢长大了,下了个鸡蛋。虽然你买的是小鸡,你并没有买鸡肚子里面的蛋,但这个鸡下的蛋也应该是归你的。因为你是按净资产法买的。如果是按成本价买的,也就是说你买的是成熟的鸡,这个鸡肚子里面的蛋,包括它在外面的收益,只要你支付了对价,它肚子里的东西也应该是你的。这样一来,就解决了第一个问题。

但是第二个问题没有解决,就是2004年6月30日之后的那笔分红款怎么算?这相当于这只鸡下了两只蛋,你只付了母鸡加前面一只蛋的钱,还有后面一只蛋怎么办?

我认为,本案所涉及的虽然是2004年分红款,但其权责却是发生在2005年6月24日,发生在延伸审计日之后,理应由改制后的公司所享有。这是什么道理呢?比如说买股票,2005年1月份买了一只股票,然后2005年5月份分红,分的是2004年的分红款,但2004年这只股票还不在我手上,我是到2005年才买过来的,这时候分红了,我是不是要把分红款退回去呢?不需要吧?

目前我国《企业会计准则》采取权责发生制。权责发生制之下,企业对外长期投资采取成本法、收益法两种核算方式。2001年1月18日财政部发布的《企业会计准则——投资》第16条规定“投资企业对被投资单位无控制、无共同控制且无重大影响的,长期股权投资应采用成本法核算”。

江南商业实业公司当时持有大厦3.73%的股份,且未单独向大厦股份派驻董事、监事,属于“无控制、无共同控制且无重大影响”情况,应采用成本法对该项投资进行核算。

《企业会计准则——投资》第17条规定,采用成本法时“被投资单位宣告分派的利润或现金股利,确认为当期投资收益”。大厦股份宣告分派现金股利的日期为2005年6月24日,商业实业公司应于此时将2004年度分红款计入投资收益,即权责发生的日期为2005年6月24日。根据权责发生制,该期分红款虽系2004年度分红,但其权责发生于2005年6月24日,属于延伸审计基准日2005年5月20日后所产生的收益,理应归属改制后的公司。

律师在办案中,找专家论证是常有的事情,一般的思路是,刑事案件的论证,就请刑事法方面的专家,但我不这么想,我会请公司法、合同法、土地法、刑事诉讼法、刑法方面或是某个特定领域的问题方面的专家一起来论证。因为术业有专攻,有的专家可能在自己领域内的积累非常深厚,但是也需要考虑知识更新及和其他学科交叉的问题,尤其是涉及大的经济刑事纠纷的案件。如果传统的刑事业务律师不对新的公司投资相关的法律问题、相关的经济知识进行更新,他的理念、知识结构、诉讼技巧和办案的思路是不可能适应现在的发展的。这是一个基本的规律。律师无论专业分工如何,除了需要非常深厚的法律素养和修养外,更重要的是学习能力。眼界和思路要开阔,要善于引进外脑。这是我很重要的体会。我近年来办的一些案子之所以能够完全翻过来,首先是法律上要立得住,不仅仅是对法条的理解和对案件事实和证据的把握——当然这些也是很基础的,而是要有对整个案件核心问题的分析和把握。所以对于律师来说,不仅仅需要有传统法律思维,还要有突破性的认识。这样做还有一个好处,就是可以和检察院和法院更好地沟通,因为不需要对侦查取证的过程进行颠覆性的推翻,而是提出了一个新思路。在王某某案中起决定性作用的,也是这个突破性的思路。

2009 年 4 月,我在《法制日报》上发表署名文章"警惕"保护国有资产"成为权力的大棒!",以王某某案为例,提出处理此类案件,必须将其置于国企改制的大背景之下,必须将其置于犯罪构成的基本原则之中,在文章中提出:"绝不能将国有企业等同于国家,绝不能将国有企业独立法人财产等同于国有资产;要客观看待国企改制不规范操作的特殊背景,正确把握国家资产实现形态及保护措施的多元性。国企改制是一项前所未有的事业,存在这样或那样的不规范是必然的。在政府与企业家和谐合作的时候,很多东西不会以正规、书面的方式留下证据,操作方式也有当时合理但未必合法的东西。如果回过头来,以当事人不能提供足够的书面证据为由,否认从现有证据和常理可以推断出来的东西,只能说是一种权力'蛮横'。"

(二) 二审庭审十次交锋

二审法庭围绕王某某等人是否构成贪污、受贿,从十个方面展开了交锋。

——办案手记

2009 年 3 月 19 日,市中级人民法院二审开庭。

在法庭上,对于王某某等人是否构成贪污、受贿,我们从十个方面在庭上和公诉方展开了交锋。

第一个问题是,前文所述的 436 万余元分红款是否构成国有资产。

第二个问题是,王某某是否构成贪污罪犯罪主体。

公诉机关认为,王某某构成贪污罪的主体,因为王某某是基于职权才管理商业实业公司资产,才有机会接触分红款并予侵吞;王某某在侵吞这一分红款时,虽已不具备国家公职人员身份,但这一行为是其利用职业之便打下基础的行为延续。

我们认为王某某不构成贪污罪的主体,因为2005年5月8日王某某成为国有资产受让人和国有企业接盘人,此时王某某已不可能再同时代表国有资产的出让方,不可能代表贸易资产公司对商业实业公司的改制行使管理职能。

王某某对商业实业公司改制事务的参与和管理职责,是基于其作为国有企业接盘人的参与和管理,而非基于其国家工作人员的身份。

第三个问题是,王某某、孙建(化名)是否有共同贪污的犯意。

公诉机关认定王某某与孙建(实业公司财务审计部经理)有共同贪污的故意,源于二者的对话。一是分红款到账后,孙建请示是否可以采用收付实现制来做账,王表示不可。二是过了一段时间,王同意将该款项放在公司应收账上。

根据调查,我认为此项证据有移花接木之嫌,对其真实性、合法性及证明力都提出了强烈质疑。

按王某某自己的叙述,这是三次笔录。第一次笔录,王某某说"我知道有这笔钱,我跟领导报告了,我也不想要它"。第二次笔录,王某某说孙建问他是不是可以放到改制后的企业里面去,王某某说"这个有问题,不能这么做,不可以这么做",很明确。第三次笔录,"又过了几个月,王某某说,你先放到账上"。这么一个过程,是三次讯问的笔录。

辩护时我指出,"先放在账上"之说,是2005年8月第一笔分红款到账后才出现的对话,此时王某某已不属于贪污罪犯罪主体,不能移花接木地将其置于5月28日孙建参加完大厦股份股东会后与王某某的对话中,更不能以此作为王某某、孙建合谋的证据。

二审查明,在孙建提出收付实现制问题后,王某某明确表示"不可以这么做"——这里的"不可以这么做"是王某某明确表示不同意这样的做法,而不是不同意这样的借口,不能完全违背王某某真实意思表达,认定王某某有贪污的犯罪故意。

另外,孙建从未看过《股权转让协议》正式文本,故依以往经验始终以为2004年6月30日后的分红款属于改制后的商业实业公司,不可能产生非法占有的犯罪故意,更不可能与孙建合谋侵吞。

第四个问题是,王某某是否就分红款问题向资产公司董事长报告,这是认定王某某是否属于侵吞的关键。

《中国经济周刊》的记者在事后采写的长篇报道中说:"在听审和采访中发现,

许多人讨论和关注的焦点是,资产公司董事长任智是否及时知道分红信息;王某某在处置分红款时,是否向其打过报告;他是否同意。”

两次庭审时,王某某多次强调,资产公司董事长任智知道分红信息,关于分红款的处置,自己向任智报告过,要求用实业公司的对外长期股权投资收益冲抵牧场损失等三项损失,任智“默认”了。在以往的改制中,也有过类似的操作,“最多800万元都补偿过”。但在相关证人证言中,任智以及其他相关人员均否认此事。

公诉机关就此出示了资产公司原董事长任智等的证词,以说明王某某未向公司报告,属于侵吞。

我提出两点:一是指出任智作为证人无正当理由拒不到庭,且其证词明显与常理不相符合;二是从事实、逻辑上论证,任智等不可能不知悉分红款项问题,而且公司先于王某某知悉分红事项,王某某也不可能隐瞒上市公司公开发布的分红信息。

第五个问题是,王某某未对审计机构主动披露分红款是否属于侵吞之方式。

公诉机关认为,就分红款事项,王某某理应向审计机构主动报告,隐瞒不报属于隐匿。

我们认为,全面审计是审计机关的职责,王某某和公司并未隐瞒该笔款项,而是如实提供了会计账目,不能要求王某某专门就此事进行报告。

另外,一审未经举证、质证、辩论,就确认王某某向审计机构报告的所谓义务,是违反程序的。主动、全面收集被审计单位的信息,包括对外长期投资收益,是审计机构的职责,而不是王某某的职责;王某某已经按照承诺如实提供了审计资料。即使需要报告,在商业实业公司延伸审计基准日时,大厦股份公司股东会尚未召开,尚未确定分红信息,无报告事项。商业实业公司按照会计制度,最早应于2005年6月24日方可确定投资收益,按照权责发生制权责此时发生。此时,审计报告、延伸审计报告均已完成,不具备报告的可能性。

第六个问题是,王某某是否实施了隐匿、侵吞的行为。

公诉机关认为,王某某等人明知有分红款而拒不报告,事后又将该款项做入公司应收账款内,实施了隐匿、侵吞公共财物之行为。

我们认为,分红信息作为公开的信息不可能被王某某隐匿(大厦股份分红信息系公开的公共信息,需要在证券报上公开发布,王某某不可能隐瞒这一早已公开、随时可以查到的公共信息),也不可能成为贪污罪的犯罪对象。

分红款一直放在商业实业公司账上而没有进入王某某的个人腰包,更没有通过做假账的方式侵吞,绝不能将公司法人独立财产等同于股东个人财产。

分红款转为商业实业公司利润，贸易资产公司对相关款项的所有权属并未发生变化，只是国有资产表现形态由资金转化为债权。

第七个问题是，分红款归属，是刑事问题，还是民事问题。

公诉机关认为，王某某将归属于国有的436万余元分红款通过隐匿、侵吞的方式占有己有，就是典型的贪污。

我们认为，首先要对436万余元分红款进行确权，即使是所谓的公共财物，但是鉴于《股权转让协议》对改制企业权利归属及争议解决方式均有明确约定，分红款纠纷属于民事问题，而绝非刑事问题。

第八个问题是，王某某收受习某9.71万元的收条，是否构成所谓“干股”。

这个问题主要涉及受贿罪。公诉机关认为，收受收条已经构成收受干股，因为收条是可以实现的权利。

我们认为收条不是股权凭证，王某某不可能凭此收条主张股东权利，收条也不是债权凭证（不是借条也不是欠条），它只是收到款项的证明，王某某不可能行使什么权利，其法律意义只是证明习某收到款项的事实，从法律上说王某某不可能仅凭此收条即可向习某要到钱；而且收条出具时王某某早已不是国家工作人员。

第九个问题是，认定王某某未向组织报告因而构成贪污受贿的任智等人的证人证言能否作为定案依据，这也是本案争议最激烈的核心问题之一。

公诉人认为，任智等因故不能出庭，但他们已经向检察机关如实陈述了案件事实，这样的证据应当作为定案的依据。

我们认为，检察机关在一审开庭期间，都能找到任智作笔录补强证据，却不能令任智上法庭作证，本身就是违反刑事诉讼法的。而且任智的证言作为认定王某某构成贪污的核心证据，内容上违背常理，形式上有严重的人为痕迹，程序上没有正当理由未出庭接受质证，而且任智本人与王某某有利害冲突，无论是一审还是二审，这样的证人证言不应该作为定案依据。

任智拒不出庭作证没有任何正当理由。在一审期间，甚至在一审庭审期间，检察机构都可以随时找任智作笔录，笔录中显示其身体一直健康，未离开本市，完全有能力出庭作证。对于无理搪塞法院拒不出庭的证人证言，不应当作为定案依据。

2008年7月28日任智询问笔录第5页和2008年7月15日陆某某询问笔录第2页的某些陈述一模一样；这样的相似，还发生在7月28日任智询问笔录和7月25日陆某某询问笔录的细节中，在顾锡兴等7人关于送钱的笔录中也有类似情况，人为痕迹很明显，这样明显的证据不经过当庭质证，不应该作为定案的依据。

任智、陆某某与王某某存在利害冲突关系,王某某已向检察机关举报过任、陆二人以和自己同样的方式在王兴记入股;陆某某同样未向任智报告、任智理应知晓而不知晓或伪称不知晓,都应承担相应的行政失职的法律责任,减轻王某某的责任即意味着他们要承担更多责任。

第十个问题是,王某某等多次提到检察机关的笔录与自己实际陈述的不一致,是否应予核实。

公诉机关回避了这一问题,只是一再强调取证合法,对被告人讯问每次都有录音录像,而且相关笔录上第1页也都有被告人确认的亲笔签名。

我们从逻辑上论证了在相关时间内,作出的关键性笔录的内容居然是常规内容的3倍,有明显的伪造痕迹。检察机关又多次标榜每次都依法讯问且进行了同步录音录像,那就必须出示证据并予以比对,这是被告人基本的程序性权利,法庭必须保障。我们同时要求对这一核实证据的过程必须公开,必须有辩护人参与。法庭却回避了这一问题。

(三) 再审改判无罪

2011年3月,最高人民法院指令省高级人民法院再审,认定王某某不构成贪污。当地仲裁委亦认定,王某某不构成严重违约。王某某最终通过全面司法博弈保有公司的股权及实际控制权。

法律人的力量与尊严,绝非源自权力,亦绝非借助当事人的所谓势力,而是源于法律人的职业精神、职业能力与职业操守。尊重法庭与尊重法律,理应也完全可能是统一的。

——办案手记

2009年5月,市中级人民法院维持一审判决,二审判决王某某犯贪污罪,判处有期徒刑11年;犯受贿罪,判处有期徒刑5年;决定执行有期徒刑15年,剥夺政治权利两年。

二审结果出来之后,王某某和他的家人当然是很沮丧,但是他们对我还是很信任。

律师和当事人之间有四种状态:第一种状态是结果很好,大家相处也很好;第二种状态是结果很好,但是当事人对你很不信任,相处很糟糕;第三种情况是结果不好,大家相处也不好,对你丧失信任了;第四种结果虽然不好,但是当事人依然对你充满信心和信任,而且还有一种依赖感、信任感。

我们先向市中级人民法院提出申诉，申诉在意料之中被驳回来了。

然后我们向省高级人民法院提出申诉，省高级人民法院非常重视。法官对我们也都很理解、很支持。但是他们内部有两种不同的意见，阻力和分歧比较大，在省高级人民法院改判有难度，所以他们就拿了一个意见报到最高人民法院。2011 年 3 月，根据最高人民法院指令，省高级人民法院经再审，认定王某某不构成贪污罪。

当地仲裁委员会依法作出裁决，认定王某某、张某某不构成违约，改制股权转让合法有效，王某某、张某某系江南商业实业公司合法股东。

最终通过全面司法博弈，王某某保有了公司的股权及实际控制权。

三、律师的情怀与对客户的人文关怀

律师要通过胆识、勇气、真诚、敬业，赢得当事人的认可，而不是靠简单的一时一事的成败来论得失。当事人完全信任你之后，会和你共同把所有的资源，包括正义资源、法律资源和人脉资源，进行更好的整合。

当然整合是要在律师的思路下进行。包括：怎么申诉？申诉的理由是什么？如何跟有关部门、有关领导去沟通？这都是需要当事人的信任和协作才能做得到的。

所以，律师绝对不仅仅是法律骑士、个人英雄，而是要做好军师。大案子，一定都是硬碰硬打硬仗的，而不是律师表现一下、请哪个人出一下马就可以解决问题的。

刑事辩护对当事人的价值有三：其一，为维护当事人合法权益，包括实体权利与程序权利；其二，彰显正义，即使暂时未能体现当事人正当利益诉求，亦要体现其权利之正当性；其三，心灵慰藉，无论是其本人还是家属。

四、附文：无锡王某某案——“最规范国企改制”与 400 万元“灰金”[①]

无锡市商业实业有限公司（以下简称“实业公司”）改制，被称为无锡市贸易系统国企改制的“收官之作”，而当年参与贸易系统改制的多位人士至今认为这是“最规范”的一次改制。

---

① 参见张伟：《无锡王某某案：最规范国企改制与 400 万灰金》，载《中国经济周刊》，网址：http://finance.sina.com.cn/g/20090413/00306093286.shtml，访问时间：2017 年 12 月 2 日。

但如今,这场改制却因公司总经理、执行董事王某某贪污、受贿案而被重新审视。2008 年 10 月,无锡市崇安区人民法院一审判决王某某因在国企改制中利用职务之便贪污、受贿被判处有期徒刑 16 年。随后,王某某提出上诉。2009 年 3 月 19 日,无锡市中级人民法院二审开庭审理此案。

1. "最规范的改制"

王某某,1962 年出生,研究生学历,曾任无锡市贸易资产经营有限公司(以下简称"资产公司")副总经理兼改革领导小组副组长。

据知情人士介绍,2001 年,无锡市贸易局(原商业局)变更为资产公司,下辖一级企业 16 家,二级企业 137 家。资产公司成立的唯一任务就是改制,"所有人都是围绕改制来开展工作的,只不过分工不同"。同年 4 月,贸易局下属企业——无锡华锦集团公司董事长王某某被任命为资产公司副总经理,分管改制程序和人员分流等工作。实业公司的一些员工至今仍对王某某在贸易系统改制中的任务表示同情:"负责人员分流,都是些啃骨头的活儿。"

2004 年,在资产公司下属大部分企业改制完成后,以资产公司为平台的"收官之作"——实业公司和元盛集团改制开始筹备进行。资产公司有意让王某某接盘实业公司,改制时将乳品公司和华锦集团一并打包纳入改制,并设定 2004 年 6 月 30 日为审计基准日。王某某在实业公司二次出让挂牌后于 2005 年 5 月 8 日摘牌受让。资产公司又设定改制的延伸审计基准日为 2005 年 5 月 20 日,对改制期间的企业盈亏状况进行审计。2005 年 6 月 6 日和 12 日,审计机构分别出具了相关延伸审计报告。

2005 年 6 月 30 日,资产公司与王某某、张某某(实业公司部门负责人、下属华锦集团副总经理)签订股权转让协议,最终转让价格为 13 022.61 万元,王某某、张某某分别受让 95% 和 5% 的股份。2005 年 7 月 18 日,实业公司变更工商登记。王某某任实业公司总经理、执行董事。

"一开始改制都是协议转让,不用挂牌,一般都是原经营班子接盘,领导说把公司卖给你,什么价格,你带走多少职工、问题和包袱,签个协议就得了。当时的价格一般是六折,当然,资产好的,七折、八折的也有。"一位知情人士说。

2003 年 12 月,《企业国有产权转让管理暂行办法》(国务院国有资产监督管理委员会、财政部 3 号令)公布,并于 2004 年 2 月 1 日起施行。"3 号令出来后,改制逐渐规范了,企业必须挂牌。只要是自然人,都有机会来摘牌。但一般人对企业不了解,不知道里面到底有多少矛盾和包袱,慎于出手,所以,基本上还是原经营班子在摘牌。”

商业公司改制的“最规范”，便从此而来。知情人士介绍，“因为我们是以资产公司的平台来改制，许多以前改制的遗留问题都必须这次解决，有10多家部门参与审核，连老干部局都参加，要求和审查更严格。”

对于看多了改制“老黄历”的实业公司来说，自己对这次“最规范”的改制可能还有些不适应。

据说与王某某同案以贪污罪被起诉的实业公司财务审计部经理孙某某，当年看到股权转让协议初稿时，曾专门将其中的第2.6条和第2.8条划出，提醒王某某注意。一审时，孙某某表示，自己认为，第2.6条规定审计基准日之后所有的盈亏、责任、风险全归改制后的企业承担，太绝对了，是“一刀切”；第2.8条规定，改制中任何未披露的权益均归资产公司所有，任何未披露的负债以及与之相关的诉讼等均由王某某和张某某负责，对此，他认为不公平，但最后依然接受了。王某某也认为这次“收官之作”非常规范。

2007年12月，王某某因涉嫌在2003—2007年的改制过程中收受贿赂，被立案侦查，同月被批捕。据知情人士介绍，在此案侦查过程中，王深感不服，并以自己曾主动向领导报告如何处置实业公司参股的上市公司——无锡商业大厦大东方股份有限公司(以下简称“大厦股份”)2004年度的分红为例，证明自己在改制中如何“规范”。但正是这数百万元的分红，让自证清白的王某某在一审判决中又多了一项罪名——贪污。王某某对此项分红的处置是否构成贪污，也成为本案控辩双方争论的重点。

2.“身份变化”之罪

1998年，实业公司等五家企业法人共同出资组建大厦股份(2007年更名前为无锡商业大厦股份有限公司)。其中，实业公司出资590万元持有大厦股份(600327)国有法人股1 246.04万股，占总股本的5.73%。据知情人士介绍，2005年实业公司改制时，这590万元法人股按照成本法评估进入改制资产，当时不能流通。2007年9月，实业公司持有的大厦股份法人股经股改后上市流通；同年10月，无锡市国资委认为，包括实业公司在内的资产公司原下属三家企业，在改制时，其持有的大厦股份法人股按成本法评估缺乏合理性，要求按净资产法评估追缴差额。实业公司于同年11月30日支付了差额款2 000余万元。

2005年5月28日，大厦股份股东大会对2004年度分配方案作出决议，实业公司可分红436余万元。2006年11月，此款项被做入实业公司利润账。对于这一行为,控辩双方的判断截然不同。关键点在于王某某改制前后的身份变化。

一审判决认为,分红方案确定时,实业公司改制尚未完成,处于延伸审计期间,王某某具有国家工作人员的主体身份,却并未将分红信息告知审计机构和资产公司董事长过某某,并在改制后逐步将分红款转为改制后公司利润,最终完成对国有财产的侵吞,其行为构成了贪污罪。

王某某认为,分红信息不是公共财物,不是贪污罪的犯罪对象;该分红款属于资产公司,但到账是在改制之后,此时自己已不具备国家工作人员的身份,如何处理属民事法律问题;况且该分红款至今仍在公司账上,并未被自己个人占有。

我认为,分红款依改制基准日为限,可分为2004年6月30日以前和以后两部分。2007年11月,王某某已按净资产法评估补足所持大厦股份的股本差价,意味着他已经为2004年6月30日前的分红款“买单”。目前我国《企业会计准则》采取权责发生制,该分红款虽系2004年度分红,但其权责却发生于2005年6月24日(大厦股份宣告分派现金股利的日期),属于延伸审计日之后所产生的收益,理应归属改制后的公司。

本案具有相当的专业性和复杂性,关键处在于上市公司分红款的性质与归属,涉及改制时按成本法、净资产法购置的法律意义,涉及权责发生制下企业对外投资如何确定权责发生的日期,涉及司法会计的专业问题等。

但许多人讨论和关注的焦点是,资产公司董事长过某某是否及时知道分红信息;王某某在处置分红款时,是否向过某某报告过;过某某是否同意。

3. 分红款的背后

两次庭审时,王某某多次强调,过某某知道分红信息,关于分红款的处置,自己向过某某报告,要求用实业公司的对外长期股权投资收益冲抵牧场损失等三项损失,过某某“默认”了。在以往的改制中,也有过类似的操作,“最多800万元都补偿过”。但在相关证人证言中,过某某以及其他相关人员均否认此事。

但具体王某某有没有汇报,过某某是否默认,都需要充分的证据来证明。还有人认为,这么多改制企业发展得都很好,偏偏实业公司出事,“祸根”可能就是其持有大厦股份的这些股份。因为在一些人看来,王某某在改制中捡了个“大便宜”。

据知情人士透露,大厦集团原来也是商业局的下属企业,后来拿出最好的资产成立大厦股份上市,之后被划为市直属企业。王某某在庭审中曾提到,以前的老领导讲要支持大厦股份上市,分红不分了,“因为大厦上市的事,当时和大厦闹得比较僵,谁都不敢先说,但心里不开心”。

2005 年实业公司改制期间,2004 年度分红 400 余万元的信息开始扩散传开。孙某某在一审时提到,别的改制企业负责人曾说过,王某某的公司比自己的好,大厦股份的分红比较多。据知情人士透露,尤其是实业公司持有的法人股经股改后于 2007 年 9 月上市流通,资产大幅增值。与此同时,关于王某某及实业公司的来信“像雪花一样飘向各个部门”。甚至有人与王某某商谈要退出大厦股份股权事宜。

本案的审理要充分考虑到国企改制的大背景与犯罪构成的基本原理。国企改制过程中,确实有相当事务没有以书面形式规范约定,需要依据常理、改制实际和证据原则据实认定。

4. 实业公司遭遇仲裁

据实业公司相关人士介绍,王某某被逮捕后,无锡市崇安区检察院于 2007 年 12 月 27 日对公司证券资金予以冻结。2008 年 5 月 21 日,资产公司正式向无锡仲裁委员会提出仲裁申请,以欠款 839 万元经多次催讨拒不支付为由,要求解除股权转让协议,并支付违约金 9 395 万元及相关费用;并于 2008 年 5 月 22 日提出证据保全申请,5 月 23 日,无锡市中级人民法院将实业公司及其全资子公司的印鉴及财务凭证等予以查封。

实业公司一位相关人士表示,自被查封以来,公司“已无法正常运营”。“我们没有拒不支付,只是在商量怎么支付的问题。王某某个人的问题,法院自会评判。但企业是通过合法程序拿下来的,因为王某某有事就把企业拿回去,这合理吗?这又不是王某某一个人的企业,王某某哪有 95% 的股份?有好多隐股在里面,有职工的股份,我就是把房子抵押入股的。”

据了解,目前,资产公司就像几年前自己的子公司一样,因为改制全部完成而剩下一个空壳,挂在无锡市产业发展集团有限公司。

第二十四章

权力“碰撞”

——西北某企业改制案的“公对公”博弈[1]

笔者按：公司控制权之争之国企参与改制后的公司模式。国企作为战略投资人参与国企改制，通常是在党政领导的牵线搭桥之下，市场能力强、效益好的国企参与困难国企改制，往往通过行政划拨、承债式兼并、先破产后购买破产财产等方式实现。国企改制常因改制后企业效益不佳引发各种社会、经济问题，东道地政府往往欲通过行政、司法等强制手段重新“取回公司”。

西北某工程机械厂（以下简称“青工厂”）1999年因银行债务沉重，脱壳成立了西北工程机械制造有限公司（化名，以下简称“青工机械”），与母体青工厂均隶属于西北某省机电国有控股有限公司（以下简称“青机电”），属于一套领导班子两个单位。截至2000年10月，青工厂累计亏损14 535万元，资产负债率105%，企业已严重资不抵债，生产经营难以为继。

2001年，经领导牵线搭桥，青工厂确定与天津工程机械研究院（以下简称“天工院”）控股的天津鼎盛工程机械有限公司（以下简称“天津鼎盛”）合作，天津方以承

---

① 参见《一场跨区域并购“游戏”》，载《中国经济周刊》2006年第36期。

债及安置职工方式兼并青工机械，购买青工厂破产财产。

天工院后将天津鼎盛收购、兼并青工机械的工作，改为由天工院职工入股成立的天津正罡科技有限公司（以下简称“天津正罡”）出资800万元收购青工厂，并征得了西北该省经贸委、省高级人民法院、天津市经委以及国机集团领导的同意。

为拓宽融资渠道，天工院决定按照上市公司模式组建资本金较小的股份有限公司。经西北该省人民政府批复，2002年1月4日，在天津鼎盛集团青海工程机械有限公司（以下简称“天津鼎盛青海公司”）的地址上，青工机械股份有限公司（以下简称“青工股份”）注册成立。股东包括：天津鼎盛（占股29.7%）、天津正罡（占股45.0%）、上海柴油机股份有限公司（占股12.5%）、青机电（占股11.8%，包括天津鼎盛青海公司赠股10%）、青海重型机床厂（占股1.0%）。

但因种种原因，天津方始终无法真正获得当地政府与企业员工的认同。在经济效益困难的情况下，出现部分工人堵门不让天津方代表进入企业的现象，导致双方矛盾激化。政府遂派出专门工作组进驻企业，并将企业托管给青海新路董事长柴建（化名）经营。不久，又以天津方严重违约为由要求解除《兼并协议》及《破产财产购置协议》。

后经法庭博弈、庭外谈判、上级主管机关协调，双方最终达成协议。青海方支付天津方一定补偿后，天津方退出公司。

一、跨省企业的“联姻”和“破裂”

天津考察团里大部分是行政领导，到青海后，聊一聊，看一看，也不知道青海企业的资产是多少，就觉得厂房很宏大，设备很多，挺划算，就拍板了。

——《中国经济周刊》

1998年，在青工厂严重资不抵债、生产经营难以为继的时候，千里之外的天工院，刚刚走上了科技与经济结合的企业化道路。身为原国家机械工业部一类综合研究机构的天工院和天津市政府管理的投资公司，共同组建了由天工院控股的天津鼎盛工程机械有限公司，注册资金7 500万元，主营业务为开发生产高技术含量的工程机械产品。1999年，国家科技体制改革，天工院转制为科技型企业，划归中国机械装备集团公司（国机集团）管理，成为国资委的二级全资子企业。

自成立以来，天津鼎盛的产品供不应求，天工院副院长、天津鼎盛副总经理、后来的青工股份董事长郑尚龙说：“从产品的技术含量、市场效应方面来看，发展速度还应该提高;在生产制造能力方面,我们已经开足了马力,但因为厂房、设备等生产条件和技术工人队伍的限制,公司的发展受到了影响。”

2000 年 5 月,青工机械董事长李振旺,受省政府之托,找到了中国工程机械工业协会;在协会的推荐下,到天工院“拜访学习”。

当了解到天工院的生产条件制约了企业的发展后,李振旺说,青工厂在全国八大推土机国营厂中排第三,“不如你们去看看,也为我们企业找一条出路”。

于是,2000 年 10 月 10 日,由天津市政府、市经委和天工院相关人员组成的 8 人考察团抵达青海,对青工厂进行实地考察。当时青工厂“厂区茅草丛生,到处是垃圾,车间里到处摆放着杂物,已经处于停产状态,只有机关里寥寥几人在聊天”。

一位知情人士谈起天津方此次考察,用了“走马观花”四个字。“考察团里大部分是行政领导,到青海后,聊一聊,看一看,也不知道青海企业的资产是多少,就觉得厂房很宏大,设备很多,挺划算,就拍板了。”

当日,西北该省经贸委、天津市经委、天津鼎盛和青机电四方进行了合作会谈。据《会谈纪要》记载:“天津鼎盛具有很强的技术开发能力,较宽的融资渠道和人才优势。青工机械有较好的厂房、设备,较强的以履带式推土机为主导产品的工程机械生产能力,具有西部大开发战略的地理优势,双方可通过对企业进行规范性管理、调整产品结构和扩大经营规模,以占领国内工程机械市场。”

会谈后,天津鼎盛、青机电和青工机械签订《兼并协议书》,确定在青工厂和青工机械完全分立的基础上,天津鼎盛兼并青工机械,承担起全部债权、债务,接受其法人产权及土地划拨使用权,安置职工 1 000 名,注入启动资金 1 800 万元;同时,天津鼎盛出资 800 万元收购破产后的青工厂的固定资产;完成兼并后,由天津鼎盛和青机电共同出资,组建新的有限责任公司,于 2000 年 12 月 20 日前在西宁完成工商登记注册;“为保证兼并后企业正常生产、经营,原企业资产所有者应采取必要措施,给新企业制造一个安全稳定的生产环境”。

10 月 18 日,天津鼎盛、青机电和青工机械签署《兼并重组实施方案》。

10 月 31 日,青海省经贸委发布《关于对天津鼎盛集团兼并青海工程机械制造公司的批复》,同意天津鼎盛兼并青工机械。

11 月 6 日,天津市经委以《关于同意天津鼎盛集团兼并青海工程机械制造公司的函》致函青海省经贸委,同意此项兼并。

但是,在双方签署《兼并重组实施方案》时,天津方实施并购的企业——天津鼎盛还处于筹备阶段,并未正式成立。

据天工院《收购、兼并青海工程机械企业始末及其重组后新企业运营情况》(以下简称《收购始末》)记载,有了并购动议后,“天工院与天津市机电控股集团公司分别以70%、30%的实物资产抓紧组建了天津鼎盛,并于2000年12月20日经天津市工商局批准予以注册登记”。按照组建天津鼎盛后实施并购的计划,天津市政府本将协调天津鼎盛申请3500万元银行贷款,“虽经有关部门的积极努力,但因种种原因担保贷款没有成功,使兼并和收购工作处于‘搁浅’状态”。

而此时,“青海省高级人民法院多次催促天津鼎盛尽快准备好收购资金,并将于2000年12月中旬宣布青工厂破产,使天津鼎盛处于骑虎难下的境地”。“他们说,如果过了年(春节)再签,各种优惠条件就没了。”郑尚龙告诉《中国经济周刊》的记者。

据郑尚龙事后了解,当时想兼并青工机械和青工厂的有3家企业:一家美国公司、徐州工程机械集团有限公司和天津鼎盛。前两家考察后,没有和青海方达成并购意向。一位原青工厂的职工告诉《中国经济周刊》记者,企业(包括青工厂和青工机械)有2000多名职工,美国公司只同意要200名,徐工同意要600名,青海方面提出留1000名,天津鼎盛同意了,“其实,我们厂只需要300多人就可以正常经营了”。

青海方急着签约,其实和安置职工有关,因为,这个协议中最关键的条款之一是800万元的现款收购。如果只是兼并,则很大一部分青工厂职工无法安置。青海方要用这笔钱来安置职工。

为了维护收购、兼并工作的整体大局,天工院“拟将天津鼎盛收购、兼并青工机械的工作,改为天津鼎盛兼并青工机械(原注:暂时不需要资金),由天工院职工入股成立的天津正罡出资800万元收购青工厂,并征得了青海省经贸委、青海省高级人民法院、天津市经委以及国机集团领导的同意”。

据天工院《收购始末》记载,“为此,天工院领导紧急动员了天工院300余名职工出资入股,对天津正罡增资,解决了立即出资800万元的燃眉之急,完全承担了收购风险”。至于天津鼎盛兼并后的生产资金投入问题,“还可延期一段时间由天津鼎盛与天津市政府协商解决”。

2001年1月8日,天津鼎盛和青机电签订《天津鼎盛工程机械集团有限公司兼并青海工程机械制造有限公司协议书》(以下简称新《兼并协议书》)。与2000年10月10日的《兼并协议书》相比,有一处内容变动:出资800万元收购青工厂的固定资产的一方,由天津鼎盛变为天津正罡。

2000年12月29日,青海省财政厅同意将青工机械的净资产6231.17万元划转给天津鼎盛。

2001 年 1 月 18 日,天津鼎盛和青机电在西宁联合组建天津鼎盛青海公司,注册资本金 6 361.17 万元,其中包括青海省财政厅划转到天津鼎盛的 6 231.17 万元净资产和青机电持有的 130 万元的股份。

据郑尚龙介绍,协议签署后,天津正罡及时按照《收购协议书》支付了 800 万元现金;天津鼎盛通过提供 1 120 余万元现金以及价值 700 余万元的产品方式,及时为所兼并的企业提供启动资金;同时,招聘接纳原青工厂和青工机械的职工;并开始进行现代企业制度建设、建立市场营销网络、人力资源结构调整和技术开发等多项工作。

"但公司成立后面临着相当恶劣的内部和外部环境。"郑尚龙介绍说,青海省政府应该解决的破产后的退休职工和买断工龄职工的利益没有得到应有的保障,导致职工的不满,这种情绪进而影响到在岗职工,导致包括在岗职工在内的员工和管理层的矛盾加剧。

天津方在进行并购时,事先没有进行资产评估、审计和法律尽职调查报告,也未对资产进行盘点造册,并且也未在合同中约定双方以及目标企业的承诺与担保事项,因此,并购存在相当大的风险隐患。

到了 2005 年,流动资金不足、企业资产不清、人才流失严重、产品结构调整无法进行……5 年来,企业并未有多大改观。2005 年 9 月 15 日,青海省某副省级官员将郑尚龙和青工股份总经理张晖召至办公室,称企业在天津方手中越做越差,还不如从前,职工上访不断,责令天津方(包括天津鼎盛、天津正罡和天津鼎盛青海公司)立即退出青工股份,由青海省政府接管。

9 月 17 日,听闻"19 日职工要堵门闹事"的天津方,将公司全部印鉴、营业执照等带离厂区。

9 月 19 日,青工股份部分职工堵住厂门,阻止天津方经营者进入厂区。

同日,青机电成立"青海青工机械股份有限公司工作组"全面接管公司;并致函天津鼎盛,称自并购以来,"由于你公司未能认真履行兼并及收购协议规定的义务",导致企业经营不善,严重损害了企业和职工的利益,影响了社会稳定;"为了维护企业的稳定,切实保障广大职工的切身利益,推动企业的发展,经研究并经省政府同意,决定解除原《兼并协议书》;请派员来青协商有关具体事宜"。

落款为"企业改革处 2005 年 9 月 20 日"的《青海工程机械厂破产重组后有关问题的汇报》中建议,"因该公司的重组是政府行为促成的,必须由政府派出清算组,对公司进行解散清算”。“因天津方有明显的违约和违背政策的行为，建议按照（青经贸中小企〔2004〕125 号）文件的有关规定，法院撤销破产财产收购协议的裁定，政府收回划转给天津鼎盛工程机械集团有限公司的净资产 6 231.17 万元。并追缴流失的资产损失，追究相应的责任”。

此后，青工股份被工作组以“托管”的名义，交由当地著名民营企业家、青海新路环卫设备制造有限公司（以下简称“青海新路”）董事长、原青工厂职工柴建（化名）经营。

2006 年 4 月 3 日，青机电致函天津正罡科技，要求解除原《收购协议书》，天津方拒绝了。

2006 年 4 月 28 日，青机电向青海省高级人民法院提起诉讼，以与天津鼎盛、天津正罡科技兼并、收购协议均已解除为由，要求天津鼎盛与天津正罡科技返还财产共 9 000 万元。

二、绝地反击之第一次庭审

48 小时我都没有合眼，看完案件卷宗之后，心里哇凉哇凉的。对方几乎把所有的路都堵死了。

——办案手记

2006 年 6 月，天津方找到了大成律所，他们在改制过程中和大成律所有过合作，知道大成律所在国企改制领域有一批杰出的律师，比如徐永前律师等。我和徐永前一起去天工院和他们进行了沟通。

此时，距离开庭只有不到两个月，时间非常紧张，而在此之前，已经丧失了很多解决问题的良机。比如，青海方 2005 年 9 月发函给天津方要求解除合同，但是天津方直到 2006 年的春节后才收到函件，没有采取任何法律行动，这就失去了很多主动出击的机会。

2006 年 6 月 27 日，在青海省高级人民法院民二庭庭长和法官的主持下，天津鼎盛、天津正罡科技的代表与“青海机电控股”的代表就解决双方争议进行了谈判。正在托管青工股份并占有部分天津正罡科技资产的柴建参与了谈判。双方同意不再合作并努力协商解决纠纷，但就责任承担和清算方式还存在分歧。

2006 年 7 月 1 日，我出具了法律意见书。除了分析本案的法律争议要点之外，我还特别提出，要警惕几种错误倾向：

其一,要警惕权钱交易,以免使国家权力成为某些人谋取个人利益的工具。比如柴建在谈判桌上一再声称:“我不想要谁干,谁就别想干!”“你们绝对打不赢官司”等,所有这一切提醒我们一定要警惕权力的嬗变。

其二,要警惕西部大开发过程中错误的稳定观、大局观。在与青海方面的接触中,青海的行业主管部门、人民法院始终传递着这样一种理念:只要职工闹事,就要满足他们的要求,否则就不利于社会稳定、不利于大局。因此,在处理这起在西部大开发过程中的投资纠纷时,为了稳定,牺牲投资者的利益也是在所不惜的。青海高级人民法院的法官甚至将此称之为“青海经验”,并称为了稳定,即使投资者投了几千万元收不回也是没有办法的事情。但是,如果维护稳定成了地方保护主义的当然理由,如果法院也沦为地方保护的工具,如果为了追求个案的社会效果可以牺牲法律的原则,那么投资者的利益如何得到保护?西部落后地区如何能真正得以发展?这种“开门招商、关门打狗”的做法必将彻底损害青海的投资环境,从根本上损害青海的经济发展与社会繁荣稳定。

其三,警惕以权代法、违法行政。青海省个别领导以行政命令决定投资者的去留,“青海机电控股”以省政府领导指示的名义,打着维护企业稳定的旗帜,派驻工作组,剥夺公司的合法经营权,一个个体工商户可以以托管的名义,非法侵占青工股份的法人财产,公司的经营者和股东无法取得属于自己的财产……这种以权代法的做法,不仅严重侵犯了投资者的合法权益,更与依法治国的基本方略背道而驰。

2006 年 8 月 24 日,我和同事李寿双到了西宁,4 天后的周一,一审将开庭。

25 日,我们去法院看案卷,26 日周五,我们拿到了案卷,厚厚的两大摞,叠在桌子上像小山一样高。接下来的周六、周日,48 小时我都没有合眼,都在看案件材料。看完案件材料之后,我的心情很沉重。

对方的证据非常齐备。比如对天津方是否构成违约、没有安置多少工人、经济指标是什么、他们什么时候出具的函件提出解除合同等各种各样的文件、数据都很齐全,基本的事实很清楚。

但是,最终我发现了一个问题,发现一份诉状上的章盖得很不清楚,很模糊。一开始以为这只是一个简单的失误。但是又看了另一份诉状上,章也盖得很模糊。我认为这里面一定有问题。虽然看不清楚盖的是什么字,但是可以数字数,这样就发现落款和盖章单位的字数不一样。这说明落款的单位和盖章的单位不一样。核对之后发现,一个是青海机电国有控股公司,一个是青海机电控股公司。这说明,原告的资格有问题,诉讼主体可能不合格。由此,对方所有的证据链条被我们扯断了。

所以说，这是一个绝地反击的案子。

8月28日，青机电诉天津鼎盛返还财产案，在青海省高级人民法院民二庭一审开庭审理。

开庭的时候，法庭前面是一排记者席，后面坐满了穿工装的旁听人员。很明确，原告的意图是“我要在法庭上昭示你们天津人多么不守信用、违约多么严重，我们现在要让你们走人，要让人民群众见证这样一幕”。

一进法庭我就感觉到敌意非常重。

我首先对青工厂的光荣历史和广大职工所作出的巨大贡献表示深深的敬意，对新形势下企业发展所面临的困境表示理解与同情。同时表明现在天津，也有数百职工、数百个家庭因为此案面临同样的窘迫，双方应该完全可以沟通和理解，应该设身处地地为对方着想。在法庭上维护当事人的合法权益，是律师的神圣职责，也相信广大职工群众能够谅解。以法律的方式解决纠纷、寻求共赢的路径，是完全符合广大职工共同利益的。

法官说：“你说的这些和本案无关。”我说：“好的，无关我就不说了。”但是这番话很好地平息了法庭上的骚动。这番话，我当然是有意说的。我之前专门了解了一下青工厂的历史，1964年5月15日至6月17日，中共中央在北京召开工作会议，决定进行国家的“大三线建设”。1965年3月开始，青海执行中央“三线建设”的方针，先后从上海、山东、黑龙江等地向青海迁建了以生产铣床和重型车床为主的机床制造企业；从河南、辽宁、天津等省市迁来了以生产大型拖拉机、内燃机为主的拖拉机、内燃机制造企业；从上海、江苏、河南、北京等地迁来了一批电机、电器制造、轴承、标准件制造工业企业。青工厂，就是1966年由鞍山红旗拖拉机厂等迁入的。在那个特殊的历史年代，“大三线建设”为青海机械工业奠定了基础，作出了贡献。了解到这些之后，我更加理解旁听的工人师傅内心的担忧、不满和愤懑，化解他们的敌意，首先需要得到他们的理解，也要让他们知道，天津方是怀着善意来跟他们合作的。

对方律师也是当地很有名的律师，号称“小铁嘴”，普通话说得非常标准，字正腔圆。当他几乎是用播音员的水准念了一遍起诉书后，我首先表扬他念得非常好，然后说：但是遗憾的是，起诉是无效的。

我这么一说，周围一片哗然，所有的人都竖起了耳朵。

我说：“你这么高的水平，怎么会提出一个无效的诉讼呢？为什么无效？因为签合同的时候天津方是跟青机电控股有限公司签的，但是现在起诉书上盖的公章是青机电国有控股公司。好比我是和张三结的婚，现在李四找我离婚，你说算是什么事?”

大家仔细一看起诉书,的确是这么回事。

法官这个时候说话了:“作为原告,到现在为止连这个问题都没有搞清楚,我认为是有责任的。我们法院也有疏忽。”这是在庭审中法官第一次向我道歉。

之后法庭表示要进一步核实。

法官第二次向我道歉,是在原告举证环节。

当时法院审判方式改革,强调举证期限,必须在法院指定的举证期限之内举证证据才是有效的。我们在交纳诉讼费的时候,审判长很认真地给我们签发了提交证据的收据并让我们带走,这样的过程原告也应该经历了。原告律师举证完之后,我就提出,请你们出示在法定举证期限内将所有的证据材料出示给法庭的收据,否则我们对所有的证据及证据效力不予承认。

这话一说出来,对方一下就愣住了,显然,他们拿不出这样的证据。

法官这个时候又道歉了,说这个问题是我们工作的失误,他们确实是在举证期限内提交的。

这件事如果要严格追究起来,这怎么会是法院的失误呢?对方明明应该拿到收据,但是不可能深究了,因为法院给他们佐证了。这其实也不是一个致命的问题,我提出这个,主要是为了在气势上打击一下对方。

这两个“闷棍”打下去,法庭的气氛就完全不一样了。

本案中,因为涉及青工厂职工的权益,还有 3 名职工代表作为和案件有利害关系的第三人参加诉讼。

我提出,首先不同意第三人参加诉讼,因为这里涉及的是股东之间的问题,第三人并无股份,我也同意他们是工厂的主人,但是这是政治地位,和法律地位是两个概念。

第三人的代理律师说,本案涉及他们的权利,因为改制安置的时候,每个职工有近 24 000 元拿不到,这些钱关系到职工的切身利益。我当时就很严厉的斥责他:“你怎么可以讲这种话?如果你不懂,我可以原谅你;如果你明明知道还这样讲,那你很没有律师职业道德。我为什么说得这么重呢?安置费多少钱,每个工人多少成本,你解读文件要解读清楚,是指用在他们身上要花费这么多钱,不是给每个职工发这么多钱。如果你故意这样误导证词,给职工造成不良的影响,这个钱依法从被告这里是拿不到的,职工拿不到这个钱怎么办?你是在告诉他们有这个钱要找政府要吗?你这是在挑事,这是非常不负责任的。”

这个代理律师几次发言，我都盯着他看，越盯着他，他的声音就越小，嚣张的气焰一点点萎缩下去。

三、绝地反击之第二次庭审

从开始起，原告方面就怀着极大的不诚信，用假的公司名称、假的公章去签合同。

——摘自《代理词》

第一次庭审之后，我们去工商机关调档，但是，一开始却找不到我们要找的档案，后来我们才知道，因为领导交代把这个档案藏起来了。和我一起去的李寿双律师很会做工作，他当时和档案管理员聊得很熟，他问档案管理员："怎么找不到这个档案呢？"档案管理员说："被我们处长拿走了，我给你找去。"于是，档案管理员把处长办公室的门打开，从处长的抽屉里面把这个材料拿出来给了我们。

档案上写得非常清楚，2000 年 12 月 28 日，青机电国有控股公司就已经改制成青机电控股有限公司，注册资金也变更为 3 亿元。

我还发现了一个情况，就是把天津人赶走以后，原告以"托管的名义"，将公司托管给了柴建经营，新公司名为"青海青工石油环卫工程机械有限公司"，是在原公司的厂址上成立的，资产也是以青工股份的法人资产非法虚假注册成立的。拿到这些材料以后，我们心里就很有底了。

8 月 30 日，星期三，第二次开庭。

法官提到原告主体资格的问题，说这是一个法律上的承继性的问题，让我们双方不要再就这个问题进行纠缠了。

第一，我对法官说，感谢法院的劳动，但其实这个问题并没有解决，虽然工商部门已经出具证明了，但是只证明了一个问题，就是这两个公司的承继关系问题。而我要讲的是更重要的问题。2000 年的 12 月份，青机电国有控股公司就已经终止了，法律上已经死亡了，那它原来的公司名和公司章就不能够再使用了，但是在 2001 年，它和天津方签订合同的时候，用的依然是失效的公司名称，失效的公章。所以从开始起原告方面就怀着极大的不诚信，用假的公司名称、假的公章去签合同，最高人民法院的司法解释非常明确，这是属于合同诈骗行为。

我说难道青海的政府、青海的国有公司，就是这样来操作这么大的经济行为吗？如果仅仅只是一时的失误也罢了，到了 2006 年发函到天津方要解除双方合同的时候,用的依然是已经失效的公司名称、公司公章。我说这是违法行为,违法行为是无效行为。所以,你凭什么说你解除和我们之间的合同?依照解除合同处理纠纷?你在合作之初就怀有极大的不诚信,或者极大的恶意,极大的过错,这个问题怎么解决?你到哪里,都绕不过这个问题!所以,原告非法使用失效公章起诉无效,依法应予驳回。

第二,我提出原告的诉讼主体资格不适格。原告在起诉书中宣称其以破产企业上级主管单位的名义,解除被告与青工厂破产清算组签订的破产协议书,并请求原告返还财产。但是,原告并非破产协议的相对方,而是与本案毫无关系的民事主体,无权向被告提起任何诉讼主张;原告仅为青工厂的出资人代表,而非上级主管机关,无权提起诉讼;作为授权出资人代表,原告对青工厂仅享有资产受益权、重大决策、选择经营者的权利,而无权解除被告与青工厂破产清算组签订的破产协议,或基于该协议提出任何诉讼主张。

第三,是被告已经依约适当地履行了合同义务,原告无权单方解除合同。根据破产资产协议书,被告应该承担的义务有两项:一是向清算组支付 800 万元现金,二是安置原青工厂职工 1 000 人,折抵人民币 2 400 万元。法庭对此予以明确,指出了原告代理人理解的偏差,防止某些人以职工被提供劳动岗位予以安置后还可以获得 24 000 元为由,煽动职工闹事影响社会稳定。

2001 年 1 月 9 日,被告即向青工厂破产清算组支付了 800 万元收购款,履行了支付现金价款的义务。

原告提供了被安置的职工名册,表明有至少 806 名职工得到安置。之所以未完成 1 000 名职工的安置义务,原因在于青工厂没有足够的职工供被告的受托人安置,天津鼎盛集团青海机械工程有限公司先后两次发布公告,但最终仅有 806 人向其提出安置请求,并接受该公司工作。到起诉时止,青工厂清算组和职工均未对安置 806 人提出过异议,这在某种意义上视为青工厂清算组认可了被告将其履行安置 1 000 名职工的义务变更为 806 人。退一步讲,仅安置 806 名职工不能视为合同义务的变更,再要求安置 194 名职工也已超过诉讼时效。

第四,原告的诉讼请求是返还财产,而本案争议的财产不具备直接的可返还性,被告在收购破产资产后,已将部分资产作为出资投入到青工机械,形成该公司的法人资产。因此,即使双方协商或法院判决解除协议,该资产也不具有直接可返还性。而原告的要求,既无法律依据,也无可行性。

……

最后，我提出，原告使用已经失效的公司名称和公章与被告签订合同，并恶意侵占被告占有45%的青工股份的法人独立财产，同时向人民法院提起无效民事诉讼，必须承担相应的法律责任。同时，原告无权将自身的利益等同于职工利益，无权将自身失职的后果转嫁给广大职工。

经过法庭上两天的交锋，我们基本上说服了法官。我们让他知道了，这个案子如果“硬判”，麻烦会很大，即使我们败诉，我们也会申诉到最高人民法院，以这个案子在法律上的瑕疵，到了最高人民法院，肯定还要改过来。

《中国经济周刊》的记者后来在发表的“案件审理小记”中这样回顾当时的过程：

吕良彪首先从程序和证据上发难，彻底打乱对方的诉讼策略，从根本上逆转了媒体指责天津方的态势。在接下来的庭审中，吕良彪与法庭、与旁听职工群众，都进行了很好的沟通，与对方律师在进行针锋相对的辩论时，也在宣讲着法律的原则与党和政府的政策，有效地化解了职工心中被误导出来的怨气。

在极其艰难的情况下，吕良彪运用高超的庭审艺术，无论是从论理、事实、证据方面，还是从法律技术上，紧紧吃住了过方。整个庭审的过程，吕良彪拿捏得恰到好处，他负责敬业的精神、准确的法律切入点、锋芒毕露而又峰回路转的辩论风格让两天的庭审精彩纷呈。

最后就连法庭审判长也表示，本案牵涉我国整个企业改制的大环境，以及破产的时候适用的是一部不太完整的《企业破产法》，引起的原因很复杂，不是一个诉讼程序就能根本解决的，希望原被告双方本着实事求是，从自己的利益出发也考虑对方利益的前提下，在法院的主持下进行和解或者自行和解。审判长和法官们都对吕良彪的胆识、敬业和高超的庭审艺术表示了极大敬意。

四、超越单纯法律问题的和解

令我深感欣慰的是，本案最终使企业、职工、投资方、政府利益都得到均衡解决。

——办案手记

占据了法律上的主动后，为了更好地分析问题、真正地解决问题，我一方面给企业出谋划策，选好了谈判的筹码，一方面利用各种资源与企业、两地政府积极沟通与交流，从企业改制成败、跨省兼并收购成功、树立政府形象、安定职工人心、社会影响尤其是企业自身利益和风险分析等各个方面出发进行思考和努力。

自称“青海经济十大风云人物”的柴建,是本案的一个关键人物。

2005 年青机电成立“青海青工机械股份有限公司工作组”全面接管公司后,将公司交给柴建“托管”。

2005 年 11 月 11 日,青机电根据青海省人民政府“省政府青阅〔2005〕103 号会议纪要”的指示精神和内部“青机电国控办字〔2005〕76 号文件”的决定,向青海省工商局申领“青海青工石油环卫工程机械有限公司”(以下简称“青工石油”)临时营业执照,公司董事长为柴建。

11 月 17 日,青工石油在青海省工商局注册成立,公司住所地为青工股份所在地“西宁市城北区柴达木路 90 号”。公司登记为国有独资公司,出资人为青机电,注册资金为人民币 6 000 万元,由青机电以 100% 的“非货币”形式出资。公司登记时无公司章程,无验资报告。

前文提到,我们通过调阅青工石油的工商注册登记档案,结合青海省经委《关于落实青海工程机械厂资产重组有关问题会议纪要》,确认该公司 6 000 万元非货币出资系原兼并、收购资产,现为青工股份的公司法人资产。在青工石油网站首页上亦明确显示,“我公司是在原青海工程机械厂及青海青工机械股份有限公司的基础上经股份制改造于 2005 年 11 月成立”。

在接手托管后,柴建先是把企业四分五裂,把原来完整的生产系统划成四块,开始市场寻价,准备变卖企业设备,并已谋划将企业用地进行房地产开发。

2006 年 6 月 27 日,在庭审前的谈判中,他就一再声称自己是“从青工厂出来的,情况熟悉得很,不想让谁做,谁就做不了”。并且坦言工人闹事导火索是有人故意将天津方的某些情况告诉给不明真相的群众。柴建还在谈判中谈到了他将如何在青工股份大有作为,他要把部分土地用于房地产开发,甚至拆掉办公楼,哪块地用做开发都计划好了。他还一再称“你们天津是不可能打得赢这场官司的”。

我在庭审上也提到了本案中涉嫌违法甚至犯罪的问题:天津方利用收购所得资产出资的青海青工机械股份有限公司,却被原告以国有控股的名义非法成立的“工作组”恶意侵占,并以所谓“托管”的名义,非法交给个体经营者柴建经营,进而又以青工股份法人资产非法虚假注册成立所谓的青工石油。合法权益遭到侵害,我们深感愤慨,已上报有关机关严肃查处此事。

2007 年 1 月 12 日,双方达成和解协议。原青海工程机械厂破产清算组与天津市正罡科技有限公司签订的《天津市正罡科技有限公司收购青海工程机械厂破产资产协议书》予以解除。

被告天津市正罡科技有限公司退出青海青工机械股份有限公司投资项目，将《天津市正罡科技有限公司收购青海工程机械厂破产资产协议书》的义务转移给青机电国有控股有限公司。

原告青机电国有控股有限公司于协议生效之日起30日内向被告天津市正罡科技有限公司支付人民币800万元返还收购资金。

被告将所持有的青工机械股份有限公司45%的股份转移给原告青机电控股有限公司并协助办理相关手续。

《中国经济周刊》如是说：“通过诉讼充分沟通，均衡满足各方需求；律师和谐执业的智慧、高超的诉讼技巧、卓越的沟通能力都在这个案件中充分得以展现。”我倒并没有过于乐观，虽然律师的法律技巧促成了各方妥善解决了这一起矛盾，但国企改革过程中所暴露出来的社会问题、地方投资环境和法治环境的恶劣，却始终没有能够得到根本扭转。

天工院与青机电投资纠纷案，是通过巨额民商事诉讼开始，最后各方友好协商得以妥善解决的。在国企改制的纠纷当中，算是解决得比较圆满的。

应该说国企改制，是中国有史以来对国有企业所进行的一次最大规模的利益分配与再分配，法律上的改制完成，利益的分配与再分配却远未结束。这其中有私权利间的博弈，更多的则是私权利对公权力的抵御，是公权力之间的角斗。令我深感欣慰的是，本案最终使企业、职工、投资方、政府利益都得到均衡。

第六编

法律思维与法律战略

——控制公司的法律智慧

6

法律是企业的发展之矛、安全之盾、组织之魂。

法律通过权利义务的设定建构商业模式、搭建商业平台、凝聚社会资源，帮助企业赚钱；法律通过规则与博弈的双重杠杆功能放大社会资源，帮助企业以小博大；法律帮助企业规制经营行为，管理法律风险，降低运营成本，实现安全发展；法律帮助企业理性博弈，建构规范合理的市场秩序，给企业发展提供法律救济。

企业家要努力成为“用人之人”而非满足于成为“可用之人”。有时要具备如刘备、唐僧、宋江般的“无能之能”，要有容人、识人、用人的度量与能力。儒家说“拿得起”、佛家讲“放得下”、道家要“想得开”，而企业家则必须“HOLD得住”！——我们要能“放下”，能“舍得”。我们要注重效率，但绝不能让功利占据了我们整个生活。——如中国画需得留白，方有品味。

企业家具备法律意识、养成法律思维习惯并不意味着企业家必须具备具体的法律知识与法律技能，而是指企业家应当具备尊重规则、信守契约的意识，能将法治理念、法律素养与法律方法、法律智慧融会贯通，能够掌握认识世界、分析和解决矛盾的方法论。

中国式博弈：术不及道，道不及势。

法律规则是死的，法律运用是活的。解决问题往往需要“功夫在诗外，自由在高处”。

第二十五章

现代企业法律战略论

——以投融资为例[1]

任何风险都将戴着法律的面具出现；

可怕的不是风险，而是面对风险却浑然不觉；

法律理应成为违法者的达摩克斯利剑，更应成为守法者的维权利器。

——吕良彪

一、当前企业投融资基本格局与风险

相对过剩的资金追逐着相对稀缺的有价值项目；相对过剩的企业追逐着相对不足的资金供给。——这就是基本格局。

"投"不是一个静态的行为，而是一个动态的过程；"资"提供的不仅是货币化的资本，而是货币化与非货币化的各种社会资源。

——吕良彪

（一）目前的融资形势

目前的融资形势表现为"两个相对过剩"：相对过剩的资金追逐着相对稀缺的有

---

① 本文根据笔者在清华大学、北京大学、浙江大学 EMBA 班、总裁班，中科企业家学院、财智论坛、龙城讲坛、中国法学会培训部、中华全国律师函授中心等的多次演讲整理而成。

价值项目;相对过剩的企业追逐着相对不足的资金供给。

1. 相对过剩的资金追逐着相对稀缺的、有价值的项目

中国现在不缺钱。“四万亿”之类的调控对货币流通量必然产生影响。中国人民币存款每年以万亿元的速度在增长,意味着中国的商业贷款供应能力以每年万亿元的速度在增长。我们注意到中国有大量的民间游资(前些年)。同时,很多国外热钱企图涌入中国。我们看到黑石、高盛、凯雷这些投资基金纷纷关注中国,像可口可乐公司这样的国际商业巨头也开始关注中国的产业,到中国进行战略性、产业性的投资并购。

【典型案例】

某投资商在西藏发现了一个钼矿,打了两个洞觉得还不错,马上就投了 1.5 亿元进去。我觉得这个决策非常草率,一般打 200 多个洞以上才能决策。然后,我就跟他开玩笑说:“你胆子真大啊。”他跟我说:“玩的就是这种心跳,不果断投资就没有机会了!”他很幸运,现在这个矿运行得很好。其实,这种投资的盲目性正是源于有价值项目的稀缺。

2. 资金需求相对旺盛的垃圾企业或者价值未发现的企业追逐相对稀缺的资金供给

市场上的钱很多,但拿不到钱的企业可能更多——大量想要钱的企业拿不到钱,或者项目不够好,或者成长性不够好,或者团队不够好,或者信誉不够好,或许什么都好只是大家不知道。规模化、专业化是企业发展的核心竞争力的体现,目前中小企业融资难,其根源有三:一是中小企业融资安全性缺乏保障;二是对中小企业投资效率低;三是对国企投资具备某种“政治正当性”而使中小企业融资成本更高。此外,中小企业很大意义上不仅仅是企业规模不够大,或是占有市场细分的份额不够,而且从管理、人员素质,特别是缺乏核心竞争力方面,缺乏足够的优势。

成熟的资本市场,应当包括股票市场、债券市场、房地产市场、外汇市场、期货市场等。中国目前只具备“有中国特色”的或更直白地说很大程度上与市场规律与规则相去甚远的股票市场和房地产市场,债券市场不是很完备,外汇和期货基本是空白。而权力主导与诚信缺失双重危险之下的中国股市,具有太多非市场因素。

市场缺乏诚信、缺乏规则,市场本身就残缺不全,而且市场投资盲目的投机行为过剩。投资和投机紧密联系,特别是在资本市场。中国的投资者往往以个体投资者、散户为主,容易成为“迷途的羔羊”;而成熟的股票市场、证券市场应该以机构投资者为代表,由专门的机构带领。个人投资的盲目性、非理性必然对市场产生巨大

的冲击。此外,还有资本市场投资盲目的风险。

(二) 当下企业投融资的基本方式

当前企业投融资方式丰富、形式多元,归纳起来主要有以下几类:

1. 政策性融资

国家为保证国民经济的健康运行,设立若干政策性银行,也提供政府性的贷款,以支持地方经济发展和企业运行。

资金投放的价值目标主要有两种:一是公平价值之体现,表现为财政性的投入。政府投资、政策性投资,是政府调控经济的主要措施之一。二是效率价值之体现,表现为商业性贷款,旨在追求效率或利益最大化。此外,世界银行、国际货币基金组织提供的推进相关产业发展的资金亦属此类。

2. 商业贷款

一是国有商业银行的商业贷款,这是目前商业贷款的主渠道;二是多种所有制混合且国有经济不占主导的商业性银行提供的商业贷款;三是国际性跨国银行金融机构提供的商业贷款。

3. 上市融资

无论是IPO,还是增发,都是向社会公开募集资金。此外,上市公司的非公开发行,亦是上市公司融资的方式。

4. 投资并购(含私募股权投资)

这是我们探讨的重点。既包括合资、合作新设立公司、企业,亦包括公司企业对已存在公司进行的投资与并购,其共同之处在于投资人享有公司的股权。产业投资与财务投资的分野在于前者以整合产业为主,往往需要参与甚至控制公司的运营权;后者以财务监管为主,其目的在于实现利益回报的最大化。

私募股权投融资,是目前较为常见的一种股权投资方式。投资机构以公司制、有限合伙制等形式,聚集巨额资金进行投资,同时通过上市等形式溢价退出公司,获取利益回报。

5. 民间借贷

目前规范的、不规范的民间借贷依然十分活跃,"地下钱庄"在相当程度上亦很活跃。这种现象的存在有其合理性和现实性,但要特别防范非法集资、高利贷、资金安全、讨债形式非法化等方面存在的风险。

6. 融资租赁等各种金融产品融资

对于信誉、资产、融资抵押能力较弱的中小企业而言,融资租赁等金融产品融资有其特殊的生命力:一是租赁期间租赁物产权不发生变化,出租人财产安全相对有保障;二是租金支付有一个相对周期,承租人有足够的时间消化租赁融资成本;三是租赁物系为承租方"量身定做",经济适用。

金融产品的创新,可以使融资的安全与效率达到一种合理的均衡。但过度的金融衍生品泛滥,容易伤害企业利益,最终伤害到金融体系的运行。美国次贷危机的爆发,某种意义上正是金融衍生品缺乏应有的监管与约束的恶果。

(三) 对"投资"的再认识

需要强调的是,投融资是企业发展的手段而非目的,投融资是一个动态的全局性过程而非单一的静止的某一行为。"投"是一个资本运作的动态过程,包括运作(融资、投资)、合作、公司治理、利益分配与再分配(股东的斗争与小股东利益保护、投资的效率、收益及分配)、分手(如合约的和平分手与非合约的战斗型分手)、破产重整;"资"不仅仅指货币,而是包括货币化的资金、资本与各种非货币化的社会资源。

二、投融资领域十大基本法律风险与应对战略

(一) 法律风险及其成因

1. 法律风险的基本概念

企业法律风险是一个不断发展的概念,至今尚无一个为各界所公认的权威定义。我认为:企业法律风险是指因法律环境变更、法律行为或法律事件的发生所导致的、与企业意愿相违背的、使企业遭受不利法律后果的可能性。

企业法律风险一般包括这样几个特征:① 只是一种可能性,肯定发生的或不可能发生的都不是风险;② 可能给企业带来不利的法律后果;③ 这种不利的法律后果违背了企业的主观意愿。

2. 企业法律风险的主要成因

(1) 法律环境变更。国家法律的变更、经济宏观调控以及对某一特定产业政策的变化,都可能导致特定企业的法律风险。典型者如国家对房地产的宏观调控对房地产企业的直接影响。国家政策法律的调整一般都会有前兆,企业密切关注和科学预测是可以有效防范的。

(2) 法律行为。法律行为系指法律主体所作出的具有法律意义的行为,既包括应不为而为的积极"作为"(如主动侵权)也包括应为而不为的消极"不作为"(如不

履行合同）；既包括“合法行为”（如对外签合同受骗）也包括“非法行为”（如假冒他人商标）；既包括“主动行为”（如主动生产伪劣商品）也包括“被动行为”（如因使用劣质产品致人员伤亡、经济受损）；既包括“理性行为”（主要指企业在对成本、风险和预期效益之间进行比较后作出甘冒风险的决策，这种法律风险是企业在预见到的前提下进行抉择的一种结果，也往往是不得不冒的风险）也包括“非理性行为”（这里主要是指企业因受感情或道德性评判所致的行为，如腾讯面对360的欠妥应对）；既包括“企业行为”也包括企业“员工行为”；既包括因工作人员过失为之的“素质风险”（如清洁工因不识外文而误将掉在地上的汇票当做垃圾处理）所致行为也包括因工作人员故意为之的“道德风险”（如企业员工盗取公司技术秘密）所致行为；既包括本企业及员工行为也包括对方以及第三方企业或个人行为。

（3）法律事件。对不可抗力和其他意外事件（如企业主要领导者身体意外）的发生，企业可以通过紧急预案的制定和实施，在法律允许的范围内努力将其损失尽可能地降至最低。

3. 法律风险管理的不断深化

法律风险问题愈来愈深入地为广大企业乃至社会各界所广泛重视。从最初的企业法律风险“防范”、法律风险“控制”，到当下的全面法律风险“管理”，形象地说明了我们对这个问题认知的深化过程和社会对此问题的重视推进过程。目前，我更倡导企业应推行“法律战略”：以法律之“矛”促进企业发展，以法律之“盾”保障企业安全，以法律之“道”建构企业之“魂”。

人们已经越来越深刻地认识到，商业风险可能给企业带来亏损和麻烦，而法律风险则可能给企业和企业家本人带来致命打击。而且，一切商业的、非商业的风险，最终都将戴着法律的面具出现，都表现为权利的灭失与义务的增加。

人们也越来越清晰地认识到，法律绝不仅仅是麻烦出现以后才需要的东西，对法律风险的全面管理——包括事前的识别与防范、事中的控制与化解、事后的应对与救济——对于企业健康、稳定、可持续成长，具有重要的现实意义。

（二）投融资领域十大基本法律风险及其应对战略

战略之一：《物权法》视野下的企业产权风险与应对战略

为什么提到《物权法》？不仅仅是因为这是一部法律，而是想以此探讨中国在改革开放、在走向现代化的进程中的两个基本主线：一是人权保障；二是权力制约。

人权保障首先是人身权利的保护。比如无罪推定的法律化（虽然司法实践中有罪推定的痕迹依然格外浓重），比如因孙志刚事件而导致收容审查制度的废除；再比如说死刑的核准,程序的严格、慎重,死刑复核权由最高人民法院统一行使,死刑执行的人道化。(原来盗窃3万元就可以处以死刑。1997年《刑法》修订以后,判处死刑的罪名有增无减,但死刑制度的适用越来越谨慎。)

人权保障其次是自由权的保护。这几十年当中,人们的自由往往表现为思想的自由;然后是表达的自由;再是言论的自由,言论自由包括新闻报道和出版自由;再然后是结社自由。

人权保障的第三个方面就是人的财产权保护。过去是“普天之下,莫非王土,率土之滨,莫非王臣”。新中国成立以后,开始是一点儿私人的成分、一点儿个人的财产都没有;然后发展到有私营经济,私营经济逐步成为社会主义的补充、重要补充,宪法和法律平等保护的对象;再到《物权法》通过后,以法律的方式来保护公民的财产不受损失。

在这样一种大背景之下,每一位企业家,每一位公民都可能拥有自己的权利、自己的产权。于是,产权的风险成为第一位的风险。在投资领域,我认为可以用如下几句话来概括:

1. 产权不明晰可能“为他人作嫁衣裳”,甚至有牢狱之灾

最为典型的,就是红帽子企业问题。

【典型案例1】

仰融当年做华晨汽车起家的时候,因为他的私营经济身份使他在发展过程中遇到很多困难。所以在当时的情景下,找了一顶“红帽子”,把财产捐给一个教育基金会,通过这个基金会去运作一些事。到后来,他仍然理所当然地认为这个基金会仍然是自己的财产,而政府又认为他把财产捐给基金会以后,就已经成为国有资产了。由此双方产生剧烈的冲突。最后,仰融不得不出走美国。

2003年的时候,仰融在美国法院起诉中国某省政府,认为省政府侵害了他的个人财产权,最终败诉了,但仰融案不失为“红帽子”企业问题的典型。

【典型案例2】

涂景新,江西南昌安义县人,在20世纪80年代,创业淘得了第一桶金,成为安义县第一批百万富翁。他想发展,希望通过整合当时南昌的展览馆,但是他的资金、能力都不够,尤其是政策不允许。所以他就把他的企业挂靠在海南一家机械进出口公司,戴上一顶“红帽子”,然后用海南机械进出口公司的公章和“红帽子”获得了一些政策上的支持,同时通过一些资金的借贷和运作,建成全国最大的盗版光盘和软件集散地。他本人也迅速成为千万富翁,企业有几千万的资产。

在1995、1996年的时候，有一批“红帽子”企业赎买，交一笔钱给单位，然后把“红帽子”摘掉，可惜的是当时一心想发展的涂景新没有考虑这些问题。在20世纪90年代末期，他所挂靠的企业发生了一些变革：第一个因素是，涂景新与挂靠单位原来的老总很好，但现在新上任的是老领导的“对头”；第二个因素是，海南这家公司面临改制，在改制的过程当中发现没钱，要找钱，于是发现在南昌还有这么几千万元的财产。于是海南这家公司向海南检察机关举报，1999年，涂景新被以贪污罪、挪用罪判处死刑，缓期两年执行。

此案引起广泛关注，当时江西一批省政协委员、全国政协委员、全国工商联委员为这件事情奔走吁请。经大成律所海南分所律师的共同参与，在最高人民法院、海南省高级人民法院申诉，最终在2006年12月12日，海南省高级人民法院二审宣判：一方面认定涂景新案证据不足，不构成犯罪；同时认定新大地企业的财产属于国有资产。

这是一个很有中国时代特色与中国智慧的判决，中国司法没有确立不使当事人免受双重危险的原则，虽然可以认定涂景新不构成犯罪，但这绝不是说这次不能证明你犯罪，你此后就安全了，找到新的证据仍然可以抓你。

通过以上两个案例提醒大家关注一下自己公司产权“干净不干净”。侵吞国有资产，往往是企业家出事的重要因素。在达能娃哈哈投资争议中，达能首先就是指责宗庆后侵吞国有资产。曾有一民营企业家从福建买一个企业（国企）过来，他自认为已经付了近2亿元，只差180万元企业基本上就是自己的了。后来我看他那保密得跟宝贝似的合同，那里面并不是说你付款80%我给你80%的股权，付款90%给你90%的股权。我当时就提示客户说：你钱没付清就说明你违约，你违约人家就可以和你解除合同，甚至解除合同之后还要受处罚，对方还可以把股权拿回去。所以，产权方面的东西一定要跟党和政府弄清楚，要跟你的合作伙伴弄清楚，即使是两口子、亲兄弟也得把产权弄清楚。

2. 即使两口子，也要算清账

【典型案例】

中国有一个著名的企业，为夫妻共同创业。后来老板离婚了。离婚以后，企业继续由男的老总经营，女的坐家里拿分红。但后来由于某件事情激化了双方的矛盾，结果有一天男老总走进他的办公室的时候，发现他的桌上放着董事会决议，决定免去他的执行董事职位，要他走人，签署人是他前妻。他前妻为什么有这个能力？是因为这个股份公司股东是这样几个人：两口子，前夫妻各占49.5%股份，前妻的母亲与男方外婆共持1%的股份。当时是夫妻店嘛,没有搞那么清楚。但现在两口子闹矛盾分开了,事情自然会有些变化。

男的下台是因为有股东会、董事会决议,要想上台就得推翻这个决议。那么怎样去推翻呢?要么股东、董事身份不合法,要么会议程序不合法。如果所言属实,我们可以主张那两个人不是股东,因为他们没有投资,因为他们的股东身份是通过造假欺骗得来。因此,我让他还原了这一过程,这样虽然要接受行政处罚,但可以否认对方股东身份。他们也不是公司董事,无权作出此等决议。

通过这样一种战略一审胜诉了,二审期间我还是强烈主张他和前妻好好协商。——律师最大的价值就在于实现客户合法利益的最大化,运用你的知识、你的学识、你的能力、你的资源,使大家从心里面认为你有七八分理,在大家不知道谁更有道理的时候你的出现使你的客户更主动。

3. 法律规定是你的,才有可能是你的

【典型案例】

东北某省有一个造纸企业做不起来。我有一客户在造纸领域处于领先地位,于是他就想把东北这个企业股权拿过来,把这企业拿到自己名下,当地政府也很赞成。但是出了法律障碍,这家企业的债权人不同意,认为利益得不到保障。我说:"你要的是公司股权,你买的是公司的股权,你把股权买下来,公司法人并没有变,只是股东变了,债权人、债务人没有发生变化,只是债务人的老板发生变化了,这个不需要债权人同意。"老总说不想和银行把关系搞僵了。

更重要的一个原因是,这个企业想上市,按照IPO规则,上市前三年控股股东不能发生变化。在这种情况下,当地政府盖了一个公章,将这个企业托管过来,托管以后,我这个客户就接过来了,然后投资把那个企业做上市,融资好几个亿。

但是有一点,托管的毕竟不是自己的企业,没有安全感,所以总希望尽可能多、尽可能快地把自己的利益拿回来。这样一来,投资人和工人、企业、当地政府必然产生矛盾。因为他不是法律意义上的企业的股东,所以后来人家理直气壮地要他把企业拿出来,解除委托关系。

4. 法律规定是你的,也未必就是你的——需要为权利斗争

【典型案例】

天津某企业有非常好的技术和市场,但生产能力不足;而西部有一个老的三线厂,有设备、工人和生产能力,但是没有技术和市场,也缺乏资金,企业特别困难。后来经过北京和当地的领导协调一致,西北那个企业先改制,一个企业变成两个,改制

成一个公司，然后一个厂破产。公司由天津某企业兼并，安置职工，破产厂财产由天津某企业出资买入，买过来以后，所有的资产变成天津某企业的产权，包括房屋、土地、机器等。

但当地的领导从来没有认为这是天津人的企业，而是认为它是当地的企业；当地的员工认为天津人只带了三五个人，不超过十个人，跑到这边来管我们这边的人，这是我们辛辛苦苦建立起来的企业。而在厂子里面，在改革开放初有些能人先富起来了，其中有一个原来科长下海的，做的和这个厂几乎相同的业务，而且他的小厂就在这个大厂子里，用铁丝网拦了一圈。这样一种格局，想壮大，要降低成本怎么办呢？矛盾是必然的。

这些年我看的投资纠纷很多，特别是在经济欠发达地区：当你有钱投，企业搞得不错，当地政府也觉得有面子的时候，你是“财神爷”；当你钱投得不够多，或是企业运行一般甚至出现困难的时候，你就是个“麻烦”；若是你没钱再投，企业效益不好，职工有意见，又有其他“势力”兴风作浪的时候，你就成了十恶不赦的破坏企业的“坏蛋”，成了掏空企业的罪人。——企业不好了，总得有人承担责任。

西北这个企业也是这个规律，矛盾激化后，当地企业一帮人（其实也就那么十几个人，还有几十个人围观的）在有人幕后组织下，封门不让天津方管理人员进出。然后，省、市领导把投资方老总叫去批一通，让投资方卷铺盖走人。

后来经过律师艰难的工作，侥幸在诉讼上占据强势。运用各种方式与当地协商，最终才协商解决了这个问题。

5. 不是你的，绝不要假装是你的

虚假注册仍相当程度地存在，也是企业家落马的重要原因之一，比如当年号称中国第二富豪的某人被判刑的罪名之一就是虚假注册。

为什么虚假注册要承担责任要判刑呢？一个公司是以它的注册资金对外承担法律责任的，一个虚假的“盘子”实际上不具备这样的力量，那么这对你的业务对象、对你的债权人乃至这个社会都是一种潜在的危险。有很多老总为了把“盘子”做大，使用两种方法：第一种是虚假注册；第二种是违规的资本运作。这都是很危险的。

【典型案例】

某企业在西南某省租赁了一家造纸企业。原来这家造纸企业建成十年没有生产过，摆着几亿元，政府每年还要花几百万元维护。2000年，我的客户把那个厂租赁下来后，运用他的资源、资本运作起来，每年盈利将近1亿元，但是他上交的租金按合同只有两千多万元。

这个企业原来每年亏损,并且亏损额不断增大,现在突然每年有两千多万元的收入本应是件好事。不巧的是,当地的政府换届,领导全部换了,于是各种矛盾就产生了。

这些年我注意到,有些经济欠发达地区的干部思维有问题,不是算企业给当地带来了什么,而是算企业从我这里赚了多少钱——可是,不赚钱人家来你这里投资干什么?有投资,就业、税收、城市发展、社会进步,一切不都来了么?现在各地政府,主要是欠发达地区政府总是习惯于想方设法招商引资,而对如何安商、如何创造条件帮助企业发展动的脑子少;客商进来之前是贵人,投资进来后就是我这个当地领导的臣民和属下了——如此只招商不安商,无异于行骗和打劫!

为了轰走承租方企业,当地政府宣告企业破产,企业破产了就解除与承租人的租赁合同。在此过程中,因为我方经营的钱投入了一两个亿,形成价值一亿多元的固定资产,需要与其他破产财产一起整体拍卖,以保障企业资产的整体效益,但整体拍卖得征求所有权人同意(其实按最高人民法院的司法解释,法院可以先裁定拍卖,再将相应款项交权利人。但当地政府不知是未研究透政策,还是自恃权力在握,采取强迫投资人签订合同的方式解决问题。)

对方参与谈判的一位领导说:“吕律师,怎么我们觉得很有道理的事情被你一讲都没有道理了。”我说:“本来就没有道理,不是我一讲才没有道理。”然后,我方把道理充分表述出来,合情、合理、合法。这时候,对方进来了七八个公安把谈判现场控制了,他们一看我如此“嚣张”,以为我是老总,要逮我。对方说公安依法办案没问题。我说这么高端、重要、机密的商业谈判,公安人员的出现不是赤裸裸的胁迫又是什么呢?公安上前出示法律文书,指我的当事人涉嫌虚假注册。

我说,犯虚假注册罪的,《刑法》规定最高刑期是3年,追诉期是5年,这是2000年注册的一家公司,现在已经到了2007年,过了追诉期还拿这说事不叫违法叫什么?对方说他的问题很多。我说有其他问题,等你开出手续再说,今天用这样的理由强制我的当事人就是违法。然后我们单独跟我的客户沟通让他签约以求人身安全,而且当时谈判过程已经录下来了,以后不乐意可以向公安部告状,以违法为由撤销此合同,当然这是后话。

虚假注册、抽逃资金、国有资产流失、偷税、贿赂,是打倒企业老总最常用的手段。政府换届往往面临着新一轮的“洗牌”,是企业面临的一个特别时期。

战略之二:新《公司法》背景下的法人治理战略

建立现代企业制度,一是应理顺企业产权,二是应建立现代企业法人治理结构。

法人治理结构的核心是确立企业“游戏规则”与利益分配的原则和方法。现代法人治理结构，说到底就是为了防止企业家恣意给公司带来的损害。一般的公司运行规则、“三会一层”关系，是建构法人治理结构过程中的技术问题。我主要从风险控制的角度谈这个问题。

1. 法人治理结构出问题，弄不好是会死人的

【典型案例】

曾经号称浙江首富的周某某，2002 年年初被以前的合作者雇用黑社会砍杀致死。究其原因，是当初合作时，其他两位合作者共同投了 190 万元，占公司 20% 的股份。而周某某作为公司控股的大股东，根本不让小股东有行使股东权利的机会，公司也长年不分红。其他两位股东要撤资，也被以违反合作合同将被没收投资款相威胁。

矛盾激化后，双方不是通过协商或是诉讼、仲裁的途径解决问题，而是各自动用黑社会势力来“摆平”。其结果，周某某的侄子和他本人先后被杀，其他两位合作者之一也因故意杀人被法院判处死刑并被处决。

2. 上市公司造假，无异于公然抢劫

我认为，中国的公司依其财产基础不同可分为三类：一是以国有资产为主导的国有独资或国有控股企业，目前此类企业往往还保持着相当程度的准国家机关色彩；二是以特定股东和经济成分构成的私有或混合所有制企业或企业集团，此类企业核心层往往保持着浓重的家族企业特点；三是以公众资产为主体的公众公司，即上市公司，此类公司往往治理结构相对完善，法律法规规定亦相对明确，故面临的法律风险更大。

公众公司信息应按法律要求向其股东予以披露并接受监督，公众公司的投资人系不特定的公众，故需要依法公开并接受严格监管，违规可能对企业带来风险。

以美国为例，2002 年安然事件后，布什总统签署了“赛班斯法案”（Sarbanes-Oxley Act），强化了对公众公司高管人员、财务人员的法律责任。对违法者最高刑期可判处 20 年监禁（与抢劫罪的量型一致——如此造假无异于明火执仗掠夺公众财产）。而此前美国一直适用 1934 年罗斯福总统时期的证券法案，对相关人员的责任追究失之于轻。“赛班斯法案”可谓“刑乱国用重典”。中国企业也曾因此遭受重创，如中国人寿在美国被投资者集体诉讼案即是惨痛教训。

【典型案例】

2003 年 12 月，中国人寿保险股份有限公司（以下简称“中国人寿”）同时在纽约

交易所和香港联交所挂牌上市,募集资金达34亿美元,成为当年全球最大的股票上市。2004年1月30日,国家审计署审计长李金华公布了2003年度的审计报告,该审计报告披露,中国人寿的前身中国人寿保险公司存在重大违规行为,涉嫌各类违规资金约54亿元人民币。上述审计信息公布后,中国人寿在香港和纽约的股价发生大幅振荡,一些国际投资银行也纷纷宣布调低对中国人寿的评级。在此种状况下,中国人寿发言人于2004年2月2日在香港对此次"审计风波"作出口头澄清。2004年2月4日,中国人寿发布澄清公告称,国家审计署所审计的是中国人寿的前身——中国人寿保险公司,与上市公司中国人寿无关。2004年3月16日,由美国投资者聘请的代理律师事务所 Milberg Weiss 宣布,其拟代理投资者对中国人寿提起集体诉讼,称中国人寿及其部分高级管理人员违反美国1934年《证券交易法》,在中国人寿募股期间没有披露以下不利事实:① 其母公司中国人寿保险公司涉嫌6.52亿美元的巨额财务欺诈;② 在IPO时,中国国家审计署已经完成了审计,并且马上就要公布对其母公司不利的审计发现;③ 其母公司存在非法代理、超额退保、挪用资金和私设小金库等违法行为;④ 其母公司的违法行为应当在中国人寿的股价中有所体现,毕竟2/3的涉案人员是中国人寿原先的董事或者高级经理。据报道,现在已经有超过16起针对中国人寿的集团诉讼提交法院。中国人寿对以上起诉坚决不予认同,表示"提起的诉讼没有任何依据",并称将进行"激烈抗辩"。中国人寿一再强调,审计所涉及事项均只与中国人寿保险公司有关,而与上市公司没有任何关系。此外,据英国《金融时报》报道,美国证监会(SEC)已经于2004年12月底开始了对中国人寿的IPO进行正式调查。目前,上述案件的诉讼程序仍在进行之中。据中国媒体报道,中国人寿保险公司已经向中国政府缴纳了税金和罚金总计约6 749万元人民币。

与此形成鲜明对比的是,中国对于上市公司的法律规范尚有待严格。上市公司报表普遍存在问题,几乎成为"中国特色"。银广夏案、杭销钢构案都是典型事例。中国上市公司的法律规制问题,还有很长的路要走。

3. 公司《章程》是企业自治的"宪法",《公司法》是平衡公司、股东、第三人和国家利益的根本大法

(1) 对《章程》的马虎,几乎是对公司最严重的不负责任。

目前仍有相当部分企业,沿用工商机关标准的企业章程文本,进行象征性的填空,这样的章程会给企业发展留下巨大隐患。

例如,在公司"政变"问题上,小股东或是董事们私底下联合起来,把公司老大给

轰下台了,那么被逼宫退位的董事长如何维护自身的合法权益？还有,公司法人代表把公司公章带走了,公司欲索回公章,却因为没有公章而无法证明代表公司,工商、法院都不受理。还有的公司里,有的董事不愿意提责任,遇见问题都作无关紧要的"摇头董事"——不妨碍作决议,但永远不用承担决策失误的责任。还有,双方利益分配格局发生重大变化,但受损失一方却找不到章程依据维护自身权益。

(2)"一言堂"的决策机制,给企业带来的影响都是巨大的;没有有效的监督制约,公司不出事才怪。

【典型案例】

2004年11月30日,因为从事投机性石油衍生商品交易业务蒙受约5.5亿美元(约人民币45亿元)的巨额亏损,中国航油宣布破产并寻求新加坡高等法院的保护。临危受命、被誉为"亚洲经济新领袖""打工皇帝"的前中航油(新加坡)总裁陈久霖,于2006年3月21日被判入狱4年零3个月,同时被处以33.5万新元(约合人民币161万元)罚款。陈久霖确实创造过奇迹,但其从事石油期货业务却过度依靠其所引进的两名并不专业的操作人员,决策的科学性大打折扣;而文本上制定得特别完备的风险防范机制(如亏损20万元、50万元时需要向相关人员和机构报告)完全是一纸空文。以致最终酿成悲剧。

从早期的褚时健案到近期的顾雏军案、黄宏生案,无一不透露出公司监督机制缺失的影子。如何监督权力,如何规范公司高管人员的行为,在监督与发挥企业家个人能力之间寻求一种科学的均衡机制是我们一直寻求而不得的东西。

娃哈哈与宗庆后,在这个问题上是一个特别值得研究的特例。宗庆后是娃哈哈绝对的、唯一的灵魂与大脑,娃哈哈却始终长盛不衰。

(3)没有品格的管理者,必然使企业面临风险。

如郎咸平先生所痛恨的"小保姆当上女主人"现象;如企业效益大减高管收入却激增;如国企负责人犯错误后的异地做官;如有些人自我定价高达6 000万余元的年收入;等等。

4. 有"文化"的企业才可能保持可持续协调的发展

企业的竞争在终极意义上是企业文化的竞争。企业的文化战略,一可作为企业凝聚力的文明价值理念;二可作为企业形象进行市场拓展的文化战略。

(1)作为企业核心价值与凝聚力的文化战略。

马斯洛说,人有五重追求:第一是生存,第二是安全,第三是交际,第四是尊重,第五就是个人价值的实现。马云在创业之初,他手下的那帮人当时月薪本可以拿2

万元,却愿意一个月只拿几百块钱帮他干,几年如一日,这是为什么?这是因为他激发了大家内心的那样一种生命的价值、共同的追求、事业的快乐、主人翁的意识。

一个企业的文化表现为一种外在的制度,表现为职工的行为,表现在职工的凝聚力、创造力、承受力。要培养职工对企业的认同感、尊荣感和归属感,他需要利益的保障,需要精神的肯定,需要他做出成绩的时候及时得到肯定。

以娃哈哈为例,当杭州其他工厂的工人骑自行车的时候,娃哈哈员工每人发一辆电动车;当大家条件都好转的时候,娃哈哈员工大多都有了小轿车。娃哈哈的员工,在一定程度上根据大家面对面评定的分数领取奖金和分红。这些,都让职工有种主人翁的感觉。

(2)作为企业品牌与社会影响力的文化战略。

曾经的"打工皇帝"唐骏有句名言:成功要做人、做事,偶尔作秀。作秀,其实就是一种博取眼球经济的"文化战略"。潘石屹、任志强等人的博客,王石的言语,都成为各自企业一道特别富于张力的风景线。

中国的百姓和媒体,往往都是崇拜并痛恨强者,同情而鄙视弱者,认可且敬佩智者。所以马云、史玉柱、熊晓鸽、牛根生,无不粉墨登场,到"赢在中国"的舞台上"展示风采"。他们无一例外地将自己打造成一个曾经艰苦奋斗并取得辉煌的"智者"而非单纯的强者,妙语连珠地指导、点拨他人创业之路,展示自身人格魅力,在此过程中,企业的品牌、企业家的形象,也就一点点迅速树立起来。

因此,一个企业一定要找到属于自己的文化。文化就是一种长期的习惯,你习惯了就会融入你的血脉里面,并产生作用。

战略之三:新《企业破产法》背景下企业改制与重组战略①

破产、重整、重组,应该给企业带来第二次生命。2008 年 7 月 2 日,证监会上市公司监管部发布《上市部从八个方面进一步完善并购重组审核业务制度》工作动态,详细介绍了推进该部在《上市公司重大资产重组管理办法》实施后,对于上市公司并购重组事项的监管。当一家上市公司陷于经济困境,面临退市风险的时候,为了避免上市公司壳资源的损失,其重组过程就成了一场跟时间赛跑的游戏,合理选择重组的路径并设计出利益相关方能够接受的重组方案,是重组能否成功的关键。大成律师这几年对于 ST 源药、ST 沧化、ST 兰宝重整所进行的创造性工作,为企业赢得了新生。

① 本部分所述公司重整过程,均摘自媒体、网络公开报道。

1. ST 源药的法庭外重组

【典型案例】

在沉寂1年后，ST 源药于2008年7月1日通过重组，恢复上市。复牌仅几日，ST 源药股价即上演一出“生死时速”，在恢复上市首日涨幅仍高达9.68%；第二日虽有下跌，但昨日仍以涨停收盘；在复牌的第一天，其换手率更是惊人地达到了37.95%，备受资本市场热炒。

ST 源药通过拍卖股权的重组方式，历经1年终实现复牌。然而，目前在沪深两市中 ST 公司和 *ST 公司众多都徘徊在退市甚至破产的边缘。如何“保牌”，选择什么样的重组方式保住“壳资源”，一直是处于困境中的上市公司所不断寻找的。

法庭外的重组，是由各利害关系方按照自愿的原则，通过协议的方式解决债务人企业的拯救以及债务清偿问题，在重组过程中没有司法权力的介入。

华源制药是沪市最早上市的老八股之一。这家在沪市曾经叱咤风云的公司，由于主导产品市场价格大幅度下滑，综合成本上升，加之以公司的管理等多方面的问题，自2004年起开始出现较大亏损，公司资金出现流动性危机。这期间又产生了重大的财务造假问题，以至于积重难返，于2007年5月21日因3年连续亏损被暂停上市。截止到2007年3月31日，华源制药账面资产总额为4.16亿元，净资产 -7 541万元。无论是市场还是 ST 源药本身都知道，要避免公司退市，唯有重组一条路可走。

关于 ST 源药重组的各种传言一直在市场上流传。直到2007年8月31日方达集团成功拍得华源生命所持 ST 源药41.09%股权之时，关于 ST 源药重组的形势才最终明朗起来。

但是，方达介入 ST 源药的重组，却遇到了两方面的障碍：首先，当时转让的标的股权仍处于司法冻结状态，方达方面不得不频繁接触债权银行，希望解除股权冻结，早日完成过户。其次，源制药的核心资产江山制药和江源热电所在地的政府——靖江市政府与 ST 源药之间的纠纷。

在方达入主之前，与华源接触最深的就是江苏靖江市政府，靖江市政府一直希望能够出面重组 S*ST 源药，将这个壳资源争取到靖江。然而，重组的进度的无法在限定时间内完成，于是2个月后，名不见经传的方达集团突然杀入重组，并迅速和华源签订协议。华源方面认为，公司此举是出于对上市公司负责，靖江方面却大为光火。纠纷解决之前，方达的入场审计也困难重重，无法进行。同时，江苏华源持有的江山制药42.05%的股权也已经被靖江法院冻结。一时间陷入僵局，重组不得不短暂停滞。在这种情况下,ST 源药没有选择对簿公堂,而是选择庭外协商的方式继续重组的进程。

最终,经过各方博弈,方达方面和靖江政府达成协议,将江山制药以一个较低的价格卖给靖江方面,作为对后者的补偿。而这部分差价,则由方达拿出额外资产填补。

与此同时,方达集团也取得了债权银行的支持,股权解冻在即,两个障碍都被顺利扫除。2007 年 8 月 31 日,方达集团以 71.88 万元价格拍得 S＊ST 源药 41.09% 的股权,S＊ST 源药的重组进入实质阶段。

在 ST 源药的重组过程中,选择法庭外重组的方式是为了解决股权之上的质押和国有股定价的问题,拍卖的方式也是股东、债权人和重组方协商形成的结果。这种重组方式能够尊重当事人意思自治,这中间完全是自愿的协商,无论哪一方都可以随时在重组谈判中调整自己的行为,都有退出谈判的自由,重组的方式也十分灵活。

2. ＊ST 沧州化工公司采取的是破产重整的方式

【典型案例】

破产重整制度发端于美国,被认为是最积极、最有力的企业拯救方式。申请破产重整在美国也被称为申请"破产保护"。我国 2006 年颁布的新《企业破产法》也高调引入了这一制度。

2007 年 6 月 1 日,新《企业破产法》生效,北京大成律师事务所随后相继在沧州化工和兰宝科技两家＊ST 公司的破产重整中发挥主导作用,成功地实现了这两家上市公司的重整。

沧化股份是新《企业破产法》生效后,母公司被破产清算,而作为上市公司的子公司由破产清算转入重整程序并重整成功的第一例企业破产案件。

2002 年,沧化股份曾先后为河北宝硕、东盛科技等公司违规担保 26 亿元,2007 年 1 月宝硕股份和母公司债权人申请进入破产程序。结果导致宝硕担保债权人转向沧化股份追偿,2007 年 4 月 30 日,沧化股份账面资产是 28.9 亿元,账面负债 41.9 亿元,不包括对外担保形成的或有负债 26.5 亿元,资不抵债 13 亿元,累计亏损已经达到 21.8 亿元,而且绝大部分负债已经到期或者严重逾期。2007 年 11 月 21 日,沧化股份股票交易停牌。

为了拯救企业,沧化股份也曾经采取了一些积极措施,对企业进行救助,但由于债务太沉重,2007 年 4 月 10 日最终进入破产程序。

2007 年年底,沧化股份对重整计划草案进行表决时,其重整计划草案未获得债权人会议主要债权组表决通过,但经最高人民法院授权同意后,由受理法院强行裁决批准。沧化股份进入 3 年重整计划的执行期。同期,对沧化集团持有沧州化工及深圳市贵速实业发展有限公司的部分股权进行了拍卖。战略投资人金牛股份由此入主沧化股份,并取得沧化股份 40.85% 的实际控股权。

2008 年 1 月 2 日,沧化股份股票复牌交易。

新确立的重整制度在困境上市公司重组方面可发挥巨大的威力。重整程序给债务人企业提供了一些其他法律制度所不能提供的法律保护和救济手段。这些保护包括:在重整期间债权人的权利被冻结,债权人只能通过申报债权的形式来行使权利,特别是,这种权利冻结的效果也同样及于担保债权人,这给债务人重整创造了一个相对稳定的环境,使债务人能够专注于企业的经营和制订重整方案;重整程序还具有少数服从多数的表决机制和强制批准制度,可以有效地对不合作的个别债权人进行约束;重整程序还为调整全部股东的权益提供了制度框架,使全体股东共同承担重组的成本成为可能,减少了部分股东坐享重组成果给战略投资人增加的成本;重整程序为公司的原来的管理层保留管理权利提供了可能,可以充分发挥企业高管人员的积极性。

3. *ST 兰宝破产和解和"预包装"重整方式

新《企业破产法》中的破产和解是指由债务人提出和解申请并提出和解方案,和解草案经由债权人会议表决通过和法院批准后,即可产生约束全体普通债权人的效力。相对于法庭外重组而言,破产和解也有冻结债权人权利的效力,但其冻结的范围只限于非担保债权人,同时,破产和解中也有债权人会议的多数决规则,这与法庭外重组要求的全体一致有着本质区别,可以有效约束个别债权人的不合作行为。破产和解作为重组方式有很大的局限性。

由于破产和解不能约束有财产担保债权人,对于担保债务占比重较大的 ST 公司而言,破产和解提供的保护十分有限,随着担保的实行,企业的境况可能会恶化。同时,破产和解中没有重整程序的强制批准机制作为最后的依托,在债权人会议不通过和解草案的情况下,只能走向破产清算,当对债权人会议的表决没有把握时,破产和解面临更大的风险。

破产和解对债务人来说,还有一个不利因素,就是在破产和解程序中,必须由法院任命的管理人接管企业,法律没有提供债务人公司的管理层进行自行管理财产和营业事务的机会。我认为,虽然破产也可能作为重组的手段,但由于破产和解制度的局限性,在实践中应用的可能性十分小,迄今为止还未见通过破产和解程序进行的重组。

虽然破产和解的双方当事人是债权人和债务人,但这并不妨碍债务人把意向重组方纳入其所拟定的和解草案中。当然,这同样需要债务人、债权人和意向重组方之间的谈判。

“预包装”重整是指主要利益关系方通过法庭外的协商谈判制定重整计划,并获得多数债权人同意后,再申请重整,借助重整程序使重整计划发生约束全体债权人的效力。

对于ST公司来说,破产重整虽然可能是一条捷径,但凡事总是利弊相参,破产重整往往也意味着对债务人的一些限制,例如高昂的成本、更严格的信息披露义务等。另外,上市公司采取破产重整方式感到最不安的是,破产重整对它们来说是一条单行线,如果万一不能成功地从“生”门走出来,那么留下的就只有死路一条,这是各利益相关方都不愿看到的。于是,在正式的重整程序开始前主要利益关系方之间的初步谈判就是一种必要的步骤,一种结合法庭外重组和破产重整制度优点的重组方式应运而生,这就是“预包装”的重整。

预包装重整解决了法庭外重组的钳制难题,同时又减少了重整程序所需要的时间和成本,并增加了重整的确定性。因此,在我国上市公司重整的实际操作中,预包装重整为多家公司所采用,从重整申请到重整计划批准,S＊ST朝华仅用了一个多月的时间,S＊ST海纳仅用了两个多月时间,没有事先的谈判,没有形成重组的框架协议,这么短的时间完成重整是不可能的。预包装重整对大多数困境上市公司而言,都是一个不错的选择。当然,这种实践刚刚开始,希望在最高人民法院制定的关于上市公司破产重整的司法解释中,能够进一步完善。

战略之四:新融资背景下企业投资并购战略

1. 战略投资博弈过程可以分为三个阶段:

一是融资洽谈与战略投资的进入。这个阶段的博弈类似于双方恋爱结婚的过程,以确定双方利益基本格局的投资战为主要格局。

二是合营企业的合作经营和利益分配阶段。这个时期的博弈在于公司治理与公司控制的博弈。

三是战略资本的退出阶段。非依合同的和平退出常常伴随着法律战、舆论战、买办战,“狙击”往往成为这一阶段的主要特色。

2. 接下来，我将结合实际案例进行分析，给大家九点特别提示：

(1) 特别提示一：认清你的合作者。

① 辨明真假投资者。尽量通过正规途径融资，尤其要做好资信调查，市场上出现的诈骗公司多以某某投资有限公司等为后缀，应当警惕。

② 避免陷入“开门招商、关门打狗”的陷阱，投资前要对一个地区的诚信状况和法治环境进行认真考察，盘点自己的社会资源，做到未雨绸缪。

③ 理性选择合作人。企业要根据自己的战略需要选择不同种类的战略投资人。财务投资人一般不谋求对企业的直接控制权，而是要求投资的高额回报，同时对企业经济机制、企业文化进行脱胎换骨的深刻改造，使企业经营机制得以优化，符合现代企业制度的要求，适应资金市场的需要；而产业投资人往往为企业带来更多的市场、技术、管理等资源，但同时也将东道主企业纳入其全面投资战略的一部分，有的时候会导致东道方核心技术与品牌的彻底毁灭。

(2) 特别提示二：弄清正常的融资程序。

① 掌握融资洽谈与报批程序，选择合理路径。

公法层面：国家经济安全，反垄断，反不正当竞争；

私法层面：合同洽谈与融资程序，公司治理。

② 目前市场上存在大量的以融资为诱饵，实际通过指定的相关机构制作相关文件，然后私下瓜分费用的融资机构，一般来说，凡是指定或变相指定机构而非由其本人买单的，就是诈骗陷阱。

(3) 特别提示三：端正融资目的。

无论引资者还是投资人，均不可抱着非法目的，以种种欺诈手段，骗取他人资金。企图算计别人者，往往难免“反误了卿卿性命”，搬起石头砸自己的脚。我一向认为：人应该有所敬畏。要知道，这世上总有一双眼睛在盯着你。作茧者必自缚！

(4) 特别提示四：务必重视股权结构和收益分配机制，否则到头来也是为他人作嫁衣裳。

① 企业在经营过程中，博弈在于对公司的控制和主导权之争，其实质是公司利益之争。

早期的股权之争相对较为原始，技术含量不高。如著名的“达娃之争”中，双方在1996年合资之初，约定的是达能控股41%，百富勤控股10%，而宗庆后可控制的股份为49%。但达能和百富勤却没有直接成为娃哈哈合资公司的股东，而是共同在新加坡注册成立了离岸公司金加公司，以金加公司控股娃哈哈合资企业51%的股份。这样一来,控股金加公司,也就意味着控股娃哈哈合资公司。而且,百富勤将其金加公司的股份全部转让给达能,也无须征得宗庆后同意。这种算计实际上也为日后的"达娃之争"埋下伏笔。

而现代的投资权益保护,则往往以更为专业的术语和交易条件出现,如反稀释条款(达能就是以此条款将自己在汇源股份从约20%增至24%强)、对赌条款、优先分红、清算优先权、回赎权、随售权、带领权、知情权、监督权、资金共管等。这些交易规则,是战略投资人,尤其是跨国投资人,在经过无数次试错之后摸索总结出来的一整套维护投资人权益的"组合拳"。无论是企业家,还是投资人,都要对这些专业条款有明确的认识,从而灵活运用。

我想特别强调的是:务必牢固树立"专业的人做专业的事"的理念;聘请专业人士绝非成本而是投资。

② 公司控制权之争通常体现在对于股东会、董事会、经理层的权限设置上。

方式一:通过公司章程设定高定额的任务。例如,达能接管1年后,即以未能完成工作目标为由将何伯权为首的"乐百氏五元老"踢出管理层。

方式二:巧设董事会权限掌握公司控制权。正广和和娃哈哈即是典型,达能先是谋求董事人数的相对多数,再将任命总经理这样重大的事项设置为简单多数通过即可的事项,从而在董事会简单多数的情况下即可控制合资公司。

方式三:巧设合作"陷阱"。例一:2007年4月,达能突然以非合资公司生产的产品未经合资公司董事会通过,擅自使用"娃哈哈"商标,违反双方曾于1996年签订的《商标使用权转让协议》和《商标使用许可合同》为由,要求低价强行收购娃哈哈非合资公司51%的股权;例二:在与光明乳业的最初合资时,达能同意将其部分"达能"商标与外观设计交给光明无偿使用至2011年9月。但在协议的附加条款中,达能只允许光明在两个菌种的酸奶中无偿使用这个商标。尽管后来光明违反协议在别的菌种上也使用"达能"商标,达能一直没有表示异议。然而就在光明股改之时,达能却突然抛出了光明的"违反协议"大做文章,并以此为谈判条件。截至2006年,达能最终以低于市场流通价大约1/3的价格如愿增持光明股份,得以成为光明乳业的第二大股东。

③ 公司运营中的矛盾突出体现在品牌之争、竞业禁止与商业秘密保护等方面。企业和投资人都尽可能地维护自身商标和品牌的价值,在中国民族企业与跨国投资人博弈的过程中,"美加净""乐百氏"等民族品牌被雪藏和毁损的教训不可谓不惨痛。而竞业禁止,也是投资人限制乃至禁止企业控制人损害企业利益的"杀手锏"。

“达娃之争”中，我们看到达能也是起用了这一法宝。

(5) 特别提示五：《公司章程》是公司“宪法”，务必科学设置；《公司法》是各方博弈的最主要法律依据。

有一个特别不好的现象，很多人总以为《公司章程》工商局有现成的范本，往里头填空就行了。这是特别不对的。公司股东会、董事会、监事会、经理层等运行的基本原则问题，都需要在章程中科学界定。实际上是各方如何治理公司、分配利益的最基础文件，一定要根据双方的战略选择科学制定。

一般而言，法律允许各方当事人意思自治，也就是可以自主处理自身的权利。但这种意思自治有一个前提，就是不得由当事人私下处理涉及公众利益的事项。因此公司法、证券法等，都对公司涉及债权人、公众利益等事项予以规制。公司章程的文件中未予规定的事项，也应该依法解决。科学制定《公司章程》等法律文件，熟练掌握法律规定，至关重要。

(6) 特别提示六：选择好争议管辖地和适用法律。

① 慎重选择管辖地。综观达能与国内各企业的合资合同，关于合资争议的处理，无一不选择了国外的仲裁机构。这种安排，一是避免东道国的单边保护主义伤害投资者利益，二是对不善国际性诉讼、仲裁的中国企业造成强大心理压力。对此，虽然“达娃之争”中，北京大成律师事务所律师极富创新性的诉讼战略，从管辖权的角度而言，娃哈哈合资企业工会、职代会是公司的股东，是独立的民事主体，依法独立享有民事权利，有权独立提起股东代位诉讼。当作为合资公司的股东怠于行使或无法行使追究侵害合资公司利益的大股东责任时，工会、职代会作为股东的代表，有权提起股东代位诉讼。此种股东代位诉讼，理应由中国法院审理而不必到国外仲裁。但这种智慧，这种侥幸心理，不是应对法律风险的上上之策。

② 多头诉讼形成围攻：达能分别于2007年5月，在斯德哥尔摩仲裁院针对娃哈哈非合资公司和宗庆后先生个人提起了八项仲裁；6月，在美国加利福尼亚州最高法院对宗庆后先生的女儿宗馥莉小姐和妻子施幼珍女士提起一项诉讼；7月，分别在意大利和法国针对娃哈哈的设备供应商西德乐公司提起两项诉讼；9月，针对中华人民共和国工商行政管理总局商标局在北京市第一中级人民法院提起一项行政诉讼。此后，又分别于美国和英国法院起诉，并冻结被指由宗庆后先生及其家人控股的离岸公司对“娃哈哈”非合资企业的股份；在新疆等地法院以宗庆后先生涉嫌同业竞争为由提起诉讼；以此给对手造成强大压力。

(7) 特别提示七:既要善于利用媒体造势,也要从容应对舆论泡沫。

当百事可乐可能进入法国市场并可能对达能进行并购时,达能在法国发动了一场对百事可乐的全方位抨击,使法国上至总统、议员,下至商家、百姓,都为保护达能这一"法兰西民族瑰宝"而同仇敌忾,最终使百事可乐退出法国市场。在"达娃之争"中,达能同样运用高超的舆论战术打击对手。达能聘请了世界知名的公关公司,为其提供专业的舆论服务:专业的机构、精心准备的措辞、专业人士的统一发布、与媒体的良好沟通等,使达能在"达娃之争"初期几乎形成了一边倒的舆论优势。在对娃哈哈、宗庆后的打击中,最主要的舆论指责,都是来自中国国内的专家和媒体。究其原因,就在于达能专业化的舆论战成功地引导了中国的媒体,而中国企业家近乎赤膊上阵的"朴素"则使中国企业陷于被动。在国际上,达能通过舆论和诉讼,一再宣称其在中国可能得不到公正待遇,一再妖魔化竞争对手,既为自己争取舆论支持,也对中国司法形成压力。

舆论战(或称口水战)目的有三:其一,提升自己而剥夺对方的道德资源;其二,以媒体泡沫为强大攻势给对方压力使其出错;其三,试图通过所谓民意的压力引得领导"拍案而起"而产生效果。面对媒体压力和舆论泡沫,我们的企业家一定要从容应对。前不久针对达能挑起的"税务门"事件,宗庆后先生从容应对;而当年对于郎咸平的指责,海尔张瑞敏、TCL 李东升淡然一笑置之。

(8) 特别提示八:投资者要加强本土化战略,企业要善于借势。

"达娃之争"中,达能不仅有大量受其雇用的人员为其服务,更是利用东道国固有的社会矛盾,诱发东道国某些人士的仇富心态和"小人心态"使其甘心为自己所用;或是利用东道国某些"精英阶层"过于富于反思精神的思维方式,迎合这些人对所谓缺乏契约精神之类民族劣根性的深恶痛绝,将其置于思想者、反思者和正义坚持者的虚幻地位,使这批人自觉或不自觉地为跨国公司的利益摇旗呐喊。这就启示我们,战略投资人一定要加强本土化建设,要融入当地主流的上层社会。企业一定要合理利用各种资源,借势发展自己。

(9) 特别提示九:企业家一定要防范好自身法律风险,尤其是刑事风险。

达能的中国法律、舆论,都采取低成本、高效率的定点清除"狙击战术",比如干掉了宗庆后,也就争得了"达娃之争"的主动。企业家是企业的灵魂,一定要注意防范自身法律风险,企业家的危险重点早期多来自以下几个方面:

一是商业贿赂。不要以为拿人家钱只有天知地知,往往送钱的人都留了一手,会让你陷入万劫不复之地。达能不就是千方百计要送宗庆后几千万元,也时刻准备着拿这说事么?

二是税收。虽然这次税务门事件最终并未对宗庆后造成实际危险,但在这个问题上栽跟头的人实在不在少数。

三是国有资产流失与公众公司资产的非法处置。达能一直试图拿国有资产流失说事儿对付宗庆后,一开始可谓来势汹汹。而顾雏军坐牢的根本原因,也就在于挪用了作为公众公司上市公司的资金。

当下,公权力使企业家"被犯罪"常用的罪名则通常包括:虚假注册,抽逃出资,非法吸引公众存款,等等。

3. 关于战略投资的六点建议

(1) 建议之一:有信心、求共赢。

① 投资、引资是一种双向的需要,切不可因为要引资就自觉低人一等,要投资就感觉高人一头。要实现共赢的结果,保持平等沟通。总结目前我国投融资的形势是:"相对过剩的资金追逐有限的有价值项目,相对过多的企业追逐有限的资本供给。"投资人、引资者,心态都要摆正。

② 投资人与企业的战略目标有契合处,也有矛盾点,虽然都有一种利益共享实现共赢的心态。2006年时,达能拥有乐百氏92%、娃哈哈51%、光明约24%、蒙牛49%、正广和50%、汇源24%左右的股权,所投资企业销售额达400亿人民币,这在很大意义上将中国的乳品饮料市场作为其全球战略的有机组成部分。但自"达娃之争"开始后,达能采取了很多有效的战术,却使其几乎完全失去了中国的乳品饮料市场,究其原因,就是为实现自身利益最大化而不惜牺牲东道国民族经济的利益,不懂得求平衡、求共赢之道,其战略方向是错误的。因此,战术越有效,战略越失败。

(2) 建议之二:重专业、懂法律。

法律是一种发展战略,一种规则意识,是企业与社会运行最安全、最高效、最低成本的风险保障。目前,公法领域,我们国家有维护国家经济安全的《反垄断法》《反不正当竞争法》和商务部等六部委发的十号文等;私法领域,我们有《合同法》《公司法》等。而评估、可行性研究、股权安排、治理结构、利益分配、法律适用、争议解决等,专业化程度都越来越高。我想再次强调:让专业的人做专业的事;专业人士的参与绝非成本,而是一种投资。

(3) 建议之三:守诚信、讲规矩。

诚信与规则,是市场经济的基石。

诚信包括个人的诚信、企业的诚信、政府的诚信乃至社会的诚信。广东是一个信守商业诚信较好的地区,正是对商业规则的遵守,使广东经济持续稳定发展。

(4) 建议之四:懂平衡、会妥协。

① 投资人与东道方均追求利益的最大化,投融资及其利益分配其实也是各种力量的博弈,需要兼顾各方利益的均衡。

② 妥协是一种智慧和艺术。

(5) 建议之五:识大局、会造势。

充分重视政府在中国经济中所起的主导作用,了解国家产业政策和法律要求;善于利用政策扶持、上市融资、银行贷款、战略投资等各种社会(公共)资源。要努力形成由政府主导、扶持与民间金融资源的融合,企业要善于抓住时代机遇,趁势而上。

(6) 建议之六:会应急、能碰硬。

① 企业应建立风险评估、控制、化解机制。企业法律风险的管理,事先的防范、事中的控制、事后的化解,一个都不能少。

② 企业应建立危机事件应急预案:危机爆发时,要懂得如何有效应对。要形成企业老大不能决策时的决策梯次;要有救命的金钱和资源;要有明确的启动应急机制的程序及后果处理。

③ 企业应善于调动各种资源打好官司。诉讼是资源的博弈;诉讼本身不是目的,而是实现权利最大化的手段;要掌握好度。

战略之五:国际资本博弈背景下的资本运作战略

其一,应警惕非法集资的陷阱。河北孙大午案、东阳吴英案都是深刻的教训。既要引起广大企业和企业家们的重视,也值得国家立法机关的反思。

其二,应警惕虚假按揭套取银行贷款的风险。2006 年黄光裕、黄俊钦兄弟即身陷 13 亿元贷款的原罪门事件,虽然当时不了了之,但随着黄光裕及其妻杜鹃被羁押接受调查,相关问题还是会引发巨大风险。

其三,违规银行贷款的法律风险。引人注目的案件如 2004 年曝出的前“上海首富”周正毅案件。2004 年 6 月,周正毅以虚报注册资本和操纵股市两项罪名,被上海市第一中级人民法院判处 3 年有期徒刑。判决书中,周正毅被认定的犯罪事实和刘金宝并无干系;关于中银香港向新农凯放贷 21 亿港元之事,判决书中只字未提。2005 年 8 月 12 日,吉林省长春市中级人民法院作出一审判决:中国银行前副董事长、兼中银(香港)前总裁刘金宝以贪污罪被判处死刑,缓期二年执行,剥夺政治权利终身，并没收个人全部财产。2004年6月，时任国家审计署审计长的李金华向全国人大常委会作2003年度审计工作报告时，直接提及刘金宝，称其“利用职权影响违规发放贷款、谋取私利，涉嫌贪污受贿案件”。

其四，挪用资金的法律风险。值得警惕的金融机构挪用资金现象，如证券公司挪用客户保证金，再如引发近期上海经济、政治激荡的挪用32亿元社保基金事件引起国人广泛关注。上海社保基金在2002年前后为福禧投资提供32亿元贷款，收购上海路桥发展股份有限公司99.35%的股权。近年来，该局大手笔投资上海一些大工程。根据《社会保险基金财务制度》的规定，地方社会保险基金只能购买国债类风险可控产品，“任何地区、部门、单位和个人不得动用基金结余进行其他任何形式的直接或间接投资”。福禧投资是我国公路行业中资产规模较大的民营交通集团，拥有沪杭高速公路上海段99.35%的股权、嘉金高速公路25年收费经营权及苏嘉杭高速公路20%的股权。2008年4月7日，上海社保基金案涉案主要人物张荣坤在吉林省松原市被宣判，法院一审判处其有期徒刑19年，没收13亿余元资产。这个不到30岁就成为巨富的人，以巨额贿赂打通权贵之门，以国家资本自造“亿万富翁”，最终难逃法网。

其五，在证券市场操纵股价的法律风险。中国首富、国美集团主席黄光裕因涉嫌违规资本操作而被公安机关调查。黄光裕被调查的起因是涉嫌操纵市场，具体指对其兄黄俊钦控股的＊ST金泰股价进行操纵。操纵股价，以期高位套现是所谓资本运作从证券市场上攫取财富的黑手，已有多位福布斯排行榜的“财富英雄”因此锒铛入狱。操纵证券市场罪，是我国《刑法》及相关司法解释新近规定并强化的罪名。此罪最高可处10年有期徒刑。前“上海首富”周正毅、上海社保案中的富豪张荣坤等，都因此罪获刑。

其六，首次公开发行（IPO）之际诉讼突袭的风险。企业在经过大量工作准备上市之际，如卷入诉讼则对上市产生巨大不良影响，这也迫使许多企业不得不签订城下之盟：

① 2003年4月24日杭州恒生电子科技股份有限公司发布招股公告，次日北京恒升远东电子集团公司就将其告上法庭。几经周折，最终靠大股东保证承担赔偿责任才得以上市。

② 2003年11月，中芯国际提出登陆美国股票市场，12月台积电就在美国将中芯国际告上法庭，造成不利影响。

③ 2003年11月，中国长城汽车积极挺进香港H股市场之际，日产汽车公开威

胁起诉。

其七,海外上市的风险。一是对海外上市抱有错误的幻想,认为一旦海外上市成功,资金就源源不断地涌来;二是对海外证券市场监管机制不了解;三是对海外上市的风险和成本缺乏正确的预期。

为了有效降低监管合规方面的法律风险,在海外上市或者以其他方式进入国际市场的中国企业应当考虑采取必要的监管合规风险防范措施,尽量在风险发生之前将其化解。建议采取的措施包括在公司内部设立专门的负责监管合规的部门或人员,对外负责对监管部门的立法、执法行为和监管意见进行参与和应答,对内负责制定和监督执行公司相应的监管合规制度并协调公司集团各成员的监管合规行为。同时,公司还应当强化对公司员工包括高级管理人员的监管合规意识和最佳做法的培训活动。

其八,违规海外上市的风险。违反国家法律规定,通过离岸公司违规运作进行海外上市,并将国内优质资产装进海外公司壳,进而对海外上市公司进行控股。近年来,黄光裕及商务部条法司原巡视员(正司级)郭××、外资司前副司长邓×、工商总局外企注册局前副局长刘×伟、公安部部长助理郑××等一批高官相继落马,因涉嫌受贿被"双规",北京思峰律师事务所原主任张××案引发出一个庞杂的政商关系网。

其九,违规资本运作的风险。资金需求与投放种类失误的风险是德隆资本运作失败的教训。唐万新的德隆控股公司也通过资本运作控股或参股了新疆屯河、天山股份、沈阳合金、湘火炬等十余家上市和非上市公司,控制的资产上百亿元。但是,唐万新们玩的是"帽子戏法":母公司通过银行贷款筹得资金去控股一家上市公司,利用这家上市公司从资本市场筹得资金或者将股权(有些是多次)进行抵押贷款,再利用这些筹来的资金去控股另一家上市公司……这是一个"帽子戏法",只有一顶帽子,不断地在不同的人头上戴,转得越快,越不易被发现,可是一旦慢下来,大家突然发现自己光着头。德隆系、哈里系、泰跃系……都在从事这样的游戏,也都一个个倒下了。

其十,资本投向的法律风险。如某农村城市信用社,为获取高额利息而通过在证券公司购买国债,再以国债回购的形式套取现金用于违规炒作"科利华"股票。后该只股票因科利华公司自行组织炒作控制股价失败导致崩盘,信用社上亿元资金血本无归,不得不与证券公司进行诉讼。

战略之六:社会矛盾激烈冲突时代的企业家安全战略

社会进步离不开社会财富的增长。企业是社会财富最主要、最基本、最直接的创造者;而企业家,则是社会生产的具体组织者,社会财富最重要的创造者,现代社会最稀缺的资源,和平时期的英雄。社会激烈变革时代,各种复杂尖锐的社会矛盾容易集中到企业家个体身上。近二十年来,我做过教师、法官、政府官员和律师,见证乃至参与了许多企业和企业家们的兴衰沉浮。

(1)我看到了企业家人身安全的灾难:

2003 年 1 月 16 日,福建省轮船总公司老总刘启闽在办公室被刺杀;

2003 年 1 月 22 日,全国工商联副主席、著名民营企业家李海仓遇害身亡;

2003 年 2 月 12 日,浙江首富周祖豹和侄子先后被乱刀捅死;

2004 年 1 月 10 日,香港卫视前董事局副主席周一男在深圳惨遭灭门;

有川西首富之称的四川某县政协副主席被身缚炸药的农民炸得粉身碎骨……

(2)我看到了企业家坐牢甚至被杀头:

1978 年开始创业的天津大邱庄的禹作敏死在监狱里;

1979 年开始创业的傻子瓜子年广久先后两次坐牢;

1984 年创业的第一位中国首富、写出《中国向何处去》的牟其中被判无期徒刑;

1988 年管金生创办万国证券,后来被判刑;

1989 年黄宏生创办创维公司,后来在香港被判刑;

1991 年仰融策划华晨中国汽车在纽交所上市,现在流亡海外;

1993 年离大家不远的长城机电的沈太福因集资被捕,次年 4 月被执行死刑;

1999 年德隆开始起步,2004 年老总唐万新被判刑;

2002 年顾雏军得手科龙,后来被判刑……

自 2003 年以来,胡润中国福布斯富豪排行榜上有名的富豪们不断面临厄运:仰融、牟其中、刘晓庆、杨斌、周正毅、孙大午、国红新、国红起、黄宏生、顾雏军、戴国芳……甚至还有刘涌、袁宝景兄弟先后殒命。2010 年,三度成为中国首富的黄光裕亦因操纵股价、违法贷款、行贿等多重罪名被判处有期徒刑 14 年。

(3)我更看到了企业家与企业命运相连的跌宕起伏:

从三株、巨人、太阳神的大败局,到倪润峰与长虹被骗的巨大危机、TCL 海外并购的巨亏,因郑小叟事件引发制药企业的"地震"、乳品行业的整体受挫与三鹿董事长田文华的被判死缓;从褚时健的"私分国有资产"到马明哲年收入六千万元以上,从两代"打工皇帝"陈久霖与唐峻的命运起伏,我强烈感受到:**企业家的命运折射时代特色;企业家的落马皆因法律风险。**

关于企业家的刑事风险,除了侵占国有资产、商业贿赂、税务等高危行为外;还

涉及上市公司的犯罪,诸如挪用上市公司资金、操纵股价等犯罪。我将这些刑事风险分类整理如下:

① 企业不同发展阶段容易出现的刑事风险:

阶段	刑事风险
起步阶段	虚报注册资本罪(《刑法》第158条);虚假出资、抽逃出资罪(《刑法》第159条)
发展阶段	(1) 会计财务方面:隐匿、故意销毁会计凭证、会计账簿、财务会计报告罪(《刑法》第162条之一);逃税罪(《刑法》第201条);虚开增值税专用发票罪(《刑法》第205条);非法出售增值税专用发票罪(《刑法》第207条);非法购买增值税专用发票(《刑法》第208条)
	(2) 资金来源方面:高利转贷罪(《刑法》第175条);非法吸收公众存款罪(《刑法》第176条)
	(3) 经营方式方面:损害商业信誉、商品声誉罪(《刑法》第221条);非法经营罪(《刑法》第225条,如传销)

② 决策失误容易出现的刑事风险:欺诈发行股票、债券罪(《刑法》第160条);洗钱罪(《刑法》第191条);妨害清算罪(《刑法》第162条);挪用资金罪(《刑法》第272条);违规披露、不披露重要信息罪(《刑法》第161条);内幕交易、泄露内幕信息罪(《刑法》第180条);利用未公开信息交易罪(《刑法》第180条);等等。

③ 企业负责人及工作人员的刑事风险:常见的如:贪污、贿赂、挪用类的犯罪;需要注意的如:非法经营同类营业罪(《刑法》第165条);为亲友非法牟利罪(《刑法》第166条);签订、履行合同失职被骗罪(《刑法》第167条);国有公司、企业、事业单位人员失职罪(《刑法》第168条);徇私舞弊低价折股、出售国有资产罪(《刑法》第169条);等等。

据此,我提出三点建议:

第一,企业家要和法律专业人士,尤其是律师,成为“终身情人”;要有效防范各种刑事风险、行政风险和民事风险。

第二,企业家要提高个人修养,提升处理社会矛盾的艺术,避免无谓地陷入矛盾焦点,引火烧身。

第三,企业家要加强学习,学会自我调适,保持健康的身体和心态。

战略之七:知识产权保护国际化背景下的企业知识产权战略

知识产权是当今企业生存与发展最重要的因素之一。知识产权作为智慧资产,与实物类资产相比较,具有广泛得多的增值空间:

(1) 从商标权角度而言,品牌就是价值,带给产品巨大的附加值。如LV、爱玛士等奢侈品。

(2) 从专利角度而言,知识产权往往是企业核心战斗力所在,在企业资产中的重要性日益增加。

(3) 从专有技术角度而言,企业的技术秘密往往构成其最核心的市场战斗力,典型者如可口可乐配方。

在此仅提示两个问题:

(1) 从知识产权保护的角度来讲,商标、专利的申请与法律保护,专业化高效操作;特别要避免商标、商号和其他知识产权被抢注的问题。海尔、海信、青岛啤酒等中国驰名商标都曾经在国外被人抢注,国内企业无奈地为此付出了巨大代价。

(2) 从知识产权的投资权益实现与保护的角度来讲,技术入股问题、知识产权归属问题都很重要,著名的达能娃哈哈投资纠纷,就是从商标权的争夺开始的。

战略之八:传媒时代的舆论战略

传媒时代,企业发展与媒体作为社会公器所营造的社会舆论密不可分。企业要处理好以下几个方面的问题:

第一,要端正面对媒体的心态与战略。前些年的 CCTV 标王事件、宫灯事件,无一不是企业家面对媒体的心态失衡与资金过多占用,导致被媒体炒作起来的企业泡沫迅速破灭。在这个问题上,企业家需要的是理性,媒体需要的是良知。

第二,正确面对媒体泡沫。在此问题上,宗庆后面对达能舆论战略的成功与顾雏军因面对媒体失措而被舆论泡沫所淹没,是正反两方面的典型案例。

“达娃之争”中,达能斥巨资聘请全球顶级公关公司进行媒体炒作,对宗庆后及其家人发起了一轮又一轮的舆论攻势:从开始的商标之争与中国企业的契约精神,娃哈哈改制过程中可能的国有资产流失;到宗庆后一家海外身份的“绿卡门”事件,指责宗氏一家不是中国人,娃哈哈不是中国企业;到离岸公司与假签名风波;到最后的商业贿赂、三亿元逃税风波。我本人也正是在娃哈哈、宗庆后面对舆论压力最大的时候介入“达娃之争”的,我们给了宗庆后先生很专业的建议,让其得以客观冷静地面对达能的“舆论泡沫”,始终摆事实、讲道理,用事实一个个揭穿达能的阴谋,使国人在一定程度上认清了达能投资的经济、文化本质,同时对中国经济迈向全球化进行了很好的反思。毫不谦虚地说,这一战打得很漂亮。

反观顾雏军,当香港的郎咸平先生一个个炮轰国内企业时,其他的大佬都不动声色,不出头。唯有顾雏军先生跳将出来组织力量与之辩论——此等不明智之举,无异将全民的关注与不满引向自己。最终,难得的、具有领袖气质的顾雏军就这样倒下了。顾氏以自己的悲壮成就了郎咸平的声望。

第三,要能有效应对因媒体杀伤力所致的公关危机。最典型的如冠生园月饼事件、金华火腿涂敌敌畏事件、三株口服液事件等,看似都是强大的企业因媒体曝光而毁灭或是受重创。在中国要学会与媒体打交道,要有公关战略。无论是组织媒体,还是通过党政机构化解危机,都要能够做到。

第四,要善于运用媒体打造品牌。史玉柱的脑白金、黄金搭档等广告看似很俗,却获得令人羡慕的成功,很值得企业家们反思与学习;马云、史玉柱、熊晓鸽们竞相出现在诸如赢在中国之类的场合,打造自己的形象,也是一种媒体文化品牌战略。

第五,要善于运用媒体造势维权。例如我所处理的一些面对强势政府的投资、社会纠纷事件,尤其需要利用媒体造势。外部公开的,叫新闻媒体。新闻媒体往往会有些不可控,因此利用媒体时一定要掌握好分寸。内部的传媒叫内参。内参切莫写成简单的告状信(除非特别重要的事件),而要尽可能地拔高。这样领导要批示,也有高度,很顺理成章。

战略之九:新政商关系背景下的企业政治战略

政府的背后是最为优质和强势的社会公共资源,企业借助政府公共平台可以迅速发展壮大,但须提醒三个问题:

一是处理好距离与关系,相互满足彼此需要。这里不是讲权钱交易,而是企业也承载着官员的政绩与梦想,这有一个度的把握问题。步鑫生的海盐衬衫、史玉柱的巨人集团,这些悲剧都是教训。

二是企业家卷入政治人物的犯罪事件时,如郑筱萸案所涉及的制药企业等,企业家要弄清楚自己的身份和在整个案件中的地位,客观、如实、稳定地交代情况,尽可能避免过深地成为“问题官员”的牺牲品。

三是中国企业家一定要牢记一个“政治正当性”问题。要考虑中国政权的性质和文化的传统。在某种意义上,黄光裕就是“榜样”。

战略之十:社会分工高度精细化、专业化背景下的“智库”战略

在这里,我只想说一句:各位企业家应努力成为“用人之人”,而不仅仅是“可用之人”。刘邦、刘备、宋江、唐僧,都是看起来没啥本事的人,但他们能成为很好的团队领袖,就因为他们是“用人之人”。韩愈在著名的《师说》一文中说“君子性非异也,善假于物也”,我们应该很受启发。万向集团的鲁伟鼎说:“专业人士的参与绝非成本,而是投资。”这是我非常认同的。

三、现代企业投融资法律风险管理机制与争议解决艺术

(一) 整体推进经济环境的好转,尤其是社会诚信体系的构建与法治建设的深入

中国现阶段社会诚信的普遍缺失是引发企业法律风险的重要原因;法治状况尤其是宪政建设的不尽如人意成为制约中国经济发展的瓶颈;无法可依、有法不依、执法不严、违法不究是引发企业法律风险的主要原因。

(二) 增强风险防范意识的企业文化建设与机制建设

(1) 明确企业法律风险防范的专门机构。现在许多企业的做法是将法务部门设在纪检监察机构合署办公或成为其下属。有句玩笑说,考察一个公司某一部门重要程度的最明显标志就是看这一机构的办公室与老总办公室的距离。虽属玩笑,却不无道理。作为企业的法务人员,“有为才有位”,只有以自己的作为赢得公司的充分信任,才有机会参与企业的决策;而法务人员参与决策能力的高低,也往往影响着这一机构对于企业决策及经营管理的影响力。

(2) 建立完善的风险防范制度。要切实加强对风险的监控、评估与防范体系,对法律风险要做到:① 明确识别;② 科学分类;③ 监控(落实)到位;④ 适时更新。做好法律风险防范工作:一要贯彻在决策机制上;二要体现在企业工作流程中;三要约束在管理制度下;四要落实在个体责任承担上。

(3) 加强企业法律风险的监控、评估与处理。

(4) 企业尤其要建立应对风险紧急预案,在危机事件出现时科学而有效应对分别来自国家权力机关、新闻媒体、人民群众、企业员工以及竞争对手和行业系统内的压力。

这种应急预案应该至少包括以下几方面内容:

其一,当企业核心人物不能决策时,企业决策的梯次和机制是什么;

其二,危机发生时,企业外部的政府、媒体、专业人员等资源是什么;

其三,危机发生时,救命的资金在哪里。

(三) 应对法律风险的诉讼策略

(1) 正确认识诉讼功能:诉讼是解决问题实现利益的途径而非目标。

【典型案例】

前些年,某集团公司在江南某城市购置11亩土地,支付国有土地出让金1.4亿元、国有土地开发补偿费1.1亿元,前期已支付定金2500万元。后因种种原因希望将土地退回,但市政府以违约为由不退回定金。我们以该市制定收取国有土地开发补偿费违反上位法要求为由,通过诉讼、谈判、专家意见、上级关注等方式,对政府陈述理由,晓之以理,动之以情,最终使政府退回所收取定金,并免除当事人其他义务。

(2) 科学树立诉讼目标:诉讼的目的在于实现合法利益的最大化,而绝非简单的胜诉。

【典型案例】

某机构以近5亿元拿下某直辖市工行下属营业部,但经清产核资发现存在巨额资产虚报现象。这起案件,将营业部还给工行或是留给客户,都无法解决问题。后经与工行及政府、法院协商,以客户继续经营、工行给予相应政策及设施扶持的方式,拿出一个各方共赢的处理意见并妥善解决矛盾。

(3) 对案件的正确预期与努力:无论是企业及其法律顾问或是律师,都应该充分认识到诉讼是各方博弈达到利益平衡的结果,都应该是“多维度”的而不是“单向度”的。要充分认识各方的利益所在与心理预期,开放性、创造性地解决问题。当事人追求的是利益的最大化,而法院和法官则是追求审判“法律效果、社会效果与经济效果”的统一,此前还有“政治效果”的提法。这种追求说到底,就是“上对得起政府和领导,下对得起企业和职工,中间对得起良心和法律”,最低成本、最“安全”地解决纠纷,即使有人对审判结果不满意也难以迁怒于法院和法官。前面提到的天津投资西北纠纷,就是在占据法庭优势的情况下,经律师与相关各方充分讨论、谈判,由新投资方以合理价格补偿原投资方,各方最终协商结案的结果。目前企业发展状况良好。

(4) 弱势当事人与权力的博弈之道:“力的平衡,理的出现”是诉讼的“铁律”。企业诉讼,尤其是异地诉讼,难以避免地处于弱势地位,尤其需要为自己“造势”。这种造势的基本方式可以归纳为:“以法律(诉讼)的力量为主导,以领导和媒体的关注为两翼,全面调动一切积极因素,维护自身合法权益。”一定要占据法律上的主导地位,将正义的旗帜牢牢抓在手中,因此好的诉讼策略尤为重要。其次,通过公开的媒体报道,获得一个尽可能公平的竞争环境,通过内部的内参引起领导应有的重视,也是弱势一方造势的重要方式。造势的另一种方式,是尽一切可能求得组织的重视和帮助,请领导协调解决。

(5) 科学的诉讼策略的选择。如我方当事人在东北某证券公司资产被某省国资委委派人员强行处理,产生巨额纠纷。当时如果选择起诉省政府和国资委,胜算几率微乎其微。后来,我们选择负责处置该企业资产和股份的代表个人行为无效,提起股东侵权之诉,得到最高人民法院的支持。在权力本位的社会,选择同样属于企业的股东及人员起诉,就比起诉政府及其主管部门要明智得多。

(6) 有效影响法官决策。影响法官决策有两个基本因素:一是通过举证、说理、辩论等途径与法官交流,使其形成有利于己方的"内心确信";二是根据法官决策机制,使法院最终裁决有利于己方。既要善于为法官理性决策排除干扰、创造条件,也要懂得在司法可能出现不公时如何维护自身合法权益。

法律是企业的"发展之矛""安全之盾"与"组织之魂",其作用绝非消极的、防御性的仅限于降低损失的冲突解决之术,而应该是贯穿于成立、管理运营乃至终止消亡之全过程的企业之"道",是企业凝聚与放大社会资源的有效平台。构建现代企业法律风险管理体系,科学制定并有效实施企业法律战略,是现代企业持续、健康成长的重要课题。

第二十六章
投资争端的多元解决方式

一、商事博弈:“败诉”未必成“败局”

在担任法官、仲裁员进行裁判过程中,深感有许多问题可以裁断是非但却很难通过分清责任的方式有效解决问题;而在担任律师、公司董事或顾问参与商业博弈过程中,则深感诉讼、仲裁只是达到战略目标的一种方式或一个战场,“败诉”未必就成“败局”。

案例一:其他司法措施的救济

某集团与某公司签署《商场租赁合同》,集团将自己两万余平米的商场出租给某公司。为此,某集团成立了下属分公司,任命某公司法定代表人魏某担任分公司负责人,集团与分公司之间约定了财务管理制度、税务承担办法,分公司工作人员亦均由集团负责招聘和任命工作职务。后因魏某私自将分公司账上数千万元资金转至其个人账户,同时停止使用商场发行的购物卡,引发群体性事件。某集团遂接管商场,在承担数千万元购物卡费用后向某公司发函解除合同。后,某集团将某公司诉至当地高级人民法院,要求确认合同已解除。法院一审判决:某集团与某公司之间是特殊的房屋租赁关系,某公司的合同义务是交纳租金,将分公司账上资金转至其法定代表人个人账户是其经营自主权范围之内的事情,既不违约亦不违法。以此,驳回某集团诉讼请求。

某集团上诉至最高人民法院,最高人民法院判决维持了一审判决,但认为双方在履行合同过程中实际上产生了两种合同关系:一是房屋租赁关系,此合同关系上承租方的主要义务是交纳租金，因此合同并未解除；二是在履行租赁合同过程中产生的其他相关债权债务及相关的管理关系，双方可“另案解决”。

单纯从案件结果上看，最高人民法院维持了高级人民法院一审判决，似乎某集团彻底败诉了。但最高人民法院判决准确地厘清了某集团与某公司之间的法律关系，否定了当地高级人民法院“既不违约也不违法”之说。由此，当地公安依法介入侦查，查明某公司以同样手法在多地发生同类事件。随着对魏某刑事责任的追究，某集团与某公司之间真实的合作关系被有效界定，双方权利义务关系得以真正厘清。

案例二：市场方式的救济

某大城市市郊一地块属某国有企业所有。后该国有企业改制，主要管理人员及核心技术人权以 MBO 方式取得公司股权并依相关程序并报国资管理部门审批。在此过程中，某商业地产公司分别与该公司所有股东签署股权转让协议，受让公司全部股权。后因地价见涨，其他公司觊觎该地块并以较高的价格要求收购该公司股权，公司部分原股东遂要求解除此前股权转让合同。商业地产公司依约诉至某仲裁委员会，要求继续履行合同。

仲裁委在一名仲裁员以程序违规拒不签名的情况下依旧下发裁决书，以公司国企改制尚未完成为由，认定原股权转让合同无效。（后该仲裁委员会主任被移送司法机关追究刑事责任。——笔者注）商业地产公司诉至人民法院，要求依法撤销仲裁机关裁决。但法院维持了仲裁机构的裁决，该商业地产公司“败诉”。

此种情形之下，商业地产公司可在竞争对手与原股东签约之前果断以一定幅度提升收购价格，从资金上挤压对手，最终使对手毫无竞争之力退出收购。此役，商业地产公司虽额外付出了一定代价，但相对于整个项目而言，依旧是获利巨大。

案例三：“案外人”的救济

甲公司始终声称能够有效影响某大城市市郊某地块的商业开发，遂与北京某地产企业乙公司进行合作。双方合作成立项目公司，分工合作进行运营，乙公司先后投入人民币超六亿元。后乙公司称，政府发布规划，案外人或将对甲乙双方约定地块内的一部分进行开发，甲公司对地块开发实际失控，违背了双方约定，使合同目的无法实现，遂诉至仲裁机构要求解除合同、依约偿还已投资借款并赔偿损失。甲公司声称双方系合作关系，乙公司前期投入均已用于项目，不存在返还借款的问题。同时声称因为乙公司拒不依照合同进程支付后续款项，给项目带来巨大风险、造成巨额损失，要求其赔偿数亿。此时，双方均无力承担如此巨额的损失或赔偿。

鉴于甲公司一直声称其始终能够有效掌握涉案地块的进程,仲裁庭即在调解过程中向其释明:若其无力负责协调项目进程,则构成违约当承担违约责任;若其依旧能够有效协调项目进程而又有第三方或将介入该地块开发,则必然是甲公司以更优惠条件与案外人进行合作。如果属于此类情况,则新的合作者的继续开发得益于乙公司前期数亿资金的投入(包括项目公司运营费用、拆迁补偿费用等)。在地块商业价值提升的情况下,基于诚实信用和公平的原则,甲公司应协调对乙公司进行合理"补偿"。

在可能"败诉"的巨大压力之下,甲公司承诺偿还乙公司前期投入及投资回报,双方调解结案,实现多方共赢。

类似的案件时有发生,我也经历过许多。总而言之,对于此类重大商事争端的处理,法院、仲裁机构要给双方充分的时间和空间去自主博弈、协调;当事人也要跳出就事论事的狭隘视野,积极寻求解决问题的多元方案。

"自由在高处,功夫在诗外"。

二、商事仲裁:投资争端的民间裁决[①]

仲裁的权威性与公信力相当程度上源自其独立性、专业性、前瞻性与市场竞争性。

仲裁具有某种"造法性":法律是公众的契约,契约是私人的法律;法律是批发的契约,契约是零售的法律。——契约不断地积累、完善,完全有可能上升为法律。

仲裁裁决也是对公平正义的一种昭示,不能因为政府可能滥用权力即放弃原则。不能使"保护国有资产"沦为权力的大棒,动不动就抓人;不能让"保护国有资产"变成权力赖账的理由,时不时就悔约。

——题记

(一) 中国投资争议解决的观察视角

作为仲裁机构,对投资争端解决的观察视角至少应当包括以下三个方面:

一是对宏观法律环境的观察,尤其是对宏观法律环境变更对投资活动、司法裁

---

① 根据笔者2015年9月在北京仲裁委员会《中国投资争议解决年度观察2015》发布会上的演讲及点评发言整理。

判活动的影响。我觉得今年的年度观察这部分讲得非常好,例如公司法关于注册资本制度的变更,以及相关行政法规、部门规章的补充和完善。整体的趋势,是国家放松了对民间投资的法律管制。

二是对争端裁判实践的观察,无论是司法还是仲裁。今年的年度观察对这二者都给予了应有的关注,同时对二者关系也进行了比较、论证。《中国投资争议解决年度观察2015》所提及的三起具体案件非常有代表性:一是台商投资内地境内外合作项目,未履行政府准入审查程序的隐名投资能否获得法律保护问题,法院认定双方合同未违反法律强制性、效力性规定,合同有效;二是中外合资企业股权转让的对价变更未经审批,是否受法律保护问题,法院认为该项目经商务部批准后,双方当事人就合同对价、支付方式等条款进行重大修改后,补充协议合法有效;三是小股东的知情权及其法律救济问题,具体为小股东行使知情权的权利范围及举证责任问题。上述案件涉及私权与司法权冲突、私权与行政权冲突、私权之间冲突,非常具有代表性。

三是对民间投资活动的观察,尤其在当下民间投资商业模式日趋丰富、日趋多元的形势之下,如何及时掌握各种投资模式的内在特点,并根据形势的发展针对性地丰富和调整司法及仲裁裁判对策,越来越有意思。

从更深远的角度来看,我们至少还应具备以下视角:

一是社会性视角。中国社会当下已逐渐摆脱"官民二元社会结构"而进入"权力多元化"的时代,中国社会从原来政府公权力、公民私权利二元对立的结构,开始进入到第三方社会性权力参与社会治理的时代,最突出的社会性权力之一就是仲裁的权力。仲裁作为一种社会性权力,在解决民商事争端领域,对国家司法权既是一种补充,也是一种制衡。仲裁并非完全屈从于司法,仲裁本身具备一定的能动性与创造性。诸如北仲、贸仲这样一些有影响力的仲裁机构的仲裁意见,不仅越来越多地受到各级法院、法官的重视,对于放大民间的活力,尽可能地加强政府权力的自我约束,这是一个大的促进。例如我曾担任主裁处理过一起因政府强制推平果农所承包的山林而引发的纠纷,当事人经十余年上访并曾成功"告倒"过政府,最终政府与果农双方选择由北京仲裁委员会(以下简称"北仲")仲裁确定了双方的权利义务,也彻底解决了这一纠纷。

二是国际性视角。为适应全球化的时代需求,北仲新的仲裁规则在2014年生效,北仲同时启用"北京国际仲裁中心"名称,"为不同国家和地区的商事主体提供一流的争议解决服务"。全球化背景之下,我们可以放眼更广阔的天地,我们的仲裁活动需要考虑如何与全球的商事争端解决,乃至更多的民间交往相契合和接轨。

(二) 仲裁的独立性、专业性与前瞻性问题

1. 仲裁的独立性问题

一是仲裁独立性与司法最终认定的关系。

最高人民法院在华懋金融服务有限公司与中国中小企业投资有限公司关于民生银行股权纠纷一案中,判决双方 VIE 协议无效。最高人民法院这一判决是仅仅针对本案,还是确立了 VIE 协议无效的原则? 在不久前最高院人民法院判例会工作会议期间,我和相关法官讨论时认为这仅仅是个案判决,最高人民法院法官也没有提出反对意见。但此后,我注意到贸仲上海也先后裁决认定两起网游领域纠纷中的 VIE 协议无效。这是不是受到最高人民法院前述判决的影响? 华懋案因涉金融领域,故以事关公共利益与国家管理为由否定其合同效力尚有情可缘,若网游领域的 VIE 协议也以事关国家利益为由判定合同无效是否合适? 是否会出现以国家利益之名剥夺合同一方商业利益的不公平? 因此,如何正确认识与妥善处理最高人民法院影响性裁决与仲裁庭独立性问题非常有必要。我认为,对 VIE 协议的效力问题,不能简单套用最高人民法院这一判决认定合同无效,而是应当根据《合同法》关于合同效力的规定,具体案件具体认定。——令人欣慰的是,这一基本原则得到了司法实践和仲裁裁判的普遍认同,否则对于就 VIE 协议出具有效法律意见的中国律师而言,将是灾难性的后果。

二是仲裁独立性与行政权之间的关系问题。

《中国投资争议解决年度观察 2015》第二个案例是,商务部对外资合作的项目批了,但当事人改变了合同的对价及支付等基本条款,那么合同是否依然有效? 是否还需要经过商务部审批? 法院最终认定合同合法有效。——法院的裁判逻辑在于,商务部既然批了就是说认可当事人干这件事,至于当事人两个人或者三个人怎么做这件事,那是当事人的意思自治。所以即便价款、支付方式有变更,也没有从根本上对这件事变更。——这是对于不涉及国有资产的当事人之间投资协议的意思自治的尊重。

我去年担任首裁也裁决了一起案件。该案件涉及国有资产的转让,原协议刚刚经过国资部门审批,北交所也给他做了合同转让。然后当事人做了一个补充协议,原协议转让价是 8 千万元,补充协议以后变成了 3 千万元,然后约到北仲来仲裁。很简单,当事人希望借北仲的一纸仲裁给他一个背书,他拿这个作为一个过户分析交易。这就说明北仲的影响力还是很大的。但是从另外一方面来看,也是被人当枪使,或者当工具来用。但是从另外一个角度来说,国有资产转让问题是一个什么样

的问题？是不是没有经过有关部门批准合同就无效？案外第三人怎么保护？我有两句话：**不能使"保护国有资产"沦为权力的大棒，动不动就抓人；不能让"保护国有资产"变成权力赖账的理由，时不时就悔约。**这种情况很多，所以如何平衡当事人意思自治与行政权的问题还需要探索。

有仲裁员老师提出：有些问题行政机关还没有拿出意见，我们仲裁急着表态干什么?! 也有仲裁员老师提出不同意见：仲裁裁决不需要依赖行政机关决定，审理对象也不是行政机关的行政行为或行政决定。北仲相关负责同志对此予以了说明：以行政机关未作决定为由回避当事人的仲裁请求，缺乏可操作性。

不可否认中国政府机关对仲裁乃至司法判决的影响力，"政治正当性"已经成为法院裁决案件需要考虑的重要因素。这个问题我同意刘燕老师（北大教授、北仲裁判员）的意见：仲裁本身就是一种裁判，其依据只应是法律与事实、证据；非依法律规定，行政机关出具意见并非其前置条件。仲裁的独立与中立，当然包括不受行政机关左右之意。我在其他仲裁委仲裁案件时，也曾有仲裁员提出，如果这样裁判，政府不会接受也使仲裁裁决无法执行。对此我明确提出：**仲裁裁决同时也是对正义的一种昭示，不能因为政府可能滥用权力而放弃原则。**最终，得到了仲裁庭所有成员的一致认同。

三是仲裁独立性与当事人意思自治的关系。

当事人一致认定合同有效，仲裁庭未必当然认为合同有效。那么，当事人一致认为合同无效，仲裁庭是否就当然应当认定合同无效呢？

贸仲上海两起关于 VIE 协议纠纷的处理中，似乎双方当事人均认为协议不是为了履行、也确实没有实际履行，是仲裁庭认定合同无效的重要理由之一。因未见到案卷我不宜对具体个案发表意见，但毋庸置疑的是，仲裁庭并不应当依当事人意思自治而当然否定合同效力（例如基于对公共利益和第三人利益的保护的考虑）。

当年支付宝股权纠纷时，我曾经给相关当事人提示法律风险：如果诉诸法律，各方 VIE 协议的效力可能得不到法庭或仲裁庭的支持，则对各方的风险都是极其巨大的。另一方面，支付宝若继续留在以外资为主的阿里巴巴集团，则其取得中国政府第三方支付业务许可的可能性微乎其微，或者说只有转到内资企业杭州阿里巴巴名下，方能取得第三方支付牌照且业已实际取得该牌照。大家的蛋糕已经做大，断无再将股权退回阿里巴巴而失去第三方支付牌照之理。所以，重要的是已经获得的利益以及未来上市后的期得利益如何进行合理分配。各方经协商最终达成谅解。

我想说的是：未诉诸法院或仲裁的 VIE 协议仍然在被各方有效地履行，为何一旦诉诸法院或仲裁便要认定其无效呢?所以,合同效力还是应该具体问题具体分析。

2. 仲裁的专业性问题

现在的投资活动、经贸合作活动,越来越多元、综合和复杂。比如说按揭这种模式,它是一种很新的当年带动香港经济、带动国内房地产市场的一种方式,就是三方当事人两个合同。再有一个是当下互联网金融,其实也都是通过这样的合同方式约定。在约定过程中,当事人怎么设定自己的权利义务,可能会形成很多新的商业模式,这些东西拿到仲裁庭来仲裁的时候,就会有很多新鲜的东西出来,这是我讲的如何加强我们的中立性、专业性的问题。**——法律是公众的契约,契约是私人的法律;法律是批发的契约,契约是零售的法律。——契约不断地积累、完善,完全有可能上升为法律。这也是仲裁专业性很有意思的一个方面。**

所以,我们要坚守内心的法律信仰,同时以仲裁的专业性来保证仲裁独立性与公正性。我一直坚定地认为:“政府中某些当权者不甘寂寞,权力屡屡‘出轨’。‘看得见的手’沦为‘闲不住的手’、‘管不住的手’,是当下中国市场经济乱象频出的根本原因。”而 VIE 架构本身便是在权力过度干预经济的大环境下,非国有企业与资本被不正当地扭曲而成的“经济怪胎”。我们有尊重现行法的要求问题,也有一个如何选择与适用现行法不同规定的专业技术性问题。简单地一概否认 VIE 协议的效力,对投资领域的负面影响不言而喻。同时,对中国的律师业、仲裁事业也会带来相当的风险。那些因 VIE 协议并未违反中国法律、行政法规禁止性规定而出具相关法律意见的律师,将因非法律环境变更而是某一具体司法行为遭受巨大的职业风险。**仲裁若过度以违反法律合同无效为由过度伤害外方当事人利益,只能导致各方会将此类纠纷约定至国外仲裁。**

3. 仲裁的前瞻性问题

我觉得法律本身是保守的、滞后的,但是我觉得,仲裁员作为一名法律专业人士,需要有一定的前瞻性,这样碰到新的问题你才可以很好地处理。

第二,我觉得前瞻性还可以理解为像我们今天这种发布会,它对社会指引的前瞻性。所以我就在想,今天我们的发布会发布以后,像鲍律师、温老师的一些见解,我们除了自娱自乐以外,怎样才能真正更好地影响社会?

第三,是我们的这种发布乃至仲裁活动本身对公权力的影响,我们的这样一个观察、报告、意见,怎么样对立法、司法、行政执法产生一些必要的影响?具体案件我不去讲。

在关于 VIE 协议协力的那次研讨会上,北京大学刘燕教授曾向温处长提出了一个很有意思的解决 VIE 架构“法律缺陷”的一个思路:商务部不妨界定何为“外国企业”,在中国境内的外商投资企业、外商独资企业,既然都是中国法人,为何要一概将其认定为“外国企业”呢?商务部是不是可以制定一个标准,认定中国境内企业并不构成外国企业,不就很好地解决这个问题了吗?

我想说的是:要求或坐等行政机关主动作出这样的规定是不现实的。仲裁机关是否可以直接这样认定并使之成为一条法律原则或先例被引用呢?司法权、裁决权并非消极、被动型的权力,而是对社会有影响、引领效果的权力,典型者如马歇尔大法官在马伯里诉麦迪逊一案中的智慧。具体到 VIE 协议效力处理,我想能不能在刘燕教授的意见基础上再进一步:仲裁机关是否可以根据案件具体情况,在法律的原则范围之内“创造性”地适用法律呢?(似乎,中国近三十余年的“改革”,便是不断突破思想与制度之“禁区”。这有风险,但值得探索。)

(三)仲裁的“造法性”与“市场化”

最后我讲讲仲裁发展的问题,仲裁是一个民间权力扩张的前提下产生出来的问题。我觉得**仲裁应该是市场化的**。仲裁委员会有别于法院,法院是通过国家司法的一种强制性,一种权威性;**而仲裁的公信力和权威性在于它的竞争性**。通过市场竞争,通过市场的优胜劣汰,通过市场对这种资源的认同,大家选择仲裁,所以我觉得这是完全切合现实的东西。作为一种国际性的投资争端解决方式,仲裁和司法的关系很特殊,它是多元的纠纷解决方式之一,还包括平行仲裁、和解协议执行等,在这种规则之下,弱小的私权利完全可能跟一个平时比较强大的权力,在一种第三人裁断的方式下进行一个博弈,这个很有意思。——仲裁的权威性有赖于其独立性、专业性,也有赖于其“造法性”与市场化。

从全球司法趋势而言,大陆法系和英美法系越来越趋同,大陆法系认为法律是一种规则,英美法系认为法律是一种规则和司法参与者共同的行为构成的。我认为“法律是公众的契约,契约是私人的法律;法律是批发的契约,契约是零售的法律。”契约从个体、个案一个一个积累多了,共同的多了,就有可能发展成为公共的契约,就会成为法律。无论从何种角度而言,**仲裁在相当意义上具有某种“造法性”**,我们的仲裁的活动对社会的能动性也是非常有意义的。

中国正处于社会的深刻转型期。仲裁作为一种社会性权力,对于平衡政府公权力与公民私权利之间的冲突,乃至中国未来社会结构的科学建构,无疑都起着巨大的衡平作用。而且较之法院判决,仲裁裁决可能更为灵活、更为科学、更为中立,其裁决往往更具前瞻性与引领性。这就对仲裁机构、对仲裁员提出了更高的要求,这是历史赋予我们的责任,也是对历史对于我们的考验。

三、民商事诉讼仲裁实战要诀

着急的事,慢慢地说;大事要事,想清楚说;小事琐事,幽默地说;做不到的事,不随便说;伤人的事,坚决不说;没有的事,不要胡说;别人的事,谨慎地说;自己的事,坦诚直说;该做的事,做好再说;将来的事,到时再说。

——鲍威尔

法庭上"咄咄逼人、喋喋不休"的,往往是可能败诉的律师——除非,法庭程序违法或者滥用权力;

法庭外"咄咄逼人、喋喋不休"的,往往是自觉理亏的律师——除非,权力蛮不讲理甚至颠倒黑白。

——吕良彪

(一)律师职业表达的维度

1. 说(表达)什么?

律师的职业表达当言之有物、言之有据、言之有理、言之有度——不能空洞无物,要有事实与法律依据;必须符合法律的原理、规律与逻辑;必须言(行)之有度,利于法律事务的妥善处理。

2. 对谁说(表达)?

律师首要任务是"说服法官",努力说服法庭以及那些能够决定客户利益的公权力机关,切实维护客户利益。

律师第二位的是要"说服客户",既包括对客户及其家属的心灵抚慰,也包括帮助客户及其家属理性客观地看待相关法律事务,更主要的是要让客户觉得"律师请对了"——总之,既要说出客户"想听的话",也要道出客户"该听的话",同时要掌握好时机与分寸。

此外,律师还需要"说服公众(媒体)",既是为案件"造势"服务客户利益,也是一种相对有效的律师营销,乃至一种生动深刻的对法律和常识的普及。

3. 怎么说(表达)?

律师的职业表达一要符合认识事物的客观规律,使法官或其他相关人员建立有利于自己的“内心确信”，认同律师所提供的材料与观点；二要符合审判等有关权力的运行规则，包括显规则与潜规则，要知道如何在权力运力的各个环节，找出权利救济的途径，使自己的意见能被法庭或相关机关、人员所采纳。律师的表达方式则包括“口头表达”“书面表达”“肢体语言表达”以及“行为艺术表达”——典型者如所谓“死磕”，即是通过某些夸张的言行吸引社会各界广泛关注，从而将公权力的行为尤其是可能的违法行为置于公众的监督之下。

4. 谁在说（表达）？

显然，不同的律师说话“分量感”不同，效果也不同，这既取决于律师不同的“职业能力”，也取决于律师整合各种社会资源、提升自身社会影响力的“职业能量”。

（二）律师职业表达的境界

1. 律师的口头表达

（1）**敢说是底线。**是说律师要敢于把心中所想说出来，要敢于面对权势，把维护当事人权益的意见表达出来，不能因为私心，因为畏惧权势不敢说出自己应该说的话，不敢行使自己应尽的职责。这也是对律师能力与职业道德起码的要求。“能说出来”，可谓律师“初入江湖”的第一把“武器”，多用于“训练及防身”，“战斗力”极其有限。

（2）**能说是本事。**“能说”包括“说清楚”与“说精彩”两重境界：

“说清楚”的前提是对案件的法律关系、证据、法理及法律依据有一个准确、清晰、全面的认识。在此基础上用准确、简洁的语言把意见表达出来，让别人能够听得清、听得懂、听得明白。这是对律师职业素质的基本要求。“能说清楚”，应该是律师在经过某一“门派”的正规训练后开始掌握的“利器”，虽可用于实战“杀敌”但“功夫”尚显平庸。

“说精彩”则是指律师要善于驾驭和运用语言，要能做到语出惊人，妙语连珠，让人欣赏，令人折服，使人印象深刻。对此可以生动地表达为三种让人“直拍大腿”：

一曰“他想得真妙，我咋就想不到呢！”；

二曰“他说得真太好了，我心里总想着可总说不出来！”

三曰“这事还能这样表达出来呀，真太有趣了！”

精彩的语言往往最能展示律师的职业能力与风采，迅速给法官、当事人、媒体留下深刻印象。“说得精彩”是一名律师举止、修养、能力等综合素质的集中体现，也是律师开始成为“武林高手”的削金断玉的“宝刀”，具有极高的“杀伤力”与“战斗力”。然而，锋利是一柄双刃剑，操作不当伤己亦深。在中国的传统文化背景下，“能说”往往是一个中性偏贬义的字眼;而律师无论对于权力掌握者还是当事人,往往都处于一种“低位”。常识告诉我们,处于“高位”者本能地不喜欢听到“低位”者过多的言论,即使是精彩的言论,有时也不一定能起到好的效果,甚至适得其反。

(3) **会说是智慧**。律师应懂得如何说服他人,懂得对于不同对象表达的方式与分寸,懂得在不同场合表达的尺度与态度,可以直指人心,使人在不知不觉中逐渐接受自己的观点。同时,律师应该谙熟权力的运行规律,清楚可以在什么环节以什么方式影响决策者决策,使事态向有利于当事人的方向发展。一句话:“能说”不如“会道”,说得“精彩”不如说得“得体”。这种“得体”体现着律师“世事洞明、人情练达”的智慧,如杨过之“重剑无锋”却所向披靡。——律师要能把话说到人心里去,让人舒服,让人发自内心地认同与敬佩。

(4) **不说是实力**。某种意义上,律师“能说会道”的最高境界应该是“不说”:优秀的律师同时也总是具备相当社会影响力的律师,这种有社会声望与影响力的律师的出现本身,即让信息受众心中产生一种重视甚至期待,很容易注意倾听这样的律师的意见。此时,律师通过证据的展示,通过法条的规定,通过法理的阐释,无须多语,即可使受众在其引导下自然而然地形成律师所希望他们形成这“内心确信”。而且因为这种确信不是律师“说服”的,而是自己内心一步步主动形成的,所以更具说服力。“无言”的境界,正如内功深厚的高手,寓大道于无行,中正纯和而不戾,从心所欲而不逾矩,拈花飞叶,莫非利器,以其修养气势令人折服,甚至不战而屈人之兵。若《天龙八部》少林寺神秘僧人以目光连“杀”慕容博与萧远山。——当然,“沉默如金”的另一种境界,还在于律师自身的“实力”让受众无法漠视你的观点。

2. 律师的书面表达

(1) 律师举证宜适度:① 尽最大可能地找出与案件相关的证据;② 理清举证思路,组织证据体系;③ 举证宜适度,断不可以“油多不坏菜”的心态过度举证冲淡主题,更不可无谓举出对己方严重不利的证据。

(2) 法律文书宜平实:① 清思路;② 循章法;③ 去掉修饰词。要围绕证据,论证严谨,表达清晰。

(3) 律师表达宜平静:① 慎言,有据,有度;② 不强辩,不狡辩,不诡辩;③ 庄重,平静,尊严。

(4) 代理词原则上不应当超过三页纸。代理词应该与诉状(上诉状)、答辩状、证据目录、举证说明、庭审过程(笔录)共同勾勒出全案事实全貌与核心问题,代理词则重点要根据庭审对相关核心问题进行言简意赅的阐释与强调。如果有需要,可以附件形式将重要材料附在代理词后供法官参阅。

3. 律师的其他表达

律师的职业表达,除却口头语言,更重要的还有书面语言,更生动的还有肢体语言,更丰富的还有行为的表达。书面语言宜简洁,宜平和,宜一针见血;肢体语言需要与具体的场景,具体的表达目的相结合,无论是法庭审理过程中,还是在庭审之外,无论是眼神交流还是举手投足;而律师最重要的表达,则是律师自身修养、举止与行动所传递出的风采与分量——“说话让人结缘,做事让人感动”——这种结缘,应该是律师通过自身的表达,团结一切可以团结的力量,调动一切可以调动的资源;这种感动,既包括律师对客户现实利益的满足,也包括律师对客户乃至社会公众内心需求的抚慰,还包括律师对社会道义的担当。

(三) 民商事案件庭审表达的若干实务问题

庭审的核心在于本方证据的展示和对对方证据的质疑,以期以利于本方的方式查明并认定事实;在于基于证据的法律意见表达,以期以利于本方利益的方式适用法律。无论诉讼还是仲裁,庭审都是整个案件审理的核心。而且,百分之八九十的案件,在庭审结束时基本已有法律上的结论。所以,庭审是律师向法庭、仲裁庭表达观点最为直接和重要的机会。此外,调解与最后陈述中的律师表达,也会对裁判者自由裁量权的行使产生一定影响。

庭审中律师的表达通过举证、质证(包括询问证人)、辩论、调解及最后陈述等阶段构成。律师法庭表达的基本原则是利于法官、仲裁员正确认识、科学采信本方证据,所以要设身处地地以法官的角度和思维来审视证据,注重法官对证据的“客户体验”。要尽可能完备地收集与案件相关的所有证据,对每份证据、每个观点、每次表态进行考量、筛选;同时,对对方可能持有的证据和证明逻辑进行分析、预测。

1. 建构科学的证据体系

(1) 理清论证体系,明确我方需要证明的核心事实及其证明层次;

(2) 根据前述证明事项,按照我方所确定的逻辑顺序、时间顺序、法律关系、核心事实等标准,依次(分组)列举证据,层层深入,相互印证;

(3) 举证适度,尤其要考虑相关证据列举出来以后是否会产生负面影响;会不会是对方要找而找不到的;会不会被对方利用获取更大收益;次要或无关大局的证据过多会不会影响核心证据的影响力?

(4) 举证有所侧重:一审证据要还原事实经过,所以要能勾画出对我方有利的事实概要和细节。二审、再审证据则致力于证明一审的错误或不当,所以要“围绕焦点”,以“新证据”为主,以对证据的全新解读视角为主;对原审证据的提交也要根据案件情况进行必要调整,不要简单地原封不动地提交。

(5) 依据证明逻辑和相应顺序对每组证据进行排序,要权衡证据证明力的强弱、待证事实的重要性、对方还击的策略等情况综合考量。

(6) 不要寄希望于搞证据突袭,这样做对案件审理作用不大,甚至会让裁判者反感;但证据要留一手,例如有些证据用于反击对方更有力的,不妨将对手引入其中,再当庭举证反驳。

(7) 证据目录必须明确整洁清晰,一目了然;证据要有准确无误的机打页码,利于查找。

(8) 要关注对己方有利的证据,更需要关注对己方不利的证据。对有利于和不利于己方的证据,要有一个通盘考虑。

(9) 要根据需要尽可能充分考虑可能出现的情况并准备预案,无论面对突发情况还是预设情况出现时,都能及时调整。

(10) 律师要有自信但不可太过自恋。要学会研究对手、研究法官,要学有同情心、同理心,学会站在对方的立场上考虑和处理问题,就能够更有效沟通,能够更好地说服法官。

2. 开庭陈述应注意事项

(1) 用简明语言直接陈述事实,讲清基本诉求和案件事实。原则上应该在三分钟内表达清楚,利于裁判者接受和理解;不要用过于书面化的语言,例如一般情况下可直接用我方、对方、某某等代替原告、被告、第三人或者上诉人、被上诉人、申请人、被申请人等称呼。

(2) 要注重与裁判者之间的互动交流,尤其是眼神交流,切忌自说自话;原则上要事先准备好稿子,但庭审中不要照本宣科念稿子;语音语速要根据法官和书记员、办案秘书的实际情况进行调整,既要通过语言表述的轻重缓急打动裁判者,又要有利于书记员或秘书的记录;要根据法庭关注的重点和对方的书面、口头表达针对性地进行调整。

(3) 简明扼要提出事实依据和逻辑论证,再自然引申出观点,避免只讲观点给人强词夺理的错觉。

3. 庭审调查中的举证、质证注意事项

无论诉讼还是仲裁,庭审调查的目的都在于固定无争议的事实(证据),查明有争议的事实(证据)。举证问题前面已有论述,庭审调查的核心是围绕证据发表相互质证意见，切忌简单地表述为：我方不认可该份证据。

对于证据真实性、合法性、关联性存在疑义或予以否认的，也要讲明基本理由，一味地否认对方证据的真实性未必会有好的结果，尤其是在相关证据已成体系和法官已有一定认知的前提下。至于不认可对方相关证据的证明目的，简单提示即可，原则上是放到庭审辩论的环节进行，但在质证阶段对对方相关证据的证明力及证明目的进行打击，也是非常必要的，可以法庭的指挥下相机而行。

民商事案件证据主要包括书证、证人证言和视听资源：

对于书证，可以进行认真比对，提出其存在伪造、变造的情况及嫌疑，书证的制作、形成、来源是否合法，该书证与其他证据是否存在重大矛盾，包括印章、骑缝章、签名、批注、地点、审批手续、纸张、笔迹、行间距、字间距等均需仔细核对。如果是大家都确认的东西，就不必过于矫情。

对于视听资料，可以对其来源、制作者身份、制作过程、有无篡改或篡改的可能性，可能的情况下尽可能当庭播放，录音必须要求对方提供经核对无误的文字资料。原则上，在没有其他证据佐证的情况下，如果视听资料本身存在瑕疵，不太容易被裁判者所采信并作为定案的主要依据。

对于询问证人，证人资格，证人与对方的利害关系，证人是否受到欺骗、贿赂、威胁或存在自身利益，证人是否旁听过庭审过程都是常见问题。询问证人时的一大法宝就是证人对庭审过程此前未亲身参与，即使事先有演练也可以通过询问尤其是设计好的询问，打破证人与对方当事人之间可能的"攻守同盟"，以其他证据或证人自身的矛盾否定其对我方不利的证据，甚至可利用证人证言内容去打击对方更核心的证据。

4. 庭审辩论应注意事项

(1) 庭审辩论不是法庭表达的全部，甚至不是当庭表达的核心。律师先是通过开庭表达，尤其是通过举证、质证，对案件的基本事实和论证逻辑有了一个立论与驳论，在此基础上，根据法庭(仲裁庭)归纳的核心和焦点问题进行针对性的论证——原则上，裁判者更关注的是律师提供证据查明案件事实而非对其说理或教其如何适用法律。所以，庭审辩论应当是根据法庭或仲裁庭所归纳的案件焦点问题，针对性地阐明我方对案件核心问题的看法。

(2) 庭审辩论意见，要根据案件争议焦点展开。庭前，要对案件争议焦点有预判，不能想当然地将诉请或答辩当成争议焦点。庭审过程中，要针对法庭审理情况对争议焦点进行细化，针对性地进行事实(证据)和法理的论证。辩论意见是举证、质证意见的提炼与升华,不是简单的强调与重复。

需要注意一个问题:法庭没有归纳焦点问题时,要引导法庭按自己的焦点方向走;法官归纳的焦点与自己不一致甚至可能严重损害本方利益时,需要及时强调补充,并在法庭引导和坚持自我之间保持好平衡。

(3) 法庭辩论重点不在于"与对方辩",而在于"向法庭论"。法庭辩论的本质是各方向法庭陈述自己的意见,同意或反对他方的意见。法庭辩论的陈述对象是法庭,而不是与对方进行争吵。律师更不宜将自己异化为"证人",通过自己"绘声绘色"的描述而非通过证据来说明事实,或是将自己异化为"当事人",在法庭上对对方当事人甚至代理人进行某种人身攻击。

至于法庭辩论的技巧各人有各人的风格。总体而言,真诚,睿智,尽量避免咄咄逼人,注意表达分寸。

5. 关于调解时的表达

调解结案往往是法官、仲裁员所期待的一种结果。对此,代理律师不宜简单表态不同意调解——当然,无此项授权者例外,但也要尽可能表达得体。

(1) 如果真心希望调解,可根据具体需要提出调解方案并阐明理由。

(2) 如果本意并不希望调解,在对方缺乏诚意的情况下可明确指出并表达自身意愿;或回顾自身主张的合理性,然后表示庭审后可根据当事人意愿提出调解方案;或是提出对方难以接受的方案,同意表达自身的难处。

6. 最后如何陈述

最后陈述不宜过多重复先前内容,可以简要回顾与强调己方的情、礼、法的充分依据;可以直击案件要害提出问题,引发裁判者的深入思考;可以对于庭审中没有涉及或表达不充分的内容进行阐述或强调;可以适度地渲染情绪;也可以啥也不必讲。

尤其需要注意法庭、仲裁庭在庭审过程中对相关问题的危害性提示,进行简明扼要地关键提示,或庭后提供相关证据的请求。

(四) 律师职业表达的禁忌

1. 忌言行"错位"

二十余年法官、律师、仲裁员的职业生涯,我尤其希望律师同仁要避免以下几类职业错位:

其一,律师要通过言语与证据"还原事实",但律师不是证人。律师在法庭上"情不自禁"地充当证人角色,似乎还比较常见。

其二,律师是当事人的代理人和利益代言人,但律师不是当事人。律师在法庭上“义正词严”“义愤填膺”地从道义上指责对方当事人及其代理人，其实是一种不成熟的职业失态——虽然这样的律师似乎显得蛮“厉害”。

其三，律师要寻求公共媒体的关注与支持，但律师的自媒体并不等同于作为社会公众耳目与喉舌的第三方媒体。问题在于，面对掌握丰富公共媒体资源甚至自身就拥有强大媒体却又常常无法不带偏见客观报道事实的公检法及其他机关，律师往往只能通过网络自媒体去纠正官媒的“片面导向”。

2. 忌言行“极端”

律师是国家的“在野法曹”、社会的“法律雇佣军”，理应保持法律职业的理性与适度，无论对所参与的法律事务，还是社会公共事件。困惑在于，律师言行过于理性平和不足以被足够关注，而过于奇葩的言行又不可避免地会给这个行业造成负面影响。中华全国律师协会曾就律师之间的“互怼”甚至相互刑事自诉事件进行评判，呼吁同行之间理性地交流与表达。而社会深刻变革时期，律师如何发出代表法治所应有的声音，格外需要勇气与智慧——律师的所谓“极端”表达，有时是律师自身修养问题，有时则是因为对公权力违法的抗争而“被极端”。

3. 忌言行“失度”

需要再次澄清的是：律师的“能说会道”显然不是啰嗦、巧舌如簧，也不应该仅仅是锋芒毕露、侃侃而谈，更不是大声叫嚣甚至人身攻击。基本可以得出这样的结论：

法庭上“咄咄逼人、喋喋不休”的，往往是可能败诉的律师——除非，法庭程序违法或者滥用权力；

法庭外“咄咄逼人、喋喋不休”的，往往是自觉理亏的律师——除非，权力蛮不讲理甚至颠倒黑白。

附：

【说服法官，律师不能犯的三种错】

（1）对法官决策机制了解太少，直接妨碍律师影响力发挥；

（2）不能有效地为法官提供基本诉讼素材；缺乏服务意识和诉讼技能，举证、质证、论辩不到位；

（3）重“关系”，轻信“关系”在影响法官决策中的作用，甚至采取不正当手段“勾兑”，最终害人害己。

【诉讼哲学:力的平衡,理的出现】

法院判决总是由不同利益、不同声音进行博弈并最终达成妥协的结果。诉讼中,我素来坚持"一个中心、两个基本点":以案件本身的"法律正当性"与"道义正当性"为中心,以媒体关注与领导支持为两翼营造"讲理的法庭",以律师法律智慧与技巧为工作基础。——律师,尤其是在京城做律师,各地找来的案件往往都是一审败诉或当地律师难以处理的案件,要学会审时度势有所取舍善做"减法",要切实考量案件本身的正当性和自身及客户的"职业能力"与"职业能量"能否有效促进案件审理,甚至反败为胜。

四、商事争端中有效化解刑事风险的多元方式——兼谈企业家的"法律管家"与"法律保镖"

"自由在高处,功夫在诗外。"

企业和企业家既要有内部的"法律管家",也要时刻保有至少一个与之相匹配的外部律师团队作为"法律保镖"。

——题记

我的主要业务领域是公司治理、投融资风险控制及其争端解决,尤其是公司股权、控制权之争端解决,并不是常规意义上所谓的专业刑辩律师。但在职业生涯中,我有幸经历和参与处理过诸多堪称惊心动魄的刑事案件。——巨额利益争端的背后,肯定少不了国家公权力尤其司法权力的"粉墨登场"。无论是作为法官、仲裁员之类的裁判者,还是作为律师或是大型公司董事的参与者、服务者;无论是在处理刑事业务,还是民商事诉讼仲裁或是重组、并购等其他业务过程中;无论是通过诉讼仲裁,还是谈判、重组乃至斡旋、引进"白衣骑士"等方式解决相关争端;刑事案件结果无论是当事人最终无罪、"变相无罪",还是案件不了了之;总而言之,需要律师采取多元化的方式,有效化解当事人的刑事风险;或是通过刑事手段达到当事人期望实现的目标。

下面结合我自身处理过的一些巨额商事争端与大家分享以下六个方面关于律师职业视野拓展与多元解决争端的感受。毫不夸张地说,所涉及的每一起案件都很复杂有趣并被媒体热炒,但律师当有"将客户秘密烂在肚子里"的定力,因此,下文所涉案件也都进行了必要处理。

(1) 律师刑事业务并不局限于“刑辩业务”,刑事措施是实现商业利益的手段而不是目的。遇到巨额投资争端,当事人首先想着的总是把对方“送进去”,同时防着被对方“整进去”。一旦一方当事人人身自由被限制,另一方无疑占据极大主动。典型者如并购案件中,并购方通过支付部分费用控制公司,进而“倒查”出对方在财务中涉嫌违法、犯罪问题,再逼对方协商谈判,迫使对方就范。现实生活中,这种事件时有发生。此外,以构成诈骗或其他方式犯罪为突破口,否定合同尤其是担保合同效力从而免除担保人保证责任,实践中也时有发生。

(2) 律师开展刑事业务并不局限于进入司法程序后、更不限于上法庭开始,诸多工作需要企业家与律师“第一时间”就配合好。这一点律师要深刻认识到,同时要有效传播和影响企业家。如果等到法庭才开始,很多情况下只怕“黄花菜都凉了”。我曾经专门总结归纳过律师庭前“有效辩护”的十项工作(附后),希望对大家有所帮助。例如目前正在审理的广东某上市公司举报前股东、前CEO、某知名企业家涉嫌职务侵占、挪用资金案件,公司与被告人一方正在博弈的是案件管辖权——当下中国,案件在被害人的公司所在地法院审理,还是由被告人主要活动区域所在地法院管辖,案件结果或许会有相当差异。

(3) 律师刑事业务并不局限于仅与司法机关相关,需要视野广阔、思路多元。例如某国有控股上市公司老总因公司财务危机爆发被抓,即使并没有查实这个老总有多大违法犯罪事件,但公司亏损或困难问题不解决,必须有人承担责任,否则事件无法平息。所以,当事人及其辩护律师一方面要有律师与侦查机关积极沟通;另一方面律师也要找出解决问题的宏观思路、办法,而非仅仅执著于与司法机关的“较真”甚至“死磕”。我们有的案件就是通过种种路径帮助当事人引进战略投资人,极大地改善公司财务状况,这就完全可能可以从根本上把“套”解开;在此基础上加强与纪检、检察机关沟通,也可以在相当程度上有效化解当事人的刑事风险。所以说,刑事案件,往往也需要“功夫在诗外”。

(4) 律师刑事业务并不局限于刑事方面的事务,而是复合型、复杂性的法律事务。例如我们在处理某省两起巨额投资纠纷与上市公司重组案中,即遭遇地方政府对付外来投资人的“三板斧”:一曰“刑事立案”,在企业家头上悬把刀,不听话就抓人;二曰“民事捆绑”,以种种理由将企业家在当地公司查封起来;三曰“污染株连”,即以资金流向为路径,以涉嫌“赃款”之名将企业家关联公司予以查封。俗称:“开门招商,关门打狗。”对此,我们律师往往针对性地采取“一个中心、两个基本点”的基本策略应对:即以“法律正当性、道德正义性”为中心,以媒体关注和领导支持为两翼,营造出一个“讲理的法庭”“讲理的平台”。解决问题往往涉及刑事辩护、民事诉讼、谈判斡旋、媒体沟通、政府协商、群体对话、引入第三方等种种方式。如吉林某纸业企业投资危机,整体思路便是通过司法宣告企业破产的方式使上市公司“净壳”,然后再引进江南有实力的企业借壳重组上市公司。既解决了投资危机,也化解了企业家的刑事风险,还使企业焕发全新活力。

(5) 律师刑事业务并不局限于律师“一个人在战斗”,而是需要与社会各界的广泛合作。刑事律师最有资格堪称“法律骑士”,但绝不应是“孤独斗士”。律师尤其需要与同事合作,既为追求光明,也可抱团取暖。不久前大成律所负责刑事业务、互联网金融业务、私募股权投资业务的七八名律师组成律师团,联合为企业家提供相应法律服务。律师需要与同行合作,坦率地说我也经常给客户推荐律师,包括在一些有影响力的案件中推荐周泽、斯伟江、朱明勇、张友明等外所律师。律师还需要与社会各界广泛合作。例如前几年我们在江苏办理一起刑事案件,是当时的省委常委杨卫泽严令要办成“铁案”的案件,甚至在一、二审当事人都被判有期徒刑 15 年,公司亦面临被政府低价收回。我们接手后最为核心之处,便是我们联合全国顶级的财务专家、法律专家,从财务专业上论证所谓被贪污的财产根本不构成国有资产,而纯属改制后公司资产,从而有效地对当事人贪污进行了有效的辩护,同时有效地帮助当事人成功地继续控制公司。

(6) 刑事业务并不局限于司法程序乃至法律事务参与者,要立于高处并善用“外脑”“外嘴”。

可以说,每个律师都有一个刑辩梦——说到底这是律师的英雄梦想与职业理想。因此,我虽不完全认同田文昌律师所说“刑辩是律师最高端的业务”,但始终坚定地认为刑事业务是律师最本质、最核心、最需要坚强、敬业与智慧的法律事务。刚刚有刑事律师跟我说,刑事业务不如民商事诉讼或是其他那些高大上的非诉业务那么能挣钱。对此我绝对不能认同。高水准的刑事业务理应也肯定能够获得高额回报,而且,对于失去自由甚至可能失去生命的当事人而言,这时候的刑事律师只要能提供好的服务又何愁收不到应有的律师费呢?

“有效辩护”是大成刑事律师一直秉持的基本价值追求。我理解:所谓有效辩护应该是指通过律师的辩护工作,还无罪的人以清白;使罪轻的人得到轻判;使确有重罪的人在受到法律惩罚的同时,他的基本权利也能够得到保障。有效辩护既不等同于无罪判决,也不局限于程序问题。

有效辩护应当包括三个层面的因素:

一是“有话可以说”的程序性保障。当事人的权利、律师的执业权利，要得到有效的尊重和保障。

二是“说了不白说”的监督性保障。即在尊重司法独立的原则之下，通过权力体系内部的权力监督、体系外部的媒体与当事人及其代理律师的监督、司法裁判者内心的职业信仰与职业操守，确保当事人及其律师的声音不被蔑视甚至无视。

三是“有话好好说”的律师专业度。即律师要有良好的“专业能力”，能够和当事人找准问题的关键，各项诉求和表达准确到位，各项工作科学有效。此外，也还需要律师整合各种资源形成有效的“职业能量”，以保证“说话有人听”，“法庭讲道理”。

不久前，大成宁波所刑事部主任龚永茂律师关于定罪量刑的书由宁波出版社正式出版发行，让我给写了个序。在序言中我写道，律师辩冤白谤，最重要的首先是国家法治昌明；其次是律师的专业，包括职业勇气、职业智慧（职业思维、职业视野、职业技能的综合体与统一体）。律师办理刑事业务需要“针尖对麦芒”的职业勇气与技能，也需要“自由在高处，功夫在诗外”的职业视野与素养。

我始终在各种场合提示企业家：企业和企业家既要有内部的“法律管家”，也要时刻保有至少一个与之匹配的外部律师团队作为“法律保镖”！

五、企业家的有效辩护与庭审前的十项基本辩护工作

所谓“有效辩护”，是指通过律师的辩护，还无罪的人以清白，使罪轻的人减轻罪责，使罪恶深重者的合法权益也能得到保护。有效辩护需要“有话可以说”的程序性保障；需要“说了不白说”的制度性约束；需要律师“说得很到位”的精准辩护。

统计数据表明，企业家、官员所面临的刑事风险要远远高于常人。而在侦查机关采取强制措施之前，当事人是否与律师沟通，所秉持态度与所采取措施不同，往往形势大不相同，甚至可能决定了企业家是否“进去”，对于案件发展和企业、企业家命运也会产生至关重要的影响。辩护，绝非仅仅“决战在法庭”！风险管理、申请会见、查阅案卷、建议不捕、申请取保、调查取证、沟通意见……都要从“第一时间”就开始。等案件到了法院才开始“发力”辩护，“黄花菜都凉了”！

——题记

提起刑事辩护，人们总本能地想起法庭上的“唇枪舌剑”——确实，庭审或许是刑事辩护中“最戏剧性”“最刺激过瘾”的一幕，甚至可能是最终决定案件结果的关

键环节。但法庭上的“精彩表现”,其实完全有赖于律师庭前扎实的准备工作,法庭审理,辩论前的举证、质证其实比法庭辩论更为重要。正是法庭前的各项准备,决定着律师庭审表现以及辩护工作对案件走向的影响。律师的“战场”在法庭,但律师的有效辩护切不可拖拉至案件到法院后再开始,而“以审判而非侦查为中心”的司法理念与制度设计以及新刑诉法的规定,为律师有效辩护提供了更大空间。

以我的体会,刑事法律服务实务中,律师与当事人之间要保持相互主动的密切沟通。法院开庭审理之前,辩护律师至少可以(包括与当事人一起)在“第一时间”进行以下十项“辩护”工作:

第一,当事人意识到刑事风险之际,就应当“第一时间”主动与律师分析事件性质、责任风险,制定相应的“应急方案”。企业家要有一个好的律师作为“终生情人”,甚至可聘请律师担任董事、顾问,对日常运营及特殊事项进行“体检”:既包括客户个人如何面对风险,也包括客户的企业如何应对危机。尤其是当下“反腐风暴”之中,企业家如果需要配合对“落马官员”的调查很可能时间长短不同地失去人身自由时,如何维护企业家权利与稳定企业本身,都是极其重要的事务。

第二,当事人接受调查和讯问之际,就应当“第一时间”与律师商量应对方案。如何在积极、如实配合侦查机关的同时,有效应对侦查机关可能的诱供、陷阱乃至其他“合法伤害”行为。尤其是当下企业家如果涉嫌与“落马官员”有权钱交易甚至完全可能是被索贿的情况下,也有可能既要对官员的犯罪事实充当“污点证人”,又要“自觉自愿”地配合办案机关以使涉案款项如何“合法”地成为“赃款”,进而由当事人自愿“合法”地将“涉案”款项打入“办案单位”。配合调查、人身安全、财产安全、企业稳定之间如何协调处理,需要思路清晰,理性面对。

第三,当事人被采取强制措施之时,律师就要“第一时间”与办案机关沟通,“第一时间”争取会见,“第一时间”向侦查机关提出法律意见。刑事案件当事人能够及时见到律师,侦查机关能够听到辩护律师的有效意见,情况可能会大不相同。侦查机关能否第一时间听到理性的法律意见,例如当事人不应当被逮捕或者应当撤销案件的法律意见,处理结果也可能大不相同。这就要求律师要在当事人失去人身自由的3至7日内,最迟在37日内,将相关法律文书交至办案机关、办案干警。

第四,当事人被限制人身自由之后,律师就要“第一时间”争取取保候审。显然,当事人“在里面”和“在外面”是大不相同的。尤其在被“监督居住”(常常沦为党外“双规”)、被刑事拘留而未被逮捕前。

第五,侦查机关要报“批捕”当事人时,律师就要“第一时间”与检察机关沟通,争取不要批准逮捕。一般而言，如果检察机关不予批捕，则案件处理显然要对当事人有利得多。一旦批捕，案件就不可避免地涉及侦查机关自身的切身利益，事情就要复杂难办得多。一方面要做好工作让侦查机关不报批，另一方面也要及时向检察机关提出法律意见，要求不予批捕。

第六，即使当事人已经被刑拘甚至被逮捕，律师也要"第一时间"对羁押的必要性问题提出法律意见。如案件主要证据存疑当事人很可能无罪，无须羁押也不至于妨碍侦查，即使检察机关已经批捕也依然可以建议不予羁押。

第七，检察机关审查起诉，就要"第一时间"争取阅卷并就是否应该起诉发表法律意见，争取不起诉或撤销案件。

第八，如果发现可能存在对当事人有利的证据，律师就要"第一时间"以合适的方式调查取证。在此过程中，既要保证证据的真实性、完整性，也要避免因此而产生的法律风险，包括律师自身的法律风险。

第九，如果案件确实"疑难复杂"，律师应该"第一时间"建议并安排邀请专家"会诊论证"。辩护律师是"法律骑士"但绝非"孤独斗士"，辩护律师最好要多与同事、同行沟通，多向专家请教，多学习相关领域的专业知识。我曾成功代理的一起无罪辩护案，就是向财务专家讨教，从"权责发生制"的专业角度，认定所谓"贪污款"并非法律意义上的"公款"。而针对地方权力滥用，权威专家的法律意见与媒体关注，对于争取一个"讲理的法庭"而言，还是非常重要的。

第十，如果遭遇刑讯逼供，就要"第一时间"向有关机关提出控告，必要时通过媒体、自媒体的方式曝光相关违法行为。刑讯逼供是当下刑事诉讼中不容忽视的现象，律师除了在"排非"和庭审程序中否定相关证据，还要在侦查、审查起诉、法院审理的每一个阶段，切实保障当事人合法权益，尤其是不被刑讯逼供。

鉴于庭前会议亦是在法庭主持之下进行的"准审理程序"，故将此阶段律师工作排除在本章探讨范围之外。需要说明的是：所谓"第一时间"，既是最快最及时的"第一时间"，也可能是现实可能性允许的"第一时间"，还可能是辩护律师与相关方面经过精心研究选择的最恰当的"第一时间"。

第二十七章

如何运用法律创造财富

——企业家的法律思维[①]

思维是智慧的利器,事业的基础。

企业家是社会财富生产最重要的组织者,最为稀缺的社会资源之一,和平时期的英雄。

企业家的高度与品味决定着企业的高度与品味。企业家当具站在高山之巅的境界与魄力:既要仰望星空,亦当承接地气。

——题记

法律思维不等同于法律知识与法律技能,而是权利意识(法治理念)、规则意识(法律素养)与对规则的运用(法律方法、法律智慧)的融会贯通,是一种认识世界、分析和解决矛盾的方法论。

一、企业家的法律认知:认真对待权利,重新认识法律

没有民主法治约束权力,我们无不行进在通往监狱的道路上;没有民主法治保障权利,任何财富的“神马”都不过是浮云。

---

① 本文根据笔者在国务院国资委央企高管培训班、北大清华总裁班、EMBA班、香港华润集团全球高管培训班等的讲演整理而成,再版时对该文有调整。

法律是企业"发展之矛""安全之盾""组织之魂",凝聚资源之平台、放大资源之杠杆、利益分配与调整之规则。

法律是公众的契约,契约是私人的法律;法律是批发的契约,契约是零售的法律。任何商业模式的建构,都是"游戏规则"的制定,本质上就是社会资源的配置与社会财富分配的具体方案,都体现为所有参与者各自的权利义务。

——吕良彪

(一)经济发展环境需要法律规制

1. 法治规制权力

吴敬链等经济学大家研究经济问题到最后,发现经济最核心的问题还是法治问题:"看得见的手"沦为"闲不住的手""管不住的手""瞎折腾的手",是当下中国经济乱象丛生的根本原因之一。如何规制权力莫太"任性",是社会经济健康发展的重要因素。

2. 法治保障人权

王石、冯仑、王功权、任志强等企业家们都深切感受到:无论企业家还是每一个公民,都需要法治的保障。当权力不受约束时,每个人的自由与财富都可能被随意剥夺,而官员、权贵的所谓"辉煌"亦终不过是"有特权、无人权"。"严苛立法,普遍违法,选择执法"成为"企业家原罪"和社会性恐怖的根本原因。没有民主法治约束权力,我们都前行在奔往监狱的道路上(王石语)。

3. 法治保护产权

马云不过持有阿里巴巴约9%的股权即已成为中国首富;马云更核心的财富和能量是持有支付宝约80%的股权,支付宝一旦上市马云的财富将远超其他富豪!——问题在于,"富可敌国"在中国,基本上属于"作死"的架势。个人财富过多,权力不能容忍,民粹不能容忍。马云的荣耀与危险,构成中国式悲哀?没有民主法治保障权利,任何财富的"神马"都不过是浮云。推动民主法治进程,是我们每一个人对于这个民族的历史责任。

(二)经济发展模式受到法律规则直接影响

其一,法治是经济发展到相应阶段的必然产物,同时又为经济健康运行和人权保障提供坚强后盾。市场经济与民主宪政是现代文明的两大基石,经济关注社会财富有效产出;法治关注社会财富公平分配。自改革开放以来,中国大陆一向奉行"效率优先、兼顾公平"之原则。但在中国成为全球第二大经济体之后,财富的公平分配成为制约经济发展与社会稳定的核心要素。

其二,制度经济学告诉我们法律规则对于经济运行的决定性影响。例如近现代最伟大的商业文明成果莫过于股东承担有限责任制的公司制。正是这一法律制度的设计,使分属于无数分散的陌生人的财富、资本以制度的方式凝聚在公司这一组织形式之下,使社会财富的创造实现社会化、规模化,促进科学技术有效地转化为实际生产力,促进人类文明的飞速发展。

其三,法律是利益分配与调整的基本规则,而社会财富的终端分配将深刻影响社会资源的配置。法律规制社会资源配置与利益分配与调整的全过程,既从终端影响前端资源配置,又对具体经济活动进行规制:一是对当事人的行为进行指引;二是对当事人的行为予以规制;三是为当事人提供法律救济。立法、执法、司法,都对企业决策、生产、运营等产生深刻而深远影响。

(三)法律保障和促进微观经济发展

1. 法律:凝聚社会资源之平台,可以帮助企业赚钱

任何商业模式的建构,都是"游戏规则"的制定,本质上就是社会资源的配置与社会财富分配的具体方案,都体现为所有参与者各自的权利义务。而法律是公众的契约,契约则是私人间的法律。

最典型事例之一当属霍英东先生创造的商业奇迹:霍先生商业上的巨大成功,最重要的得益于他找到了"卖楼花"(也就是当下的"按揭")这样一种商业模式。按揭就是律师发明并完成的银行、房地产商与买房人三方分别订立的几个合同。即买房人以所购商品房为抵押向银行贷款,银行将贷款支付给"开发商",购房者再分期偿还银行贷款。这种权利义务的组合,使社会资源得到了很好的整合并产生巨大效应,既有效解决了当时香港地产滞销、银行信贷困难、民众无力购房、社会资源闲置的难题,也使霍先生本人获得巨大商业成功。

再如华尔街金融衍生品,无论经过如何复杂的数学计算与商业设计,最终是通过被法律人或者说律师所设计出来的合同,卖给买家的。最为直观的例子就是保险,卖的就是合同。

当下备受关注的滴滴打车、互联网金融,无论是支付宝、余额宝、P2P 还是众筹,都是互联网技术与金融规则相结合的产物。而政府公共资本与私人资本合作的 PPP 模式,则是通过法律、规则与合同相结合的新的资源配置方式。

企业家首先要有这样一个清醒的认识:无论商业收益还是损失,都表现为法律上权利义务的变化。——法律是可以帮助企业赚钱的,我们不要怕法律而是要习惯甚至喜欢法律。

2. 法律：放大社会资源之杠杆，帮助企业以小博大

一是法律作为规则对社会财富的放大功能。典型者如资本市场上常见的 VC、PE、IPO、期货、股指期货以及“对赌”“杠杆收购”“过桥资金”等，无一不是以法律规则的杠杆，放大资本的能量。

二是法律作为博弈利器对社会财富的放大功能。2010 年爆发的国美黄光裕、陈晓之争非常值得借鉴与回味。在我看来，“国美内战”的实质，是国际资本群狼“内应外合”对中国资本老虎的“围猎”。在此仅以贝恩资本为例：在国美最艰难时期，贝恩仅仅以 16 亿元可转债的投入，即获得国美 10% 左右的股权，以国美超过 500 亿元的市值而论，其股权价值近 60 亿元。而贝恩又以区区 10% 左右的股权，控制了整个国美，其 16 亿元的投入已放大出近 600 亿元的能量。

3. 法律：组织架构运行之规则，帮助企业持续发展

现代企业制度包括三大基本问题：股权，治权，企业文化。企业治理不可“一股独大”，要有中小股东的保护机制；企业治理亦不可陷入“内部人控制”：股东会要能代表股东，股东会要控制住董事会，董事会要控制住 CEO 和管理层。

主权问题就是公司产权归属、股权设置、公司实际控制权等最核心权利归属与分配问题。企业产权要明晰，所有者缺位、股权所属不清晰都可能使公司权属空置，缺乏所有者与监督者。而实际控制权之争亦必将引发公司“内战”。

治权问题包括公司的管理架构，表现为公司股东会、董事会、监事会、高管层、工会职代会的权限设置及相互关系，至少股东会要能管得住董事会，董事会要能 HOLD 住 CEO；公司治理也包括公司的经营和管理，涉及人、财、物、产、供、销各个领域。公司治理，既要防止“一股独大”损害其他股东利益，也要防范沦入职业经理人的“内部人控制”损害股东的根本利益。

企业文化包括公司的核心价值观与企业文化。对内，文化是企业自信心、凝聚力的核心所在；对外，文化是企业影响力与竞争力的重要利器。——这也在相当程度上说明了马云、王石、任志强、潘石屹、冯仑乃至牛根生、熊晓鸽们热衷于公共表达的原因所在吧。

4. 法律：风险管理之安全阀门，帮助企业安全发展

“任何商业的、非商业的风险，最终都将戴着法律的面具出现，都将表现为权利的灭失与义务的增加。”

风险管理，事前防范、事中控制与危机处置，一个都不能少。

——吕良彪

法律环境的变化、企业决策的失当、企业员工的失职、市场的恶性竞争、合作者的违约、意外事件的发生等,都可能使企业面临法律风险。全面、精细的法律风险管理,成为现代企业必须面对并亟须解决的问题。

魏文王曾问名医扁鹊:“你们兄弟三人都精于医术,到底哪一位最好呢?”扁鹊答:“长兄最好,中兄次之,我最差。”文王再问:“那么为什么你最出名呢?”扁鹊答:“长兄治病,是治病于病情发作之前。由于一般人不知道他事先能铲除病因,所以他的名气无法传出去;中兄治病,是治病于病情初起时。一般人以为他只能治轻微的小病,所以他的名气只及本乡里。而我是治病于病情严重之时。一般人都看到我在经脉上穿针管放血、在皮肤上敷药等大手术,所以以为我的医术高明,名气因此响遍全国。”——我想说的是:法律就像“扁鹊三兄弟”,教我们如何事先防范、事中控制与事后妥善处理法律风险,妥善处理矛盾。

5. 法律:规范经营管理之准则,帮助企业降低成本

制度经济学的常识告诉我们:合规运行是最低成本的管理。无论社会,还是企业,莫不如此。规则本身就是经过多次“试错”与各方利益博弈与妥协的产物。凡事讲规矩,对事不对人,循理不拘情,将使企业在运营过程中节省大量成本。

6. 法律:捍卫权利之有力武器,帮助企业理性博弈

> 任何激烈的政治、经济冲突,最终都可转化为法律问题,并随着时间与程序的推进而不断降温,最终得以平稳解决。
>
> ——托克维尔(法国)

毫不夸张地说,我们现在正处于资本的“丛林”时代。

国际竞争格局复杂:

国美事件让我们领教了国际资本“群狼”的穷凶极恶与技艺娴熟。达能娃哈哈投资纠纷,则让我强烈感受到外国资本对中国市场的强烈欲望与粗暴干涉。而诸如中海油集团收购尤尼科、五矿集团收购诺兰达公司,从经济上来讲,美国和加拿大的公司都不吃亏,但是东道国从政治上考虑还是要进行审查,结果导致了项目中止或无法顺利进行。

国内宏观调控左右为难,商业伦理矛盾混乱:

例如,一方面,中央政府加强房地产宏观调控,以防止经济泡沫,保障社会稳定;另一方面,又不得不保持相对宽松的货币政策,以规模巨大的信贷发行维持经济增长必要的动力与速度。而货币的超量发行,又正是房地产市场价格严重失常的最重要因素。

再如,腾讯与360之争、伊利与蒙牛的恶性商业竞争,赤裸裸地暴露出国内市场竞争的无序与竞争者操守的缺失。在华源重组案例中,我们注意到即使是县级市政府,因为受利益驱动也会毁掉企业甚至是央企的并购重组战略战术。我曾受长江实业与和记黄埔委托,向无端捏造事实公然诽谤李嘉诚先生及其公司的大陆新闻媒体提起的诉讼。即便是李嘉诚先生都会受到无端诽谤,媒体的浮躁幼稚与利益驱动而给企业带来的新闻“杀伤力”可知矣。

此外,风险和麻烦也常常来自企业内部:如富士康十一连;宋山木涉嫌强奸;浙江富豪周祖豹被昔日的商业伙伴买凶杀害;而陈晓式的“阴谋家”,又使我们许多企业家心神不宁……

如何走出“丛林状态”?

“任何复杂尖锐的社会经济问题,最后都可以演化为法律问题,并随着时间和程序的推进而日渐降温”。只有法律的完备以及人们对法律的敬畏和内心的诚信,才可能让我们有稳定而明确的预期,而明确而稳定的预期,则是现代市场经济与法治社会得以存在的基础。

是故,我常呼吁:

让法治成为我们的信仰;

让诚信成为我们的本能。

二、企业家的法律思维:老板的任性与理性——企业家法律思维的十个特性

为什么律师即使面对自己不熟悉的领域也可以游刃有余、应对自如?——因为律师具备法律思维。

——彭雪峰

我为什么尊重甚至欣赏企业家的“任性”?既是基于对权利的尊重,更是意识到某种意义上乃是人的三大“劣根性”推动着社会进步:一曰贪婪,你贪我也贪于是大家被迫讲规矩,这倒推动了法治的进步;二曰懒惰,你懒我也懒于是大家努力想办法,这倒推动了科技的进步;三曰“非理性”,所谓“理性”往往意味着改变自我去适应社会环境,而所谓“非理性”则往往习惯于根据自身强烈愿意去改变现实。这些,往往也正是企业家与众不同的价值所在。

——吕良彪

企业家具备法律意识、养成法律思维习惯并不意味着企业家必须具备具体的法律知识与法律技能,而是指企业家应当具备尊重规则、信守契约的意识,能将法治理念、法律素养与法律方法、法律智慧融会贯通,能够掌握认识世界、分析和解决矛盾的方法论。

无论治理企业还是拓展市场乃至维权,企业家都需要熟悉并掌握规则:国家的宏观规则往往表现为政策与法律;市场主体之间的微观规则常常表现为契约。在担任多家五百强企业及上市公司董事、独立董事、法律顾问过程中,我习惯性要求企业法务要熟悉与融入业务当中去,不能法务与业务“两张皮”。

法律思维需要遵循以下基本规则:一是合法性优于客观性;二是程序公正优于实体公正;三是形式合理性优于实体合理性;四是普遍正义优于个案正义;五是理由优先于结论;六是以权利义务分析作为法律思维逻辑线索。而企业家的法律思维,则应当具备以下十个方面的特征:

(一)企业家要养成“多元性”思维

法官、检察官等法律人的思维原则上需要保持某种“一致性”,即在保证客观、理性的前提下,对同一类法律问题的认识和处理原则要尽可能保持稳定和前后一致,在法律宏观环境未发生变化的情况下,避免同一类型案件却有不同甚至相反的处理结果。我国虽然是成文法国家,但相关的司法先例也常常是作为参考具备一定拘束力的。这种“一致性”,往往对学者也有学术观点明确与坚守的约束。——学术观点不贸然提出,不轻易改变。而律师在不同案件中,则可以为维护不同当事人的利益,对于同一类法律问题寻找不同的理论依据和法律依据,主张不同的证据规则,得出不同甚至相反的结论——只要合乎逻辑而且有事实、法律、法理支撑。**企业家的多元性思维,既表现为在企业治理与对外经济活动中信守契约的“一致性”,又表现为解决具体问题过程中的“灵活性”。——多元性思维归纳起来一句话:企业家需要审时度势,针对具体情况可以根据需要选择不同的观点和理论、法律依据。——前提是必须能“自圆其说”,或“足以自洽”。**

(二)企业家要养成“建设性思维”

所谓“建设性”思维,就是想办法合法、合规、合理地面对问题、解决问题的思维。既要能挑出毛病、指出风险,又要能理性论证并找出解决方案。可能涉嫌违法甚至犯罪的事情是不是就绝对不能做?未必。例如,这些刑事风险是单位犯罪还是个人犯罪?一旦事发法律后果是什么?被发现后被追究的几率有多大、通常由何种事由引发?企业有没有可能避免?**这些都需要企业家经过理性比较、思考,可以用当下**

的“魄力”为未来的违约、违法，甚至更严重的行为“买单”，从而赢得企业可能唯一的发展的机遇和发展机会。——这个观点可能有些“反动”，大家可以批判。

“建设性思维”归纳起来一句话：企业家既要有“看准病”的能力，也要有“开药方”的魄力。——前提是“莫要传染上病”。

（三）企业家要保持“理性思维”

理性思维有两点基本要求：一是排除非理性判断；二是排除道德性评判。

关于非理性或情感性判断有个笑话很是生动：从前有个教书先生，喜欢张三而讨厌李四。一日，张三、李四都拿着书本睡着了。先生大怒，上前对着李四就是一巴掌，骂道：该死的东西，看书都睡觉！瞧瞧人家张三，睡觉都看书！

再比如腾讯360之争，其实涉及两个层面的基本法律问题：一是公共利益保护；二是商业竞争的规则。360指责腾讯偷偷扫描用户信息并用于商业目的，侵犯公众隐私。

对此，腾讯正确的做法应该是首先就是否存在扫描、扫描的范围如何、扫描的必要性与不可避免性何在、扫描事先已告知并经过客户选择、相关信息没有也不可能用于商业和其他用途作出说明；接下来无论主观动机如何，客观原因如何无奈，都真诚地向客户致歉；最后，再指出360不正当竞争的动机和一贯做法。但腾讯采取的措施，却是不谈自身问题，而是首先指责360屁股“也不干净”——腾讯在这个问题上犯了个低级错误：就算360是个小偷，也是有权利检举揭发其他“强盗”的。腾讯又联合其他商业伙伴试图封杀360，这种商业霸权行为似乎更失分。最要命的错误是腾讯居然要求客户“站队”，表示与360将“不共戴机”——腾讯所谓QQ体的公开信，也成为笑柄。

以上，都是典型的非理性思维下观察、分析问题的偏差与行为的失当。

在“国美内战”中，以道德评判取代理性思维是黄光裕在控制权之争初期失去国美控制权的重要因素之一。“国美内战”中，黄光裕集团一开始就将陈晓定义为“小人”“背叛者”这样一些道德负面评判的角色。而陈晓却将自己打扮为所谓“理性”的、“忍辱负重”的“职业经理人”的标签。在成熟的香港市场上，这样理性与非理性的定位，很大程度上决定了黄、陈二人首次对决的结果。

必须澄清一个问题：反对道德评判不等于不重视道德资源。一个人、一个团体、一个企业，影响社会的基础都是其所拥有或掌控的社会资源，包括道德资源、政治资源、人力资源、资本资源、自然资源等等。而道德资源，则是社会影响力的前提性资源。——所谓“口水战”“舆论先行”乃至“批倒批臭”目的往往有三：

一是打击对手的道德资源,占据“道德高地”;

二是制造“舆论泡沫”给对手压力,使对手失态、出错;

三是制造“声势”,引得缺乏“定力”的地方政府迫于舆论压力出手“收拾”对手。

“排除道德性判断”归纳起来一句话:不依道德性评判决策,但要占据道德高地、积累道义资源。

(四)企业家要讲究“逻辑性思维”

这种思维强调理由优先于结论、归纳与推理的严谨。

这些年处理了不少国企改制后纠纷。国企改制一般有两个基本思路:一是将企业进行改制或破产重整,引进新的战略投资人;二是由原企业经营者以 MBO 方式“接盘”成为企业的产权人与管理者。第一种情况下如果企业经营不善,第二种情况下如果企业效益太好,都可能会引发新的矛盾进而要求重新审视并试图否定当年的改制,我将其称之为“国企改制回头看”纠纷。

例如,某市一商业局副局长兼商业实业公司老总经过改制成为企业绝对控股的大股东,但因为企业效益很好引发一些矛盾。结果在某些权力因素的作用下,这个老总一审被以贪污、受贿判刑 16 年,政府还准备把公司收回去。二审时现场有 7 位全国人大代表去旁听,这样我们就有了充分的表达自由。庭审时,我提出一审开庭 6 天,每天笔录不过十三四页,而作为最重要证据之一的被告人首次供述,居然在与法庭审理同样长的时间内的笔录长达四五十页,在同样的时间内念下来,都很难念得完。因此从逻辑上得出结论这份关键证据有伪造嫌疑,符合被告人所称系 3 次笔录合成。因此,我们要求调取检察机关讯问被告人时的录音录像比对,否则不能认定该证据的效力。而另几份证人证言虽然没有被一审法院采信,但却有大段甚至整页都完全相同,这种显而易见的造假行为完全暴露出本案取证工作的违法性。最终运用逻辑的力量,很好地维护了当事人的权益。

前些年在西北某省处理一起巨额投资争议。那个案子对方下了很大工夫,针对性地“制作”了大量证据,几乎就是一个“铁案”。但我发现了一个基本问题,那就是跟我们签合同和后来以我方严重违约为由解除合同的是某某资产有限公司;而此刻起诉我们的,则是某某有限责任公司。两个主体完全不一样。在法庭上我们提出这个问题,法官出具了一份调查笔录,称现在提起诉讼的某某有限责任公司就是签合同的某某有限公司改制而来,有法律上的承继关系。但我们经过调查发现,其实在与我们签合同前半年,某某有限公司就已经不存在了,就已经改制成为某某有限责任公司,公司注册资本也由 20 亿元减为 3 亿元。所以,我方认为西北某省故意用已经不存在的公司签订如此巨额的合同至少存在严重过错,按最高人民法院司法解释和规定甚至构成合同诈骗;而此后又以早已不存在的公司名称加盖已经不能使用的公章发函解除合同,根本不具法律效力。以此简单的逻辑推理,就四两拨千斤地击垮了对方精心编织的证据锁链。促成了案件的最终和解。

“逻辑性思维”归纳起来一句话:逻辑是一种力量!——尤其在自身无法取证或取证有危险时。

(五)企业家当具备“全局性思维”

这种思维要求全局优于局部;制度优于个案;长远优于短期。

2007年9月30日,浙江的中科企业家学院请我去给当地的民营企业家们讲课,课后拜访娃哈哈的宗庆后先生。当时娃哈哈正和法国达能因为巨额投资纠纷闹得不可开交。宗庆后先生当时在舆论上处于相当被动的状态。后来当地领导引见我去见宗庆后先生,我们交谈不到15分钟就决定了合作。

我说您现在要考虑两个基本问题:一是“后达能时代”如何发展;二是如何尽快顺利过渡到“后达能时代”。

中国处理问题“术不及道、道不及势”,凡事要看大势。大势是什么呢?是人民的利益,是党的意志。在党的领导下,娃哈哈这样的中国企业,娃哈哈这样的民族品牌,宗庆后这样的民族企业家,被一个外国公司给弄垮了,无疑不符合党的“政治正当性”要求。所以,如果达能一直这样不顾及东道国的民族感情,一定是要出局的。但前提是您不能犯某些低级错误。哪些低级错误呢?比如香港的郎咸平当时炮轰国内多家知名企业和企业家,抨击国内的国企改制是“小保姆当上了女主人”。当时被点名的张瑞敏等人,谁也没有搭理他。但格林柯尔的顾雏军却组织人员与力量与郎咸平辩论,时称“郎顾之争”。——从“术”的层面分析,这一争论确实有其理性价值和意义,也产生了诸如“冰棍理论”(即国有资产如夏天里的冰棍,处置不当、效益不好是会很快贬值的)等成果。从道的层面分析,这一论争也有效地扩大了顾氏的社会影响力。但从势的层面考量,发起这一论争的后果则是灾难性的:顾氏出头论争,无形中就将公众对国有资产流失、对腐败与社会不公的不满甚至仇恨情绪都引到自己身上。

所以,我希望宗庆后先生除了人大会上和最后欢庆胜利时,其他场合不要再亲自对媒体发表什么言论,因为他太容易被误读,而且有时往往是有意的误解。符合宗氏身份的话语内容应该有三个方面:第一,中国的国家经济安全和民族品牌保护;第二,中国企业与企业家的社会责任感;第三,感谢各界(包括达能)对娃哈哈的帮助。

作为律师我建议宗庆后先生必须逐一排查身边的法律风险点:

第一,企业改制是否规范,是否存在产权不明或侵占国有资产的问题?特别是娃哈哈商标的原始权属问题,娃哈哈集团改制是否已依法取得该商标。

第二,跟资本家的关系搞清楚了没有?也就是是否拿过达能的钱,尤其是数额较大的钱。因为据我所知,当时达能已经在聘请法律专家研究宗庆后的商业贿赂问题。

第三,税务问题搞清楚没有?只要不是明确约定由对方承担税负都必须自己完税,断不可心存侥幸。对此我解释清楚两个基本法律问题:第一,并非但凡一出现未依法纳税即构成犯罪,只要在税务机关立案查处之前主动交清税款,就不会转化为刑事问题;第二,并非欠交税款数额大就必然构成犯罪,还要占到应纳税额的10%以上。

第四,跟中国人民的关系搞清楚了没有?这里面有两个问题:一是海外那些BVI公司是否干净,是否涉及洗钱问题、外汇管理问题;二是宗庆后及其家人的外国身份问题,这里面可能有一个道德风险问题。

这几个致命问题经过排查,都提前进行了准备。所以后来达能一一抛出这些问题弄起很大"媒体泡沫"的时候,我们一直都很从容。

我们当时分析了达能在中国的投资战、并购战、法律战、舆论战与买办战这样五个战场和五种战术,组织力量一一研究应对。最终在2009年9月30日,达能与娃哈哈达成和解协议,彻底退出了娃哈哈。

"全局性思维"归纳起来一句话:企业家需要"外脑"与"外嘴",需要努力有"站在高山之巅"的境界与魄力。

(六)企业家要学会"均衡性思维"

中国人办事讲究"度",追求和谐。这种"度"的把握,就是一种系统性均衡的思维。

前面我们提到的西北投资纠纷中,当地政府把企业"托管"给了先前的供销科长,这次诉讼主要也是基于他的推动。因为庭审结果完全出乎他预料之外的被动,他主动找我们和解。双方达成一致后,我们一起去向领导报告。我们首先感谢领导的关心,其次提出解决问题的原则应该是优先考虑职工利益、企业发展、当地招商引资环境与法治环境,然后提出我们的和解方案,领导非常满意。

法律说到底是利益分配与再分配的规则。解决矛盾取决于三个要素:

其一,博弈的“本钱基础”,也就是社会资源,利益之争一定要角力,所谓“力的平衡,理的出现”;

其二,博弈的“游戏规则”,如何充分利用规则的力量至关重要;

其三,博弈的“利益分配”,大家利益分配与再分配的方案。凡有纠纷,无非是旧有的利益平衡被打破需要重新调整。

具体表现在诉讼中,则无外乎九个字:“说什么”——要言之有物、言之有据、言之有度;“怎么说”——要善于沟通、理性权衡、谨慎决策;“谁在说”——要努力打造自身的社会影响力,善于凝聚各种社会资源解决矛盾。

“均衡性思维”归纳起来一句话:企业家要努力洞悉和均衡满足各方利益诉求,不可总想将便宜占尽。

(七)企业家要掌握“规则性思维”

所谓规则性思维是一种以权利义务为基点的思维,是一种合规性优于客观性的思维。比如说,没有履行合同不必然等于违约;没有来上班不必然等于旷工;没有完成某项工作不必然等于失职。前提都是法律规定、纪律规定或是合同约定有明确的权利义务。从管理上则要求规则明确,规则透明,规则统一,规则稳定,规则公平。

这些年代表战略投资人(有民企,也有国企)与地方政府谈判、诉讼、仲裁。在此过程中,我注意到一个小细节,就是每到一地,政府谈判过程中总有一件特别的“道具”——一封老职工的来信。信中不外乎当年如何艰苦创业,对企业充满感情;后来企业遇见困难,引进战略投资人,职工充满希望;进来的投资人不好好经营反而掏空企业。最后,请政府做主。到后来,我见到政府官员掏出纸来,就很严肃地说那东西很重要,光念是不够的。然后打赌说那是老职工来信,信的内容都可以猜出来。然后会很严肃地指出,人民群众的期待非常值得企业家重视,更值得政府反省。如何为经济发展提供良好的公共服务,如何为社会进步打造良好的法治环境,是政府神圣的职责,是人民群众对当地政府的信任和期待。要正确看待人民群众的意见,如果将其作为打压投资人的手段,就完全违背人民群众的意愿,不符合人民政府的职责。——这里,用的就是规则性思维,群众的压力要以职责为前提。

“规则性思维”归纳起来一句话:企业家治理企业要有规则;要努力争取法律所赋予你的权利;不要为“不该你做的事情”买单。

(八)企业家要适应“程序性思维”

法律思维强调程序正当先于实体公正,形式合规优于实质合理。讲法讲理不讲

情,对事不对人。讲究决策的程序化,执行的非人格化。

还是以前面提到的西北投资纠纷案为例,我们为什么能在对方精心准备、多次演练甚至要电视直播的状态下迅速化被动为主动呢?就是因为我们从程序着手,完全打乱了对方阵脚,而众目睽睽之下对方又不能乱来。

我们第一个观点就是起诉无效,因为合同主体与原告不一致。

在法院强行开始后续程序后,法庭调查开始前,我先掏出一张收据,是法院在收到我方证据后出具的收据。我同样要求对方出具这样的收据,否则就不能证明是在法定举证期内向法庭提供的证据,我们将不予质证,法院也不能据此定案。对方一下蒙了。法庭也乱了,最后还是法庭承认自己工作不细,未能及时出具收据,替对方担下了这个责任,才把问题带过去。

然后,我们再提出对方主体虚假、证据造假等问题,并从对法律和政策的解读上指出对方常识性错误,在法庭上给对方巨大压力,才最终促成双方和解。

"程序性思维"归纳起来一句话:程序是首要规则,既是最能打击对手之规则,亦是最容易授人以柄之处。

(九)企业家必须保有"创造性思维"

法律是利益分配与再分配的基本规则,是界定参与者权利义务的游戏规则。

所谓"商业模式",说到底就是如何约定当事人之间的权利义务,从而凝聚起社会资源,搭建起商业平台。典型者如按揭,即是开发商、银行、买房者三方当事人之间的两个合同关系。再如当下如火如荼的"股权众筹"如何与其他商业手段以"组合拳"方式合规、有效运作,也是律师可以发挥巨大作用的领域。

所谓"功夫在诗外"。处理纠纷、解决问题时,律师的眼界可以更广阔一些。例如,争议加工承揽合同双方就某一具体业务无法达成一致,双方可以协商在这起业务当中适当照顾发包方利益,而以发包方另行委托加工方处理另外业务的方式予以补偿。再如某上市公司重组,在规定时间内当事人无法达成一致,在协商当事人意见的同时可以向证监会申请延长期限。此外,诸如"白衣骑士"之类的角色,也是引入第三方力量解决当事人之间无法解决问题的有效手段。

"创造性思维"归纳起来一句话:法律规则是死的;法律运用是活的。解决问题往往需要"功夫在诗外;自由在高处"。

(十)"诚信性思维"是企业家安身立命之本

"现代性"的基础是明确的"可预期性",而"可预期性"的基础有二:一是宏观规则的可预期,即公共规则科学、明确且被尊重,即所谓良法之治;二是微观上具体交易的参与者行为可预期,即个体恪守诚信。诚信是建立现代企业制度乃至市场经济体制、法治社会的根基。

诚信应该是一种资格,一种市场准入条件;

诚信应该是一种资质,一种市场地位的载体;

诚信应该是一种资产,诚信的得失就是企业重要资产的得失;

诚信应该是一种保险,当危险发生时,诚信者有机会得到更多的帮助。

"诚信性思维"归纳起来一句话:使法治成为律师的信仰,使诚信成为律师的本能。

法律思维是一种世界观与方法论的有机结合,这种职业思维可以也需要运用于诸如企业管理、诉讼仲裁、公司治理、风险管理、投资并购等具体法律领域的事务。——有主义,更能有主意。提高"心力"、培养良好的职业思维,无论对于指导律师处理任何具体专业领域法律业务,还是企业家处理各种综合性事务,都是非常有帮助的。

三、企业家的法律智慧:品味、境界与修心避祸之道

企业家的高度与气度决定着企业的高度与气度;企业家的品味与境界决定着企业的品味与境界。

中国自古以来追求人生之"三不朽",即"太上有立德、其次有立功、其次有立言"——立德是圣人状态;立功是伟人状态;立言是哲人状态。

——吕良彪

(一)企业家的责任

企业家的责任涉及三个层面:企业家对企业的责任;企业家的社会责任;企业家的历史责任。关于这个问题,我曾于2011年初海口的上市公司独立董事培训班上,与牛根生先生有过探讨。

1. 企业家的企业责任

典型者如对于腾讯360之间,以及牛先生所在的蒙牛与伊利之间所发生的、可以说毫无商业操守可言的愚蠢竞争,牛先生作为企业家,应使企业有效避免陷入这种因狂妄招致的尴尬。

2. 企业家的社会责任

牛根生先生一直抱怨说他所在的企业做了那么多好事媒体不关心,偏偏有点小

问题总也揪住不放。牛先生还有一些得意,那就是蒙牛在处理相关事务时找到了一个很好的解决办法,就是依靠“法律”,他们委托律师发的律师函或公开信取得了很好的效果。

对此我当时回应称媒体作为社会正义的守望者,基本职能就是监督社会公共事务,为企业歌功颂德的叫宣传、广告或软广告。这个行业出了三聚氢氨如此恶劣之公共食品安全事件,每家企业对于媒体所提及事项要本着“有则改之、无则加勉”的态度虚心应对,认真反省。这是一个负责任的企业所应秉持的基本态度。

至于牛先生引以为荣的那份法律声明,概括起来无非三点:一是承认:就是说蒙牛确实有人做过那样不好的事情;二是撇清,就是声明做那些事的人都不是公司高管,而且都已经开除了,这事跟公司没关系;三是恫吓:谁若是再揪住这事不放,就要采取法律措施!

我想强调的是,任何时候,任何公司尤其是上市公司,对于社会化的股东乃至对于公众的责任,都应当是第一位的。

3. 企业家的历史责任

2010年12月我和牛先生都参加了在北京举办的“中国企业领袖年会”。马云在最后的演讲中说:如果支付宝政府要,我立马会给它。当时台下一片笑声。马云先生当即意味深长地说:如果政府要,我能不给吗?!——台下掌声一片。

做企业家难,做英雄难,做敢说真话的企业家英雄更难。我想说的是:没有了民主与法治的保障,任何财富的“神马”都不过是浮云!推动这个民族的民主法治进程,是我们在座每一位,乃至每家企业、每一个企业家对历史的责任!

(二)企业家的品位

企业家的高度与气度决定着企业的高度与气度;企业家的品位与境界决定着企业的品位与境界。中国自古以来说求人生之“三不朽”,即“太上立德、其次立功、再次立言”——立德是圣人状态;立功是伟人状态;立言是哲人状态。具体而言,则有人生有“十要素”之说:一“德”、二“命”、三“风水”、四“积阴功”、五“读书”、六“名”、七“相”、八“敬神”、九交“贵人”、十“养生”。

【一“德”】生命是一种传承,所谓“德”既包括“祖上荫德”,也包括“个人德行”。所谓“红二代”“官二代”“富二代”“学二代”等,讲的都是家族的传承。而个人修养讲究“修齐治平”,起点是修身——做事先做人,当有感恩之心、自律之德、专业之能。发自内心的感恩之心使人散发出一种善意、一种建设性,利于企业家团结众人做事业。严格自律,加强自我修养提升,管好自己的头脑贪念勿要过甚,管好自己的心胸不要容不得人,管好自己的嘴巴表达应该得体,管好自己的手脚不当介入之事应约束好自己,当然还需要检点自己的私人生活。专业技术是基础,要实用、高端、稀缺;人生智慧比专业重要,正所谓"世事洞明、人生练达",指导我们运用专业技术解决问题;而眼界与胸襟比人生智慧更重要,因为这使你立于高处,以广博胸怀可以集合众人智慧;而所有这一切,基础都是品德。

【二"命"】人要把握好自己的格局——正所谓"自由在高处、功夫在诗外"。秦李斯用粮仓里和茅厕里的耗子为喻,固然粗鄙却也生动深刻。要学会放弃,学会宽容,学会提升,学会审时度势。——术不及道,道不及势。

企业家影响社会的基础是社会资源。这种社会资源包括企业家本人及其团队的人力资源,也就是我们常说的"术""道""势"。

所谓"术",乃专业技术与操作能力;所谓"道",乃解决社会矛盾的人生智慧;所谓"势",乃凝聚社会资源的平台。

企业家成就事业的基础,还在于企业所凝聚的资源,包括各种资本资源,以及其余各种有形及无形资产。

企业家成就事业,还需要充分利用社会公共资源。即充分协调各种社会关系:官员背后是权力,最优质的社会公共资源;其余企业家背后是市场及资本,可以生产社会财富的资源;媒体的背后是舆论,是社会道义与民众力量;高校和科技机构的背后,是学术与专业权威……

【三"风水"】其实是一种和谐:内在与外在的和谐,个体与群体的和谐,个人与社会的和谐,人与自然的和谐,天人合一的和谐。和谐是一种理念一种智慧。——人生当有三种基本交流:与自我与灵魂的交流,让人通透不纠结;与他人与社会的交流,让人通达有价值;与世界与自然的交流,让人健康而阳光。成长不能超越过程,但我们可以加快成长的步伐,而和谐的知行合一至关紧要。往往,我们需要跟不完美的自我相妥协。

【四积"阴功"】行善做事,非为功利与回报,亦不宣扬图名利,此谓之德;市恩终难成正果。坦荡直面与承认自己之过失与不足,宽仁之心不揭人之短,爱护他人名声也是爱护自己。成事之前人肆招摇,或为成事需要或为名利所使,一念之间,慎重为妥。作为负责任的企业家,我们当有所敬畏方可有所成就;我们当有所坚守、方有定力、方生智慧。没有追求也许是可悲或者可怜的,而没有底线则无疑是可怕的、危险的。所谓"慎初、慎独、慎微",实在是一种非常重要的修炼。我一直主张人生需要坦然,心中坦荡,在哪里都可以大声说话;人生需要释然,对生命中的坎坷与历练要能理性面对,心里不要有疙瘩;人生需要超然,要给自己的欲望一个容器。这样才能活得真实而自然。

【五"读书"】培根曾经说:"读书足以怡情、足以博彩、足以长才。其怡情也,最见于幽居独处之时;其博彩也,最见于高谈阔论之间;其长才也,最见于经天纬地之际"。读书足以让自己保持内心的平和、坚忍与谦抑。正所谓:"知名"无非是有些人知道名字而已;而有名字即可莫装什么"有名";有身份证即可莫充什么"有身份"。——天若使其亡,必先使其狂。狂者必亡。当然,"书"并不限于书本,其形式和内容是多元的;"读"亦未必在书斋:读万卷书,行万里路,经万千事,阅万千人——如此,可矣。

【六"名"】古人指"名字",我指"名声"。这种社会评价实质是社会地位的承认与社会资源的赋予。我们必然要被"知名",只是出名要有知名度(有人知道你)、美誉度(认同你)、专业度(知道你什么做得好);出名还要看出什么名、在哪出名、怎样出名。所以,要想清楚自己想要什么,想清楚怎样去做。

【七"相"】相由心生。心宜纯正、心宜博大。做人既要"大气",亦需"大器"。内在见识修养终将外化,而外在的气质与气势则是基于多年的成长与历练。神情的庄重平和,言语的从容得体,举止的大方得体,都构成人的"气场"与"外相"。做人尤其做男人最重要的不是英俊度而是分量感、权威度。

【八"敬神"】与信仰与操守有关而与迷信无关。人需有所敬畏:敬畏天地、敬畏生命;人需坚守底线:没有追求是可悲的,没有底线是可怕而有害的;人需要有彼岸世界,而不是全被浮躁与功利充斥,人生若国画须得"留白"方显品味。

【九交"贵人"】人是一切资源的载体。贵人则是承载更多社会资源的个体。天分、勤奋、缘分对人一生具有重要意义。天分由天赐父母给;勤奋是方向方法对头的努力;而结交"贵人"需要随缘,不可过于急切与功利;也要不断积累和提升自己,否则"贵人"来时你攀不上。

【十"养生"】养身、养心为人生之根基。养身之道在于养成良好的学习工作生活习惯(叶圣陶先生谓之教育真谛)。心态决定状态,自由在高处。涵养心灵需要"大气"与"大器",需要活在当下的独立性与面对历史的责任,需要坦然、释然、超然面对人生,需要人生的价值认同感、职业尊荣感与生命归属感。

(三)企业家的境界

人是一切社会资源的载体。当下中国最优秀的人才应该在体制内:一是官员;二是在座各位这样的国企老总。因为你们掌管着社会公共资源。一则中国人的家国情怀首先表现为“当官、当大官、当好官，做事、做大事、做好事”；二是体制内人士“选材最优”，进入体制内的原则上都应该是同龄人中的佼佼者；三是规则最成熟，因为体制运行的明示规则和潜规则都是经过长时期试错而逐渐形成的东西；四是社会投资最大、试错成本最高；五是体制内的竞争最为残酷和激烈。只是，当下体制对人的改变亦是最为严重的。——所以，这不是对体制内“企业家”们的恭维，而是对所有企业家们的提醒，希望大家能够意识到自身的责任，关注自身对社会的贡献。

企业家要努力成为“用人之人”而非满足于成为“可用之人”，有时要具备如刘备、唐僧、宋江般的“无能之能”，要有容人、识人、用人的度量与能力。儒家说“拿得起”、佛家讲“放得下”、道家要“想得开”，而企业家则必须“HOLD 得住”！——我们要能“放下”，要能“舍得”。我们要注重效率，但绝不能让功利占据了我们整个生活。——一如中国画需得留白，方有品位。

当下中国企业家防范自身风险尤其是刑事与人身安全风险，尤其要注意以下三个方面：

一是注重个性与修养：中国传统文化里面有很重的官本位、仇富因素。人们往往容易崇拜并仇恨强者，同情且鄙视弱者，认可而尊重智者。狂妄、霸道招祸，克制、内敛安全。企业家尤其要学会给自己的欲望一个容器。

二是妥善处理与权力关系：企业要关心政治，我曾说“企业家不关心十八大，说明你生意做得还不够大，也不太可能做得大”。执政党的党代会报告往往就是整个社会下一阶段工作重点，社会资源重点投放领域，企业发展的重要机遇和软环境。企业家要审慎处理与官员的关系：企业家需要借助依附官员来利用公共资源把企业做大做强，但过度与官员形成利益共同体，将会是企业最大的风险。

三是明了专业机构的投入不是成本而是投资：律师是企业家永远的合作伙伴。家族企业需要“外脑”提供智慧资源，以专业的能力解决专门问题。如万向集团鲁伟鼎所言：聘请专业人士是投资，而非成本。

人的一生只有一次，短短的几十年，只能往前进不能往后退。也许我们想得很多，但其实能做的非常有限。我希望大家都能够对自己的人生选择有一种价值认同感：我们在做有意义的事情，做足以对得起祖宗、对得起自己和家人、对得起子孙后代的事情；我希望大家对自己的人生选择有一种职业尊荣感：能够感受到这个职业、这个岗位带给我们的尊荣，同时都能够满怀尊严地去做我们的工作。我更希望我们每一个人都能够在自己的岗位上感到温暖而踏实的生命归属感。——这样，我们就能够感受到人生的坦荡，感受到人生的释怀，感受到人生的超脱，感受到人生的自然，无论居“庙堂之高”或处“江湖之远”，都如那首歌中所唱：内心的平安那才是永远。

以出世之心,为入世之事(代后记)

做“知行合一”的实践者与“温和持久”的布道者。如此,甚好。

——题记

晨,满屋朝阳,满屋肖邦,何其美妙!

“法治的追求再伟大也不应该是我们生活的全部。而且,多一份情趣也就多一份人性的涵养,多一些人文的关怀,对生命、对社会多一些通透,也更容易去掉一些戾气。——这对于一个人追求民主法治公平正义的事业,也是大有帮助的。”

其实,如此美妙时刻我所阅读的,是一些令人发指的恶行的材料和巨大利益复杂纠葛的案卷。我想说的是:律师职业不可避免地与人的劣根性相伴、不可避免地面对贪婪与谎言,我们要时时保持生命的愉悦与阳光,方不至深受“内伤”。诚如诗人所说:“黑夜给了我黑色的眼睛,我却用它寻找光明。”我们内心充满光明,才能传递给客户一种坚定的信念、传递给公众一种积极向上的力量,才能使我们的事业充满可持续的希望与毅力。

心的愉悦有两重境界:一曰饱,一曰滋润。尘俗中有些事,譬如挣大钱、谋重权、赢盛名,鲜花掌声轰轰烈烈,此即为饱。尘俗中另一些事,譬如喝茶,访山,看云,赏月,写作,风敲叶响,云动鸟惊,此即为滋润。——儒家说“拿得起”;佛家说“放得下”;道家称“想得开”。一言以蔽之:HOLD 得住。

这许多年来,一直秉持某种以“出世、滋润”之心、为“入世、饱满”之事的心态。——在律师执业苦不堪言的同时坚持勤奋思考与写作表达,说到底是我时时自省以求灵魂洁净、保持心态与事业淡定从容的不二法门,既不致使“滋润”沦为自我陶醉之托辞,亦不致在“饱”之后愉悦不再而空余刺激。——于是,这十几年来关于律师职业、关于社会时政、关于民主宪政、关于实务操作等方面内容,便有了百余万字心得体会的积累。在关于公司的治理与博弈的五六十万字文稿当中,选取整理出最重要的内容,汇集成本书。既是对职业生涯的思考,也是心路历程的自省,还有对业务心得的总结、对社会事务基于律师视角的观察。①

独立、独特的观察、思考、表达无疑是人生妙不可言的愉悦:洞悉是一种快乐,那种感觉来自灵魂与思想的通透与彻悟,何其美妙;写作是一种快乐,那种捕捉内心的感受与“属于自己的句子”,将独特的自我表达得酣畅淋漓、精彩无比,何其美妙;表达是一种快乐,道出令人豁然开朗、拍案叫绝的理,说出大家“心里有、口里无”的话,那种交流的痛快与默契,何其美妙;交流是一种快乐,我的思考、我的写作让我赢得许多高端交流的平台与机会,结识诸多充满传奇色彩的人物,见证丰富的当下世界,也让我赢得尊重,得到关爱与温暖,促进我各项事业包括律师业务的高端化发展。诚如古人所说:“以利相交,利尽则散;以势相交,势败则倾;以权相交,权失则弃;以情相交,情断则伤;唯以心相交,方能成其久远。”这种写作同时也是一种担当,我针砭时弊的文章常使朋友们替我“捏把汗”,虽然他们都非常认同我的表达尺度。——所谓“为天地立心,为生民立命,为往圣继绝学,为万世开太平”。我总是觉得:有些话讲了或许跟没讲一样;有些话,即使讲了跟没讲一样,也还是要讲;有些话,讲出来、讲多了,跟不去讲、讲少了,肯定是不一样的。这便是知识分子的宿命吧。——武汉大学122周年校庆时,邀请我回去作了一个题为《法律人当具贵族精神》的讲演。母校海报上介绍我是“知行合一的实践者”与“温和持久的布道者”,这是对我这些年不懈努力最好的褒奖。

本书的写作,得益于二十余年来中国社会的深刻变革与中国律师事业的飞速发展。我尤其要感谢江平先生多年来的关爱与指导,这种精神与灵魂的温暖始终坚定着我前行的步伐;我尤其要感谢冯仑先生、张维功先生、刘东华先生、刘纪鹏先生对本书的推荐;我尤其要感谢彭雪峰先生、王忠德先生、肖金泉先生,他们引领大成波澜壮阔的成长,使我有了某种“站在高山之巅”的平台与视角;我尤其要感谢我的同事脱明忠、陶鑫良、钱卫清、王隽等先生,他们悉心到位的指点帮助我拥有了足够的见识与自信;我尤其要感谢于宁、李永忠、李大进、刘桂明、秦前红、林志炜、许身健诸

---

① 原则上,关于国企、央企的内容及为知名央企原董事长、证券公司原总裁等提供辩护等内容概不纳入本书。毕竟,国企并非一般意义上的公司而在更大程度上是政权的一种运行方式。

先生，他们亦师亦友的切磋指正使我脑洞大开、眼界大增；我尤其要感谢林晓东、陈晖、唐涣、李婕妤、李疆涛、蒋欢、林琳琳、向发友等诸位大成同仁以及我指导的硕士研究生人民大学钟以桢等同学，多年来他们的支持和帮助让我能够更多地集中精力进行观察、思考、交流与表达；我尤其要感谢中国人民大学等高校提供给我客座教授、硕士生导师教职，感谢北京仲裁委员会、北京国际仲裁中心、武汉仲裁委员会让我成为仲裁员，感谢荣程集团、大吉集团、爱施德(002416)、易华录(300212)、天音控股(000829)等中国五百强企业、上市公司让我成为他们的董事、独立董事，使我得以从不同的高端视角审视这个时代；我尤其要感谢我所有的客户与合作伙伴，他们的信任与合作建构起我事业的坚实基础。本书能够得以出版，还要特别感谢北京大学出版社的陆建华先生伉俪和责任编辑陈康女士。

《控制公司》初次在北京大学出版社出版时，女儿正准备赴爱丁堡大学就读；本书再版时，她已取得硕士学位开始全新的生活。本书，也是一个父亲送给女儿的祝福和女儿母亲的小小礼物。

吕良彪

2018 年 1 月